Heiko Hooge

Ruanda

IWANOWSKI'S REISEBUCHVERLAG

Im Internet:

www.iwanowski.de

Hier finden Sie aktuelle Infos zu allen Titeln, interessante Links – und vieles mehr!

Einfach anklicken!

Schreiben Sie uns, wenn sich etwas verändert hat. Wir sind bei der Aktualisierung unserer Bücher auf Ihre Mithilfe angewiesen: **info@iwanowski.de**

Ruanda
1. Auflage 2017

© Reisebuchverlag Iwanowski GmbH
Salm-Reifferscheidt-Allee 37 • 41540 Dormagen
Telefon 0 21 33/26 03 11 • Fax 0 21 33/26 03 34
info@iwanowski.de
www.iwanowski.de

Titelfoto: © Thomas Weinhold
Alle anderen Farbabbildungen: s. Abbildungsverzeichnis S. 347
Lektorat und Layout: Annette Pundsack, Köln
Karten: Klaus-Peter Lawall, Unterensingen
Reisekarte: Hans Palsa, Lohmar; Aktualisierung: Klaus-Peter Lawall, Unterensingen
Titelgestaltung: Point of Media, www.pom-online.de
Redaktionelles Copyright, Konzeption und deren
ständige Überarbeitung: Michael Iwanowski

Alle Rechte vorbehalten. Alle Informationen und Hinweise erfolgen ohne Gewähr für die Richtigkeit im Sinne des Produkthaftungsrechts. Verlag und Autoren können daher keine Verantwortung und Haftung für inhaltliche oder sachliche Fehler übernehmen. Auf den Inhalt aller in diesem Buch erwähnten Internetseiten Dritter haben Autoren und Verlag keinen Einfluss. Eine Haftung dafür wird ebenso ausgeschlossen wie für den Inhalt der Internetseiten, die durch weiterführende Verknüpfungen (sog. „Links") damit verbunden sind.

Gesamtherstellung: Werbedruck GmbH Horst Schreckhase, Spangenberg
Printed in Germany

ISBN: 978-3-86197-126-9

Inhalt

Willkommen in Ruanda — 9

1. LAND UND LEUTE — 10
Ruanda auf einen Blick — 11
Die Provinzen Ruandas — 13
Historischer Überblick — 14
    Frühgeschichte Ruandas — 14
    Völkerwanderungen 14 • Etablierung der drei ethnischen Gruppen 15
    Königreich Ruanda — 16
    Kolonialzeit — 19
    Die ersten Europäer 19 • Die deutsche Phase 19 • Turbulenzen durch den Ersten Weltkrieg 23 • Verwaltungsanschluss an Belgisch-Kongo 23 • Die Jahre vor der Unabhängigkeit 25
    Das unabhängige Ruanda — 25
    Erste Batutsi-Vertreibungen 26 • Die Zeit unter Präsident Habyarimana 27
    Der Völkermord — 29
    Flugzeugabsturz – der Beginn 29 • Die UN und der Völkermord 30 • Nach dem Genozid 32
    Das heutige Ruanda — 34
    Die Regierung Paul Kagame 34 • Ruanda heute 36
    Zeittafel — 37

Landschaftlicher Überblick — 40
    Klima — 41
    Klimadaten 41 • Temperaturen 41 • Niederschläge 42
    Gewässer — 42
    Die Flüsse – Adern des Lebens 42 • Der Kivu-See 43 • Die weiteren Seen 43
    Ruandas Nationalparks — 44
    Akagera-Nationalpark 44 • Nyungwe-Forest-Nationalpark 44 • Volcanoes-Nationalpark 45
    Pflanzenwelt — 46
    Tierwelt — 47
    Säugetiere 48 • Vögel 49 • Reptilien und Amphibien 50 • Fische 51 • Insekten und Gliedertiere 51 • Kleines Kaleidoskop ostafrikanischer Säugetiere 52

Die Gesellschaft Ruandas — 62
    Bevölkerung — 62
    Batutsi 62 • Bahutu 62 • Batwa – die Vergessenen 63
    Die Entwicklung der Gesellschaft — 64
    Historische Formen des Zusammenlebens 64 • Die Begriffe Bahutu und Batutsi 67 • Die Bevölkerung heute 68
    Die Sprachen — 68
    Kinyarwanda 68 • Europäische Sprachen 69 • Kisuaheli 69
    Die Religionen — 70
    Das Christentum und andere Religionen in Ruanda 70 • Ursprünglicher Glaube 71

Das heutige politische System	72
Das Bildungssystem	73
Das Schulsystem 73	
Gesundheitssystem	74
Entwicklungszusammenarbeit	75

Wirtschaftlicher Überblick — 75
- **Landwirtschaft** — 77
- **Außenhandel und Industrie** — 78
- **Tourismus und Infrastruktur** — 80
- **Ausblick** — 83

2. RUANDA ALS REISEZIEL — 84
Allgemeine Reisetipps von A–Z — 85
- **Entfernungstabelle in km** — 122

Das kostet Sie das Reisen in Ruanda — 123
Reisen in Ruanda: Routenvorschläge — 126
Streckenabschnitte — 126

3. KIGALI UND UMGEBUNG — 128
Überblick — 129
Redaktionstipps 129
- **Lage und Klima** — 130
- **Stadtgeschichte** — 130

Sehenswertes — 132
- **Stadtrundgang** — 132
  Naturhistorisches Museum 134
- **Außerhalb des Zentrums** — 137
  Kulturzentren 137 • Deutsch-ruandisches Denkmal 138 • Kigali Convention Center 138 • Presidential Palace Museum 138 • Internationaler Flughafen 139
- **Nyarutarama-See** — 140
- **Gedenkstätten** — 141
  Kigali Genocide Memorial 141 • Remera Heroes Cemetery 144 • Nyanza Genocide Memorial Site 144 • Nyamata und Ntarama 144
- **Nyabarongo Wetlands** — 145

4. DER OSTEN RUANDAS — 156
Überblick — 157
Redaktionstipps 157

Von Kigali nach Nordosten — 157
- **Gicumbi (Byumba)** — 159
- **Weiter zur ugandischen Grenze** — 161

Von Kigali nach Osten — 161
- **Muhazi-See** — 161
- **Nyagatare** — 163

Akagera-Nationalpark — 165
- **Lage und Klima** — 166
- **Geschichte** — 166

Inhalt

Tiere im Akagera-Nationalpark	170
Aktivitäten im Park	171
Von Kigali nach Südosten	**175**
Ngoma (Kibungo)	175
Grenzregion zu Tansania	**176**
Rusumo-Fälle	177

5. DAS GEBIET DER VULKANE — 178
Redaktionstipps 179

Die Strecke von Kigali nach Musanze (Ruhengeri) — 179
- Musanze (Ruhengeri) — 180
  Überblick 180 • Geschichte 180 • Stadtrundgang 181
- Die Umgebung von Musanze — 182
  Musanze-Höhle 182 • Karago-See 182

Virunga-Vulkane — 187
- Lage und Klima — 188
- Volcanoes-Nationalpark (Parc National des Volcans) — 188
  Geschichte des Parks 191 • Geschichte der Berggorillas 194 • Besuch der Berggorillas 196 • Gorillagruppen 200 • Tierarten im Volcanoes-Nationalpark 204 • Pflanzenwelt im Volcanoes-Nationalpark 206 • Aktivitäten im Park 207

Die Seen Ruhondo und Burera — 214
- Geschichte — 214
- Das Rugezi-Sumpfgebiet — 217

6. UM DEN KIVU-SEE — 218

Der Kivu-See — 219
Redaktionstipps 219
- Fischfauna im Kivu-See — 223
- Strände — 223

Rubavu (Gisenyi) — 224
- Geschichte — 224
- Lage und Klima — 226
- Stadtrundgang — 227

Congo Nile Trail — 235

Abstecher zur Provinz Nord-Kivu (D.R. Kongo) — 237
- D.R. Kongo und Kivu-Region auf einen Blick — 237
- Provinzen — 238
- Goma (D.R. Kongo) — 239
  Geschichte 239 • Stadtrundgang 243
- Vulkane Nyiragongo und Nyamuragira — 247
- Virunga-Nationalpark — 248
  Geschichte 249 • Naturschutz 252 • Die Tierwelt 253 • Aktivitäten 254

Das Ostufer des Kivu-Sees — 260
- Karongi (Kibuye) — 260
- Rusizi (Cyangugu) — 265

Reiserouten

Geschichte 265
Die Umgebung von Rusizi (Cyangugu) — 268
Der Cyamudongo-Wald 268 •
Die heißen Quellen von Bugarama 268

Westufer des Kivu-Sees (D.R. Kongo) — 269
Abstecher zur Provinz Süd-Kivu (D.R. Kongo) — 270
Bukavu (D.R. Kongo) — 270
Geschichte 270
Kahuzi-Biéga-Nationalpark (D.R. Kongo) — 275
Geschichte 275 • Die Tierwelt im Kahuzi-Biéga 278 • Die Pflanzenwelt im Kahuzi-Biéga 279 • Besuch des Nationalparks 280

7. RUANDAS SÜDEN — 284
Redaktionstipps 285

Muhanga (Gitarama) — 285
Geschichte — 288
Besichtigung — 288
Muhanga Prison 288 • Kabgayi – Kathedrale und Museum 288 • Kamageris Rock 290
Die weitere Strecke — 291

Ruhango — 293
Nyanza (Nyabisindu) — 293
National Art Gallery Rwesero — 294
King's Palace — 294
Museum Rukari — 294

Huyé (Butare) — 296
Geschichte — 297
Sehenswürdigkeiten — 298
Ethnografisches Museum 298 • Kathedrale 299 • Arboretum der Universität 299

Nyamagabe (Gikongoro) — 303
Genozid-Mahnmal Murambi — 303

Nyungwe-Forest-Nationalpark — 304
Lage und Klima — 305
Geschichte — 306
Flora und Fauna des Parks — 308
Die Affen des Nyungwe-Forest-Nationalparks 309
Fahrt durch den Park — 314
Wanderrouten — 316
Die Uwinka-Routen 317 • Weitere Trails durch den Nationalpark 319

8. BURUNDI — 322
Überblick — 323
Redaktionstipps 323
Burundi auf einen Blick — 326

Kibira-Nationalpark — 328
Pflanzen und Tiere des Parks — 328

Bujumbura	329
Geschichte	329
Klima	330
Tanganjika-See	333
Rusizi-Naturreservat	334
Ruvubu-Nationalpark	335
Kigwena-Waldreservat	337
9. ANHANG	338
Literaturtipps	339
Kleiner Sprachführer	343
Bildnachweis	347
Stichwortverzeichnis	348

Weiterführende Informationen

Dr. Oscar Baumann	21	Die Gorillaforscherin	
Herzog Adolf Friedrich zu		Dian Fossey	189
Mecklenburg-Schwerin	22	F. R. von Beringe – Entdecker der	
Paul Rusesabagina –		Berggorillas	193
Ruandas Oskar Schindler	33	Die Goldmeerkatze	209
Die Gacaca-Gerichte	34	Politische Lage in der	
Exkurs Epiphyten	47	kongolesischen Kivu-Region	242
Batwa – Menschen des Waldes	63	Die „Chukudeure"	244
Die letzten Könige Ruandas	67	Carl Ethan Akeley	250
Die Nationalhymne Ruandas	70	Coltan oder der Fluch der	
Die Präsidenten Ruandas	73	Bodenschätze	276
Straßennamen	133	Alexis Kagame – ruandischer	
Der Arzt und Afrikaforscher		Philosoph und Historiker	290
Richard Kandt	135	Der Nil und seine Quellen	307
Das Ankole-Rind	164	Die Nebelwälder Ruandas und	
Eine seltene Pflanze –		Ugandas	311
die Virunga-Lilie	186		

Alle Karten zum Gratis-Download – So funktioniert's

In diesem Reisehandbuch sind alle Detailpläne mit einem sogenannten QR-Code versehen. Bei jeder Innenkarte findet man diese schwarz-gepunkteten Quadrate, die per Smartphone oder Tablet-PC gescannt werden können. Bei einer bestehenden Internet-Verbindung können die Dateien dann auf das eigene Gerät geladen werden. Alle Karten sind im PDF-Format angelegt, das nahezu jedes Gerät darstellen und ausdrucken kann. Für den Stadtbummel oder die Besichtigung unterwegs hat man so die Karte mit besuchenswerten Zielen und Restaurants elektronisch auf dem Telefon, Tablet-PC, Reader oder als praktischen DIN-A4-Ausdruck dabei. Mit anderen Worten – der „gewichtige" Reiseführer kann im Auto oder im Hotel bleiben, und die Basis-Infos sind immer und überall ohne Roaming-Gebühren abrufbar.

Verzeichnis der Karten

Akagera-Nationalpark	169
Verbreitung der Batwa-Gemeinschaften	64
Bukavu	273
Burundi – Übersicht	324
Huyé (Butare)	300
Kahuzi-Biéga-Nationalpark	280
Karongi (Kibuye)	261
Kigali – Umgebung	142
Rund um den Kivu-See	220
Königreich Ruanda – Expansion	17
Musanze (Ruhengeri)	181
National- und Naturparks	45
Nyungwe-Forest-Nationalpark – Wanderrouten	318
Osten Ruandas	158
Provinzen Ruandas	13
Rubavu (Gisenyi)	227
Rubona	228
Rusizi (Cyangugu)	266
Seen Ruhondo und Burera	215
Süden Ruandas	286
Virunga-Nationalpark	251
Volcanoes-Nationalpark	200
Ruanda – Übersicht	vordere Umschlagklappe
Kigali – Innenstadt	hintere Umschlagklappe

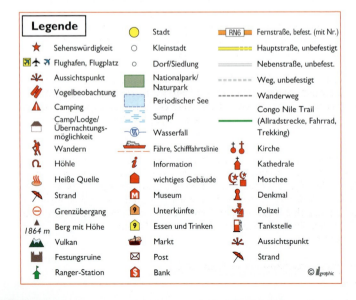

Willkommen in Ruanda

Das kleine Ruanda, einst ein stolzes Königreich und später Teil der Kolonie Deutsch-Ostafrika, hat einige schwierige Jahrzehnte hinter sich. Wer denkt bei dem Namen Ruanda nicht an den Völkermord, dem im Jahr 1994 etwa 800.000 Menschen zum Opfer fielen? Doch das Land wurde einst mit ganz anderen Attributen in Verbindung gebracht. Während der Kolonialzeit der Belgier waren Orte wie Gisenyi (heute Rubavu) als mondäne Badeorte beliebt, und spätestens seit dem Wirken der Forscherin Dian Fossey gilt Ruanda als das **Land der Berggorillas**, auch wenn nur ein Teil ihrer Heimat, die Virunga-Vulkane, zum ruandischen Staatsgebiet gehören. Ruanda hat sich seit den schweren Zeiten Mitte der 1990er-Jahre erfreulich weiterentwickelt und ist seit dem Jahr 2000 auch wieder für Touristen offen. Reisende im **Land der tausend Hügel**, wie Ruanda gerne genannt wird, erleben dabei ein Reiseziel noch abseits der großen Touristenwege.

In der durch viele sanfte Hügel geprägten Landschaft zu Füßen majestätischer Vulkane bieten sich den Besuchern Ruandas etliche Naturschönheiten: von den Ufern des Kivu-Sees über den immergrünen Nyungwe-Regenwald mit seinen zahlreichen Wasserfällen bis zum atemberaubenden Panorama der Virunga-Vulkane mit ihren so berühmten wie seltenen Berggorillas. Im Kontrast dazu stehen die trockeneren Savannen des Akagera-Nationalparks, in denen Antilopen, Büffel und Elefanten umherziehen.

Auch wenn Ruanda („Das wachsende Land") sich in den letzten Jahren gut entwickelt hat, so werden Sie in puncto Infrastruktur und Tourismuseinrichtungen nicht immer alles perfekt vorfinden. Die Menschen in Ruanda werden das jedoch in der Regel durch ihre Freundlichkeit und Hilfsbereitschaft wieder ausgleichen. Mit diesem Reisehandbuch möchte ich Ihnen gerne Anregungen und Informationen für Ihre persönliche Reiseplanung geben und gleichzeitig Empfehlungen und Hinweise sowie Daten und Geschichten zu den jeweiligen Orten.

Ich wünsche Ihnen viel Spaß bei Ihrer Reisevorbereitung und eine interessante, erlebnisreiche und unvergessliche Tour durch Ruanda. Lassen Sie sich von der Schönheit der Natur und den freundlichen Menschen des Landes bereichern. Sie werden sicher mit einigen schönen Geschichten im Gepäck wieder zurückkommen und feststellen: Ruanda war definitiv eine Reise wert.

Zum Abschluss möchte ich mich an dieser Stelle bei all jenen bedanken, die mich bei meiner Arbeit zu diesem Reiseführer unterstützt haben, und ohne die das Buch in diesem Umfang und der Aktualität nicht möglich gewesen wäre. Ein großer Dank gilt meiner Mutter Ingrid Hooge, die sich mit großem Einsatz meiner Texte annahm. Ein herzliches Dankeschön an Tony Mulinde und all meine Freunde, die mich mit ihrer Hilfe, ihrer Gastfreundschaft und ihrem Wissen bei meinen Recherchen unterstützt haben.

Heiko Hooge, Sankt Augustin im August 2016

I. LAND UND LEUTE

Ruanda auf einen Blick

Staatsname	Republik Ruanda (Republika y'u Rwanda)
Fläche	26.338 km² (davon 1.390 km² Wasseroberfläche)
Hauptstadt	Kigali mit 1,2 Mio. Einwohnern (2015)
Einwohner	12 Mio. Einwohner (456 pro km², Stand 2015)
Amtssprachen	Kinyarwanda, Französisch, Englisch
Religion	56 % Katholiken, 37 % Protestanten, 5 % Muslime und 2 % Naturreligionen
Währung	Ruanda-Franc (Franc Rwandais); Kurs 1 € = ca. 813 RWF
Flagge	die obere Hälfte hellblau mit einer gelben Sonne auf der rechten Seite, untere Hälfte zweistreifig gelb und grün
Bevölkerung	99 % Afrikaner (davon 84 % Bahutu, 15 % Batutsi, 1 % Batwa), 1 % Asiaten und Europäer
Bevölkerungswachstum	2,6 % (2014), 4,6 geborene Kinder pro Frau, 34,6 Kinder pro 1.000 Einwohner
Kindersterblichkeit	42 von 1.000 Geburten (2014)
Altersstruktur	0–14 Jahre: 42,1 %; 15–24: 18,9 %; 25–54: 32,5 %; 55–64: 2,5 %; > 65: 2,5 %
Lebenserwartung	durchschnittlich 66 Jahre
HIV / Aids	2,9 % der Bevölkerung zwischen 15 und 49 Jahre sind HIV-positiv (2015)
Analphabetenquote	Erwachsene ca. 29 % (2015)
Nationalfeiertag	1. Juli (Unabhängigkeitstag)
Staats- und Regierungsform	seit 1. Juli 1962 Präsidialrepublik mit einem Zweikammer-Parlament: Abgeordnetenhaus (80 Sitze, Wahlperiode 5 Jahre) und ein Senat mit 26 Senatoren (Legislaturperiode 5 Jahre).
Staats- und Regierungschef	Paul Kagame (Staatsoberhaupt seit April 2000, wiedergewählt August 2010); Anastase Murekezi (PSD), Regierungschef seit Juli 2014)
Wirtschaftskraft nach BSP	Platz 142 von 188 (IWF 2013)

Ruanda auf einen Blick

Inflation	2,5 % im Jahr 2015
Wirtschaftswachstum	7,5 % (2014)
Bruttoinlandsprodukt	7,89 Mrd. US$, BIP 722 US$ pro Kopf (2014) Land-/Forst-/Fischwirtschaft: 33,1 %; Dienstleistungen/Handel/Tourismus: 52,2 %; Bergbau/Industrie: 14,4 % (2014)
Außenhandel Import	2 Mrd. US$ (15,9% chem. Erzeugnisse, 13,1 % Nahrungsmittel, 8,9 % Elektronik, 7,8 % Maschinen, 48,1 % Sonstige) (2014)
Importländer	18,7 % China, 13,7 % Uganda, 9,2 % Kenia, 9 % Indien, 6,4 % Arabische Emirate, 4,4 % GB, 4,1 % Tansania (2014)
Außenhandel Export	700 Mio. US$ (34,2 % Rohstoffe, 29,5 % Nahrungsmittel, 22 % Maschinen, 15,8 % Erdöl, 1,8 % Kfz/Kfz-Teile) (2014)
Exportländer	27,8 % Tansania, 23,5 % D.R. Kongo, 11,9 % Uganda, 11,4 % Kenia, 3,6 % Österreich (2014)
Auslandsverschuldung	2 Mrd. US$ (2014)
Infrastruktur	1.606 km befestigte Straßen, Mobiltelefonanschluss: 646/1.000 Einwohner (2014)
Entwicklungsstand	Platz 163 von 188 Ländern (H.D. Index 2014)
Klima	durch die Höhenlage gemäßigtes und ausgeglichenes Klima mit mittleren Tagestemperaturen von 20–24 °C, nachts selten unter 15 °C. Lange Trockenzeit (Impeshyi): Mitte Juni bis Ende September; kleine Trockenzeit (Urugaryi): Mitte Dezember bis Ende Januar; große Regenzeit (Itumba): Mitte Januar bis Mitte Juni; kleine Regenzeit (Umuhindo): Ende September bis Mitte Dezember.
Höhenlage	zwischen 930 m (Rusizi-Fluss) und 4.507 m (Mt. Karisimbi)
Landwirtschaft	Kaffee, Tee, Bananen, Sorghum, Gemüse
Bodenschätze	Gold, Zinnerz, Wolframit, Erdgas (Methan)
Städte	20 % der Ruander leben in städtischen Gebieten; Kigali: 1.200.000 Einwohner; Muhanga (Gitarama): 50.000 Einwohner; Huyé (Butare): 52.000 Einwohner; Musanze (Ruhengeri): 60.000 Einwohner; Rubavu (Gisenyi): 127.000 Einwohner; Karongi (Kibuye) 13.000 Einwohner; Rusizi (Cyangugu): 28.000 Einwohner; Gicumbi (Byumba): 35.000 Einwohner; Ngoma (Kibungo) 47.000 Einwohner.

Die Provinzen Ruandas

Zu Beginn des Jahres 2006 wurde Ruanda durch eine regionale Gebietsreform administrativ neu eingeteilt. Die ehemals zwölf Provinzen wurden abgeschafft und durch fünf neue Provinzen (Intara) ersetzt. Diese sind wiederum in insgesamt 30 Distrikte (Uturere) und 416 Sektoren unterteilt.

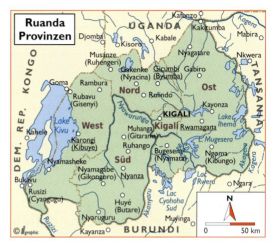

Die **fünf Provinzen** sind:

Ostprovinz mit Rwamagana als regionale Hauptstadt

Die Ostprovinz setzt sich aus den ehemaligen Provinzen Umutara und Kibungo sowie einigen Gebieten von Byumby und Nyamata (Kigali-Ngali) zusammen. Sie grenzt im Norden an Uganda, im Westen an Tansania und im Süden an Burundi. Die Ostprovinz ist eingeteilt in sieben Distrikte und Zentrum der Haustierzucht. Neben Rindern zur Milchgewinnung werden Schafe, Schweine, Ziegen, Geflügel und Bienen gehalten. Außerdem werden eine Reihe von Nutzpflanzen angebaut. Dazu gehören verschiedene Gemüsesorten sowie vor allem Maniok, Bohnen und Mais. An Früchten wachsen in dem Gebiet (Koch-)Bananen, Ananas und Erdbeeren. In der 9.813 km² großen Ostprovinz leben rund 2,6 Mio. Einwohner.

Neuordnung der Provinzen 2006

Nordprovinz mit Byumba als regionale Hauptstadt

Die 3.436 km² große Nordprovinz bildete sich aus der ehemaligen Provinz Ruhengeri sowie den Gebieten von Byumba und Nyamata (Kigali-Ngali). Sie ist eingeteilt in fünf Distrikte und liegt auf einer durchschnittlichen Höhe von 2.000 m. Ihr höchster Punkt ist der Mt. Karisimbi mit 4.507 m. In dieser bergigen Region werden Wolfram, Coltan und Zinn abgebaut. Die Stromversorgung sichern die zwei Wasserkraftwerke Mukungwa und Ntaruka. 95 % der 1,8 Mio. Einwohner leben von der Landwirtschaft.

Westprovinz mit Kibuye als regionale Hauptstadt

Die Westprovinz besteht aus den ehemaligen Provinzen Cyangugu, Kibuye und Gisenyi, mit einem kleinen Gebiet der früheren Ruhengeri-Provinz. Die in sieben Distrikte eingeteilte, 6.233 km² große Westprovinz mit 2,5 Mio. Einwohnern erstreckt sich entlang des Kivu-Sees. Der landwirtschaftliche Sektor ist der wichtigste Wirtschaftszweig u. a. mit dem Anbau von Sorghum-Hirse, Süßkartoffeln, Tomaten und Zwiebeln. Der Fischfang am Kivu-See spielt ebenfalls eine große Rolle, wichtigste Art ist der *Limnotrissa miodon*.

Südprovinz mit Nyanza als regionale Hauptstadt

Die 6.118 km² große Südprovinz setzt sich aus den ehemaligen Provinzen Gitarama, Butare und Gikongoro sowie einigen Gebieten der früheren Provinz Nyamata (Kigali-Ngali) zusammen. Sie ist eingeteilt in acht Distrikte. Die Südprovinz verfügt über einige kultivierbare Sumpfgebiete, die sich ideal für den Anbau von Reis eignen. Zudem spielen Soja und Mais sowie Tee- und Kaffeeplantagen eine große Rolle. In der Region wächst der bekannte Bourbon-Maraba-Kaffee. Die Provinz hat ca. 2,6 Mio. Einwohner.

Kigali-Provinz mit Kigali als regionale Hauptstadt

Die Provinz Kigali besteht aus der Stadt Kigali und angrenzenden Teilen der früheren Provinz Nyamata (Kigali-Ngali). Sie ist ferner eingeteilt in drei Distrikte (Gasabo, Kicukiro, Nyarugenge). Als Hauptstadt des Landes bildet die Provinz das Herz von Wirtschaft und Politik. Über 90 % der nicht landwirtschaftlichen Produktion des Landes entstehen hier. Daneben spielt der Dienstleistungssektor bereits eine signifikante Rolle.

Historischer Überblick

Frühgeschichte Ruandas

Völkerwanderungen

Die ersten Menschen in Ruanda waren Jäger und Sammler, wahrscheinlich die Vorfahren der heutigen **Batwa**. Sie waren relativ klein vom Körperwuchs und lebten ausschließlich von der Jagd auf Wildtiere sowie vom Sammeln von Früchten und Wurzeln. Gebrauchsgegenstände wurden aus Holz, Fellen und Leder sowie als Flechtarbeiten hergestellt. Im beginnenden ersten Jahrtausend v. Chr. fertigten die Menschen auch Gefäße aus Ton. Die Batwa lebten lange in einem „einsamen Paradies", bis etwa ab 700 v. Chr. die ersten Bantu sprechenden Bauern auf ihrem Weg von Zentralafrika nach Ruanda kamen. Auf der Suche nach Land für ihre Agrarwirtschaft war das überaus fruchtbare Ruanda für die **Bantus** sehr vielversprechend. Die Batwa sahen sich erstmals einer Konkurrenz gegenüber, die Land rodete, um darauf Ackerbau zu betreiben. Da die Batwa den fortschrittlicheren Bantu nichts entgegensetzen konnten, zogen sie sich mehr und mehr in die verblieben-

Tontopf aus dem vorchristlichen Jahrtausend
(Ethnografisches Museum Huyé)

Frühgeschichte Ruandas

Die Rinder der Batutsi gelten als Statussymbole

den Wälder zurück. Mit den Bantus kam im 7. Jh. v. Chr. auch das Wissen der Eisenverarbeitung in die Region. Sie sind zudem die Vorfahren der heute als **Bahutu** (Hutu) bekannten Volksgruppe.

Die nach den Bantu folgenden Einwanderer ins Gebiet des heutigen Ruanda waren Viehzüchter. Ihre Ankunft ist nicht genau zu datieren. Wahrscheinlich ist eine Besiedlung des Gebiets zwischen dem 11. und 14. Jh. Diese Menschen unterschieden sich im Vergleich zu den Batwa und Bahutu äußerlich durch einen sehr schlanken Körperbau und eine höhere Statur. Sie nannten sich **Batutsi** (Tutsi), was so viel bedeutet wie „die Rinder-Besitzer". Die Batutsi kamen aller Wahrscheinlichkeit nach aus Nordostafrika, aus dem Gebiet des heutigen Äthiopien.

Batutsi aus Nordostafrika

Etablierung der drei ethnischen Gruppen

Im Laufe der Zeit bildete sich zwischen den Batutsi und den Bahutu eine Hierarchie heraus. Diese entstand entweder durch die Eroberung der Bahutu durch die ankommenden Batutsi oder aber durch eine allmähliche Entwicklung der Beziehungen im Zusammenleben der beiden Völker. In der Hierarchie bildeten die Batutsi die Herrscherklasse und die Bahutu das einfache Volk. Dieses „Herr-und-Diener"-Verhältnis nennt man in Ruanda „**Ubuhake**". Daraus entstand ein Monarchiesystem, das von einem Batutsi-König (Mwami) angeführt wurde. Die zurückgezogen lebenden Batwa, denen nach Ankunft der Rinder züchtenden Batutsi noch weniger ursprüngliches Land zum Leben blieb und deren Zahl im Laufe der Jahrhunderte kontinuierlich schrumpfte, lernten die gemeinsame Sprache der beiden anderen Volksgruppen, ohne jedoch eine gesellschaftliche Rolle zu spielen. Ruanda ist neben Burundi das einzige Land Afrikas, in der alle ethnischen Gruppen dieselbe Sprache sprechen, das **Kinyarwanda**.

Königreich Ruanda

Ruanda kennt eine lange Tradition der **mündlichen Geschichtsüberlieferung**, die im Laufe der Jahrhunderte mit allerlei Mythen und Legenden vermischt wurde. In der Geschichte zur Entstehung des Königreichs wird vom **Abanyiginya**, dem Gründer der Dynastie, erzählt. Er soll nicht als gewöhnlicher Mensch geboren, sondern einem Milchgefäß entstiegen sein.

Mythos des Reichsgründers Gihanga

Die Urahnin aller Ruander lebte dem Mythos zufolge im Himmel zusammen mit **Nkuba** (Donner). Sie kreierte eine Tonfigur und bestrich diese mit Speichel. Dann legte sie diese in ein Holzgefäß mit Milch und einem Herzen eines geschlachteten Bullen. Das Gefäß wurde unentwegt mit frischer Milch aufgefüllt und nach neun Monaten erwuchs daraus **Sabizeze**. Als Sabizeze von seiner Herkunft erfuhr, war er böse auf seine Mutter, da sie das Geheimnis seiner Herkunft ausgeplaudert hatte, und beschloss, den Himmel zu verlassen. Er ging zusammen mit seiner Schwester Nyampundu, seinem Bruder Mututsi und einigen Batwa auf die Erde. Sabizeze wurde von Kabeja empfangen, der zum Abazigaba-Clan gehörte und zu dieser Zeit der König dieser Region war, wahrscheinlich in einem Gebiet beim heutigen Akagera-Nationalpark. Sabizeze bekam einen Sohn namens **Gihanga**, dieser wurde der Gründer des Königreichs Ruanda. Ruandische Historiker glauben, das Gihanga Ende des 10. Jh. oder Anfang des 11. Jh. das Königreich regierte.

Eine Legende berichtet von einer Königsdynastie mit zehn aufeinanderfolgenden Herrschern in der Nachfolge des **Reichsgründers Gihanga**. Während diese Könige historisch nicht zu belegen sind, gilt heute als gesichert, dass Ruanda spätestens ab Mitte des 15. Jh. nachweislich als Königreich existierte und von **König Ruganzu I. Bwimba** regiert wurde. Er gründete die **Banyiginya-Dynastie**, deren Hauptsitz sich auf dem Gasabo-Hügel unweit des Muhazi-Sees befand. Seine 17 Nachfolger erweiterten von dort aus in den folgenden Jahrhunderten immer wieder die Grenzen des Reiches, bis drei Dynastien weiter **König Kigeri IV. Rwabugiri** Ende des 19. Jh. unter den Einfluss der Europäer kam.

Königliche Elfenbeinschnitzerei (Ethnografisches Museum Huyé)

Unter seiner Herrschaft gab es erstmalig keine Gebietserweiterungen mehr, wenn man von der Rückeroberung der Ijwi-Insel im Kivu-See einmal absieht.

Bevor die ersten Europäer ins Land kamen, glaubten die Ruander (wie viele andere sogenannte „Naturvölker" auch), sie wären der Mittelpunkt der Welt. Ihr **Mwami** (König) war die alles überragende Autorität im Reich. Die Menschen glaubten, wenn sie ihrem herrschenden König nicht folgten, seien sie in Gefahr. Das Wohlergehen des Volkes war mit dem Wohlergehen des Königs verbunden. Die zentrale Machtrolle des Mwami wurde durch die einflussreiche Königsmutter und eine Gruppe von königlichen Ritenwächtern, den **Abiru**, kontrolliert. Die Abiru konn-

Überragende Autorität des Mwami

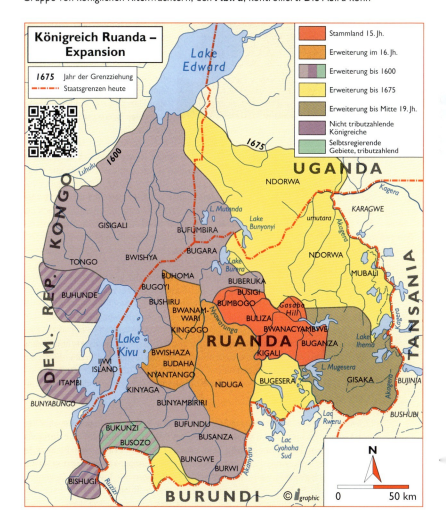

Die königliche Karinga-Trommel

ten eine Entscheidung des Königs anfechten, wenn sie dem traditionellen Code widersprach.

Ruandas **königliche Trommeln**, die nur von einem Mitglied des Familienclans aus speziellen Bäumen und mit magischen Elementen hergestellt werden durften, hatten die gleiche Stellung wie der König selbst. An der Trommel hingen die Genitalien der Feinde, die der König getötet hatte. Der Verlust einer Trommel an einen Feind oder Kontrahenten war gleichbedeutend mit Machtverlust und der Annektierung durch einen fremden Herrscher. Diese Sitte gibt es bei vielen Bantu sprechenden Völkern Afrikas.

Bedeutung der königlichen Trommel

Ende des 16. Jh. ging Ruandas königliche Trommel „**Rwoga**" an das benachbarte Reich Bunyabungo verloren, was eine zeitweise Besetzung des Gebiets zur Folge hatte. König Ruganzu II. Ndori gelang es jedoch elf Jahre später, Ruanda wieder zurückzuerobern. So stellte er durch seine militärischen Erfolge Ruandas Stolz wieder her und begründete die dritte Dynastie. Dabei wurde die „Rwoga" durch die neue „Karinga"-Trommel ersetzt. Die „**Karinga**" blieb als königliches Machtinstrument bis in die Kolonialzeit erhalten, kurz nach der Unabhängigkeit verlieren sich jedoch die Spuren dieser königlichen Trommel.

Im 17. Jh. breitete sich das Territorium Ruandas weiter aus, große Gebiete vor allem im Westen wurden erobert. König Mutara I. Semugeshi unterzeichnete einen Nichtangriffspakt mit dem benachbarten Königreich Urundi (Burundi), dennoch begannen Ende des 17. Jh. kriegerische Auseinandersetzungen zwischen beiden Reichen.

Unter König Cyirima II. Rujugira kam es Anfang des 18. Jh. erstmals zur Etablierung einer ständigen Armee, um die Bedrohungen auf der einen und Eroberungen auf der anderen Seite besser koordinieren zu können. Die Auseinandersetzungen mit Urundi eskalierten und der ruandische König konnte sich der urundischen Königstrommel bemächtigen.

Obwohl im Besitz der Machtinsignien, wurde daraufhin nur die kleine Buyenzi-Region Urundis annektiert. Im selben Jahrhundert begann der **Handel mit den ostafrikanischen Küstenregionen** und erstmals kamen Waren wie Baumwolle nach Ruanda. Anfang des 19. Jh. hatte Ruanda den Höhepunkt der Macht erreicht, es sollten später keine weiteren Gebietsexpansionen mehr folgen. Im Gegenteil, denn durch die Kolonialisierung Ende des 19. Jh. verlor Ruanda durch die neue Gebietseinteilung der Europäer ein Teil seines Reiches.

> **Milch und Honig**
>
> „Ruanda ist ein Land, in dem Milch und Honig fließen, wo Rinderzucht und Bienen-Kulturen gedeihen, und der landwirtschaftlich genutzte Boden trägt reiche Früchte. Ein hügeliges Land, dicht besiedelt, voll von schönen Landschaften und Klima so unvergleichlich frisch und gesund im Herz von Afrika." (Adolf Friedrich zu Mecklenburg-Schwerin, 1908).

Kolonialzeit

Die ersten Europäer

Der erste Europäer, der nachweislich und offiziell Ruanda besuchte, war der Österreicher **Dr. Oscar Baumann**. Er reiste von 1892 bis 1893 ins Gebiet der Großen Seen und erreichte dabei auch den Süden Ruandas. Er war der erste Europäer, der den Kivu-See erblickte. Nur ein Europäer war vor ihm in Ruanda gewesen: Der Brite Henry Morton Stanley campierte im März 1876 am Ihema-See, in der Nähe der Grenze zum heutigen Tansania (Akagera-Nationalpark), ohne zu wissen, dass er bereits in Ruanda war. Der erste Deutsche, der am 4. Mai 1894 seinen Fuß auf ruandischen Boden setzte, war **Graf Gustav Adolf von Götzen**. Das Königreich Ruanda gehörte damals bereits seit neun Jahren zur Kolonie Deutsch-Ostafrika, ohne dass es je von einem Deutschen besucht worden war. Von Götzen überquerte an den Fällen des Rusumu-Flusses die Grenze in das Königreich Ruanda und zog weiter bis zum Kivu-See. Während seiner Reise besuchte er auch den damaligen König Kigeri IV. Rwabugiri in Nyanza.

Graf Gustav Adolf von Götzen

Kurz nach dem ersten Besuch eines Deutschen in Ruanda kamen die ersten **Missionare** ins kleine Königreich, zuerst katholische, später auch protestantische. Sie waren die Ersten, die westliche Medizin, neue landwirtschaftliche Anbaumethoden und Schulbildung nach Ruanda brachten. Die erste Schule wurde 1907 in Nyanza als Lehranstalt für die Söhne der königlichen Familien eröffnet.

Die deutsche Phase

Nachdem die europäischen Mächte im Laufe des 19. Jh. damit begannen, den afrikanischen Kontinent unter sich aufzuteilen, verstärkten sich auch gleichzeitig die Spannungen zwischen den aufstrebenden Kolonialmächten. Immer wieder kam es zu territorialen Streitigkeiten. Um diese beizulegen, fand vom 15. November 1884

Die „Kongokonferenz" in Berlin, mit Reichskanzler Bismarck (Mitte)

bis zum 26. Februar 1885 die sogenannte **„Kongokonferenz"** statt. Auf dieser Konferenz wurde das Königreich Ruanda der neuen **Kolonie Deutsch-Ostafrika** zugeschlagen, was in einem weiteren Vertrag mit Großbritannien 1890 bestätigt wurde. De facto blieb das kleine Königreich allerdings erst einmal unbehelligt. Erst 1894 kam mit Graf von Götzen der erste Deutsche ins Königreich. Während dieser Zeit herrschte der im Jahr 1853 an die Macht gekommene König Kigeri IV. Rwabugiri. Er war den fremden neuen Herrschern zunächst eher freundlich gesinnt, was vermutlich damit zusammenhing, dass die Deutschen dem entlegensten Teil ihrer Kolonie anfangs nicht allzu viel Aufmerksamkeit schenkten.

Nach **internen Machtkämpfen am Hof** und dem Selbstmord von König Kigeri IV. wurde 1896 der erst 15-jährige Yuhi V. Musinga dessen Nachfolger. Er war den Europäern ebenfalls sehr freundlich gesinnt, obwohl die Deutschen in den folgenden Jahren begannen, militärisch Präsenz zu zeigen. Der Gouverneur von Deutsch-Ostafrika, Hermann von Wissmann, erteilte dem Schutztruppen-Hauptmann Hans von Ramsay 1896 den Auftrag, einen Militärposten am Tanganjika-See zu errichten. Von dort reiste er nach Ruanda und erreichte am 22. März 1897 den Hof des Königs. Mit der Übergabe des Schutzbriefs und der Flagge an den Vertreter des Königs begann die **Einflussnahme der Deutschen** im kleinen Königreich. Yuhi V. sah in der Zusammenarbeit mit den Deutschen zunächst einmal nur Positives, stützten die Deutschen doch seine innere Herrschaft und boten gleichzeitig Schutz vor den aus dem Kongo anrückenden Belgiern, gegen die er bereits eine Schlacht um das „Shangi-Gebiet" verloren hatte.

Schutz gegen die Belgier

Im Jahr 1898 gründeten die Deutschen ihren **ersten Militärposten** in Ruanda. Diese erste Militärstation am östlichen Ufer des Kivu-Sees sollte eventuellen Ansprüchen Belgiens im benachbarten Belgisch-Kongo entgegenwirken. Das Königreich war ursprünglich um einiges größer als heute, umfasste den gesamten Kivu-See und reichte im Norden bis an den Edward-See. Die Grenzstreitigkeiten konnten jedoch nicht behoben werden. So beschlossen beide Staaten im Jahr 1900 eine Kommission zu berufen, um die strittigen Punkte zu klären. Diese Kommission tagte 1901–1902, aber erst nach dem Tod von Leopold II. konnten sich Deutsche und Belgier am 14. Mai 1910 in Brüssel endgültig auf einen Grenzverlauf einigen. In dem 1911 unterzeichneten Vertrag wurde die Grenze dann endgültig zwischen den beiden Kolonien geregelt und festgelegt, dass der Kivu-See zwischen Ruanda und dem Kongo geteilt wird und der Rusizi-Fluss die Grenze zwischen beiden Gebieten markiert.

Grenzziehung durch den Kivu-See

Dr. Oscar Baumann

Nach seiner erfolgreichen Schullaufbahn nahm der am 25. Juni 1864 in Wien geborene Österreicher und spätere Afrikaforscher an mehreren Studiengängen teil, die ihn zum Philosophen, Ethnologen, Geografen und Kartografen ausbildeten. Bereits als 19-Jähriger bereiste Baumann unerforschte Gebiete in Albanien und Montenegro. Die mitgebrachten Studien und Karten bewirkten seine Aufnahme in die österreichische Kongoexpedition, die unter der Leitung von Oskar Lenz 1885–1887 stattfand. Zwar musste Baumann aufgrund einer Erkrankung früher zurückkehren, dennoch gelang ihm die erste brauchbare Kartografie des Kongostroms.

Zurück in Europa wurde er 1888 in Leipzig zum Doktor der Philosophie promoviert. In den Folgejahren erforschte er an der Seite des Deutschen Hans Meyer Ostafrika und half damit bei der Kolonialisierung Deutsch-Ostafrikas. Dabei bereiste er weite Teile des heutigen Tansanias. Seine kartografischen und ethnologischen Aufzeichnungen waren für die wirtschaftliche Erschließung des Landes von großem Wert.

Baumanns bekannteste Unternehmung war die sogenannte „**Massai-Expedition**", die ihn 1891–1893 mit 200 Begleitern von der Küste bis zum Victoria- und zum Tanganjika-See und danach weiter in die unerforschten Königreiche Burundi und Ruanda führte, wo er als erster Europäer empfangen wurde. Hauptergebnis der Expedition war die kartografische Aufnahme der Massai-Steppe und des Gebiets zwischen den großen Seen. Im Zuge dieser Unternehmung entdeckte Baumann die Seen Eyassi und Manyara, den Ngorongoro-Krater sowie die nach ihm benannte Baumann-Bucht im Victoria-See.

1893 erreichte Baumann auch als erster Europäer die Quelle des Akagera-Flusses am Luvironza, die er als tatsächliche Nilquelle bezeichnete. Die genaue geografische Bestimmung dieser **Nilquelle** wurde allerdings erst 1898 von dem Deutschen Richard Kandt vorgenommen. 1896 wurde Baumann zum österreichisch-ungarischen Konsul in Sansibar ernannt. Bereits drei Jahre später musste er aufgrund einer Infektionskrankheit die Rückreise nach Österreich antreten, wo er 35-jährig am 12. Oktober 1899, an deren Folgen starb.

Der Afrikaforscher Dr. Oscar Baumann
(Österreichische Nationalbibliothek, Wien)

Feste hierarchische Strukturen

Die Deutschen stellten überrascht fest, dass ihr westliches Kolonialterritorium (Ruanda und Urundi) sehr gut organisiert war. Es gab feste hierarchische Strukturen, eine festgelegte Machtverteilung und eine funktionierende Landwirtschaft. So übernahmen die Deutschen die vorgefundene Gesellschaftsstruktur. Dafür brauchten sie nur mit den Batutsi entsprechende Abkommen zu schließen und sie in das koloniale Machtgefüge miteinzubeziehen. Die zahlenmäßig weit überlegene Gruppe der Bahutu wurde so von den Batutsi „weiterregiert" und Ruanda wurde weitestgehend problemlos ein fester Bestandteil der Kolonie. Das Königreich Ruanda hatte zu dieser Zeit bereits geschätzte 2 Mio. Einwohner.

Herzog Adolf Friedrich zu Mecklenburg-Schwerin

Im Jahr 1907 leitete Herzog Adolf Friedrich zu Mecklenburg-Schwerin (10. Oktober 1873 bis 5. August 1969) die größte deutsche **Forschungsexpedition** der Kolonialzeit durch Ruanda. Mit dieser Expedition wollten die Deutschen ihr dürftiges Wissen über diesen Teil ihrer Kolonie verbessern. Unter der Leitung des Herzogs reisten insgesamt 2.230 Expeditionsteilnehmer. Darunter befanden sich Wissenschaftler (Anthropologen, Ärzte, Botaniker, Geologen, Topografen und Zoologen) sowie eine ganze Reihe von Trägern und Soldaten. Der Herzog begann sich für Afrika zu interessieren, nachdem sein Bruder 1895 Präsident der Deutschen Kolonialgesellschaft wurde. Im Jahr 1902 kam er erstmals nach Ostafrika, 1904 reiste er zum östlichen Ufer des Victoria-Sees. Durch seine dortigen Kontakte entstand die Idee einer umfassenden Forschungsreise, mit deren Vorbereitung er nach seiner Rückkehr in Deutschland begann. Im August 1907 erreichte die Expedition Zentralruanda und der Herzog wurde vom ruandischen König empfangen.

Nach seiner Rückkehr nach Europa erschienen 1909 die Erlebnisse und Ergebnisse dieser Expedition in seinem Buch **„Ins Innere Afrikas"**.

Kigali als Sitz der Kolonialverwaltung

Die Kolonialverwaltung der beiden Königreiche Ruanda und Urundi befand sich zunächst in **Usumbura** (heute Bujumbura, Hauptstadt des Nachbarlands Burundi). Graf von Götzen, 1901–1906 Gouverneur von Deutsch-Ostafrika, teilte die beiden Gebiete verwaltungstechnisch wieder auf und setzte am 15. November 1907 Richard Kandt als kaiserlichen Residenten für das Königreich Ruanda ein. Am 19. Oktober 1908 entschied sich Kandt für den Ort **Kigali** als Sitz der Kolonialverwaltung. Vor allem im Hinblick auf wirtschaftliche Interessen wurden in den Kolonien eigene Währungen eingeführt. In Deutsch-Ostafrika war dies die Rupie (1 Rupie = 64 Pesa). Ab 1905, nach Gründung der **Deutschen Ostafrika Bank**, wird die Ostafrika-Rupie in 100 Heller geteilt.

Die **Infrastrukturmaßnahmen** in Ostafrika kamen erst in der zweiten Hälfte der deutschen Kolonialzeit in Fahrt. Zwar gab es 1914 bereits 1.602 Eisenbahnkilometer in der Kolonie, aber Ruanda war daran noch nicht angeschlossen. Der Reichstag von Berlin stimmte 1914 einem Darlehen von 50 Mio. Mark zu, das für den Bau einer geplanten Eisenbahnstrecke von Tabora (im heutigen Tansania) bis zum Akagera-Fluss im Südosten Ruandas bestimmt war. Durch den Ersten Weltkrieg wurden die Bauarbeiten allerdings nicht mehr ausgeführt.

Turbulenzen durch den Ersten Weltkrieg

Die Spannungen in Europa verschärften sich 1914 rasend schnell und mündeten schließlich im Ersten Weltkrieg. Dieser machte auch vor Afrika nicht halt. Deutschlands Verwalter in Kigali, Hauptmann Max Wintgens, organisierte nach Kriegsausbruch den Widerstand in dieser Region. Er befehligte 100 deutsche Soldaten und 1.000 einheimische Kräfte, die jedoch die anrückenden belgischen Truppen nicht aufhalten konnten. So marschierten die Belgier vom Kongo aus kommend am **6. Mai 1916** in Kigali ein. Von nun an sollten die Belgier die Geschicke des kleinen Königreichs lenken. Nach Ende des Ersten Weltkriegs und dem Abzug der Deutschen kam es jedoch zunächst einmal zu Rivalitäten zwischen Belgien und England.

Einmarsch der Belgier in Kigali

England wollte sich gerne Ruanda und Burundi einverleiben, um so den Traum von einer durchgehenden Verbindung von Kairo bis zum Kap der Guten Hoffnung in Südafrika zu verwirklichen. Belgien wiederum schielte auf die gesamte Kolonie Deutsch-Ostafrika, um so Zugang zum Victoria-See und zum Indischen Ozean zu erhalten. Unter der Vermittlung zweier Unterhändler wurde am 30. Mai 1919 die **Orts-Milner-Konvention** unterzeichnet. Darin wurde vereinbart, dass Belgien die beiden Königreiche Ruanda und Urundi zugesprochen bekam, sich aber aus dem von ihm besetzten Kigoma und vom Ufer des Victoria-Sees zurückziehen musste. Nachdem Deutschland bereits 1919 im Vertrag von Versailles auf seine Kolonialgebiete verzichtet hatte, wurden am 20. Januar 1920 die deutschen Kolonien an den Völkerbund übertragen, der die Verwaltungsmandate offiziell an die jeweiligen Siegermächte übergab. 1923 bestätigte der Völkerbund das belgische Mandat zur Verwaltung Ruandas und Urundis erneut.

Rupien – die Währung in Deutsch-Ostafrika

Verzicht im Vertrag von Versailles

Verwaltungsanschluss an Belgisch-Kongo

Am 25. April 1925 trat ein Gesetz in Kraft, das die beiden Königreiche Ruanda und Urundi verwaltungstechnisch der **Kolonie Belgisch-Kongo** anschloss, allerdings mit einigen Ausnahmeregelungen, um nicht gegen die Auflagen des Völkerbundes zu verstoßen. Offiziell war das Gebiet nur in Treuhandverwaltung und durfte daher nicht den Status einer Kolonie bekommen. 1927 begann Belgien mit der Erforschung der Bodenschätze und 1932 wurde der Kaffee eingeführt. Der Anbau von Kulturpflanzen wurde durch Zwangsarbeit gesichert, was einige Bewohner zur Flucht in das Nachbarland Uganda veranlasste, wo für gleiche Arbeiten wenigstens kleine Löhne bezahlt wurden. Unter Gouverneur Charles Voisin kam es seit 1930 zur Politik der **aktiven Unterstützung des feudalen Systems**, um sich damit längerfristig die Herrschaft zu sichern. Auch die Kirche beteiligte sich daran, die unter Bischof Léon Classen begann, die Batutsi eindeutig zu bevorzugen.

Dies sollte weitreichende Folgen für die Entwicklung dieser beiden Länder haben. Bischof Classen gehörte auch zu einer Gruppe von Belgiern, die 1931 erwirkte, dass König Musinga abgesetzt wurde. Musinga hatte sich durch kritische Äußerungen unbeliebt gemacht und war vor allem negativ gegenüber der christlichen Missionierung eingestellt. Sein Sohn König Mutara III. Rudahigwa zeigte sich dazu wesentlich kooperativer. 1934/35 führte die belgische Verwaltung eine **Volkszählung** durch. Da sich die **Einteilung in drei Volksgruppen** anhand von rein äußerlichen Merkmalen als schwierig herausstellte, nahm man die soziale Stellung bzw. Lebensweise als Grundlage der ethnischen Einteilung. Um diese zu vereinfachen, diente zur Feststellung der Besitz von Rindern. Traditionell sind die Batutsi Rinderzüchter und die Bahutu Feldbauern, die nur wenige Kühe halten. Die Batwa besitzen hingegen als Jäger und Sammler keine Rinder. Laut Gesetz wurden alle Ruander mit mehr als zehn Rindern zu „**Batutsi**" erklärt, Ruander mit einem bis zu zehn Rindern waren „**Bahutu**", wer keine Rinder besaß wurde demzufolge zum „**Batwa**" erklärt. Diese Zugehörigkeiten wurden erfasst, registriert und später auch auf den Ausweisen vermerkt. So wurde bereits damals das Fundament für die späteren ethnischen Probleme des Landes gelegt.

Festlegung der ethnischen Zugehörigkeit

König Mutara III. Rudahigwa konvertierte 1943 zum Katholizismus

Nach dem Zweiten Weltkrieg änderte sich der Status von Ruanda geringfügig. Der Völkerbund wurde aufgelöst und die Vereinten Nationen (UN) wurden gegründet. Ruanda war ab 1946 ein sogenanntes **belgisches Treuhandgebiet der UN**. In der Nachkriegszeit sahen sich die europäischen Kolonialmächte immer häufiger dem Ruf nach Unabhängigkeit ihrer afrikanischen Kolonien ausgesetzt. Auch in Ruanda wurden die Rufe immer lauter.

Als am 25. Juli 1959 König Mutara III. Rudahigwa verstarb, kam Unruhe im Land auf. Grund war ein Gerücht, dass der König von den Belgiern vergiftet worden sei. Am

28. Juli wurde der König beigesetzt und nach alter Sitte sein Nachfolger bestimmt: Jean-Baptiste Ndahindurwa, gekrönt unter dem königlichen Namen Kigeri V. Die belgische Kolonialverwaltung war zunächst nicht einverstanden. Sie berief sich auf ein Dekret vom 14. Juli 1952, in dem festgelegt war, dass ein König nur mit vorherigem Einverständnis der Kolonialverwaltung ernannt werden durfte. Nachdem König Kigeri V. sich bereit erklärte, alle Kolonialgesetze anzuerkennen und diese zu befolgen, gaben sich die Belgier jedoch zufrieden.

Die Jahre vor der Unabhängigkeit

Zwischen 1957 und 1959 begann die Politisierung des Landes voranzuschreiten und einige Parteien wurden gegründet. Alle hatten sich den Einsatz für die Unabhängigkeit auf ihre Fahnen geschrieben. 1959 führte ein Ereignis jedoch zum Wendepunkt in Ruandas politischer Landschaft. Nach dem Angriff auf den Chef der Bahutu-Bewegung Dominique Mbonyumutwa, welcher den Batutsi-Mitgliedern der konkurrierenden Partei UNAR angelastet wurde, kam es im November 1959 fast zu einem Bürgerkrieg. In der ersten Novemberwoche wurden Tausende von Batutsi ermordet. Etwa 150.000 flüchteten in die Nachbarländer oder fanden Zuflucht in Flüchtlingslagern im Südosten des Landes. Am 9. November 1959 wurde der **Ausnahmezustand** ausgerufen, der bis zum Widerruf am 14. November 1960 andauerte. Die belgische Regierung, die Kolonialverwaltung und die anderen politischen Parteien in Ruanda gaben dem König und der UNAR aufgrund ihrer angeblichen Verwicklung in den Angriff die Schuld an den gewalttätigen Auseinandersetzungen.

Unruhen im Land

Die 120 durch die Unruhen „frei gewordenen" sogenannten Chefposten wurden vom neuen Leiter der belgischen Kolonialverwaltung in Ruanda allesamt mit Bahutu besetzt. Da der Oberste Rat des Landes nicht mehr tagen konnte – ein Großteil der Mitglieder befand sich im Exil – wurde dieser am 12. Januar 1960 abgesetzt und am 4. Februar 1960 durch einen provisorischen **Sonderrat** ersetzt. Die vier politischen Parteien entsandten insgesamt sechs Vertreter, davon nur einen für die UNAR. Die drei den Bahutu nahestehenden Parteien schlossen sich zu einer Koalition zusammen und erklärten am 30. April 1960 den König für abgesetzt.

Bei den Kommunalwahlen in Ruanda zwischen dem 26. und 31. Juli 1960 gewann die vereinigte **Bahutu-Partei PARMEHUTU** 70,4 % der Stimmen. Fortan arbeitete die belgische Regierung nur noch mit der Bahutu-Partei zusammen und ließ die ehemalige und für die Belgier lange Zeit wichtige Führungselite der Batutsi sowie den abgesetzten König links liegen.

Das unabhängige Ruanda

Ruanda erhielt am 15. Januar 1961 seine innere Autonomie und am 25. des Monats wurde die Macht an eine provisorische Regierung übergeben, um die ersten allgemeinen Wahlen vorzubereiten. Diese wurden am 25. September 1961 durchgeführt. Dabei konnte die Partei **PARMEHUTU** mit 77,7 % der Stimmen einen großen Sieg erringen. Gleichzeitig mit den Wahlen wurde ein Referendum abgehalten,

Erste allgemeine Wahlen

Autogrammkarte des ersten Präsidenten Ruandas, Grégoire Kayibanda

bei dem Ruandas Wähler sich gegen eine Monarchie und für eine Republik entschieden.

Die neugewählte Nationalversammlung bestimmte im Oktober 1961 den Bahutu **Grégoire Kayibanda** als ersten Präsidenten. Bereits im März des Jahres hatten Beobachter der Vereinten Nationen festgestellt, dass in Ruanda praktisch eine ethnische Diktatur durch die PARMEHUTU errichtet wurde. Dadurch bestünde die Gefahr, dass die Batutsi-Minderheit schutzlos der Willkür und den Missbräuchen durch die dominante ethnische Gruppe ausgesetzt sei. Die Warnungen blieben ungehört, die belgische Regierung unterstützte die neue Regierung und Ruanda erlangte am 1. Juli 1962 seine völlige Unabhängigkeit. Die neue Regierung der Bahutu-Partei PARMEHUTU nutzte sogleich ihre Vormachtstellung. Um diese zu sichern, wurden **Quoten** eingeführt. Die Anzahl der Batutsi entsprach damals etwa 9 % der Bevölkerung. So wurde verfügt, dass den Batutsi auch nur 9 % der Arbeitsplätze oder 9 % der Schulplätze zustanden.

Erste Batutsi-Vertreibungen

Flucht von Batutsi

Viele Batutsi verließen aus Angst vor weiteren Repressalien zu Tausenden Ruanda und gingen in die Nachbarländer ins Exil. Auch ein kleiner dreijähriger Junge war 1960 unter den Flüchtlingen. Sein Name: Paul Kagame, der heutige Präsident des Landes. Anfang der 1960er-Jahre lebten schätzungsweise bereits 350.000 Batutsi im benachbarten Ausland. Einige von ihnen schlossen sich zu Widerstandsgruppen zusammen, um von den Nachbarländern aus als Vergeltungsmaßnahmen Angriffe auf ruandisches Gebiet zu unternehmen. Diese konnten allerdings nicht verhindern, dass bis Ende 1963 fast 70.000 Batutsi ihr Leben ließen.

1965 fanden erneut Wahlen statt, bei denen Präsident Kayibanda bestätigt und Juvénal Habyarimana Verteidigungsminister wurde. Die Regierung und die katholische Kirche waren mittlerweile eng verbunden und nutzten gegenseitig ihre Infrastruktur. Die beiden damaligen Zeitungen waren in katholischer Hand und uneingeschränkt regierungsfreundlich. Bei den Wahlen vier Jahre später wurde Kayibanda erneut im Amt bestätigt und seine Partei PARMEHUTU in MDR (Mouvement Démocratique Républicain) umbenannt. Korruption und diktatorische Züge bestimmten zunehmend das Handeln des Regimes. Verwaltungsvorschriften wie die Quotenregelung wurden mittlerweile so strikt angewandt, dass auch bei gemäßigten Bahutu der Unmut stieg.

Die Zeit unter Präsident Habyarimana

1973 kam es durch Verteidigungsminister **Generalmajor Habyarimana** zu einem **Militärputsch**, bei dem Präsident Grégoire Kayibanda abgesetzt wurde. Habyarimana versuchte zunächst einige „Quoten-Tutsi" mit in die Regierung zu nehmen, um sich deren Zustimmung zu sichern. Das rief jedoch den Protest der Bahutu-Hardliner hervor, die bereits eine Überrepräsentierung der Batutsi in wichtigen gesellschaftlichen Bereichen sahen. Daraufhin verfügte der Präsident die Entlassung von Tausenden Batutsi aus ihren staatlichen Arbeitsstellen in Verwaltung, Gesundheitswesen und Bildungseinrichtungen. Das neue Militärregime gründete 1975 eine Einheitspartei mit dem Namen **MRND (Mouvement Révolutionnaire et National pour le Développement)**. Im Jahr 1978 wurden erstmals seit dem Putsch wieder Wahlen abgehalten, bei denen Habyarimana in seinem Amt bestätigt wurde. Bestätigt wurde er auch bei den Wahlen in den Jahren 1983 und 1988 – keine große Überraschung, denn er war jeweils der einzige Kandidat.

Juvénal Habyarimana, offizielles Bild des Staatspräsidenten, der durch einen Militärputsch 1973 an die Macht kam

Trotz der weiterhin undemokratischen und korrupten Verhältnisse im Land gab es doch kleine positive Fortschritte. Dazu zählt die **Bildungsreform** zur „Ruandarisierung" des Landes, in der die Sprache Kinyarwanda einen größeren Stellenwert bekam und die traditionelle ruandische Kultur mehr Eingang in die belgisch geprägten Lehrpläne fand.

Der „Hutu-Tutsi"-Konflikt wurde in dieser Phase „zurückgestellt". Dafür kam es zu Rivalitäten zwischen den Bahutu im Norden und im Süden des Landes. Der aus dem Norden Ruandas stammende Präsident wurde beschuldigt, diesen Landesteil in seiner Politik zu bevorzugen. Aber auch die allgemeine Unzufriedenheit in der Bevölkerung wuchs, da sich die ruandische Wirtschaft durch hohe Ölpreise sowie niedrige Erzeugerpreise ihrer landwirtschaftlichen Waren auf dem Weltmarkt in einer schwierigen Situation befand. Zudem war der Staat Ruanda fast bankrott.

Unzufriedenheit im Land

1979 gründete sich in Uganda die RRWF (Rwandan Refugee Welfare Foundation) durch die im Exil lebenden Batutsi. Ein Jahr später wurde die Organisation in

Flagge der Republik Ruanda von 1962 bis 2001

RANU (**Rwandan Alliance for National Unity**) umbenannt. Als 1981 der spätere ugandische Präsident Yoweri Museveni seinen Kampf gegen das zweite Obote-Regime in Uganda begann, waren zwei Männer an seiner Seite, die auch für das Nachbarland Ruanda bald eine entscheidende Rolle spielen sollten: Paul Kagame und Fred Rwigema.

1986 eroberte Museveni mit seinen durch zahlreiche Exil-Ruander verstärkten Truppen Kampala und stürzte das dortige Regime des Milton Obote. Im folgenden Jahr wurde die RANU in **RPF (Rwandan Patriotic Front)** umbenannt und als Ziel klar der Sturz der Diktatur in Ruanda formuliert. Viele Veteranen, die zuvor Museveni geholfen hatten, schlossen sich der Bewegung an, die mittlerweile nicht nur von emigrierten Batutsi, sondern auch von oppositionellen Bahutu Unterstützung bekam. Nach einem Militärputsch in Burundi Ende 1987 und den darauf folgenden ethnischen Unruhen kam eine große Anzahl Flüchtlinge nach Ruanda. Durch den Einbruch des Kaffeepreises auf den Weltmärkten verschärfte sich 1989 die kritische Lage des Landes weiter, sodass sich die Opposition langsam aus der Deckung wagte. Missmanagement und Korruption wurden immer häufiger öffentlich diskutiert. Um Hilfe aus dem Ausland zu bekommen, wurden der Regierung von den westlichen Geldgebern Vorgaben in puncto Mehrparteiendemokratie, Wirtschaftsreformen und Pressefreiheit gemacht.

Einmarsch in den Norden Ruandas

Am 1. Oktober 1990 marschierte die RPF unter Führung von **Fred Rwigyema** von Uganda aus in den Norden Ruandas ein. Ihr Ziel waren die Einführung der Demokratie und die Beendigung der Rassengesetze. Habyarimana begann daraufhin, die ruandische Nationalarmee aufzurüsten. 1990 verfügte sie über 5.000 Soldaten, 1991 waren es 24.000 und 1992 schon 35.000 Mann, die unter Waffen standen. Die ruandische Armee wurde vom Ausland zudem mit Waffen unterstützt, zu den Waffenlieferanten zählten Frankreich, Südafrika und die USA. Der ersten Invasion der RPF folgten Repressalien gegen Batutsi, die noch in Ruanda lebten, genauso gegen oppositionelle Bahutu, vor allem aus dem Süden des Landes. Tausende wurden inhaftiert und für Monate ohne Anklage in den Gefängnissen festgehalten.

Einige westliche Staaten übten Druck auf Präsident Habyarimana aus. Im November 1990 sagte er zu, auf die **Forderung nach einem Mehrparteiensystem** sowie nach Abschaffung der ethnischen Personalausweise einzugehen. Aber dies blieben zunächst leere Versprechungen, die nicht umgesetzt wurden.

Die ruandische Armee übte weiter in Manövern und rekrutierte neue Soldaten. Daneben gründete die Staatspartei MRND eine zunächst zivile Organisation, in der sich zahlreiche Bahutu engagierten, um die gesellschaftlichen Vorstellungen der

Partei umzusetzen. Diese Organisation nannte sich „Interahamwe", was so viel bedeutet wie „die, die zusammenhalten". Man schätzt, dass durch „Säuberungsaktionen" zwischen Oktober 1990 und Dezember 1992 wahrscheinlich bis zu 2.000 Batutsi und oppositionelle Bahutu von der Regierung umgebracht wurden.

Bei der oben erwähnten ersten Invasion im Oktober 1990 kam der Chef der RPF, Fred Rwigyema, ums Leben. Neuer Vorsitzender der RPF wurde **Paul Kagame**, der die Guerillataktik fortführte und seine Truppen stetig erweitern konnte. Ende 1992 kämpften bereits 12.000 Leute für die RPF. Mittlerweile unterstützten französische Truppen die ruandische Regierungsarmee. Der internationale Druck auf die Regierung in Kigali nahm jedoch zu und Habyarimana unterzeichnete nach Verhandlungen im tansanischen Arusha im August 1993 eine Vereinbarung, die innerhalb von 37 Tagen unter den Augen einer Abordnung der Vereinten Nationen umgesetzt werden sollte. Diese Vereinbarung beinhaltete eine neue Gesetzgebung und die Verpflichtung ihrer Durchsetzung, um eine Teilung der politischen Macht, die Rückführung der Flüchtlinge und die Einsetzung eines 70-köpfigen Übergangsparlaments zu erreichen. Aber die Umsetzung erwies sich aufgrund der Hardliner auf beiden Seiten als schwierig. Vor allem das Radio heizte die Stimmung im Lande weiter an. Besonders „**Radio-Télévision libre des Mille Collines**" tat sich hervor, wenn es galt, Batutsi als Feinde des Landes darzustellen.

Internationaler Druck auf die Regierung

Ende 1993 begann die UN mit der Entsendung der Beobachtungseinheit **UNAMIR** (**UN Assistence Mission for Rwanda**). Die Verhandlungen zur Umsetzung des „**Arusha-Abkommens**" waren mittlerweile fast zum Stillstand gekommen und die Stimmung im Land wurde immer aggressiver. So begannen im März 1994 die ersten Ruander das Land zu verlassen. Vielleicht ahnten sie bereits, was kommen würde.

Entsendung der UN-Einheit

Der Völkermord

Flugzeugabsturz – der Beginn

Am Abend des 6. April 1994 wurde das Flugzeug mit Ruandas Präsident Habyarimana und Burundis neuem Präsidenten Cyprien Ntaryamira kurz vor der Landung auf dem Flughafen Kigali von einer Rakete abgeschossen. Beide Präsidenten kamen bei diesem Terrorakt ums Leben, dessen Hintergründe lange Zeit nicht aufgeklärt werden konnten. Zunächst wurden die Batutsi-Rebellen um Paul Kagame für den Abschuss verantwortlich gemacht. Später verdichteten sich die Hinweise, dass extreme Bahutu das Flugzeug abgeschossen haben, da sie mit den vom Präsidenten in Arusha unterzeichneten politischen Zugeständnissen an die Batutsi nicht einverstanden waren. Der Untersuchungsbericht eines französischen Richters kam 2012 zu dem Schluss, dass extreme Bahutu das Präsidentenflugzeug bewusst zum Absturz gebracht hatten, um damit einen Vorwand für den Völkermord zu liefern.

Lange Zeit ungeklärte Umstände

Bereits wenige Stunden nach dem Flugzeugabschuss begann das Töten in Ruanda. Aufgrund der relativ kurzzeitig nach dem Attentat gegebenen Befehle zum Morden sowie des planmäßigen Vorgehens der Akteure lässt sich heute darauf schließen,

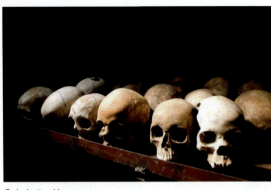
Gedenkstätte Nyamata

dass der Völkermord schon von langer Hand geplant gewesen sein muss. Innerhalb von Stunden wurden systematisch Straßenbarrikaden errichtet, gezielt Menschen (Batutsi und oppositionelle Bahutu) verhaftet bzw. gleich an Ort und Stelle umgebracht. Es gab regelrechte „schwarze Listen", auf denen die sogenannten „Feinde" des Landes verzeichnet waren. Die Befehle wurden von ganz oben über die Präfekturen bis hinunter zu den Gemeinden durchgegeben und ausgeführt. Bei den Verfolgungen kamen alle erdenklichen Tötungswerkzeuge zum Einsatz – von Gewehren und Pistolen bis hin zu Messern und Macheten. In nur drei Monaten wurden 800.000 bis 1.000.000 Menschen getötet! Unvorstellbar. Es gab keine Familie in Ruanda, die nicht in irgendeiner Weise von den Ereignissen betroffen war.

Unvorstellbare Gräuel

Nachdem der lange heraufziehende Konflikt kaum Erwähnung in den internationalen Medien fand, geriet Ruanda nun plötzlich in die Schlagzeilen der Weltpresse. Tausende von Leichen, die in den Flüssen und Seen schwammen, waren eine unübersehbare Anklage gegen die geschehenen Gräuel. Trotz der unfassbaren Ereignisse gab es aber durchaus auch kleine Lichtblicke in dieser Zeit: Bahutu, die sich weigerten zu töten und die Batutsi teilweise unter Lebensgefahr versteckten oder ihnen zur Flucht verhalfen: aufflammende Menschlichkeit in einem Meer aus Blut und Terror.

Die UN und der Völkermord

Die Unterstützungsmission der Vereinten Nationen in Ruanda (**UNAMIR – United Nations Assistance Mission for Rwanda**) wurde nach dem Friedensabkommen von Arusha im Oktober 1993 in Ruanda stationiert. Einer der beiden Einsatzleiter der UN-Mission war der kanadische Generalleutnant Roméo Dallaire. Er informierte bereits am 11. Januar 1994 in einem Schreiben an das UN-Büro für UNO-Friedenseinsätze, dass Vorbereitungen für die Ermordung von Tausenden Zivilisten getroffen und von Regierungsvertretern „schwarze Listen" von „Staatsfeinden" zusammengestellt würden. Der damalige Büroleiter Kofi Annan gab jedoch die Anweisung, zunächst nichts zu unternehmen. Am 5. April 1994 wurde das UN-Mandat wegen des nur schleppend umgesetzten Friedenabkommens und der verschlechterten Sicherheitslage verlängert.

Unterstützungsmission der UN

Zu Beginn des Völkermordes am 7. April 1994 waren insgesamt 2.500 Blauhelme in Ruanda stationiert, darunter 400 Soldaten der ehemaligen Kolonialmacht Belgien.

Noch am selben Tag wurden Premierministerin Agathe Uwilingiyimana sowie zehn zu ihrem Schutz abgestellte belgische UN-Soldaten ermordet, was einen teilweisen Rückzug der UN-Blauhelmtruppe zur Folge hatte. Dallaire weigerte sich jedoch, Ruanda zu verlassen, und blieb mit einem Rest von 270 Blauhelmsoldaten im Land. Ursprünglich als reine Beobachter entsandt, konnten die UN-Blauhelme ohne technische Möglichkeiten zum Eingreifen und ohne eine Mandatserweiterung durch die UN-Zentrale in New York dem Morden nur hilflos zusehen.

Blauhelmsoldaten nur zur Beobachtung

Am 8. April, nur zwei Tage nach dem Beginn des Genozids, startete die RPF eine **Offensive gegen die ruandische Armee**. Gleichzeitig bildete sich nach der Ermordung des Präsidenten eine neue MRND-Regierung in Kigali, die später aufgrund der anhaltenden Kämpfe nach Gitarama ausweichen musste. Am 30. April wurde das Thema Ruanda im UN-Sicherheitsrat acht Stunden lang diskutiert, ohne dass auch nur ein einziges Mal das Wort „Genozid" bzw. „Völkermord" benutzt wurde. Bei Erwähnung eines der Begriffe wäre die UN verpflichtet gewesen, sofort in Ruanda einzugreifen. So schaute die Welt weiterhin untätig zu. Währenddessen versuchten immer mehr Menschen, Ruanda zu verlassen. Zehntausende waren auf der Flucht in die Nachbarländer.

Am 17. Mai beschloss die UN, die Mission wieder auf 5.500 Soldaten aufzustocken. Die um Hilfe gebetenen Staaten, u. a. Deutschland, verweigerten jedoch die Hilfe für den UN-Einsatz oder verzögerten diese um Monate. Die Erweiterung der UN-Mission fand dadurch faktisch erst nach dem Ende des Völkermordes statt. Unterdessen marschierte die RPF vom Norden kommend auf Kigali zu. Ende Mai befanden sich der Flughafen und die Kanobe-Kaserne bereits in der Hand der **Befreiungsbewegung**.

Nach den Querelen um die Ausweitung von UNAMIR beschloss Frankreich eigenständig, Soldaten für eine Mission in Ruanda bereitzustellen. Am 23. Juni marschierten 2.550 französische Soldaten der **„Opération Turquoise"** von Südwesten nach Ruanda ein. Die Operation sollte eine Schutzzone in Südwest-Ruanda errichten, um verfolgte Menschen zu schützen und die geplante Ausweitung der UNAMIR-Truppe vorzubereiten. Die „Operation Türkis" war wegen der Rolle Frankreichs später stark umstritten. So wurde beispielsweise der rassistische Hetzsender „Radio Télévision Libre des Mille Collines" zum Schutz vor den anrückenden Rebellen der RPF von Kigali in die französische „Schutzzone" nach Gisenyi verlegt. Auch wurden keine führenden Handlanger des Völkermordes, die sich in der Zone aufhielten, festgenommen. Alle verantwortlichen Bahutu konnten über die Zone sicher in den benachbarten Kongo fliehen.

Umstrittene Schutzzone

Am 4. Juli 1994 nahm die RPF endgültig Kigali ein und begann sogleich damit, eine **Übergangsregierung** zu bilden. Am 21. August 1994 wurde die „Zone Turquoise" von den Franzosen geräumt und die RPF übernahm die Kontrolle des Gebiets. Dies löste eine Massenflucht der bis dahin dort unbehelligt lebenden Bahutu aus, denn auch am Völkermord unbeteiligte Bahutu befürchteten Vergeltungsmaßnahmen der Batutsi. Um die kongolesische Stadt Goma entstanden riesige **Flüchtlingslager**. Die humanitäre Situation dort war katastrophal, Cholera und andere Krankheiten kosteten Zehntausenden das Leben.

Massenflucht der Bahutu

Nach dem Genozid

Internationale Anerkennung des Völkermords

Am 18. Juli erklärte die RPF den Krieg für gewonnen und rief einen **Waffenstillstand** aus. Es wurde nun versucht, eine breit angelegte Regierung zusammenzustellen und Pasteur Bizimungu wurde als Präsident berufen. Der neue Premierminister hieß Faustin Twagiramungu, RPF-Führer Paul Kagame wurde Verteidigungsminister und Vizepräsident. Ende Juli entschied die UN endgültig über die Entsendung von Truppen. Diese erreichten Ruanda im August 1994 und lösten damit die französische „Opération Turquoise" ab. International wurde inzwischen anerkannt, dass es sich in Ruanda tatsächlich um einen Völkermord gehandelt hatte. Das war im Sommer 1994, als alles vorbei war.

Die im **Friedensabkommen von Arusha** von 1993 vorgesehene 70-köpfige Übergangsregierung wurde offiziell im Dezember 1994 in das Amt eingeführt. Einen Monat zuvor, im November 1994, hatte die UN bereits beschlossen, ein **internationales Strafgericht zur Aufklärung des Völkermordes** in Ruanda einzusetzen. Trotz der Beendigung des Genozids und der Schaffung einer Übergangsregierung kam es in den folgenden drei Jahren immer wieder zu Überfällen und Morden auf beiden Seiten. Vor allem um die Flüchtlingslager herum gab es immer wieder Auseinandersetzungen. Bahutu-Extremisten begingen von dort aus Überfälle in Ruanda, RPF-Truppen überfielen ihrerseits Flüchtlingslager auf der Suche nach Mördern und Anführern des Genozids. Nach der Stabilisierung der Lage verließen die UN-Truppen im März 1996 Ruanda, gleichzeitig kehrten Flüchtlinge in großer Zahl nach Ruanda zurück.

Opfernamen des Genozids, Gedenkstätte in Kigali

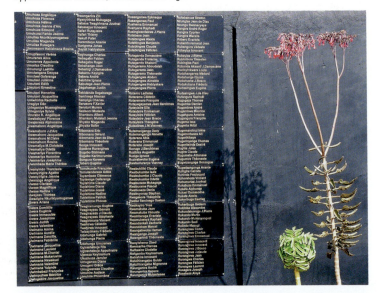

Der Völkermord

Paul Rusesabagina – Ruandas Oskar Schindler

Der 1954 in Gitarama geborene Paul Rusesabagina arbeitete seit Anfang 1994 als Manager eines renommierten Hotels in Ruandas Hauptstadt Kigali. Zuvor hatte er Theologie in Kamerun sowie Hotelführung in Kenia studiert und kannte sich bereits gut aus, wie man in Afrika schwierigen Zeiten trotzt und überlebt. So wusste er etwa, wen er schmieren musste, um die Versorgung des Hotels zu gewährleisten. Er lernte schnell, mit wem er sich gut stellen musste und dass man Versprechen misstrauen sollte. Doch was er im Frühjahr 1994 erlebte, ließ ihn fast den Glauben an die Menschheit verlieren.

Paul Rusesabagina ist Bahutu und mit einer Batutsi-Frau verheiratet. Aber für ihn zählten bis dahin keine ethnischen Zugehörigkeiten, er war damals vor allem eines: ein Hotelmanager. Er leitete als Verantwortlicher das „**Hotel des Mille Collines**", ein bei ausländischen Touristen, ruandischen Generälen und UN-Offizieren beliebtes Fünf-Sterne-Idyll. Nach der ausbrechenden Gewalt und dem Morden war es die Präsenz von Ausländern, die das Hotel zunächst zu einem halbwegs sicheren Ort machte. Innerhalb von Tagen hatten sich Tausende von Batutsi in das Hotel geflüchtet. Mitten im Chaos behielt Rusesabagina die Nerven, organisierte den Nachschub, als die Vorräte ausgingen, und ließ Wasser aus dem Pool schöpfen, als die Wasserleitungen zum Hotel gekappt wurden. Immer wieder musste er mit Generälen verhandeln und immer wieder standen Bahutu-Milizen mit Macheten in der Lobby. Paul Rusesabagina tat dann das, was er auch als Manager oft getan hatte: Er lud ein zu einem Drink und verhandelte.

Einer der bittersten Momente für ihn war der **Abzug der UN-Truppen**. Rund 2.500 Blauhelme hielten sich im Land auf, um ein zwischen Bahutu und Batutsi vereinbartes Friedensabkommen zu überwachen. Doch als die Gewalt eskalierte, empfahl der damalige Leiter der zuständigen Abteilung für Friedensmissionen den Abzug. Paul Rusesabagina hatte auf diese Blauhelme vertraut. Nun waren er und sein überfülltes Hotel völlig schutzlos und den Bahutu-Milizen mehr denn je ausgeliefert. Seine einzige Hoffnung auf Hilfe waren die heranrückenden Batutsi-Rebellen, doch das konnte noch Wochen bis zur Eroberung dauern. Paul Rusesabagina

Die Verfilmung der damaligen Ereignisse im Hotel des Mille Collines: Filmplakat von „Hotel Ruanda"

info

versuchte verzweifelt, die Milizen bei Laune zu halten, um so die im Hotel befindlichen Flüchtlinge weiterhin schützen zu können. Nach langen quälenden Tagen erreichten die Rebellen endlich die Umgebung Kigalis und befreiten endlich auch die eingeschlossenen Flüchtlinge im Hotel des Mille Collines. Paul Rusesabagina zog nach diesen Ereignissen mit seiner Familie nach Belgien. Durch seinen Kampf gelang es ihm, 1.268 Ruandern das Leben zu retten. Jahre später schrieb er seine Erlebnisse auf, das Buch erschien 2006 unter dem Titel **„Ein gewöhnlicher Mensch. Die wahre Geschichte hinter ‚Hotel Ruanda'"** auch in Deutschland. Zehn Jahre nach dem Völkermord wurde seine Geschichte mit Don Cheadle in der Hauptrolle und Nick Nolte als Colonel Oliver verfilmt. Heute betreibt Paul Rusesabagina ein Transportunternehmen und lebt mit seiner Frau und vier Kindern in Brüssel.

Text: Thomas Breuer

Das heutige Ruanda

Die Regierung Paul Kagame

Im März 2000 trat Präsident Bizimungu zurück und machte damit Paul Kagame Platz, der im April, genau 40 Jahre nach seiner Flucht als dreijähriges Kind ins Exil nach Uganda, als 5. Präsident Ruandas vereidigt wurde. Im Juli 2000 forderte die Organisation für Afrikanische Einheit (OAU) die Weltgemeinschaft auf, Ruanda unter die Arme zu greifen, da alle den Völkermord erst verleumdet und dann nicht eingegriffen hätten. Im Juni 2002 warteten noch 115.000 Verdächtige des Genozids auf ihre Verhandlung. Da die Vielzahl der Verdächtigen das Justizsystem von Ruanda überforderte, wurde ein neues Verfahren eingeführt. Diese neuen Gerichtsverfahren wurden „**Gacaca**" (wörtlich: Gras) genannt und basieren auf den traditionellen Gerichtsverfahren der Dörfer.

Überforderung des Justizsystems

Die Gacaca-Gerichte

Die traditionelle Gerichtsbarkeit der Dorfgemeinschaften stellte eine zeitnahe und flexible Art dar, Verstöße von sozialen Normen und interfamiliäre Streitigkeiten unter der Leitung der Dorfältesten zu regeln. Die dabei ausgesprochenen Urteile beinhalteten meist gemeinnützige Arbeit für die Dorfgemeinschaft oder Zahlungen bestimmter Mengen von Bananenwein (Urwagwa) oder Sorghombier (Amarwa). Als Zeichen der Versöhnung endeten diese traditionellen Gerichte oft mit einem gemeinsamen Essen. Bei den Gacacas ging es letztlich nicht nur um eine Bestrafung, sondern um den Erhalt des sozialen Friedens. Die Gerichtsform bestand noch zur Anfangszeit der Europäer, doch 1924 begrenzte die belgische Kolonialverwaltung die Zuständigkeiten dieser Gerichte. Nach der Unabhängigkeit 1962

Das heutige Ruanda

Eine amerikanische Briefmarke erinnert an den Völkermord in Ruanda

blieben die Gacacas weiterhin nur für kleine Streitigkeiten auf kommunaler Ebene zuständig, waren jedoch Bestandteil des offiziellen Rechtssystems.

Aufgrund der durch den Völkermord zerstörten Institutionen und der großen sozialen und politischen Probleme rief die Regierung 1995 bei der Bewältigung der bevorstehenden juristischen Arbeit um Hilfe. Der von den Vereinten Nationen installierte **Internationale Strafgerichtshof für Ruanda** (ICTR) mit Sitz im tansanischen Arusha sollte und konnte sich wegen seiner geringen Kapazität nur um die Verfahren gegen die vermeintlich wichtigen, politisch verantwortlichen Drahtzieher kümmern. Das Rechtssystem in Ruanda war nach dem Völkermord von 785 auf 20 überlebende Richter dezimiert und konzentrierte sich zunächst auf die vom ICTR nicht erfassten Anstifter und Planer des Völkermordes. 1999 entschied die Regierung mangels Alternativen, die traditionellen Gacaca-Gerichte einzusetzen und sie auf die Masse derer auszuweiten, die beschuldigt wurden, am Genozid beteiligt gewesen zu sein.

Im Januar 2001 verabschiedete das Parlament die **Gacaca-Gesetze** und im Sommer 2002 wurden in zwölf Distrikten die ersten Pilotgerichte eingerichtet. Im Gegensatz zu den traditionellen Gacacas waren diese nun rechtlich eingebettet, folgten formalen Prozeduren und räumten den Angeklagten mehr Rechte ein. Die Beteiligung der gesamten Gemeinde sowie das Ziel der Versöhnung wurden jedoch als wichtige Elemente beibehalten. Die Schwere des Vergehens während des Genozids wurde in eine von vier Kategorien eingeteilt. Die Gacacas waren für Fälle der Kategorien 2 bis 4 zuständig, während Verdächtige der Kategorie 1 vor ein ordentliches ruandisches Gericht bzw. das ICTR gestellt wurden.

Jedem Gacaca-Gericht gehörten neun Inyangamugayo sowie fünf Gesandte an. Die Inyangamugayo wurden von der Generalversammlung des Dorfes (alle Einwohner über 17 Jahre) gewählt. Die Kandidaten mussten über 21 Jahre alt, ehrlich, vertrauenswürdig und mit hohen moralischen Wertvorstellungen ausgestattet sein. Außerdem durften sie keine Vorstrafe über sechs Monate Gefängnis besitzen und nicht am Völkermord teilgenommen haben. Das Strafmaß bei Verurteilung konnte zwischen gemeinnütziger Arbeit und Reparationszahlungen sowie 30 Jahren Gefängnis variieren. Ein übergeordnetes **Appellationsgericht** kümmerte sich um Einsprüche gegen verkündete Urteile. Im März 2005 arbeiten rund **13.000 Gacaca-Gerichte** über das ganze Land verteilt. Im Juni 2012 stellten die Gacaca-Gerichte ihre Tätigkeit offiziell ein.

Nach dem Völkermord wurde am 25. Oktober 2001 eine neue Flagge eingeführt – Symbol für den Neuanfang des Landes

In der ersten Hälfte des Jahres 2003 ließ man insgesamt 30.000 Verdächtige frei. Darunter befanden sich alle, die während des Genozids zwischen 14 und 18 Jahre alt waren und die nach Jugendstrafrecht nicht zu einer längeren Strafe hätten verurteilt werden können, als die Untersuchungshaft bereits dauerte. Zudem kamen alte oder sehr kranke Insassen sowie all jene, die geringerer Vergehen angeklagt waren, auf freien Fuß.

Im Juli 2003 ist die neue **ruandische Verfassung** verabschiedet worden, damit endete die sogenannte Übergangsregierung. Im August 2003 folgten die ersten Wahlen seit dem Genozid, die im Allgemeinen erstaunlich friedlich durchgeführt werden konnten. Präsident Paul Kagame wurde mit 95,05 % der Stimmen für eine Periode von sieben Jahren wiedergewählt. Sein Gegenkandidat Faustin Twagiramungu kam nur auf 3,5 %. Im September des gleichen Jahres folgten zudem Parlamentswahlen, bei denen die RPF 73 % der Stimmen erlangte.

Um der französischen „Umklammerung" etwas zu entgehen, beantragte Ruanda 2007 die Mitgliedschaft im britisch geprägten **Commonwealth of Nations**, 2009 wurde das Land aufgenommen.

Verfassungs-referendum

98,4 % der Bevölkerung stimmten nach offiziellen Angaben in einem Verfassungsreferendum am 19.12.2015 für eine **Aufhebung der Beschränkung der Amtszeiten des Präsidenten**. Diese waren zuvor nach Artikel 101 der Verfassung auf zwei siebenjährige Amtsperioden begrenzt. Es wird bezweifelt, dass Kagame 2017 freiwillig nicht mehr zu den Präsidentschaftswahlen antreten wird.

Ruanda heute

Über 20 Jahre nach dem Völkermord stellt sich Ruanda als recht ruhiges und friedvolles afrikanisches Land dar. Ruanda erhält im Vergleich zu seiner Größe relativ viel Entwicklungshilfe, zeigt jedoch auch selbst große Anstrengungen, das Land zu modernisieren und die Wirtschaftsbedingungen zu verbessern.

Jedoch trüben einige politische Entwicklungen im Land die doch insgesamt positiven Aussichten. Präsident Kagame regiert mit fester Hand und lässt der Opposition kaum Raum, wie das umstrittene Wahlergebnis für ihn von 93 % bei den Wahlen von 2010 zeigt. Es werden immer wieder Menschenrechtsverletzungen, vor allem hinsichtlich der Meinungs-, Presse- und Versammlungsfreiheit angeprangert.

Zudem wird ihm vorgeworfen, Teile der Rebellen im benachbarten Kongo zu unterstützen und damit auch für Menschenrechtsverletzungen im Ost-Kongo mitverantwortlich zu sein. Auf der anderen Seite steht Präsident Kagame für eine politische Stabilität in einem schwierigen Umfeld und für enorme wirtschaftliche und strukturpolitische Erfolge.

Bei den **Parlamentswahlen** 2013 erreichte die regierende Partei des Präsidenten (RPF) 76,2 % der Stimmen. Im neuen Parlament sind 64 % der 80 Abgeordneten Frauen, womit Ruanda das weltweit einzige Land ist, dessen Volksvertretung mehrheitlich weiblich ist.

Zeittafel

Frühgeschichte

Vor 700 v. Chr.	In Ruanda leben einfache Jäger und Sammler, die Vorfahren der heutigen Batwa.
Ab 700 v. Chr.	Bantu-Völker wandern von Zentralafrika nach Ruanda ein.
10.–14. Jh.	Einwanderung von Rinderzüchtern, den heutigen Batutsi.
11.–14. Jh.	Etablierung einer „Herrscher und Untertan"-Beziehung zwischen den Batutsi und den Bahutu.
15. Jh.	Das Königreich Ruanda wird von Nachbarn besiegt und seiner königlichen Trommel beraubt (Rwoga).
16. Jh.	Ruanda wird mit König Ruganzu II. Ndori (1510–1543) wieder selbstständig.
1853	König Kigeri IV. Rwabugiri wird Herrscher über Ruanda (bis 1895).

Die deutsche Zeit

1884	Am 15. November beginnt die Berliner „Kongokonferenz". Das Königreich Ruanda wird dabei Deutschland zugestanden.
1885	Kaiser Wilhelm I. gibt am 27. Februar einen Schutzbrief heraus, der die Besetzung ostafrikanischer Gebiete legitimiert. Am 27. Mai wird Carl Peters zum Reichskommissar ernannt.
1891	Deutsch-Ostafrika wird als deutsche Kronkolonie dem Außenministerium unterstellt.
1894	Graf von Götzen unternimmt als erster Deutscher eine Reise nach Ruanda.
1898	Die Deutschen gründen die erste Militärstation in Ruanda.
1906	Graf von Götzen teilt die Verwaltung von Urundi-Ruanda wieder auf.
1907	Am 15. November wird Richard Kandt kaiserlicher Resident im Königreich Ruanda.
1908	Kigali wird offiziell Sitz der deutschen Kolonialverwaltung für Ruanda.
1911	Unterzeichnung eines Grenzvertrags mit Belgien, in dem der genaue Grenzverlauf zwischen Ruanda und Belgisch-Kongo festgelegt wird.

1912	Als letzter Deutscher wird am 22. April Heinrich Albert Schnee Gouverneur von Deutsch-Ostafrika (bis 14. November 1918).

Die belgische Zeit

1916	Am 6. Mai marschieren die belgischen Truppen in Kigali ein.
1920	Nach dem Versailler Vertrag werden alle deutschen Kolonien ab dem 20. Januar dem Völkerbund unterstellt. Deutsch-Ostafrika wird aufgeteilt und das Verwaltungsmandat über Ruanda und Burundi wird Belgien übertragen.
1925	Am 25. April wird Ruanda verwaltungstechnisch ein Teil der Kolonie Belgisch-Kongo.
1931	König Yuhi V. Musinga wird von den Belgiern abgesetzt und durch seinen Sohn Mutara III. Rudahigwa ersetzt.
1932	Der Anbau von Kaffee beginnt.
1946	Nach der Auflösung des Völkerbundes wird Ruanda Treuhandgebiet der Vereinten Nationen unter belgischer Verwaltung.
1959	Am 25. Juli stirbt König Rudahigwa und wird am 28. Juli beigesetzt. Anschließend wird Kigeri V. Ndahindurwa als neuer König von Ruanda bestimmt. Nach der Ermordung von Mbonyumutwa, dem Chef der Bahutu-Bewegung, kommt es Anfang November zu ethnischen Auseinandersetzungen.
1960	Bei den Kommunalwahlen zwischen dem 26. Juni und dem 31. Juli gewinnt die Bahutu-Partei PARMEHUTU 70,4 % der Stimmen.

Das unabhängige Ruanda

1961	Am 15. Januar erhält Ruanda die innere Autonomie, am 25. Januar wird die Macht an die provisorische Regierung abgegeben.
1962	Ruanda erlangt am 1. Juli die völlige Unabhängigkeit.
1973	Bei einem Militärputsch wird Präsident Kayibanda von Generalmajor Habyarimana abgesetzt.
1979	Gründung der RRWF (Rwandan Refugee Welfare Foundation) durch im Exil lebende Batutsi.
1983/1988	Bei den Wahlen wird Habyarimana ohne Gegenkandidat im Amt bestätigt.
1990	Einmarsch der RPF von Uganda aus nach Ruanda. Ihr Anführer Rwigema kommt dabei ums Leben.
1993	Vereinbarung zwischen den Vereinten Nationen und dem ruandischen Präsidenten, in der sich die Regierung zur Umsetzung diverser Reformen innerhalb von 37 Tagen verpflichtet. Am 5. Oktober wird die UN-Mission UNAMIR als Beobachtungstruppe in Ruanda stationiert.
1994	Am 6. April kommen der ruandische und der burundische Präsident beim Abschuss ihres Flugzeugs ums Leben. Am selben Tag noch beginnt der Völkermord. Bis Mitte Juli sterben etwa 800.000 Ruander auf bestialische Weise. Nach der Ermordung von zehn belgischen Soldaten zieht Belgien am 13. April seine Blauhelme ab. Am 4. Juli nimmt die RPF Kigali ein und erklärt am 18. Juli den „Krieg" für beendet. Im November beschließt die UN einen Strafgerichtshof zum

	Thema Ruanda einzusetzen. Die schon im „Arusha-Abkommen" beschlossene Übergangsregierung wird im Dezember eingerichtet.
1996	Im März verlassen die UN-Truppen das Land.
2000	Übergangspräsident Bizimungu tritt im März zurück und Paul Kagame wird sein Nachfolger.
2002	Wegen der großen Zahl an Verdächtigen, die in Gefängnissen auf ihre Verhandlung warten, wird eine neue Form der Gerichtsbarkeit eingeführt: die den alten Traditionen folgenden Gacaca-Gerichte auf dörflicher Ebene.
2003	Im Juli wird eine neue Verfassung verabschiedet, bei den Präsidentschaftswahlen im August gewinnt Paul Kagame mit 95,05 % der Stimmen.
2004	Der französische Außenminister Michel Barnier beendet im April seinen Ruanda-Besuch vorzeitig, nachdem Vorwürfe über die Verstrickung Frankreichs in den Völkermord laut werden.
2005	Es kommt zu diplomatischen Spannungen zwischen Deutschland und Ruanda, nachdem Rose Kabuye, die Protokollchefin von Präsident Kagame, in Frankfurt verhaftet wurde.
2010	Im August wird Paul Kagame bei den von der UNO und der Opposition als nicht fair eingestuften Wahlen mit 93,08 % der Stimmen wiedergewählt.
2012	Eine französische Untersuchung kommt zu dem Schluss, dass die Rakete auf das Flugzeug des damaligen Präsidenten Juvénal Habyarimana 1994 im Auftrag von Mitgliedern der Präsidentengarde abgefeuert wurde. Präsident Kagame wird für die zunehmende Destabilisierung des östlichen Kongo mitverantwortlich gemacht.
2013	Bei Parlamentswahlen erreicht die regierende Partei des Präsidenten (RPF) 76,2 %. Im neuen Parlament sind 64 % der 80 Abgeordneten Frauen.
2014	Ruandas Präsident sieht sich zunehmend internationaler Kritik wegen Missachtung der Menschenrechte sowie Unterdrückung der Opposition und der Pressefreiheit ausgesetzt.
2015	Im Dezember wird ein ehemaliger Bürgermeister aus Ruanda vor einem deutschen Gericht wegen der Beteiligung am Kirchenmassaker von Kiziguro während des Völkermords in Ruanda zu lebenslanger Haft verurteilt. In einem Verfassungsreferendum stimmen offiziell 98,4 % der Wähler für eine Änderung der limitierten Amtszeit des Präsidenten. Die Erweiterung auf fünf Amtszeiten ermöglicht es Paul Kagame, 2017 erneut zu kandidieren.
2016	Nach dem Ausbruch politisch motivierter Gewalt im Nachbarland Burundi Ende 2015 sind einige Tausend Flüchtlinge nach Ruanda gekommen. Im Juni wird Ruanda beschuldigt, unter den im Land lebenden burundischen Flüchtlingen Propaganda gegen den burundischen Präsidenten zu verbreiten. Gleichzeitig beginnen erste Friedensgespräche über Burundi im tansanischen Arusha.

Landschaftlicher Überblick

Land der tausend Hügel

Ruanda befindet sich am westlichen Rand Ostafrikas, im sogenannten **Gebiet der Großen Seen**, nur gut ein Grad südlich des Äquators. Es liegt zwischen dem zentral- und ostafrikanischen Arm des Grabenbruchs, einem Gebiet, das sich durchschnittlich auf über 1.000 m Höhe befindet. Ein Großteil des Landes zeichnet sich durch eine ausgeprägte **Hügellandschaft** aus, die in den **Virunga-Vulkanen** ihren Höhepunkt findet. Diese Vulkankette liegt im Nordwesten des Landes, im Dreiländereck zu Uganda und dem Kongo. Der **Mt. Karisimbi** markiert dort mit 4.507 m die höchste Erhebung. Nur im Osten zur Grenze nach Tansania wird Ruanda etwas flacher. Dort befinden sich auf rund 1.300 m Höhe ausgedehnte **Savannengebiete**, die durch kleine Seen und flache Hügel strukturiert werden. Ruandas tiefster Punkt befindet sich mit 930 m über dem Meeresspiegel am Rusizi-Fluss.

Heute sind weite Teile der einst bewaldeten Hügel und Berge des Landes überwiegend kultiviert und werden landwirtschaftlich genutzt. Die ursprüngliche Vegetation ist dort meist nicht mehr zu erkennen. Nur in den oberen Regionen der Vulkane und in dem im Südwesten gelegenen Nyungwe-Wald finden sich noch Reste des dichten **Nebelwaldes**, der einst weite Teile des Landes überzog. An der westlichen Grenze Ruandas liegt der beeindruckende **Kivu-See**. Er unterbricht die bergige Landschaft, die sich jedoch hinter dem See auf der kongolesischen Seite fortzieht.

Angrenzende Länder

Das 26.338 km² kleine Binnenland Ruanda hat insgesamt nur eine 893 km lange Grenze. Die angrenzenden Länder sind Burundi (mit 290 km gemeinsamer Grenze), die Demokratische Republik Kongo (217 km Grenze), Tansania (217 km Grenze) und Uganda (169 km Grenze).

Die Virunga-Vulkane im Dreiländereck Ruanda, Uganda und D.R. Kongo

Klima

Das Klima Ruandas wird hauptsächlich durch seine Höhenlage sowie die Vulkankette der Virungas und die großen umgebenen Seen bestimmt. Es gibt keine Jahreszeiten in unserem europäischen Sinne, das Jahr unterteilt sich vielmehr in **Regen- und Trockenzeiten**. In Ruanda werden vier Klimaperioden unterschieden. Eine lange Trockenzeit (Impeshyi) von Mitte Juni bis Ende September und eine kleine Trockenzeit (Urugaryi) von Mitte Dezember bis Ende Januar. Zudem die große Regenzeit (Itumba) von Mitte Januar bis Mitte Juni und eine kleine Regenzeit (Umuhindo) von Ende September bis Mitte Dezember. Die feuchteste Zeit des Jahres liegt zwischen Februar und Mai, wenn die meisten Landesteile durchschnittlich 150 bis 200 mm Niederschlag pro Monat verzeichnen. Durch den regelmäßigen Niederschlag ist Ruanda fast das ganze Jahr über grün.

Vier Klimaperioden

Klimadaten

Klimadaten Kigali	Max. Temperatur °C	Min. Temperatur °C	Niederschlag (mm)	Sonnenstunden	Regentage	Luftfeuchtigkeit
Januar	26,5	15,1	69	5,4	8	75
Februar	26,5	15,2	100	5,4	10	74
März	26,2	15,2	106	5,3	13	77
April	25,2	15,1	183	5,0	16	79
Mai	24,9	15,3	92	5,1	10	77
Juni	25,3	14,5	20	7,0	2	65
Juli	26,1	14,3	9	7,2	1	55
August	27,1	15,3	34	6,9	4	57
September	27,4	15,1	86	6,4	8	68
Oktober	26,5	15,2	102	5,6	14	76
November	25,7	14,9	127	5,3	16	81
Dezember	25,5	15	100	5,1	10	76

Temperaturen

Die durchschnittlichen Höchsttemperaturen liegen in den meisten Regionen Ruandas zwischen 20 und 27 °C, während die durchschnittlichen Mindesttemperaturen zwischen 10 und 18 °C schwanken. Die wärmste Region in Ruanda mit Temperaturen zeitweise über 30 °C ist die Grenzregion zu Tansania im Bereich des Akagera-Nationalparks. Die kälteste Region Ruandas, mit Temperaturen bis zum Gefrierpunkt, sind die oberen Bereiche der Virunga-Vulkane. Generell bleiben die Temperaturen das Jahr über relativ gleich und schwanken im mittleren Durchschnitt um nicht mehr als zwei Grad.

Niederschläge

Regenmengen verschieden verteilt

Der durchschnittliche Niederschlag in Ruanda beträgt rund 900 mm im Jahr und ist damit vergleichbar u. a. mit der Region Westfalen in Deutschland. Damit bekommt Ruanda theoretisch ausreichend Niederschlag, um eine üppige Vegetation gedeihen zu lassen bzw. für eine erfolgreiche Landwirtschaft. Allerdings ist die Regenmenge im Land nicht gleich verteilt, das niederschlagsärmste Gebiet liegt im Osten an der Grenze zu Tansania (750 mm). Der höchste Niederschlag wird bei den Virunga-Vulkanen (2.000 mm) und im Gebiet des Kivu-Sees (1.300 mm) verzeichnet, dort muss das ganze Jahr über mit Regen gerechnet werden.

Gewässer

Seen und Flüsse, ihre Anzahl, ihre Größe und Länge sind für viele Länder Afrikas von entscheidender Bedeutung für die Landwirtschaft und die Lebensqualität der Menschen. Besonders in Gebieten, wo nicht ausreichend Regen fällt, spielen sie naturgemäß eine große Rolle in der täglichen Versorgung der Bevölkerung und ihrer Tiere mit Trinkwasser oder zur Bewirtschaftung der Felder. Da in Ruanda die Niederschlagsmengen in vielen Gebieten für die Landwirtschaft ausreichend sind, haben Flüsse und Seen in Ruanda weniger Bedeutung im Bereich der landwirtschaftlichen Bewässerung. Jedoch spielen die Flüsse und Seen zur Stromgewinnung durch Wasserkraft sowie als Fischlieferant eine wichtige Rolle.

Die Flüsse – Adern des Lebens

Nicht zum Schiffsverkehr geeignet

Durch die hügelige und bergige Landschaft Ruandas fließen zahlreiche Bäche und kleine Flüsse. Diese erreichen jedoch kaum größere Ausmaße, sodass ein Schiffsverkehr wegen der geringen Wassertiefe oder häufiger Stromschnellen und Wasserfälle nicht möglich ist. Die Wasserläufe im trockenen Osten des Landes spielen lokal die größte Rolle. Allen voran der **Akagera**, der aus dem Rweru-See in Burundi entspringt und sich entlang der Grenze zu Tansania schlängelt, um später in den Victoria-See zu münden. Er gilt als größter einzelner Zufluss des Sees und wird daher auch Akagera-Nil genannt. Wichtige Wasserquellen für die Bevölkerung im Norden sind der **Muvumba** und der **Karangaza**, die beide in den Akagera-Fluss münden. Wichtigster Fluss in Zentral- und Südruanda ist der **Akanyaru**, der später in den **Nyabarongo** übergeht, der wiederum im Nyungwe-Wald entspringt. Der Akanyaru bildet über weite Strecken die natürliche Grenze zum Nachbarland Burundi.

Aus dem Kivu-See südlich von Cyangugu entspringt der **Rusizi-Fluss**. Er bildet die südwestliche Grenze zur D. R. Kongo und mündet nach 117 km in den Tanganyika-See.

Das Ostufer des Kivu-Sees

Der Kivu-See

Als einziger See des zentralen Grabenbruchs liegt der Kivu-See (s. S. 218) auf ruandischem Staatsgebiet. Allerdings gehört nur etwa ein Drittel seiner Gesamtfläche von 2.650 km² zu Ruanda. Die Grenze zur D.R. Kongo verläuft etwa in der Mitte des auf einer Höhe von 1.462 m liegenden Sees. Seine durch vulkanische Aktivitäten entstandenen Methanvorkommen werden seit einigen Jahren zur Energiegewinnung genutzt. Zudem spielt der Kivu-See eine wichtige Rolle zur Versorgung der Bevölkerung mit Fisch.

Methanvorkommen

Die weiteren Seen

Im Norden Ruandas liegen südöstlich des Mt. Muhabura die beiden Seen **Burera** und **Ruhondo**. Eine Erkundung dieser beiden herrlich gelegenen Gewässer lässt sich gut in Verbindung mit einem Besuch der Berggorillas im Volcanoes-Nationalpark kombinieren. Im Osten des Landes, entlang der Grenze zu Tansania, gibt es zahlreiche Seen, von denen ein Großteil innerhalb des Akagera-Nationalparks zu finden ist. Dort sind Flusspferde und Nilkrokodile sowie zahlreiche Wasservögel gut zu beobachten. Südlich des Nationalparks bilden vier Seen eine kleine Seenlandschaft, mit dem **Cyambwe-See** als größtem. In Zentralruanda liegen westlich der Hauptstadt Kigali zwei stark verästelte Seen, der **Mugesera-See** und der Stausee **Muhazi**. Unterhalb des Letzteren befinden sich in Richtung Grenze zu Burundi weitere, relativ kleine Gewässer. Direkt an der Grenze sind die Seen **Cyohoha South** und **Rweru**, die in Teilen bereits zum Nachbarland Burundi gehören.

Flusspferde und Nilkrokodile

Ruandas Nationalparks

Das kleine Ruanda verfügt über drei Nationalparks, die eine Gesamtfläche von 2.264 km² einnehmen. Hinzu kommen noch kleine Waldreservate, z. B. Gishwati, Mukura, Busaga und das Buhanga Forest Reserve, die zusammen auf 26,1 km² kommen. Damit stehen 8,7 % der Staatsfläche Ruandas unter Naturschutz.

Akagera-Nationalpark

Das Akagera-Gebiet (s. S. 165) bildet einen auffälligen Gegensatz zur bewirtschafteten Hügellandschaft des übrigen Ruanda. Das schöne Naturschutzgebiet an der Grenze zu Tansania umfasst eine typisch afrikanische **Savannenlandschaft**: Gruppen von struppigen Akazien werden unterbrochen von Graslandlichtungen, ein Dutzend sumpfgesäumte Seen flankieren den windungsreichen Lauf des namensgebenden Akagera-Flusses. Die faszinierende Landschaft beheimatet eine Reihe von Großwildarten. Elefanten- und Büffelherden sind beim Trinken an einem der Seen zu beobachten, mit etwas Glück stößt man auf Leoparden oder Tüpfelhyänen. Zudem sind Giraffen, Zebras und mehr als ein Dutzend Antilopenarten, wie die grazile Schwarzfersen-Antilope (Impala), das kleine Bleichböckchen und die Elenantilope, die größte Antilopenart der Welt, zu sehen.

Savannenlandschaft des Akagera-Nationalparks

Der Park ist von Kigali aus Richtung Osten auf einer ausgebauten Straße in etwa 2 bis 2,5 Stunden zu erreichen. Es gibt ein recht gutes Hotel im Park, für Fahrten innerhalb des Nationalparks wird ein Allradfahrzeug benötigt.

Nyungwe-Forest-Nationalpark

Üppiger Bergnebelwald

Der Nyungwe-Wald (s. S. 304) ist der jüngste der drei Nationalparks Ruandas. Der wunderschöne **Primärwald** wurde im Jahr 1933 erstmalig unter Schutz gestellt. Er gehört mit 13 verschiedenen Affenarten zu den an Primatenarten reichsten Wäldern der Welt. Darunter ist auch eine Population von rund 500 Schimpansen. Zudem tummeln sich über 525 Vogelarten und 120 Schmetterlingsarten im zwi-

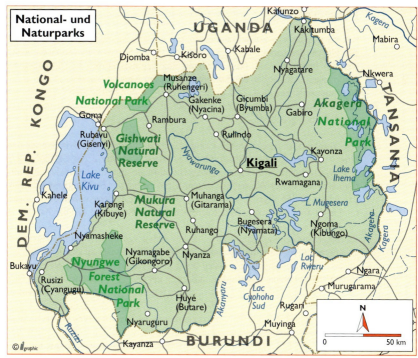

schen 1.600 und 2.950 m hoch gelegenen Waldgebiet. Ebenso interessant ist die üppige Pflanzenwelt. Der 970 km² große Park ist von Kigali aus über Gitarama und Gikongoro auf einer guten Asphaltstraße in ca. 3,5 Stunden zu erreichen.

Volcanoes-Nationalpark

Im Schutz des „Parc National des Volcans" (s. S. 188) gelegen, bilden die dicht bewaldeten Hänge der Virunga-Vulkane die passende Kulisse für ein unvergessliches Naturerlebnis: das Aufspüren der berühmten „Gorillas im Nebel". Der Aufstieg in den Bambuswald gibt einen weiten Blick über das Land frei. Dann erlebt der Wanderer die geheimnisvolle Geborgenheit des Regenwaldes, den Widerhall von Vogelstimmen und die Schatten der seltenen **Goldmeerkatzen** (Golden Monkeys). Die Begegnung mit den **Berggorillas** ist überwältigend, besonders mit einem alten „Silberrücken": Obwohl bis zu dreimal so schwer wie ein Mann mittlerer Größe, sind diese ausgewachsenen Gorillas bemerkenswert friedfertig und duldsam gegenüber Menschen. Hinzu kommt das unbeschreibliche Gefühl von Gemeinsamkeiten und des Wiedererkennens beim Anblick unserer nächsten Verwandten. Der Park ist von Kigali in ca. 2,5 Stunden über Musanze (Ruhengeri) zu erreichen. Es gibt mehrere Unterkünfte unterschiedlicher Preiskategorien.

Gorilla-Trekking

Pflanzenwelt

Einst vollständig bewaldet

Ruanda war bis vor einigen hundert Jahren noch vollständig bewaldet: Zwischen den Hügeln des Landes mit Regenwald und an den Berghängen der Virungas mit dichtem Bergnebelwald. Nur im Osten Ruandas erstreckten sich klimabedingt schon seit Jahrtausenden Baumsavannen, in denen Akazien *(Vachellia sp.)* die dominierenden Pflanzen sind. Entlang der die Savanne durchziehenden Flüsse stehen Galeriewälder wie langgezogene Waldinseln in der Landschaft, die auch in der Trockenzeit noch grün sind.

Alle Vegetationsbereiche weisen ihre ganz eigene Pflanzenwelt auf. In Ruanda sind über 10.000 verschiedene Pflanzenarten zu Hause, darunter 2.288 Gefäßpflanzenarten *(Tracheophyta)*, von denen mindestens 50 Arten endemisch sind. Dazu gehört die weltweit kleinste Wasserlilienart *Nymphaea thermarum*. Der **Regenwald** Ruandas gehört zu den ältesten der Welt, überlebte in dieser Region während der letzten Eiszeit doch ein Großteil der Pflanzenarten, darunter allein 200 Baumarten.

Zu den erwähnten Vegetationsbereichen wie dem Bergnebelwald kommen kleine lokal begrenzte Vegetationszonen hinzu, bei denen sich oftmals auf kleinem Raum endemische Pflanzen finden. Interessant sind z. B. das **Ruisizi-Tal** als tiefster Punkt Ruandas (930 m) und die **Lavafelder** im Bereich der westlichen Virunga-Vulkane. Hier kann eine Neubesiedelung mit speziell angepassten Pflanzen beobachtet werden.

Savannen und Kulturlandschaft

Wer heute durch Ruanda fährt, wird bemerken, dass weite Strecken bereits landwirtschaftlich genutzt werden. Dadurch wurde ein Großteil der ursprünglichen Vegetation des Landes zerstört. Heute nehmen beweidete Savannen und die landwirtschaftliche Kulturlandschaft allein in Ruanda über 80 % der Fläche ein. Nur noch 1,6 % der Landesfläche bestehen aus primärem Regenwald.

Nebelwald am Mt. Bisoke

Exkurs Epiphyten

Epiphyten sind Pflanzen, die auf anderen Pflanzen wachsen, ohne diese zu parasitieren. Ihre Wurzeln reichen in der Regel nicht zum Boden, sondern breiten sich in dem Substrat aus, das sich auf den besiedelten Untergründen – Stämmen, Ästen, etc. – ablagert. Daher beziehen sie auch ihr Wasser und ihre Mineralstoffe. Häufiger Nebel begünstigt ihr Vorkommen, da die Feuchtigkeit an der Pflanzenoberfläche kondensiert und die Transpiration verringert. Weltweit existieren etwa 25.000 Pflanzenarten, die epiphytisch leben. Mit etwa 15.000 Arten stammen die meisten aus der Familie der Orchideen. In unseren Breitengraden gibt es nur wenige Epiphyten, die hier alle zu den Flechten und Moosen gehören.

Orchideen im Nyungwe-Wald

Im Laufe der Evolution haben diese Pflanzen die verschiedensten Anpassungen an ihren Mangelstandort hervorgebracht. Bei manchen sind Teile der Sprossachse oder Blätter zu einem Wasserspeichergewebe umgewandelt. Manche haben auch Einrichtungen zur schnellen Wasseraufnahme entwickelt: so z. B. die Bromelien, die mit ihren Blatttrichtern Wasser sammeln oder die Orchideen mit ihren „Luftwurzeln". Aufgrund ihrer großen Widerstandsfähigkeit zählen viele Zimmerpflanzen zu dieser Gruppe (denn seltenes Gießen und Düngen sowie trockene Heizungsluft sind hier häufige Lebensbedingungen): der Weihnachtskaktus, viele Orchideen und die häufigste „Büropflanze" überhaupt: *Ficus benjamini*, ein Semiepiphyt, der seinen Lebenszyklus als Sämling auf einem Baum beginnt, später Wurzeln bis auf den Boden austreibt und seinen Trägerbaum völlig überwächst und ihn letztlich absterben lässt.

Tierwelt

Die Tierwelt Ruandas ist durch die unterschiedlichen Lebensräume sehr vielfältig. Die Anzahl der Tiere ist allerdings durch die starke Wilderei in den 1980er- und 1990er-Jahren stark zurückgegangen. Einige Tierarten wurden während dieser Zeit in Ruanda sogar völlig ausgerottet, wie z.B. die Nashörner. Seit Ende der 1990er-Jahre konnten sich die Tierbestände in Ruanda wieder etwas erholen, da u.a. die vorhandenen Nationalparks wieder effektiver geschützt werden.

Der Afrikanische Elefant

Gefährdete Tiere

Die Tierbestände werden aber wohl die früheren Ausmaße und Zahlen nicht wieder erreichen, da die **Zerstörung der natürlichen Lebensräume** bereits sehr fortgeschritten ist. Das immer noch hohe Bevölkerungswachstum wird wohl in den nächsten Jahrzehnten mit einem weiteren Raubbau an der Natur einhergehen. Neben der Lebensraumzerstörung besteht gleichzeitig das Problem der Jagd. Das sogenannte „Bush Meat", das Fleisch der armen Leute, führt in vielen Gebieten außerhalb der Schutzzonen zu enormem Jagddruck. Die Tierpopulationen können jedoch auf Dauer nur überleben, wenn ihnen außer in den Nationalparks und Reservaten Korridore und Ausweichflächen bleiben.

Schutz der Restwälder

Ruanda verfügt nur über ein relativ kleines Gebiet mit den für Ostafrika ansonsten so typischen Savannenlandschaften und den in diesem Lebensraum lebenden Großtieren. Dafür bereichern das Land zahlreiche Tierarten, die sich auf das Leben in Regenwäldern spezialisiert haben. Diese mussten sich in den letzten Jahrhunderten aber auf immer weniger typischen Lebensraum einstellen. Die noch verbliebenen Restwälder in Ruanda werden in Zukunft zwar schwierig zu schützen sein, aber zumindest die Stabilisierung der Berggorillabestände gibt Anlass zur Hoffnung.

Säugetiere

Auch wenn Ruanda ein flächenmäßig kleines Land ist, so finden sich doch in seinen Nationalparks etliche interessante Säugetierarten. Hauptsächlich in den Savannengebieten lebt das schwerste Landsäugetier, der **Afrikanische Elefant**. Seine Bestände haben unter den Bürgerkriegen und politischen Unruhen der letzten Jahrzehnte stark gelitten. Die nicht minder imposanten Nashörner, die in Ruanda ursprünglich denselben Lebensraum mit den Elefanten teilten, wurden in dieser Zeit leider endgültig ausgerottet. Die massigen **Flusspferde** dagegen sind im Akagera-Nationalpark wieder recht häufig. Man begegnet ihnen in den größeren Flüssen und in kleineren Seen. In der Savanne leben zudem eine ganze Reihe von **Antilopen** und anderen Hornträgern. Dazu gehören die schöne Pferdeantilope, die große Elenantilope, die grazile Impala (auch Schwarzfersenantilope genannt) und der Defassa-Wasserbock sowie die Kaffernbüffel.

Wo Huftiere vorkommen, sind **Raubtiere** meist nicht fern, allen voran der Afrikanische Löwe, der Afrikanische Leopard, die Tüpfelhyäne und der Streifenschakal. Etwas kleinere „Raubtiere" sind die Mangusten (vier Arten), der Serval und die Goldkatze sowie die in den Gewässern lebenden Flecken- und Kapotter. Häufig ist das Warzenschwein zu sehen, eher seltener das etwas versteckt im Wald lebende Pinselohr- oder das scheue Riesenwaldschwein.

Anubispavian

Vielfältig ist die Gruppe der **Primaten**, von denen insgesamt 19 Arten in Ruanda heimisch sind, darunter sieben nachtaktive Arten. Dazu gehören der Potto, der Großohr-Riesengalago sowie weitere fünf Arten von Buschbabys. Am bekanntesten sind sicherlich die zwei hier lebenden Menschenaffenarten, der **Schimpanse** und der **Berggorilla**. Neben dem recht häufigen **Anubispavian** leben im Regenwald weitere Affenarten, vor allem die sogenannten **Meerkatzen**. Diese mittelgroßen Affen kommen vor allem in Galerie- und Bergwäldern vor. Die bekannteste Art ist die weit verbreitete Südliche Grünmeerkatze. Etwas seltenere Arten sind die Weißnasenmeerkatze, die Eulenkopfmeerkatze, die Östliche Vollbartmeerkatze, die Diademmeerkatze und die Goldmeerkatze. In den Wäldern Ruandas leben auch auf Blattnahrung spezialisierte Primaten, wie der schwarz-weiße Guereza (Mantelaffe).

Gruppe der Primaten

Die an ein Nachtleben angepassten Tiere werden Besucher nur sehr selten zu Gesicht bekommen. Dazu gehören neben **Flughunden** und **Fledermäusen** auch so urweltlich anmutende Tiere wie das **Schuppentier** oder das **Erdferkel**. Zwei endemische Säugetierarten hat Ruanda vorzuweisen: die Fledermaus **Hill's Hufeisennase** *(Rhinolophus hilli)* und die **Zottige Ruanda Sumpfratte** *(Dasymys rwandae)*.

Vögel

Mit mehr als 670 Vogelarten ist Ruanda ein regelrechtes **Vogelparadies**. Ob an den Seen und Flüssen oder in den Regenwäldern, es gibt es eine Fülle von Vögeln zu beobachten.

Vogelwelt an Gewässern

Bei Gewässern, in Sümpfen und auf feuchten Wiesen sind Marabus, Sattelstörche, Kronenkraniche oder der Nimmersatt anzutreffen. Dazu gesellen sich gerne Heilige Ibisse, Hagedasch-Ibisse, Braune Sichler, Löffler oder verschiedene Reiherarten wie Silber-, Seiden-, Kuh- und Nachtreiher. Auf den Seen halten sich Pelikane, diverse Enten- und Gänsearten sowie Kormorane auf. Lieste, mit unserem Eisvogel verwandte Vögel, versuchen im Sturzflug kleine Fische zu erjagen.

Unter den Greifvögeln sind die Schreiseeadler an den Seen am häufigsten anzutreffen. Sie sitzen oft an exponierter Stelle und machen ihrem Namen durch laute Rufe alle Ehre. In urbanen Gebieten hingegen sind häufig Schmarotzermilane anzutreffen, die mittlerweile als regelrechte Kulturfolger gelten. In der Dunkelheit streifen 13 Eulen- und elf Nachtschwalbenarten auf Nahrungssuche durch die Nacht.

In den Wäldern fallen durch ihre Färbung Riesen- und Glanzhaubenturakos auf, aber auch die 13 Arten Bartvögel sind meist recht bunt gefiedert. Schön anzusehen sind ebenfalls die zehn Arten der tropischen Bienenfresser (Spinte), die in kunstvollem Flug ihre Beute erhaschen. In Ruanda leben insgesamt 20 Kuckucksarten, und die Vertreter der 28 Weberarten befassen sich recht ausgiebig mit dem Bau von kunstvollen Nestern. In blühenden Gärten können manchmal einige Vertreter der 23 Arten von Nektarvögeln beobachtet werden. Vergleichbar mit den Kolibris in Amerika, ernähren sich die Nektarvögel Afrikas vom süßen Saft der Blüten.

Schreiseeadler im Flug

Keine der in Ruanda lebenden Vogelarten kommt nur innerhalb der Landesgrenzen vor. Jedoch sind etliche der endemischen Vögel der Region des zentralen Grabenbruchs in Ruanda anzutreffen.

Reptilien und Amphibien

Mit Ausnahme der meist scheuen Schlangen sind Reptilien immer mal wieder auf einer Reise zu beobachten. In warmen und trockenen Regionen (Savannen) sind **Agamen** beheimatet, die sich bevorzugt auf Steinen sonnen. Im Buschland lebt das **Chamäleon**, das sich mit seiner zeitlupenhaften Bewegung seiner Beute nähert, um es dann mit seiner langen klebrigen Zunge zu fangen. In größeren Gewässern sind häufig **Nilkrokodile** *(Crocodylus niloticus)* anzutreffen, die sich gerne auf den Sandbänken der Flüsse sonnen. Ebenfalls recht groß werden die **Nilwarane**

(Varanus niloticus), die im Gegensatz zum Krokodil strikte Einzelgänger sind. Unter den Schlangen heben sich die großen **Würgeschlangen** wie der Felsenpython *(Python sebae)* besonders hervor. Nur eine endemische Reptilienart lebt in Ruanda, die Schlange *Polemon leopoldi* ernährt sich von anderen Reptilien und Schlangen.

Amphibien sind schwieriger aufzufinden, viele von ihnen sind nachtaktiv. Manchmal verirrt sich ein Frosch ins Badezimmer einer naturnahen Lodge. Drei Amphibienarten sind endemisch in Ruanda.

In den größeren Gewässern Ruandas heimisch: das Nilkrokodil

Fische

In den Seen und Flüssen tummeln sich diverse Fischarten. Dazu gehören die für die Menschen besonders wichtigen Speisefische wie der **Tilapia** oder der **Nilbarsch** *(Lates niloticus)*. Die bekanntesten Fischarten sind sicher die **Buntbarsche** *(Cichliden)*, wie sie in vielen großen Seen Ostafrikas vorkommen. Es gibt Hunderte von verschiedenen Arten, und dabei ausgesprochen schöne und bunte. Vor allem die Jungfische der meisten Cichliden-Arten sind sehr schön gezeichnet. Sicher ein Grund, warum Buntbarsche in Europa beliebte Aquarienfische sind. Sieben Süßwasserfischarten sind in Ruanda endemisch. Dazu zählen vier zur Familie der Buntbarsche gehörende Arten der Kivu-Haplo *(Haplochromis)*, die als Maulbrüter ihre Jungen großziehen. Zur Karpfenverwandtschaft gehören zwei endemische Arten von Barben *(Barbus)* und eine Art der Gattung *Varicorhinus*.

Wichtige Speisefische

Insekten und Gliedertiere

Ein Teil dieser Tiergruppe gehört sicher für viele Reisende zu den weniger erfreulichen Lebewesen – vor allem Mücken, Tsetsefliegen und anderen stechende Insektenarten. Doch das ist bei Weitem nicht alles, was die Insektenwelt Ostafrikas zu bieten hat. Bizarr geformte und manchmal sogar bunte Käfer, fleißige Bienen und staatenbildende Krabbeltiere. Bei Letzteren stechen vor allem die Termiten hervor, deren Bauwerke überall in den Savannen zu sehen sind.

Wer von April bis Juni das Land bereist, wird vor allem von einer Insektengruppe regelrecht fasziniert sein – den **Schmetterlingen**. Zu Hunderten, wenn nicht zu Tausenden, fliegen sie um Wasserpfützen oder mineralhaltige Stellen herum. Ein traumhafter Anblick.

Kleines Kaleidoskop ostafrikanischer Säugetiere

Defassa-Wasserbock (Bild oben)
Schwarzstirn-Ducker (Bild unten)

Defassa-Wasserbock *(Kobus ellipspyrmus defassa)*
Der Defassa-Wasserbock ist eine von 13 Unterarten des Wasserbocks, der in weiten Teilen Afrikas zu finden ist. Wie der Name verrät, bevorzugen die Tiere die Nähe zum Wasser. Bei Gefahr flüchten sie oft ins Wasser eines Sees oder durchqueren Flüsse. Ihr Fell wird durch die Schweißdrüsen mit einer öligen Schicht bedeckt, was ihr Fell oft strähnig aussehen lässt. Ein etwa 13 kg schweres Jungtier wird nach einer Tragzeit von neun Monaten geboren. Nur in sehr seltenen Fällen kommt es zu Zwillingsgeburten. Nach einem halben Jahr beginnt die Entwöhnungszeit der Jungtiere von der Mutter und mit etwas über einem Jahr sind die Tiere geschlechtsreif. Die jungen männlichen Wasserböcke werden allerdings erst im Alter von etwa sechs bis sieben Jahren zum Decken kommen. Wasserböcke ernähren sich hauptsächlich von Gras, seltener von Laub, und brauchen täglich Wasser. Ihre Hauptfeinde sind Löwen und Wildhunde, Jungtieren können auch Leoparden gefährlich werden.

Topi *(Damaliscus lunatus topi)*
Das Topi ist eine von neun Unterarten der Afrikanischen Leierantilope, die gebietsweise von West- über Ost- bis nach Südafrika vorkommt. Das Topi bevorzugt trockene Savannengebiete. Es lebt in kleinen Gruppen von fünf bis 20 Tieren zusammen, bei denen zumindest ein Tier aufmerksam die Umgebung beobachtet. Dabei sieht man häufig ein Topi auf einem Termitenhügel stehen. Ihre Feinde sind alle größeren Raubtiere wie Löwe, Leopard, Gepard, Hyäne und Wildhund. Nach einer Tragzeit von siebeneinhalb bis acht Monaten wird ein Kalb geboren, das bei der Geburt 10–12 kg wiegt und sofort stehen und laufen kann. Die weiblichen Topis werden mit knapp zwei Jahren geschlechtsreif, die männlichen mit drei bis vier Jahren. Topis werden rund 15 Jahre alt.

Schwarzstirn-Ducker *(Cephalophus nigrifrons)*
Diese kleinen Antilopen leben in den waldreichen Gebieten Zentralafrikas und kommen in Höhen von bis zu 3.500 m vor. Ausgewachsene Tiere erreichen eine Schulterhöhe von 43 cm, wiegen etwa 10 kg und verfügen nur über einen ca. 10 cm kurzen Schwanz. Sie leben überwiegend als Einzelgänger, nur zur Paarungszeit kommen männliche und weibliche Tiere zusammen. Nach einer Tragzeit von 120

Kaffernbüffel wandern täglich große Strecken

Tagen wird ein Jungtier geboren, das meist bis zur Geburt eines neuen Jungtiers bei der Mutter bleibt. Die Tiere sind meist scheu und wegen ihrer versteckten Lebensweise in den Wäldern schlecht zu beobachten. Viele Arten sind durch den Rückgang der Wälder und durch die Jagd bedroht.

Kaffernbüffel *(Syncerus caffer)*

Der Kaffernbüffel ist der einzige Vertreter seiner Gattung auf dem afrikanischen Kontinent und nicht direkt mit den Wasserbüffeln Asiens verwandt. Es gibt zwei Unterarten: den eigentlichen Kaffernbüffel und den Rot- oder Waldbüffel in Zentral- und Westafrika. Der eigentliche Kaffernbüffel hat ein dunkelbraunes bis schwarzes Fell, das mit zunehmendem Alter spärlicher wird. In der Ernährung sind die Kaffernbüffel relativ anspruchslos, im Gegensatz zu anderen Wiederkäuern haben sie sich nicht auf bestimmte Gräser oder Blätter spezialisiert. Zum Abkühlen und zum Schutz vor lästigen Insekten suhlen sich die Büffel gerne im Schlamm. Ansonsten befreien Madenhacker sie von lästigen Insekten. Diese Vögel ziehen so einen Nutzen aus der „Partnerschaft" zum Büffel. Auch die Kuhreiher halten sich gerne in der Nähe der Kaffernbüffel auf, da sie den von ihnen hochgescheuchten Insekten nachstellen. Den Kern der Büffelherden bilden die Muttertiere mit ihren bis zu zwei Jahre alten Jungtieren. Die Herdengröße schwankt beträchtlich von 50 bis zu 2.000 Tieren! Einzelne Männchen schließen sich zu Bullenherden zusammen, die meist nicht mehr als 20 Tiere umfassen.

Anspruchslose Ernährung

Die Herden kennen kein Territorialverhalten und wandern bis zu 30 km am Tag. Um die Rangordnung der Bullen innerhalb der Herde zu klären, kommt es regelmäßig zu Scheinkämpfen. Zur Fortpflanzungszeit, wenn die Kühe empfängnisbereit sind, kann es auch zu Kämpfen um deren Begattung kommen. In der Regel sind die Auseinandersetzungen sehr kurz, der Unterlegene dreht schnell ab und zeigt seine Flanke. Alte und kranke Tiere sondern sich oft von der Herde ab und werden dann

Flusspferde leben in Gruppen in festen Revieren

ohne den Schutz der Herde leicht zur Beute von Löwen. Die Körperlänge der Kaffernbüffel beträgt 2,20 bis 3,40 m, die Schulterhöhe 1 bis 1,70 m. Alle zwei Jahre wird nach einer Tragzeit von 340 Tagen ein Jungtier geboren, das bei der Geburt 55–60 kg wiegt. Nach sechs Monaten wird das Kalb eigenständig und mit zwei Jahren endet die Mutter-Kind-Beziehung. Mit etwa fünf Jahren sind die jungen Büffel geschlechtsreif. Die Lebenserwartung beträgt ca. 16 Jahre (im Zoo 20–26 Jahre).

Afrikanischer Elefant *(Loxodonta africana)*

Steppen- und Waldelefanten

Der Afrikanische Elefant kommt in zwei Unterarten auf dem Kontinent vor, dem Steppenelefanten und dem etwas kleineren Wald- oder Rundohrelefanten. Der afrikanische Vertreter der Rüsseltiere unterscheidet sich vom Asiatischen Elefanten durch größere Ohren, eine flache Stirn und dadurch, dass beide Geschlechter Stoßzähne tragen (bei Asiatischen Elefanten tragen diese nur die männlichen Tiere).

Das schwerste Landsäugetier der Erde kann eine Höhe von bis zu 3,80 m erreichen (meist 2,50–3,50 m) und wiegt dabei bis zu 7,5 t. Nach einer Tragzeit von 22 Monaten kommt in der Regel ein Jungtier zur Welt. Es wiegt bei der Geburt schon 90–135 kg. Das Muttertier bleibt dabei in der Herde. Die anderen weiblichen Tiere nehmen manchmal bei der Geburt das Muttertier in ihre Mitte und beschützen den Geburtsvorgang und die wichtigen Stunden danach. Die Entwöhnung des Elefantenjungen von der Mutter findet erst nach etwa zwei Jahren statt. In einem Alter zwischen acht und zwölf Jahren werden Elefanten geschlechtsreif und erreichen dann eine Lebenszeit von 50–70 Jahren. Dass Elefanten nicht noch älter werden, hat viel mit ihren Zähnen zu tun, die sich abnutzen und mit der Zeit sozusagen „verbraucht" sind. Elefanten ernähren sich von Gräsern, Laub, Zweigen und Rinde. Je nach Saison kommen auch mal Früchte hinzu.

Flusspferd *(Hippopotamus amphibius)*

Der wissenschaftliche Name *Hippopotamus* stammt vom griechischen *hippos potamos*, was so viel wie Pferd im Fluss heißt. Trotz des Namens ist das Flusspferd enger mit den Schweinen als mit den Pferden verwandt. Der Name „Nilpferd" kommt daher, dass die ersten Flusspferde am Nil entdeckt wurden, wo sie heute aber ausgerottet sind. Das Flusspferd lebt heute ausschließlich in Afrika südlich der Sahara. Es ist in stehenden und langsam fließenden Gewässern mit Wassertemperaturen von 18–35 °C zu finden. Flusspferde leben in Gruppen von bis zu 20 Tieren, die aus einem Bullen mit mehreren Weibchen und ihren Jungtieren bestehen. Ältere Bullen leben manchmal auch als Einzelgänger. Diese Gruppen haben feste Territorien zu Wasser und zu Lande. Die Markierung der Reviergrenzen wird durch den Bullen vorgenommen, indem er seinen Kot mit kreisenden Schwanzbewegungen verteilt. Gegenüber Artgenossen werden die Reviere erbittert verteidigt. Zwischen rivalisierenden Bullen kann es dabei zu schweren Kämpfen kommen, die sogar tödlich enden können.

Flusspferde sind gut an ein Leben im Wasser angepasst. An Land kann ihre empfindliche Haut tagsüber schnell einen Sonnenbrand bekommen. Einer der Gründe, warum sie sich tagsüber hauptsächlich im Wasser aufhalten. Vor den Einwirkungen des Wassers und der Sonne sind die Tiere durch einen rosafarbenen Hautdrüsenschleim geschützt, der bei Erregung stärker abgesondert wird. Im Wasser sind sie oft bis auf die Nasenlöcher untergetaucht. Diese lassen sich verschließen, sodass die Flusspferde bequem bis zu zehn Minuten unter Wasser bleiben können.

Empfindliche Haut

Hauptsächlich im Schutz der Dunkelheit kommen sie an Land und fressen Gras, ihr Tagesbedarf liegt bei rund 50 kg Pflanzenmasse. Flächen in der Nähe langsam dahinströmender Flüsse, die an gepflegte grüne Rasen erinnern, sind in der Regel die Weideflächen der Flusspferde. Ein einzelnes Junges wird nach einer Tragezeit von acht Monaten im Schutz eines Dickichts an Land geboren und wiegt bei der Geburt ca. 30 kg. Es wird unter Wasser gesäugt und von der Mutter energisch verteidigt. Flusspferde werden bis zu 50 Jahre alt.

Ostafrikanischer Löwe/Massai-Löwe *(Panthera leo massaicus)*

Der Löwe ist seit Jahrhunderten das Symbol für Macht und Stärke. Auch in Europa zieren Löwen die Wappen adeliger Familien oder von Städten und Gemeinden. In Afrika ist der Löwe bei vielen Völkern das Symbol für den Herrscher. Sein Fell ziert Könige oder tapfere Krieger. Am äthiopischen Kaiserhof wurden zudem auch lebende Löwen gehalten. Nicht von ungefähr wird der Löwe in Afrika der „König der Tiere" genannt. Im Gegensatz zu anderen Katzenarten leben Löwen in großen Familiengruppen zusammen. Diese können bis zu 30 Tiere umfassen. Ihr Revier ist unterschiedlich groß, je nach Rudelgröße und Nahrungsangebot schwankt es zwischen 20 und 400 km².

Ostafrikanischer Löwe

Ihre Hauptbeute sind Huftiere aller Art, besonders Antilopen und Zebras. Aber auch einzelne Kaffernbüffel, Giraffen, ja sogar Jungtiere von Elefanten oder Flusspferden können zu ihrer Beute werden. Mit einem Geburtsgewicht von stolzen 1,3 kg kommen nach 105–110 Tagen Tragzeit durchschnittlich zwei bis vier Junge zur Welt. Schon nach einigen Monaten versuchen sie, ihre Nahrung auf Fleisch umzustellen und üben bereits im Spielen ihre Fähigkeiten, die sie später bei der Jagd benötigen werden. Die Löwinnen werden mit etwa drei Jahren geschlechtsreif, die Löwenmänner erst mit fünf bis sechs Jahren. Sie erreichen ein Alter von zwölf bis 15 Jahren, in Menschenhand bis zu 25 Jahren.

Ostafrikanischer Leopard *(Panthera pardus massaicus)*

Leoparden sind in weiten Teilen der Alten Welt zu Hause und haben sich an ein Leben in unterschiedlichen Lebensräumen angepasst. In Afrika reicht seine Verbreitung von der westafrikanischen Küste über den Sahel und das Kongogebiet bis hinunter ins südliche Afrika. Der Ostafrikanische Leopard lebt überwiegend in Savannen- und Berglandschaften. Er ist ein Einzelgänger und nur für die kurze Paarungszeit kommen zwei Tiere zusammen. Die Beute besteht aus kleinen Antilopen, Buschschliefern, Affen und Warzenschweinen. Wenn möglich, bringt der Leopard seine Beute hoch in einem Baum in Sicherheit. Dort kann er geschützt vor anderen Raubtieren wie Löwen und Hyänen in Ruhe fressen. Der zweite positive Effekt ist die Möglichkeit, nicht alles sofort verzehren zu müssen und den Rest der Mahlzeit zu einem späteren Zeitpunkt fortsetzen zu können.

Ostafrikanischer Leopard

Leoparden bekommen nach einer Tragzeit von 90–105 Tagen meist zwei bis vier Junge, die bei der Geburt 500–600 g wiegen. Mit drei Monaten fangen sie an, sich von der Mutter zu entwöhnen und mit drei bis vier Jahren werden sie geschlechtsreif. Ihre Lebenserwartung in freier Wildbahn beträgt etwa 15 Jahre, in menschlicher Obhut über 20 Jahre.

Serval *(Leptailurus serval)*

Der Serval ist eine schlanke, hochbeinige Katze aus dem östlichen und zentralen Afrika. Er wird zwischen 50 und 60 cm hoch und 8–16 kg schwer. Sein Fell ist beigefarben mit mittelgroßen schwarzen Flecken. Das Territorium einer Serval-Katze umfasst etwa 10 km², das eines Katers kann bis zu doppelt so groß sein. Sein Territorium überlappt sich allerdings mit den Servalen in der Nachbarschaft. Eine von ihm allein beanspruchte Kernzone umfasst nur etwa 1–2,5 km². Die Tiere lieben deckungsreiches Gelände, in dem es viel hohes Gras oder Buschland gibt. Das wiederum bedingt ihr gutes Gehör, da die Sicht in einem solchen Gelände nicht besonders gut ist. Die Servale sind dämmerungsaktive Tiere, das bedeutet, sie sind bevorzugt am frühen Morgen und am frühen Abend unterwegs. Außerhalb der Schutzgebiete gehen sie oftmals auch in eine rein nachtaktive Lebensweise über. Sie ernähren sich von kleinen Säugetieren bis zur Hasengröße. Daneben stehen auch Vögel und Reptilien auf ihrem Speiseplan. Der Serval bekommt nach einer Tragzeit von 74 Tagen ein bis drei Jungtiere, nur selten sind es vier oder sogar fünf. Nach vier bis fünf Monaten wird der Nachwuchs von der Mutter entwöhnt und mit eineinhalb bis zweieinhalb Jahren geschlechtsreif. Die Lebenserwartung liegt um die 15 Jahre, in Menschenobhut auch schon mal über 20.

Tüpfelhyäne *(Crocuta crocuta)*
Die Hyänen gaben der Wissenschaft lange Rätsel auf, ließen sie sich doch nicht so recht in das gängige Schema der anderen Raubtiere einordnen. Aufgrund der äußeren Erscheinung wurden sie lange als Verwandte der Hundeartigen angesehen. Nach genaueren Untersuchungen weiß man heute, dass die Hyänen eher zur Verwandtschaft der Katzenähnlichen gehören. Sie bilden innerhalb dieser Gruppe aber eine eigene Familie mit drei Gattungen und vier Arten. Die Tüpfelhyäne ist die am häufigsten vorkommende Hyänenart in Afrika. Ihr Verbreitungsgebiet umfasst den Kontinent südlich der Sahara, mit Ausnahme des Kongobeckens. Wie der Name bereits verrät, haben die Tiere ein schwarz getüpfeltes Fell. Von der Grundfarbe des Fells wiederum leitet sich der wissenschaftliche Name ab, *Crocus* bedeutet „safranfarben".

Verwandtschaft der Katzenähnlichen

Die Tiere werden 1,20–1,80 m lang, bei einem Gewicht von 40–65 kg. Nach 105–110 Tagen werden ein bis fünf Jungtiere geboren (meist zwei bis drei). Sie wiegen bei der Geburt ca. 1–1,2 kg und sind zunächst einheitlich braun gefärbt. Mit zwei Monaten beginnt ein Fellwechsel und das neue Fell weist dann die typische Fleckenzeichnung auf. Mit einem Jahr beginnen die Jungtiere sich langsam von der Mutter zu entwöhnen. Teilweise werden sie jedoch noch bis zum Alter von über eineinhalb Jahren gesäugt. Mit zwei bis drei Jahren erreichen sie die Geschlechtsreife. In Menschenobhut werden sie bis zu 24 Jahre alt.

Die Tüpfelhyäne ist die häufigste Hyänenart in Afrika

Hyänen leben selten einzeln, meist in einer Familiengruppe oder sogar in einem großen Clan. Sie haben eine stark ausgeprägte Nacken- und Kiefermuskulatur und sind in der Lage, große Futterbrocken über längere Strecken zu tragen und können mit ihrem Gebiss einen Huftierknochen aufbrechen. Beide Geschlechter sind etwa gleich groß, wobei die Weibchen der Tüpfelhyäne etwa um ein Fünftel schwerer sind als die Männchen. Die Identifizierung der Geschlechter wird etwas erschwert, da bei den männlichen Hyänen die Hoden in einer Hodentasche liegen. Bei den Hyänen sind Ohren und Nase hervorragend ausgebildet. Aber auch die Augen sind sehr gut. Es gibt keine bestimmte Paarungszeit. Die Weibchen werden während ihrer zwei Tage andauernden Empfängnisbereitschaft mehrere Male begattet.

Hyänen sind Allesfresser. In erster Linie verzehren sie Aas, aber auch Wurzeln und Früchte. Reicht das „gefundene" Nahrungsangebot nicht aus, gehen die Tiere auch auf die Jagd und können Beute bis hin zu einem Zebra schlagen.

Streifenschakal *(Canis adustus)*
Der Streifenschakal lebt ausschließlich in Afrika südlich der Sahara und bevorzugt eher waldreiche Gebiete als Lebensraum. Die Tiere sind dämmerungs- und nachtaktiv und legen über Nacht oft über 15 km zurück. Schakale haben einen sehr abwechslungsreichen Speiseplan und ernähren sich von kleinen Säugetieren, Vögeln und Vogeleiern, Reptilien, großen Insekten und Früchten. Ein Pärchen bleibt in der Regel ein Leben lang zusammen. Nach einer Tragzeit von nur neun Wochen bekommen die Weibchen einen Wurf von drei bis sechs Welpen. Sie wiegen bei der Geburt 200–250 g und beginnen mit acht Wochen, sich von der Mutter zu entwöhnen. Nach etwa 20 Monaten beginnt die Geschlechtsreife. Die Lebenserwartung beträgt rund zwölf Jahre.

Fleckenhalsotter

Fleckenhalsotter
(Lutra [Hydrictis] maculicollis)
Diese Otternart ist in Afrika südlich der Sahara weit verbreitet. Sie lebt meist in sumpfigen Gebieten oder im Uferbereich der Seen. Der Fleckenhalsotter verdankt seinen Namen den unregelmäßigen Flecken am Hals und auf dem Bauch. Seine Hauptnahrung besteht aus Fisch und kleinen Krebstieren, die er im Wasser jagt. Sein Hauptfeind, neben Krokodilen und Schlangen, ist der Mensch, der ihn als Nahrungskonkurrenz bekämpft. Außerdem verfangen sich die Tiere oft in den Netzen der Fischer. Durch die starke Zersiedlung der Uferbereiche rund um die Seen schwindet auch sein Lebensraum zusehends. Die Otter bringen nach einer Tragzeit von 63 Tagen ein bis zwei Junge zur Welt. Die Lebenserwartung beträgt etwa zehn Jahre.

Zebramanguste *(Mungo mungo)*
Diese durch ihre Querstreifen über den Rücken unschwer zu erkennenden Vertreter der Schleichkatzen kommen in weiten Teilen Afrikas südlich der Sahara vor – mit Ausnahme des Kongobeckens und der westafrikanischen Küste. Sie leben in

Gruppen von sechs bis 20 Tieren und bleiben immer als Gruppe zusammen, um sich gegenseitig vor Feinden zu warnen. Sie gehen gemeinsam auf Nahrungssuche, wobei Insekten und Larven ihre Hauptmahlzeit sind. Daneben verspeisen sie auch Jungvögel oder Mäuse und Reptilien, Schlangen werden von mehreren Tieren einer Gruppe gleichzeitig angegriffen.

Als Unterschlupf suchen sich die Zebramangusten alte Termitenhügel und bauen dort die Luftschächte für ihre Zwecke aus. In diesen Bau flüchtet sie bei Gefahr, besonders beim Anflug von großen Greifvögeln. Im Bau werden nach einer Tragezeit von acht Wochen die drei bis fünf Jungtiere geboren. Die Jungen kommen blind zur Welt und öffnen erst nach zehn Tagen ihre Augen. Die ganze Gruppe kümmert sich um die Jungtiere. Führen mehrere Weibchen Nachwuchs, so wird dieser auch von jedem anderen Muttertier gesäugt. Nach sechs Monaten sind die Mangusten bereits so groß wie ihre Eltern. Mit neun bis zehn Monaten sind die jungen Zebramangusten geschlechtsreif und erreichen ein Alter von etwa zehn Jahren.

Termitenhügel als Bau

Warzenschwein *(Phacochoerus africanus massaicus)*

Ihren Namen verdanken die Warzenschweine den verknorpelten Hautgebilden am Kopf, die nicht mit dem Schädelknochen verwachsen sind und wie Warzen anmuten. Warzenschweine leben in Familienverbänden, bestehend aus den Elterntieren und den Jungen des letzten Wurfs. Gelegentlich sind auch noch die Jungen des Vorjahres dabei. Diese Gruppen bewohnen mit Vorliebe verlassene Höhlen von Erdferkeln. Ist Gefahr im Verzug, flüchten die Tiere in die Höhlen. Dabei verschwinden die Jungen als Erste unter der Erde. Die Eltern folgen, indem sie mit ihrem Hinterteil voran in die Höhle kommen. So ist gewährt, dass die Tiere einem Angreifer immer die gefürchteten Eckzähne zuwenden können.

Die Nahrung der Warzenschweine besteht hauptsächlich aus kurzem Gras und Kräutern. Ihre Körperhaltung während der Nahrungsaufnahme ist ebenso ungewöhnlich wie charakteristisch. Dazu knicken die Tiere die Vorderläufe ein und fressen praktisch „kniend". Ebenso wie die Nahrungssuche steht täglich ein Besuch an einer Wasserstelle auf dem Programm. Dort suhlen die Tiere ganz nach Schweineart ausgiebig im Schlamm, um Hautparasiten loszuwerden. Später scheuern sie sich den getrockneten Schlamm an Felsbrocken oder Termitenbauten wieder ab. Begegnen sich Mitglieder einer Rotte, gehört hier neben der Begrüßung durch Grunzlaute ein gegenseitiges Reiben zur sozialen Hautpflege.

Warzenschwein

Langhaarschimpansen leben in großen Gruppen

Warzenschweine können zweimal pro Jahr Junge zur Welt bringen. Die Keiler kämpfen um das Recht der Paarung miteinander. Diese Kämpfe werden in der Regel durch Stirndrängen und Schnauzenstöße entschieden. Die besonders großen oberen Eckzähne dienen bei diesen Auseinandersetzungen nur als Drohsignal. Nach einer Tragezeit von 170–175 Tagen bringt die Sau zwei bis sechs Junge zur Welt. Die Frischlinge werden mehrere Monate lang gesäugt und sind nach etwa einem Jahr selbstständig. Die Geschlechtsreife erreichen Warzenschweine im Alter von ein bis zwei Jahren, die Lebensdauer beträgt bis zu 18 Jahre. Hauptfeinde der Warzenschweine sind Löwen, Leoparden und Hyänen. Bei den wehrhaften Warzenschweinen haben die Jäger allerdings kein leichtes Spiel.

Langhaarschimpansen *(Pan trogolodytes schweinfurthii)*

Waldreiche Gebiete als Lebensraum

Schimpansen sind die nächsten lebenden Verwandten des Menschen. Sie leben in waldreichen Gebieten in West- und Zentralafrika und werden heute in mehrere Unterarten eingeteilt. In Ruanda lebt der Langhaarschimpanse, der, wie sein Name bereits verrät, durch sein im Verhältnis zu den anderen Unterarten langes Fell auffällt. Ein Schimpansenbaby wird nach einer Tragezeit von 225 Tagen mit einem Gewicht von knapp 2 kg geboren. Nach einer etwa sieben Jahre dauernden Kindheit folgt eine Zeit des Erwachsenwerdens, bis die Tiere mit elf bis 13 Jahren geschlechtsreif sind. Ab 35–40 Jahre beginnt das „Alter", die Fortpflanzung wird eingestellt und das Fell färbt sich teilweise grau. Die Lebensdauer von Schimpansen beträgt etwa 45–50 Jahre (im Zoo 55 Jahre).

Schimpansen leben in Gruppen von 30 bis 60 Tieren. Sie ernähren sich sehr abwechslungsreich mit pflanzlicher und tierischer Kost. Darunter fallen Früchte, Blätter, Rinde, Samen, Termiten und Ameisen, Ducker, Schweine und gelegentlich sogar kleinere Affen. Zum Schlafen bauen sie sich einfache „Nester", die jeden Abend neu errichtet werden. Ihre einzigen Feinde sind der Leopard sowie der Mensch.

Berggorilla *(Gorilla beringei beringei)*
Der Berggorilla ist einer von mehreren Unterarten des Gorillas, der in Teilen West- und Zentralafrikas vorkommt. Die Gorillas leben in Familiengruppen von in der Regel vier bis 14 Tieren. Diese Gruppen werden von einem adulten Männchen, dem sogenannten Silberrücken, angeführt.

Nach einer Tragzeit von etwa 260–280 Tagen wird in der Regel ein Jungtier geboren, Zwillingsgeburten sind ähnlich selten wie beim Menschen. Das Geburtsgewicht der Gorillababys beträgt ca. 2 kg. Die Jungtiere werden mit drei bis vier Jahren erwachsen und selbstständig und mit etwa sieben Jahren geschlechtsreif. Die Lebenserwartung der Berggorillas beträgt 25–40 Jahre, in Menschenhand sogar über 45 Jahre.

Bergorillas ernähren sich im Gegensatz zu den Schimpansen rein pflanzlich. Sie halten sich dabei zu 90 % auf dem Boden auf und durchstreifen Gebiete von etwa 10–25 km². In der Natur haben die Gorillas, zumindest die Jungtiere, nur den Leopard als Feind. Größte Bedrohung ist aber sicherlich der Mensch durch Jagd und Lebensraumzerstörung.

Vegetarische Ernährung

Berggorilla-Gruppe

Die Gesellschaft Ruandas

Bevölkerung

Homogene kulturelle Bevölkerung

Ruanda gehört zu den wenigen Ländern Afrikas, die eine recht homogene kulturelle Bevölkerung haben, da in den Landesgrenzen nur eine sehr kleine Anzahl von ethnischen Gruppen lebt. Dabei wird durchaus diskutiert, ob es sich bei zwei (Bahutu und Batutsi) der drei Gruppen, die in Ruanda unterschieden werden, wirklich um ethnische Gruppen handelt oder vielleicht doch eher um Bezeichnungen der sozialen Stellung innerhalb der Gesellschaft (Kaste). Oder beides? Die Meinungen hierzu gehen auseinander. Eher anzunehmen ist, dass wahrscheinlich die Bezeichnung zweier ethnischer Gruppen im Laufe der Zeit, während des „Zusammenwachsens" in einem gemeinsamen Königreich, eine andere, gesellschaftliche Bedeutung bekam.

Batutsi

Die Angehörigen der „ethnischen Gruppe" der Batutsi sind wahrscheinlich ursprünglich aus dem Nordosten Afrikas (Äthiopien, Somalia) nach Ruanda eingewandert. Die Hirten waren auf der Suche nach neuem Lebensraum mit ihren Rinderherden in Richtung Südwesten gezogen, ähnlich wie einige nilotische Hirtenvölker aus dem Südsudan in die ruandischen Nachbarländer wanderten (wie etwa die Maasai). Auf den grünen Hügeln von Ruanda boten sich gute Voraussetzungen und so blieben die Batutsi mit ihren Herden. Sie stießen dort jedoch auf zwei ethnische Gruppen, die schon vor ihnen das Gebiet bewohnten.

Bahutu

Die Bahutu gehören zu den Bantu-Völkern, die aus Zentralafrika nach Südosten wanderten. Sie waren Ackerbauern, die bereits über weitreichende Kenntnisse im Feldbau verfügten. Das niederschlagsreiche Land zwischen den großen Seen war für sie ideal. Bei ihrer Ankunft war das Gebiet noch stark bewaldet und die Bahutu begannen mit der Abholzung der Wälder, um Platz für den Feldanbau zu schaffen. In diesen Wäldern lebte bei ihrer Ankunft bereits ein anderes Volk – die Batwa.

Ein großer Teil der Ruander lebt auf dem Land

Batwa – die Vergessenen

Wenn von Ruanda die Rede ist, dann meist von den oben genannten beiden Volksgruppen. Über die Batwa ist in Europa so gut wie nichts bekannt. Dabei waren sie es, die zuerst in dem Gebiet des heutigen Ruanda heimisch waren. Die Batwa gehören noch zu den ursprünglichen, sogenannten **Jäger- und Sammlervölkern**, von denen es in Afrika kaum noch welche gibt. Sie lebten als Nomaden in den Wäldern Ruandas und der angrenzenden Gebiete des Kongo und Ugandas und ernährten sich von der Jagd auf kleine bis mittelgroße Tiere sowie dem Sammeln von Früchten, Knollen, Wurzeln und Beeren. Heute lebt nur noch ein kleiner Rest von etwa 30.000 Batwa in der Region, da ihr Lebensraum, der Wald, fast vollständig zerstört wurde.

Nomaden in den Wäldern

Batwa – Menschen des Waldes

Die Batwa sind die ursprünglichen Bewohner des äquatorialen Regenwalds in der Region der Großen Seen. Als Jäger und Sammler bot ihnen der Wald alle wichtigen Dinge zum Leben und Überleben, von der Nahrung über natürliche Heilmittel bis hin zu rituellen Stätten. Sie lebten in losen Gemeinschaften von fünf bis 30 Familien und bauten sehr einfache kleine Grashütten auf kleinen (gerodeten) Waldlichtungen.

Mit der Besiedlung durch Landwirtschaft betreibende Bantu-Völker wie den Bahutu begann der Lebensraum Wald in den letzten Jahrhunderten kontinuierlich zu schrumpfen. Dies beschleunigte sich noch durch die Einwanderung von Hirtenvölkern wie den Batutsi, die für ihre Rinder große Weideflächen benötigten. Seit der Kolonialisierung des Gebiets durch die Europäer Ende des 19. Jh. wurde der Wald auch aus kommerziellen Gründen zerstört (Holzhandel) und die Wildtiere für Trophäen oder einfach aus „Jagdlust" geschossen und dezimiert. Die Batwa wurden dadurch in immer kleinere Waldrefugien gedrängt, die immer weniger als Lebensgrundlage ausreichten. Ironie ihres Schicksals ist, dass durch die aufkommenden Naturschutzbemühungen ab den späten 1920er-Jahren zwar die restlichen Waldgebiete geschützt wurden, aber die strengen Gesetze ab den 1960er-Jahren für die mittlerweile geschaffenen Nationalparkgebiete die Jagd als eine ihrer Lebensgrundlagen grundsätzlich untersagte.

Unter anderem durch das Fehlen größerer, fester sozialer Strukturen, konnten sich die Batwa dieser Entwicklung nicht entgegenstellen. Die verbliebenen Mitglieder dieses Volkes leben heute in großer Armut am Rande der Gesellschaft. Neben dem Verlust ihres ursprünglichen Lebensraums, der ihnen dadurch entzogenen Lebensgrundlage und der daraus resultierende Verlust ihrer Lebenskultur bedrohen die Batwa heute zusätzlich die regionalen Bürgerkriege und Unruhen. Gesellschaftlich nicht als relevant angesehen, hatten und haben sie kaum Zugang zu Bildung und anderen Angeboten der modernen Gesellschaft. Studien ergaben, dass etwa 70 % der

Die Gesellschaft Ruandas

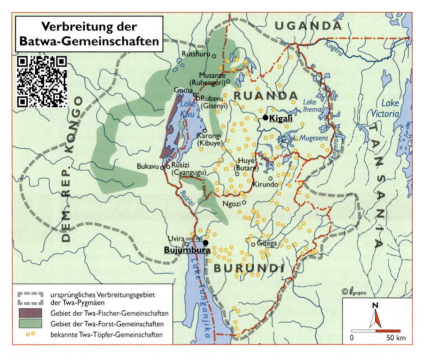

Verbreitung der Batwa-Gemeinschaften

- ursprüngliches Verbreitungsgebiet der Twa-Pygmäen
- Gebiet der Twa-Fischer-Gemeinschaften
- Gebiet der Twa-Forst-Gemeinschaften
- bekannte Twa-Töpfer-Gemeinschaften

info

Batwa nur von Betteln leben, nur 10 % bestreiten ihren Lebensunterhalt durch Arbeitsdienste für ihre Nachbarn, von denen sie meist mit Nahrungsmitteln entlohnt werden. Nur 15 % der Kinder gehen zur Schule.

Kleine Gemeinschaften sind heute noch in den Ländern Ruanda, Burundi, dem östlichen Kongo und in westlichen Randgebieten von Uganda zu finden. In Ruanda leben nur noch etwa 600 Batwa, die meisten im Norden des Volcanoes-Nationalparks und in der Nähe des Nyungwe-Nationalparks. Vor dem Genozid von 1994 lebten noch etwa 4.500 Batwa in Ruanda.

Die Entwicklung der Gesellschaft
Historische Formen des Zusammenlebens

Im Laufe der Jahrhunderte entwickelten sich differenzierte Formen des Zusammenlebens zwischen diesen verschiedenen Volksstämmen. Grundeinheit war die patrilineare Familie, das heißt, die Besitztümer und teilweise die Ämter wurden über die väterliche Linie weitergegeben. Eine oder mehrere Familien bewohnten einen Hügel, der ihren Einflussbereich markierte. Das Land war das gemeinsame Eigentum der Familie, die jeweils von ihrem Ältesten vertreten wurde. Dem Ältesten stand ein „Ältestenrat", der alle älteren Familienangehörigen umfasste, zur Beratung zur Seite. Durch diesen Ältestenrat sowie die Traditionen war das „Familienoberhaupt" jedoch in seinen Entscheidungen recht gebunden.

Die Bedeutung der Ältesten in der Gesellschaft war durch deren Kontakt mit den Ahnen gefestigt. Mit diesen hielten sie spirituell Kontakt. Aus der Führung einer Familiensippe entstand in der nächsten Stufe die Herrschaft über mehrere Familiengruppen *(Cheferien)*. Über diese Herrschaftsstrukturen wurden auch die ersten **sakralen Königtümer** entwickelt. Diese wurden meist durch einen Abiru legitimiert, der durch mündliche Überlieferungen von Riten und religiösen Handlungen den Herrschaftsanspruch des Königs untermauerte. Im sakralen Königtum verloren teilweise die alten Bezugspunkte der Gesellschaft, z. B. die Ahnen, an Bedeutung. Der König war oftmals der alleinige Besitzer des Landes und so Gebieter über die Ressourcen.

Damals spielten in der Gesellschaft auch feudalähnliche Beziehungen in Bezug auf Land und Rinder eine Rolle. In dieser **Ubuhake**-Beziehung gab z. B. ein Adeliger einem Bauern eine Kuh. Dieser besaß dann das Recht auf die Milch und die männlichen Nachkommen. Nach einer bestimmten Zeit musste der Bauer die Kuh wieder abgeben, inklusive ihrer weiblichen Nachkommen. Für das Nutzungsrecht an der Kuh musste der Bauer Dienste beim Adeligen verrichten.

Feudalähnliche Beziehungen

Diese Art der Beziehung in Bezug auf die Landnutzung nannte sich **Ibikingi**. Hier wurde Land vom König (Mwami) direkt an einen Amtsträger oder Viehzüchter vergeben. Dieser hatte dann damit die vollen Rechte über das Land erworben. Er konnte das Nutzungsrecht auch weiterreichen und war nur dem Mwami gegenüber verantwortlich. Von einem Viehzüchter, der das Recht auf Nutzung des Landes erhielt, wurde erwartet, dass er dem Besitzer des Landes bei der Aufzucht seines Viehs half. Von einem Bauern verlangte man, dass er bei der Bewirtschaftung der Felder des Lehnherrn half. Wann die so gestaltete Vergabe von Land (Ibikingi) genau begann, ist heute schwer zu sagen. Sie wurde aber bereits vor dem 19. Jh. eingeführt. Sinn und Zweck waren die Absicherung der oberen Schicht, klare Rollenverteilung sowie die Festigung der sozialen Strukturen. Aber auch diese Beziehungen waren im Laufe der Zeit immer wieder Änderungen unterworfen.

Im 16. Jh. gab es im Gebiet des heutigen Ruanda etwa 50 sogenannte **Cheferien**, aus denen sich dann die ersten **Königreiche** bildeten. So war das Königreich Ruanda im Ursprung nur eines von vielen im heutigen Staatsgebiet. Es entwickelte sich dann jedoch gegen Ende des 16. Jh. zu einem starken sakralen Königreich, das von einem Mwami (König) geleitet wurde. Neben den Abiru (Hütern des Traditionellen und der Rituale) hatte die Königinmutter eine weitere wichtige Stellung. Sie war meist nicht die leibliche Mutter des Königs, sondern wurde abwechselnd von einer der Familiensippen gestellt. Im 17. Jh. begann das Königreich Ruanda mit kriegerischen Mitteln zu expandieren. Als Hauptgrund wird ein zunehmender Landmangel angenommen.

Bedeutung der Königinmutter

Der im 18. Jh. regierende **König Cyirima II. Rujugira** war der erste ruandische Monarch, der eine permanente Armee installierte und damit weitere Eroberungen

Die Gesellschaft Ruandas

König Yuhi V. Musinga vor seinem Königshaus, 1914

realisierte. In diesem Jahrhundert kamen nachweislich auch die ersten „exotischen" Güter über neue Handelswege von der Ostküste ins Land, vor allem Baumwolle und Edelsteine.

Die Hauptfigur der Expansion Ruandas im 19. Jh. war **Kigeri IV. Rwabugiri**. Er herrschte als letzter unabhängiger König in Ruanda von 1853 bis 1895. Unter ihm gingen nicht nur die kriegerischen Eroberungen weiter, sondern es wurden auch einige einschneidende Veränderungen in der Gesellschaft vorgenommen. So wurden aufgrund der Landverknappung erstmals auch **private Weiderechte** direkt vom Mwami vergeben und damit gleichzeitig die Kompetenzen der Familienführer beschnitten. Es wurde üblich, dass der Anführer einer Soldatentruppe die Verwaltung über ein neu erobertes Gebiet bekam.

Letzter unabhängiger König

Als Neuerung wurden die Ämter zweier **Distrikt-Chefs** eingeführt, von denen einer für die Vergabe von Ackerland, für die Regelung von Streitigkeiten in Bezug auf die Felder und für die Erhebung der Abgaben für die bäuerliche Nutzung zuständig war. Der andere besaß die gleichen Kompetenzen in Bezug auf die Nutzung des Landes als Weideflächen. Diese Distrikt-Chefs wurden direkt vom Mwami ernannt oder auch abgesetzt. Sie selbst ernannten ihrerseits ihnen unterstellte Vertreter für die einzelnen Hügel. Die Gebiete der Distrikt-Chefs waren kleiner als die der Armeechefs. Dadurch, und durch die Tatsache der „kontrollierenden Konkurrenz" untereinander, verschaffte sich der Mwami eine stärkere Position. Er konnte allerdings auch an einem Distrikt-Chef vorbei einen „Hügelposten" vergeben. Diese waren dann ihm direkt unterstellt. Diese Vergabe geschah meist an unterprivilegierte, die dem Mwami dadurch besonders verpflichtet waren. Auch dies diente der Stärkung seiner Macht.

Die Entwicklung der Gesellschaft

> **info**
>
> ### Die letzten Könige Ruandas
>
> Die Könige Ruandas werden jeweils mit einem Doppelnamen bezeichnet. Der erste Name bezeichnet den Thronnamen mit der entsprechenden Ziffer der Reihenfolge des auftretenden Thronnamens. Der dann folgende Name ist der ursprüngliche, bürgerliche Name des Königs vor seiner Machtübernahme. Die letzten Könige Ruandas waren:
>
> | | |
> |---|---|
> | **Kigeri IV. Rwabugiri** | reg. 1853–1895 |
> | **Yuhi V. Musinga** | reg. 1895–1931 |
> | **Mutara III. Rudahigwa** | reg. 1931–1959 |
> | **Kigeri V. Ndahindurwa** | reg. 1959–1960 |

Die Begriffe Bahutu und Batutsi

Zunächst gilt es zu klären, wie die unterschiedlichen Begriffe Hutu bzw. Bahutu für ein und dieselbe ethnische Gruppe zustande kommen. In Europa ist es mittlerweile üblich, bei den Volksgruppen in Ruanda von Hutu, Tutsi und Twa zu sprechen. Fragt man jedoch einen Ruander, zu welcher Volksgruppe er gehört, wird er mit Bahutu, Batutsi oder Batwa antworten. Diese Bezeichnungen hörten auch die ersten Europäer in Ruanda, die diese Bezeichnungen erst einmal so übernahmen. Später orientierte man sich in Europa bei der Namensgebung an den Ausführungen der Sprachwissenschaftler. In der Sprache Kinyarwanda, wie in vielen anderen afrikanischen Sprachen auch, wird die Mehrzahl eines Wortes mit der Veränderung der ersten Silbe bestimmt – im Gegensatz zur deutschen Sprache, bei der durch die Änderung bzw. die Ergänzung der letzten Silbe die Ein- oder Mehrzahl angezeigt wird.

Verwendung der Begriffe

In der Sprache Kinyarwanda lautet die Silbe zum Ausdruck der Einzahl „ba", die für Mehrzahl lautet „wa". Also, ein Bahutu, aber mehrere Wahutu. Für Sprachenwissenschaftler ist somit der Wortteil „hutu" das Stammwort. Daher rührt die europäische Bezeichnung „Hutu" für diese ethnische Gruppe. Im Kinyarwanda wird aber auch das Volk (als ein Volk) als Bahutu bezeichnet, womit die korrekte, von den Menschen selber gebräuchliche Bezeichnung „Bahutu" wäre (gleichsagend auch für Batutsi oder Batwa). Aus diesem Grund werden in diesem Buch trotz des vielleicht ungewohnten Klanges die korrekten ruandischen Bezeichnungen verwendet.

Die Begriffe Batwa, Bahutu und Batutsi in vorkolonialer und in kolonialer Zeit

Durch das Zusammenwachsen der drei ethnischen Gruppen in einem Staatsgebilde hat sich der Sinn dieser Bezeichnungen im Laufe der Zeit verändert. Während die Batwa immer die Jäger und Sammler blieben, die gleichzeitig fast rechtlos waren, stand der Begriff Batutsi für die herrschende Schicht. Je mehr Rinder, desto reicher. Dieser Reichtum war den Feldbauern Bahutu als „Unterschicht" quasi schon von Berufswegen verwehrt. Im ursprünglich aus verschiedenen ethnischen

Gruppen geformten Königreich Ruanda begannen sich mit der Zeit durch Vermischung die körperlich-ethnischen Unterschiede zu verwischen. Als die Europäer nach Ruanda kamen, waren die drei Begriffe längst ein Kastenbegriff geworden und keine ethnische Herkunftsbezeichnung mehr.

Die Europäer in ihrem „Rassendenken" begannen die unterschiedlichen äußeren Merkmale zu analysieren und festzuhalten, obwohl diese nicht immer eindeutig waren. Dazu zählten die Nasengröße und Form sowie die Augenfärbung. Die Belgier legten nach ihrer Machtübernahme Wert darauf, dass die sogenannten „ethnischen Rassen" sauber getrennt sein sollten. Die belgische Kolonialmacht führte daher Personalausweise ein, auf denen die jeweilige **ethnische Zugehörigkeit** vermerkt wurde.

Nasenmessung und Bestimmung der Augenfarbe zur „Rassenbestimmung"

Die Bevölkerung heute

Keine ethnische Bezeichnungen mehr im Ausweis

Die erste unabhängige Regierung Ruandas übernahm das System der „Rasseneinteilung" von den Belgiern. Demnach sind etwa 84 % der Bevölkerung Bahutu, 15 % Batutsi und 1 % Batwa. Die Bezeichnung im Personalausweis wurde erst nach dem Völkermord abgeschafft. Die Regierung unter Paul Kagame versucht damit ein neues Nationalgefühl zu schaffen, indem sich alle als Ruander sehen.

Die Bevölkerung Ruandas ist eine der ärmsten der Welt und hat, wie in vielen anderen Entwicklungsländern auch, mit zahlreichen Problemen zu kämpfen. So liegt die Kindersterblichkeit bei 49 von 1.000 Neugeborenen und die HIV-/AIDS-Rate beträgt etwa 2,9 % (bei den 15- bis und 49-Jährigen). Das größte Problem bei der Bekämpfung der Armut ist das Bevölkerungswachstum. Zwischen 1960 und 2014 stieg die Bevölkerungszahl von etwa drei auf zwölf Millionen Einwohner an. Durch die geringe Größe des Landes ergibt sich in einigen Gebieten eine Bevölkerungsdichte von 400 bis 500 Menschen pro Quadratkilometer! Das ist doppelt so viel wie im nicht gerade dünn besiedelten Deutschland (228/km^2). Die Geburtenrate in Ruanda liegt bei durchschnittlich 4,6 Kindern pro Frau.

Die Sprachen

Kinyarwanda

Kinyarwanda (Kinyaruanda) ist die nationale Sprache Ruandas. 98,3 % der Bevölkerung sprechen sie als Muttersprache. Mit einer einheitlichen Sprache ausgestattet, haben es vor allem die Kinder im nationalen Bildungssystem einfacher als in an-

Wichtiger sozialer Treffpunkt: der Wochenmarkt

deren afrikanischen Ländern. So findet der Grundschulunterricht in Ruanda ausschließlich auf Kinyarwanda statt. Kinyarwanda ist eine Bantusprache, die außer in Ruanda noch in Uganda (ca. 532.000), in der D. R. Kongo (ca. 250.000) und in Tansania (ca. 88.000) gesprochen wird. Der Hauptanteil der Sprecher in diesen Ländern sind Flüchtlinge aus Ruanda. Außer im Nachbarland Burundi gibt es sonst kein afrikanisches Land, in dem alle ethnischen Gruppen ein und dieselbe Sprache sprechen. Darüber hinaus ist Kirundi, die Sprache der Burundi, dem Kinyarwanda so ähnlich, dass Burundier und Ruander sich mühelos in ihrer jeweiligen Sprache unterhalten können.

Einheitliche Sprache Kinyarwanda

Europäische Sprachen

Neben Kinyarwanda sind Französisch und Englisch ebenso Staatssprache. Viele Ruander sprechen mindestens eine dieser beiden europäischen Sprachen. Das Französische ist ein Überbleibsel aus der belgischen Verwaltungszeit und wird vor allem von den Bahutu gesprochen. Das Englische kam mit der Rückkehr der Flüchtlinge nach Ruanda. Viele Tausend Batutsi lebten teilweise über Jahrzehnte in den Nachbarländern Tansania und Uganda und lernten dort in den Schulen Englisch. Nach der Vertreibung des Völkermord-Regimes 1994 wurde zunächst daran gedacht, Französisch als Staatssprache zu streichen. Auf Druck Frankreichs entschied sich die neue Regierung dann, beide Sprachen gleichberechtigt an den Schulen zu unterrichten.

Kisuaheli

Die wichtigste Sprache Ostafrikas wird auch in Ruanda von einigen als Fremdsprache gesprochen, vor allem von ehemaligen Flüchtlingen, die eine längere Zeit im Nachbarland Tansania verbrachten. Aber auch als Handelssprache ist Kisuaheli wichtig, da die Nachbarländer der ostafrikanischen Wirtschaftszone (Kenia, Tansania, Uganda) die wichtigsten Wirtschaftspartner Ruandas sind.

> ## Die Nationalhymne Ruandas
>
> Zur Unabhängigkeit Ruandas wurde das Lied „Rwanda rwacu" als neue Hymne des selbstständigen Staates ausgewählt. Dieses Lied basiert auf einem alten Volkslied. Der Text und die Musik stammten von Michael Habarurema.
>
> Nach dem Völkermord entschied man sich, eine neue, die Einheit des ruandischen Volkes betonende Nationalhymne einzuführen. Seit dem 1. Januar 2002 gilt diese neue Nationalhymne. Sie wurde geschrieben von Bosco Hashakaimana (Musik) und Faustin Murigo (Text).
>
> | Die neue Hymne: | Die englische Übersetzung: |
> |---|---|
> | *Rwanda inziza gihugu cyacu* | *Rwanda, our beautiful and dear country* |
> | *Wuje imisozi, ibiyaga n'ibirunga* | *Adorned of hills, lakes and volcanoes* |
> | *Ngobyi iduhetse gahorane ishya* | *Motherland, would be always filled of happiness* |
> | *Rekatukurate tukuvuge ibigwi* | *For us all your children: Abanyarwanda* |
> | *Wowe utubumbiye hamwe twese* | *Let us sing your glare, proclaim your high facts* |
> | *Abanyarwanda uko watubyaye* | *You, maternal bosom of us all. Would be admired* |
> | *Berwa, sugira, singizwa iteka* | *forever, prosperous and cover of praises.* |

Die Religionen

Das Christentum und andere Religionen in Ruanda

Mit den Europäern kam im 19. Jh. auch die christliche Religion nach Ruanda. Die Missionare waren in ihrem Sinne selten so „erfolgreich" wie in diesem kleinen Königreich. Die christliche Religion nimmt seitdem eine starke Stellung in Ruanda ein. Sie ist in allen Gesellschaftsschichten und Regionen des Landes vertreten. Die christliche Religion in Ruanda wirkt sehr lebendig, vor allem, wenn man die zahlreichen Kirchengebäude sieht und die vielen aktiven Gemeinden erlebt.

Größte christliche Gruppe

Die **Katholiken** sind dabei die größte christliche Gruppe, der 56 % der Ruander angehören. Um sie zu würdigen und zu unterstützen, besuchte Papst Johannes Paul II. 1990 das kleine Land. Die zweite Gruppe stellen mit 37 % die **Protestanten**. In den letzten Jahren sind vor allem christliche Sekten und Freikirchen aus den USA hinzugekommen. Etwa 25 % der Ruander richten sich noch nach dem traditionellen Glauben (s. unten). Daneben gibt es noch eine kleine Minderheit von **Muslimen**, die ca. 5 % der Bevölkerung ausmachen.

Ursprünglicher Glaube

Der traditionelle Glaube der Ruander dreht sich um ein höheres Wesen mit Namen **Imana**. Während Imanas Wirken die Welt beeinflusst, kommt er des Nachts in seine Heimat Ruanda. Im Glauben der Ruander kann die Erwähnung seines Namens einen magischen Einfluss haben, daher wird Imana häufig bei der Namensgebung der Kinder bemüht oder im Zusammenhang mit Hochzeit und Tod. Solche Schwüre lauten dann etwa: „Möge Imana mich streicheln" oder „Lass Imana mich begleiten". Wenn eine Frau nach langem Warten endlich schwanger wird, so sagt man: „Endlich hat Imana dich von deiner Scham befreit."

Traditioneller Glaube um Imana

Häufig werden Geschichten erzählt, in denen Imana den Menschen magische Gaben schenkt, die Menschen diese dann aber regelmäßig durch Gier und Unglauben wieder verlieren. Ein neuer Mensch wird nicht alleine durch eine Befruchtung gezeugt. Es gibt einen Erschaffungsakt durch Imana vor der Entstehung jeden Lebens. Daher lässt eine junge Frau am Abend einige Tropfen Wasser in einem Gefäß. Imana braucht das Wasser wie ein Töpfer, um die Erde zu formen und das Wasser in die Gebärmutter einzusetzen.

Nach der Geburt entscheidet er, ob das Leben des neugeborenen Menschen glücklich oder unglücklich verlaufen soll. Sollte später ein Mensch vom Pech verfolgt sein, arm oder krank sein, dann heißt es, Ruremakwaci war sein Schöpfer. Dieser „Spitzname" wird für Imana verwendet, wenn er bei der Geburt zu „müde" war oder die Person von ihm „zum Unglücklichsein vorgesehen" wurde. Bei der Geburt von Behinderten wird Imana mit dem gleichen Namen betitelt, in diesen Fällen hat er „nicht erfolgreich" gearbeitet.

Traditionell glauben die Ruander an den unbändigen Lebenswillen einer Seele, der ihnen die Kraft zum (Über-)Leben gibt. Auch Tiere besitzen diese willensstarke

Besucher einer christlichen Kirche

Seele. Im Unterschied zum Menschen stirbt diese beim Tod des Tieres. Die Seele des Menschen hingegen lebt fort und verwandelt sich in eine Art Geist, **Bazimu** genannt. Diese Geister leben in der Unterwelt (Ikuzimu). Jeder Bazimu behält seinen irdischen Namen, aber nicht seine soziale Stellung. Sie kehren immer wieder an irdische Plätze zurück, besonders dorthin, wo der weltliche Körper lebte. Sie leben dann in der früheren Hütte oder in einer extra für sie errichteten kleinen „Ersatzhütte". Diese soll den Bazimu milde stimmen, denn Bazimu gelten generell als schlecht. Sie bringen Krankheit, Unglück und Missernten. Um herauszufinden, warum ein Bazimu gekommen ist, um Unglück zu bringen, müssen spirituelle Sitzungen mit „Geisterbeschwörern" abgehalten werden.

Das heutige politische System

Das Parlament von Ruanda verfügt über zwei Kammern, die **Abgeordnetenkammer** (Chambre des Députés) und den **Senat**. In der Abgeordnetenkammer sitzen 80 Abgeordnete, die für fünf Jahre gewählt werden. 53 von ihnen werden über Parteien vom Volk, 24 weibliche Abgeordnete von Regionalversammlungen, zwei vom Youth Council und ein Abgeordneter von der Behindertenvertretung gewählt. Der Senat wiederum hat 26 Abgeordnete, die alle acht Jahre neu bestimmt werden. Zwölf Senatoren werden von den Regionalregierungen gewählt, weitere acht vom Präsidenten bestimmt. Die restlichen Abgeordneten werden von Interessengruppen wie den Universitäten bestimmt. Das Parlament kennt drei Sitzungsperioden, die jeweils am 5. der Monate Februar, Juni und Oktober beginnen.

Verbot ethnischer Ausrichtung

Die Bürger Ruandas wählen den **Präsidenten** direkt (alle sieben Jahre) und zudem Parteien für das **Parlament**. Eine ethnische Ausrichtung ist den Parteien verboten, auch wenn dies im Alltag nicht immer zu vermeiden ist. So ist der aktuelle Präsident Paul Kagame ein Batutsi und sein oppositioneller Herausforderer ein Bahutu, was in der Öffentlichkeit auch so wahrgenommen wird. Es wird sicher noch Jahrzehnte dauern, bis dieses Denken aus den Köpfen der Menschen verschwunden ist.

Die letzten Parlamentswahlen fanden im September 2013 statt, 98 % der knapp 6 Mio. registrierten Wähler gingen zur Wahl. Dabei wurden 51 der 80 Sitze an Frauen vergeben, was einen Anteil der Frauen im Parlament von 64 % ergibt. Damit liegt Ruanda beim Frauenanteil weltweit an der Spitze. Die Sitzverteilung nach Parteien: 41 Sitze **Rwandan Patriotic Front** (RPF), 7 Sitze **Social Democratic Party** (PSD) und 5 Sitze **Liberal Party** (LP). Bei der allerdings demokratischen Ansprüchen kaum genügenden Präsidentenwahl im August 2010 wurde Amtsinhaber Paul Kagame mit 93 % der Stimmen wiedergewählt.

Das Land ist verwaltungstechnisch unterteilt in **fünf Provinzen**, 31 Distrikte und 470 Sektoren. Bei den Regionalwahlen im Frühjahr 2006 wurde erstmals eine Frau, Aisa Kirabo Kakira, zur Bürgermeisterin von Kigali gewählt. Während in der Hauptstadt mittlerweile fast 50 % der Abgeordneten Frauen sind, beträgt der Anteil an weiblichen Abgeordneten in den anderen Provinzen durchschnittlich nur 26 %. Die Wahlperiode beträgt fünf Jahre.

Die Präsidenten Ruandas

28.1.1961 bis 26.10.1961:	**Dominique Mbonyumutwa** (Übergangspräsident)
26.10.1961 bis 5.7.1973:	**Grégoire Kayibanda**
5.7.1973 bis 6.4.1994:	**Juvénal Habyarimana**
9.4.1994 bis 3.7.1994:	**Theodore Sindikubwabo**
19.7.1994 bis 23.3.2000:	**Pasteur Bizimungu**
seit 23.3.2000:	**Paul Kagame**

Das Bildungssystem

Die Zahl der Ruander, die nicht lesen und schreiben können, ist relativ hoch. Etwa 40 % der Bevölkerung sind davon betroffen. Der Bürgerkrieg hat in der Vergangenheit entscheidend dazu beigetragen, dass die Kinder den Schulen fernblieben bzw. der Unterricht ausfiel. Im Jahr 2000 gab es in Ruanda rund 2.000 Schulen und etwa 1,5 Mio. Schüler, hauptsächlich im Grundschulbereich. Mittlerweile dürften es wohl an die 2 Mio. Schüler sein. Um mehr Kindern einen Schulbesuch über die Grundschule hinaus zu ermöglichen, wurde in den letzten Jahren in Orten mit zwei Grundschulen jeweils eine davon in eine Secondary School umgewandelt. Die verbleibende Grundschule wurde dann dementsprechend erweitert.

Nach dem Genozid und der Machtübernahme einer neuen Regierung wurden Ende der 1990er-Jahre das Schulsystem reformiert und durch das neue Bildungsgesetz auch **private Schulen** zugelassen. Diese sind, wie die Green Hills Academy in Kigali, besonders für die englischsprachigen Exilrückkehrer wichtig, da in den meisten staatlichen Schulen noch Französisch vorherrscht. Bis heute sind zwar nur 1,5 % der Grundschulen privat organisiert, aber bereits 51 % der weiterführenden Schulen. 2001 gab es in Ruanda 400 weiterführende Schulen mit etwa 141.000 Schülern. Der Aufbau der Schulen folgt entweder dem englischen oder dem französischen Schulsystem, die Abschlussexamina sind dann für alle Schüler gleich. Neben der staatlichen **Nationaluniversität** in Huyé haben sich zwei **private Universitäten** in Kigali etabliert, die Freie Universität Kigali und die Katholische Universität.

Reformierung des Schulsystems

Das Schulsystem

Die Schüler in Ruanda gehen zuerst sechs Jahre in die **Grundschule** (Primary School), Unterrichtssprache ist Kinyarwanda. Anschließend folgen drei Jahre **Mittelstufe** (Secondary School) und drei Jahre **Oberstufe** (A-Level bzw. High School) mit Englisch oder Französisch als zweiter Unterrichtssprache. Nach der Mittelstufe (Klasse 9) erfolgt ein Abschlussexamen. Sollte das nicht bestanden werden, kann der Schüler die 9. Klasse wiederholen oder auf eine Privatschule wechseln. In Ruanda kann ein Schüler nach zwölf Schuljahren die Qualifikation zur **Universität** erwerben. Zum Ende der 12. Klasse findet eine Abschlussprüfung

Kinder auf dem Weg zur Schule

statt („Abiturprüfung"). Etwa 30 % der Oberstufenschüler schaffen die Prüfung nicht (2013). Mit bestandener Abschlussprüfung kann eine der 34 ruandischen Universitäten und Fachhochschulen besucht werden. Im Jahr 2012 erreichten 16.048 Hochschulabsolventen ihren Abschluss.

Für den Schulbesuch wurden ursprünglich Schulgebühren fällig, seit 2003 jedoch ist der Schulbesuch für alle Kinder kostenlos.

Gesundheitssystem

Ruandas Gesundheitssystem besteht aus staatlichen Krankenhäusern und Gesundheitszentren sowie privaten Kliniken und Arztpraxen. Von staatlicher Seite aus verfügt das Land über vier recht gut ausgestattete **Krankenhäuser** und 45 Distrikt-Hospitäler. Hinzu kommen 400 sogenannte **Gesundheitszentren** (Health Centres), in denen keine Ärzte, sondern Krankenschwestern arbeiten und sich um eine Notversorgung kümmern. Sie helfen z. B. bei einfachen bis mittelschweren Verletzungen, führen Impfprogramme durch und geben Hilfestellung bei Schwangerschaften. Die Krankenschwestern sowie das medizinische Personal werden am Kigali Health Institute ausgebildet. Dort lernen bis zu 1.000 Studenten in drei Jahren ihren Beruf.

Notversorgung

Über 91 % der Ruander sind mittlerweile bei der 2004 eingeführten **staatlichen Versicherung** (Mutuelles de Santé) krankenversichert. Die Kosten für die dem Gesundheitsministerium unterstellte Krankenversicherung sind nach Einkommen gestaffelt (ab 6 US$/Jahr). Zusätzlich fallen Gebühren pro Besuch einer Krankenstation oder eines Krankenhauses an, etwa 300 RWF. Die Versicherung gilt nur für den staatlichen Sektor, private Ärzte und Kliniken müssen selber bezahlt werden. Das staatliche Krankenversicherungssystem wird von ausländischen Organisationen mitfinanziert, um die Beiträge gering zu halten.

Tuberkulose, Malaria, Atemwegs- und Hauterkrankungen sowie eine nicht unerhebliche HIV-Rate sind zusammen für mehr als die Hälfte der medizinischen Fälle in Ruandas Krankenhäusern und Arztpraxen verantwortlich. Ein weiteres Problem sind die Folgen des Genozids mit zahlreichen Patienten im Bereich der Orthopädie sowie mit posttraumatischen Problemen.

Entwicklungszusammenarbeit

Ruanda ist ein Schwerpunktland der deutschen Entwicklungshilfe in Afrika. Seit der Wende in der Entwicklungspolitik Ende der 1990er-Jahre, bei der auf die sogenannte „Gießkannenmethode" zugunsten einer Schwerpunktförderung verzichtet wurde, spielt die Zusammenarbeit mit Ruanda eine große Rolle. Mit einem deutschen Hilfsbudget von 20 Mio. Euro (2013) werden Projekte zur Armutsbekämpfung und zur Förderung einer nachhaltigen Wirtschaftsentwicklung mit Blickpunkt auf die Privatsektorförderung und die berufliche Bildung finanziert. Deutschland gewährt darüber hinaus seit 2007 eine allgemeine Budgethilfe zum Staatshaushalt, die kurzzeitig 2013 aus politischen Gründen ausgesetzt war, da Ruanda Verstrickungen im kongolesischen Bürgerkrieg vorgeworfen wurden. Neben Ruanda gehören in Afrika noch weitere Länder zu den Schwerpunktgebieten der deutschen Entwicklungshilfe. Dazu zählen alle ehemaligen deutschen Kolonien (Burundi, Kamerun, Namibia, Tansania und Togo) sowie Äthiopien.

Deutsche Entwicklungshilfe

Auf Initiative des damaligen Ministerpräsidenten Dr. Bernhard Vogel und des ruandischen Außenministers François Ngarukiyintwali wurde im Juni 1982 eine Partnerschaft zwischen Rheinland-Pfalz und Ruanda begründet. Insgesamt gibt es heute in Rheinland-Pfalz 56 Gemeinden oder Landkreise, die partnerschaftliche Beziehungen zu ruandischen Gemeinden unterhalten, außerdem stehen mehr als 250 ruandische und rheinland-pfälzische Schulen miteinander in Kontakt. An der Partnerschaft beteiligen sich auch Kirchen, Universitäten und Fachhochschulen, Verbände, Unternehmen, gesellschaftliche Gruppen und weitere Bildungseinrichtungen (www.rlp-ruanda.de).

Wirtschaftlicher Überblick

Die Wirtschaft des Landes bietet durchaus ein ambivalentes Bild. Die **Landwirtschaft** in Ruanda ist durch ausreichend Wasser, ein ausgeglichenes Klima und sehr fruchtbare Böden gesegnet, was gute Ernten ermöglicht. Allerdings ist in dem am dichtesten besiedelten Land Afrikas das Ackerland für die Menschen ein recht begrenztes Gut. Zudem sind viele Ackerflächen infolge der intensiven Landwirtschaft von Erosion bedroht, dem die Regierung nun mit Terrassierungs- und Ressourcenschutzprogrammen entgegenwirken will. Auch wenn die Landwirtschaft heute prozentual weniger zum BIP beisteuert als noch vor wenigen Jahren, bleibt sie für die Bevölkerung der wichtigste Wirtschaftszweig. Denn 80 % aller Ruander leben auf dem Land, davon 90 % in Subsistenzwirtschaft.

Der in Ruanda noch wenig bedeutende **industrielle Wirtschaftszweig** (Bausektor, Verarbeitendes Gewerbe und Konsumgüter) kommt zurzeit nur auf einen Anteil von 15 % am BIP. Produziert werden hauptsächlich einfache Verbrauchsgüter für den heimischen Markt (Getränke, Textilien, Zigaretten, Baumaterial, Seifen). Seit Jahren fehlen weitgehend Investoren, um den industriellen Sektor weiter auszubauen. Abgesehen von den politischen Schwierigkeiten des Landes in den letzten

Unsichere Lage in der Region Jahrzehnten, ist die unsichere Lage in der Region, vor allem im benachbarten Kongo, ein negativer Faktor in der weiteren wirtschaftlichen Entwicklung. Zudem spielt die Größe des Landes sicherlich eine Rolle. Der Heimatmarkt mit 12 Mio. Menschen mit zumeist geringem oder keinem nennenswerten Einkommen ist nicht sonderlich attraktiv für Investoren. Dennoch unternimmt die Regierung große Anstrengungen, um besonders ausländische Investoren anzuziehen. Im Weltbank-Report zu den Investitionsrahmenbedingungen steht Ruanda auf Platz 55 von 189 (2015) und damit in Afrika an zweiter Stelle.

Die wirtschaftliche Entwicklung Ruandas verzeichnete in den letzten Jahren durchaus anhaltende Erfolge. Das Wirtschaftswachstum kann sich sehen lassen und die Inflation ist im regionalen Vergleich relativ gering. Der **Dienstleistungssektor** (Finanzen, Informationstechnologien, Tourismus, Versicherungswesen) hat mit mittlerweile über 50 % die Landwirtschaft (ca. 35 %) als wichtigster Wirtschaftszweig hinter sich gelassen.

Wirtschaftsindikatoren 2015

Bruttoinlandsprodukt (BIP)	7,89 Mrd. US$ (2014)
Wachstum Bruttoinlandsprodukt (BIP)	7,5 % (2014)
BIP pro Kopf	722 US$ / Jahr (2014)
Inflationsrate	2,5 % (2015)
Arbeitslosigkeit	offiziell: 3,4 % (2012)
Handelsimporte	2 Mrd. US$ (2014)
Handelsexporte	700 Mio US$ (2014)
Staatshaushalt	2,174 Mrd. € (2015/2016)
Anteil Geberfinanzierung des Staatshaushalts	34 % (2015/2016)
Auslandverschuldung	2 Mrd. US$ (2014)

Die **Binnenlage** Ruandas im Herzen Afrikas ist für eine exportorientierte Wirtschaft ein nicht zu unterschätzender Nachteil, da alle Güter über weite Landwege transportiert werden müssen. Im Bereich der Infrastruktur dagegen ist die geringe Größe des Landes wiederum von Vorteil. Die Steuereinnahmen konnten in den letzten Jahren kontinuierlich gesteigert werden, doch der Staat verfügt immer noch nicht über genügend Einnahmen, um seine Ausgaben zu finanzieren. Der ruandische Staatshaushalt hängt daher zu etwas mehr als der Hälfte von **ausländischer Unterstützung** ab.

Mit einem Bruttoinlandsprodukt (BIP) pro Kopf von ca. 743 US$ pro Jahr bleibt Ruanda eines der ärmsten Länder der Welt (Human Development Index / Index der menschlichen Entwicklung: Platz 151 von 186). Über 60 % der Bevölkerung leben unterhalb der Armutsschwelle, davon 10 % sogar unterhalb der Schwelle absoluter Armut.

Landwirtschaft

Ruandas wirtschaftliches Rückgrat ist die Landwirtschaft, in der der überwiegende Teil der Ruander arbeitet. Der Hauptanteil dient zur Ernährung der eigenen Bevölkerung. So sind Gemüse (Kartoffeln, Süßkartoffeln, Maniok, Kochbananen), Getreide (Reis, Sorghum) und Obst (Bananen, Avocados, Mangos, Papayas) auf vielen Feldern Ruandas zu finden. Diese sind auf Grund der vulkanischen Erde besonders nährreich, was einen ertragreichen Landbau ermöglicht. Dennoch reicht die landwirtschaftliche Produktion nicht in allen Bereichen aus und zwingt Ruanda zu **Nahrungsmittelimporten**. Über 90 % aller landwirtschaftlichen Betriebe haben eine Fläche von weniger als einem Hektar. Außer den im Land selber verbrauchten landwirtschaftlichen Produkten, sind die so genannten „**Cash Crops**" für Ruanda von Bedeutung. Also jener Anbau von Pflanzen, deren Produkte durch den Export Devisen bringen.

Nährreicher Boden

Als „Cash Crop" ist in Ruanda in erster Linie der **Tee** zu nennen, der seit 1952 angebaut wird. Die fruchtbaren Böden und die Höhenlage Ruandas sind Grundlage für qualitativ hochwertigen Tee, der relativ gute Handelspreise erzielt. In Ruanda, Afrikas sechstgrößtem Teeproduzenten, nehmen Teeplantagen etwa 17.000 ha ein, 2013 konnten 28.600 t Schwarzer Tee exportiert werden. Der Tee wird über den Auktionsmarkt in Mombasa/Kenia, den zweitgrößten der Welt, hauptsächlich nach Großbritannien exportiert. 2005 wurde am Markt erstmalig für Tee aus Ruanda mehr bezahlt als für Tee aus Kenia, dem drittgrößten Teeproduzenten weltweit und zudem größten Teeexport-Nation der Welt (2012). 2013 lag der Auktionsverkaufspreis für ruandischen Tee bei 2,47 US$ pro Kilo. Der Tee steht für 8 % der Exporteinnahmen, gibt etwa 60.000 Menschen Arbeit in der Teeproduktion und sorgt nach Tourismus und Bergbau für die größten Deviseneinnahmen.

Kaffee dagegen war für Ruanda lange nicht so wichtig, was an der relativ geringen Quali-

Teepflückerin mit Ernte

tät und den dadurch niedrigen erzielten Verkaufspreisen lag. Seit dem Jahr 2000 wurde der Kaffeeanbau kontinuierlich umgestellt und mehr auf Qualität geachtet, was sich letztlich auszahlte. Angebaut werden verschiedene Sorten des Arabica-Kaffees, vornehmlich von Kleinbauern. 2013 produzierte Ruanda 26.000 t Kaffee, der dem Land 75 Mio. US$ einbrachte (2,88 US$/kg). Nur 3 % der Erträge aus dem Kaffeeanbau werden in Ruanda verkauft und getrunken. Insgesamt sind die Exporterlöse der traditionellen Produkte Kaffee und Tee aber nicht zufriedenstellend. Wegen anhaltender niedriger Weltmarktpreise bleiben sie hinter den Erwartungen zurück.

Der sich in Ostafrika ausbreitende Anbau von **Schnittblumen** für den arabischen und europäischen Markt hat mittlerweile auch Ruanda erreicht. Auf 15 ha (2014) werden Schnittblumen (Calla, Schmucklilien, Gladiolen) angebaut. Durch die schlechte Fluganbindung an Europa dürfte sich der Anbau aber mittelfristig in Grenzen halten.

Kaffeepflanze mit noch grünen Früchten

Optimierung der Versorgungslage

Von Regierungsseite aus wird versucht, den Agrar- und Nahrungsmittelsektor des Landes weiterzuentwickeln, um eine bessere Versorgung der Bevölkerung zu erreichen und gleichzeitig weniger Lebensmittel importieren zu müssen. So wurden beispielsweise Investoren zum Aufbau einer Tomatenmark-Industrie gesucht, denn Ruanda verbrauchte 2001 ganze 759 t Tomatenmark, das für 868.000 US$ importiert werden musste. Da auch in den Nachbarregionen (Burundi, Ost-Kongo) der Verbrauch über 100 t pro Jahr liegt, ist dies ein durchaus lohnendes Vorhaben. Ruanda schaffte es, seine Tomatenproduktion von 8.000 t (2000) auf 115.000 t (2012) zu erhöhen.

Außenhandel und Industrie

Als zunehmend schwierig und belastend für Wirtschaft und Bevölkerung erweist sich die **Energiesituation**: Klimatische Änderungen haben dazu geführt, dass die ruandischen Stauseen nicht immer genügend Regenwasser erhalten, um die Generatoren ausreichend antreiben zu können. Zudem ist der Energiebedarf des Landes mit dem wirtschaftlichen Wachstum der vergangenen Jahre deutlich angestiegen.

Außenhandel und Industrie

Feldanbau in den Hügeln Ruandas

Bisher produziert das Land 100 Millionen Kilowattstunden (2014) und nur 16 % der Haushalte verfügen über einen Stromzugang.

Eine wichtige Rolle für die Stromversorung stellt das im Kivu-See enthaltene **Methangas** dar, dessen Reserven auf 60 Milliarden m³ geschätzt werden. Bereits seit 1983 wird dieses Naturgas im Rahmen eines Pilotprojekts zur Energieerzeugung für eine Brauerei in Rubavu verwendet. Ein erstes von Methangas betriebenes Kraftwerk mit einer Leistung von 2 MW ist bereits seit 2010 in Betrieb, ein weiteres Kraftwerk mit 25 MW wurde 2014 in Karongi errichtet. Weitere Anlagen zur Nutzung des Methangases sollen in Zusammenarbeit mit dem Kivu-See-Anrainer D. R. Kongo folgen. Neben dem Methangas sollen auch die Geothermie, die Solarenergie und Biogas stärker für die Energieversorgung genutzt werden. Die ruandische Regierung verfolgt im Energiesektor sehr ehrgeizige Ziele und möchte die Stromproduktion bis 2018 auf 500 MW verfünffachen.

Energieversorgung

Um das Staatsdefizit zu verringern und dringend benötigte Waren gegen Devisen im Ausland kaufen zu können, sind Exporte von enormer Wichtigkeit. Damit Exporterlöse nicht nur über landwirtschaftliche Güter wie Tee oder Kaffee erzielt werden, müsste über kurz oder lang auch im Industriebereich investiert werden. Chancen, allerdings auch Risiken, bietet da die Öffnung der Märkte zu den Nachbarländern im Rahmen der EAC.

Vor allem um die Wirtschaft in Ostafrika zu stärken, den Handel zu erleichtern und politisch enger zusammen zu arbeiten wurde die 1977 aufgelöste **Ostafrikanische Gemeinschaft** (EAC) im Jahr 2000 neu gegründet. In diesem Rahmen werden die Märkte der Mitgliedsländer schrittweise geöffnet. Zurzeit wird an einer Währungsunion gearbeitet, die die Einführung einer gemeinsamen Währung, den ostafrikanischen Schilling, zum Ziel hat. Ruanda wurde im Juli 2007 Mitglied in der **East African Community** (EAC).

Tourismus und Infrastruktur

Der **Tourismus** in Ruanda steht erst am Anfang und die touristische Infrastruktur ist noch sehr bescheiden. Trotzdem konnten zumindest im Hotelbereich in den letzten Jahren einige Fortschritte erzielt werden. Hierzu zählen die Wiedereröffnung der Akagera Game Lodge im gleichnamigen Nationalpark und die Investitionen der Serena-Hotelgruppe. Die Regierung möchte mittelfristig erreichen, dass nicht nur mehr Touristen ins Land kommen, sondern dass diese vor allem länger bleiben. Denn ein Großteil der Besucher reist lediglich für wenige Tage nach Ruanda, das oft als bloßes „Anhängsel" einer Uganda-Reise angeboten wird. Im Jahr 2004 blieb jeder Tourist durchschnittlich nur vier Tage im Land (An- und Abreisetage mitgezählt). Dabei hat das Land weitere Reize, die durchaus einen längeren Aufenthalt lohnen.

Ausbau der touristischen Infrastruktur

Das Büro für Tourismus und Nationalparks arbeitet sehr intensiv daran, Ruanda auf die touristische Landkarte zu setzen und es dort zu etablieren. Mit Hilfe aus Deutschland war es Ruanda in den letzten Jahren möglich, an allen wichtigen Reisemessen der Welt teilzunehmen. Bei der weltweit größten Messe, der Internationalen Tourismus-Börse (ITB) in Berlin, schaffte das Land 2014 sogar den ersten Platz als bester afrikanischer Messestand.

Die intensiven Bemühungen zeigen bereits erste Erfolge für das Land. So sind die Einnahmen durch den Tourismus (2014: 303 Mio. US$) seit 2007 die wichtigste Deviseneinnahmequelle Ruandas. Die Besucherzahlen nehmen kontinuierlich zu. Besuchten im Jahr der Wiedereröffnung gerade mal 417 Touristen die drei ruandischen Nationalparks, waren es 2003 rund 16.000 Besucher und 2010 bereits über 45.000. Für die kommenden Jahre ist man optimistisch, immer mehr Besucher in

Trommler bei einer traditionellen Tanzvorführung

Tourismus und Infrastruktur

Ruanda ist ein ideales Land zum Wandern

den Parks begrüßen zu dürfen. Reisende in Ruanda kommen zu 30 % aus Europa, zu 24 % aus den USA/Kanada, 21 % EAC und 14 % aus dem Kongo.

Das Tourismusministerium sucht aktiv nach potenziellen Investoren in verschiedenen Bereichen und konnte in den letzten Jahren einige Fortschritte erzielen. Dazu gehört die Etablierung des modernen Passagier-Schnellbootes „Munezero" auf dem Kivu-See, das den Touristen eine Alternative bietet, um nach dem Gorilla-Trekking in den Virungas über den See zu den Schimpansen in den Nyungwe Forest zu gelangen. Ein Lieblingskind des Ministeriums ist die Schaffung eines „Cultural Village" in Nyanza, der alten Hauptstadt des Königreichs Ruanda. Hier soll, so der Wunsch, den Besuchern ein Einblick in die Kultur und in das Leben der Ruander vor dem Eintreffen der Europäer gegeben werden. Weiterhin werden aber auch Investoren für Hotelprojekte gesucht.

Investoren gesucht

Die **Infrastruktur** im Straßenbereich ist für so ein armes Land wie Ruanda relativ gut. Das liegt sicherlich daran, dass das Land sehr klein ist und der Umfang des Straßennetzes damit überschaubar. Die rund 1.000 km Hauptstraßen zwischen den großen Städten sind asphaltiert. Nur die Pisten zu abgelegenen Orten sind manchmal in einem schlechten Zustand, das heißt, dort sind Allradfahrzeuge von großem Nutzen.

Der öffentliche Verkehr in Ruanda wird hauptsächlich durch private **Minibusse** abgewickelt, die dort „Taxis" heißen. Allerdings werden unter Druck der Regierung auf immer mehr Strecken mittelgroße Busse (z. B. Typ Toyota Coaster) eingesetzt, um die Qualität der Beförderung zu verbessern. In den Städten sind zudem einfache Zweirad-Taxis von Bedeutung: zum einen als schnelles und billiges Transportmittel und zum anderen als Möglichkeit, damit Geld zu verdienen. Die Motorrad-Taxis heißen **Umumotari** (oder ans Französische angelehnt: Taxi-Moto), die Fahrrad-Taxis nennt man **Bannyonzi** (Taxi-Velo).

Es gab konkrete Pläne zum Bau einer **Eisenbahnlinie von Tansania nach Ruanda**. Die neue Strecke mit Meter-Spurweite soll vom Isaka Dry Port in Tansania bis nach Kigali führen. In Tansania erhält die neue Strecke dann Anschluss an das bestehende Netz der Tanzanian Railways Cooperation (TRC), mit Anschluss bis Daressalam. Aufgrund von politischen Differenzen der beiden Länder liegt das Projekt jedoch zurzeit auf Eis. Ein anderes Eisenbahnprojekt könnte daher noch eher verwirklicht werden. Die **Standard Gauge Railway** (SGR) soll Kigali über Uganda mit dem kenianischen Hafen Mombasa verbinden. Das 3,7 Mrd. US$ teure Projekt wird federführend von den Chinesen ausgeführt, die 2.935 km lange Strecke soll 2018 fertiggestellt werden.

Der **Flugsektor** in Ruanda ist relativ bescheiden. Das liegt vor allem an der Größe des Landes und den dadurch bedingten geringen Entfernungen, die Inlandsflüge eigentlich unnötig machen. Als Binnenland ohne Eisenbahnverbindung und mit teils schlechten Straßen ist jedoch die Fluganbindung an das Ausland von großer Bedeutung. Ruanda verfügt über einen internationalen Flughafen in Kigali, im Ortsteil Kanombe. Das Passagieraufkommen ist mit rund 489.000 Fluggästen (2012) eher gering, aber jährlich wachsend. Aufgrund des relativ kleinen Heimatmarktes wird die nationale Fluglinie Rwandair auf absehbare Zeit wohl ein rein regionaler Anbieter bleiben. So wird Ruanda auch in Zukunft nur durch ausländische Fluggesellschaften mit der Welt verbunden.

Um in heutiger Zeit international mithalten zu können, ist die Infrastruktur im **Kommunikationsbereich** besonders wichtig. Das hat die Regierung erkannt und auf dem Gebiet der Telekommunikation in den letzten Jahren investiert. Das vor allem im ländlichen Bereich noch ungenügend ausgebaute Festnetz wird von der staatlichen Telefongesellschaft Rwandatel betrieben. Einen Anschluss zu bekommen, kann außerhalb der Hauptstadt schon mal einige Zeit in Anspruch nehmen.

Obststand auf einem typischen Markt

Seit Ende der 1990er-Jahre gibt es ein **Mobilfunknetz** in Ruanda, das bis 2006 von der südafrikanischen Mobilfunkfirma MTN zunächst als Monopol betrieben wurde. Seit der Liberalisierung des Sektors sind drei Mobilfunkfirmen tätig. Die Netzabdeckung ist in und um die Städte sowie entlang der Hauptrouten sehr gut. In abseits gelegenen ländlichen Gebieten kann die Verbindung durch Funklöcher schwierig werden. Generell ist die Einführung des Mobilfunks ein Segen für Afrika, da die Menschen des Kontinents heute dadurch schneller miteinander verbunden werden können als noch vor 20 Jahren. Die Gesprächsgebühren und Preise für SIM-Karten in Ruanda sind niedriger als in Europa. Die Handyhersteller bieten in Afrika recht preiswerte Modelle an. Im Jahr 2014 hatten 65 % der erwachsenen Bevölkerung

Bedeutung des Mobilfunks

Ruandas einen Mobilfunkanschluss, nur 0,5 % einen Festnetzanschluss und 22 % Zugang zum Internet. Im Bereich **Internet** verbessert sich die Situation in Ruanda mit jedem Jahr, auch außerhalb der Hauptstadt Kigali. Dort gibt es mittlerweile in jeder größeren Stadt Internetcafés. Allerdings sind die Verbindungen nicht immer zuverlässig und langsame Telefonleitungen sowie Stromausfälle machen das Surfen im Internet manchmal mühsam.

Ausblick

Nach dem Völkermord und dem „schlechten Gewissen" einiger westlicher Staaten hat Ruanda in den letzten Jahren vermehrt Hilfe für seinen weiteren Aufbau bekommen. Im Bereich Landwirtschaft und Dienstleistung (inkl. Tourismus) sind bereits Fortschritte zu erkennen. Der hohe Bevölkerungszuwachs macht aber leider einen Teil des Wirtschaftswachstums wieder zunichte. Ohne eine wirksame Familienpolitik zur Kontrolle der Wachstumsrate wird es in absehbarer Zeit schwierig werden, eine nennenswerte Verbesserung der wirtschaftlichen Verhältnisse der breiten Bevölkerung zu erreichen. Dennoch hat sich Ruanda sehr ehrgeizige Ziele gesteckt und möchte bis 2020 den Status eines „Middle Income Country" mit einem pro Kopf-BIP von 1.240 US$ erreichen. Das Land setzt dabei auf Investitionen in den Transport- und Energiebereich, die Modernisierung der Landwirtschaft, die Förderung der Industrie und den Ausbau des Tourismus.

Aufbauhilfe

In der ruandischen Hauptstadt Kigali werden bereits die ersten Erfolge dieser Politik sichtbar. Die Stärkung des Dienstleistungs- und Bausektors durch die Regierungsseite hat in den letzten Jahren zu einer vielversprechenden Entwicklung geführt.

Einfache Fahrradwerkstatt

2. RUANDA ALS REISEZIEL

Allgemeine Reisetipps von A–Z

In den Allgemeinen Reisetipps von A–Z finden Sie – alphabetisch geordnet – reisepraktische Hinweise für die Vorbereitung Ihrer Reise oder Ihres Aufenthaltes in Ruanda. In den darauf folgenden „Grünen Seiten" (ab S. 123) finden Sie als Anhaltspunkt für Ihre Planung Preisbeispiele für Ihre Ruanda-Reise. Mögliche Routen und Ziele werden Ihnen ab S. 126 vorgeschlagen. Im anschließenden Reiseteil (ab S. 128) erhalten Sie bei den jeweiligen Orten detailliert Auskunft über Reiserouten, Sehenswürdigkeiten (mit Eintrittspreisen und Öffnungszeiten), Unterkünfte, Restaurants, Verkehrsverbindungen, etc.

Alle Angaben über Preise, Telefonnummern, Internetseiten, Öffnungszeiten etc. waren zum Zeitpunkt der Drucklegung aktuell, können sich allerdings im Laufe der Zeit ändern. Sollten Ihnen solche Details auffallen, freuen wir uns über Ihre Anregungen und Korrekturen unter: info@iwanowski.de.

Aktivurlaub	86	**L**iteratur	107
Anreise	86	**M**edien	107
Apotheken	87	**N**achtleben	108
Ärzte	88	Nationalparks	108
Auto fahren	89	Notrufnummern	110
Automobilclubs	90	**Ö**ffentlicher Nahverkehr	110
Autoverleih	90	Öffnungszeiten	110
Badestrände	90	Ortsnamen	111
Banken	91	**P**ost	111
Botschaften und Konsulate	91	**R**eiseleiter	111
Busreisen/-verbindungen	92	Reisende mit Behinderungen	111
Camping	93	Reiseveranstalter	112
Einkaufen	93	**S**afari	114
Einreise	94	Schiffsverbindungen	114
Elektrizität	94	Schulferien	114
Entwicklungsarbeit	94	Sicherheit	114
Essen	95	Sport	115
Feiertage	96	Sprachen	116
Flüge	96	**T**ankstellen	116
Fotografieren	97	Taxi	116
Fracht & Pakete	99	Telefonieren	117
Frauen alleine reisend	99	Trinkgelder	118
Gesundheit	99	Trinkwasser	118
Getränke	102	**U**nterkünfte	118
Grenzübergänge	103	**V**ersicherungen	119
Informationen	104	**W**ährung/Devisen	120
Internet	104	**Z**eit	121
Kinder	105	Zoll	121
Kleidung	105	Zugverbindungen	122
Klima und Reisezeit	106		

Aktivurlaub

Zur aktiven Urlaubsgestaltung in Ruanda bieten sich vor allem **Wanderungen** und **Bergsteigen** an. Besonders geeignet sind dazu der Nyungwe-Forest-Nationalpark und der Volcanoes-Nationalpark. Das ruandische Tourismusamt hat zudem den **Kongo-Nile-Trail** entwickelt, der über mehrere Tage durch den Westen des Landes führt.

Für **Radsportler** ist das kleine ostafrikanische Land mit seiner herrlichen Hügel- und Berglandschaft ebenfalls gut geeignet. Da es allerdings kaum gute Touren- und Mountainbikes zu mieten gibt, sollten Sie lieber Ihr eigenes Fahrrad mitbringen.

Im geringen Maße bestehen auch **Wassersportmöglichkeiten am Kivu-See**. Außer Badegelegenheit bieten einige Hotels Boote und Kanus zum Verleih an (z. B. in Rubavu oder Karongi).

Da die Ausrüstung für den Aktivurlaub und für sportliche Betätigungen in Ruanda schwer zu bekommen sind, sollte die benötigte Ausrüstung mitgebracht werden.

Anreise

▸ Mit dem Flugzeug
Der internationale Flughafen **Kigali International Airport** befindet sich am Rande der Hauptstadt Kigali im Stadtteil Kanombe, ca. 12 km von der Innenstadt entfernt. Er wird nur von wenigen internationalen Fluggesellschaften angeflogen. Im Flughafen Kigali sind u. a. eine Wechselstube und ein kleines Restaurant vorhanden.

Vor dem Flughafengelände warten **Taxis** auf Fahrgäste. Fahrten mit dem Taxi in die Innenstadt von Kigali kosten rund 15 € aufwärts, je nachdem wie geschickt Sie verhandeln. Einige Hotels bieten einen Hoteltransfer an, dieser muss aber im Voraus bestellt werden. Es ist auch möglich, mit einem **Minibus** günstig in die Innenstadt zu kommen. Allerdings müssen Sie in diesem Fall etwas laufen, da die Minibusse nicht direkt vor dem Flughafen abfahren.

Weitere Informationen über die Anreise per Flugzeug siehe unter „Flüge".

▸ Mit dem Bus
Von mehreren Ländern aus (Uganda, Kongo, Burundi) kann man Ruanda auch per Bus erreichen. Die Fahrzeiten sind sehr viel länger als mit dem Flugzeug, jedoch ist eine Busreise auch sehr viel günstiger. Man sollte sich gut überlegen, für welches Busunternehmen man sich entscheidet. Hier gilt meist: Je niedriger der Fahrpreis, desto schlechter die Busse. Einige Busunternehmen bieten auf manchen Strecken Getränke und Snacks an.

Weitere Informationen über die Anreise mit dem Bus unter dem Stichwort „Busreisen und -verbindungen".

Wanderung im Volcanoes-Nationalpark

▶ Mit dem Auto

Eine Anreise mit dem eigenen Auto aus Europa erfordert eine lange und genaue Planung, vor allem was die Route und die Sicherheitslage angeht. Die einzige denkbare Route führt zurzeit über Ägypten, Nordsudan, Äthiopien, Kenia und Uganda nach Ruanda. Erkundigen Sie sich aber genau nach der aktuellen Sicherheitslage in jedem einzelnen Gebiet, das durchfahren werden muss.

Fahrten direkt von den Nachbarstaaten nach Ruanda bereiten keine Probleme. Achten Sie allerdings auf die Aus- und Einreisebedingungen für Kraftfahrzeuge. Für in Ostafrika zugelassene Fahrzeuge reicht meist der Versicherungsnachweis. Für Fahrzeuge mit Zulassungen außerhalb Ostafrikas wird ein „Carnet de Passage" benötigt. Dies ist bei den großen Automobilclubs in Europa erhältlich. Zudem ist an der Grenze eine Haftpflichtversicherung abzuschließen. Es empfiehlt sich auch der Abschluss einer Vollkaskoversicherung in Europa.

Die Fahrt mit einem Mietwagen von einem Nachbarland nach Ruanda und umgekehrt ist in der Regel aufgrund der Mietbestimmungen nicht möglich.

Weitere Informationen über die Anreise mit dem Auto unter den Stichworten „Auto fahren", „Automobilclubs", „Autoverleih" und „Grenzübergänge".

Apotheken

Es gibt die in Ruanda **„Pharmacie"** genannten Apotheken in allen größeren Orten. Ihre Auswahl an Medikamenten ist nicht so üppig wie in Europa, gegen die gängigsten Leiden und Krankheiten werden Sie jedoch sicher etwas bekommen können. Da Medikamente im Ausland oft andere Markenbezeichnungen haben, ist es wichtig, die Wirkstoffe zu kennen, damit der Apotheker besser helfen kann. Adressen von Apotheken finden Sie unter dem jeweiligen Ort. Die Apotheken in der Hauptstadt Kigali sind am besten ausgestattet, vor allem jene, die den Kliniken angeschlossenen sind.

Ärzte

Die **ärztliche Versorgung** in Ruanda ist nur in der Hauptstadt Kigali als einigermaßen gut zu bezeichnen. In Kigali gibt es einige private Kliniken sowie niedergelassene Ärzte.

Außerhalb Kigalis wird es schwieriger, eine adäquate ärztliche Behandlung zu bekommen. Zumindest in einigen anderen Städten wie Huyé, Musanze oder Rubavu gibt es auch einige niedergelassene Ärzte sowie kleine Provinzkrankenhäuser.

Die Rechnungen müssen überall sofort in bar beglichen werden. Wer eine **Auslandskrankenversicherung** abgeschlossen hat, kann die Rechnungen bei der heimischen Versicherung zur Rückerstattung einreichen (siehe dazu das Stichwort „Versicherungen").

Adressen und Telefonnummern von Ärzten und ggf. Kliniken und Krankenhäusern finden Sie bei den „Reisepraktischen Informationen" beim jeweiligen Ort.

> **Tipp**
> Wenn Sie sich für schwere Krankheitsfälle/Notfälle besser absichern möchten, ist eine Anmeldung bei den „**Flying Doctors of East Africa (AMREF)**" sehr zu empfehlen. Diese hilfreiche Flugzeug-Ambulanz bietet Soforthilfe und schickt einen Arzt auch in entlegenste Gebiete bzw. gewährleistet im Ernstfall den schnellen Transport in ein Krankenhaus. Dieser Service gilt in ganz Ostafrika, ersetzt jedoch nicht die Auslandskranken- und Krankenrücktransportversicherung!

Die Mitgliedschaft können Sie bei im AMREF-Büro in Deutschland erwerben. Für eine einmonatige Reise kostet die Absicherung 22 €.

AMREF-Büro in Deutschland, Brunnenstraße 185, Hof 2, 10119 Berlin, ☎ (+49) 30-288 733 81, office@amrefgermany.de, www.amrefgermany.de.
Hauptbüro der Flying Doctors of East Africa (AMREF) in Nairobi, Kenia, AMREF Wilson Airport, P.O. Box 18617 - 00500, Langata Road, ☎ (+254) 20-6993000, 📠 (+254) 20-609 518,
für Notfälle: ☎ (+254) 20-6992299, 6992000, 3315454, 3315455, 6002492 oder (+254) 733-639 088, 736-035 9362, 722-314 239,
emergency@flydoc.org, info.kenya@amref.org, www.amref.org.
Funkfrequenz: 9116 kHz LSB, 5796 kHz LSB, www.flydoc.org/index.php.
AMREF Flying Doctors in Uganda, Plot 11, Okurut Close Kololo, Kampala, ☎ (+256) 41-4250319, 📠 (+256) 041-4344565,
info.uganda@amref.org, www.amref.org.

Auto fahren

Als ehemalige deutsche Kolonie und belgisches Mandatsgebiet gilt in Ruanda **Rechtsverkehr**.
Die folgenden gesetzlichen **Geschwindigkeitsbegrenzungen** sind zu beachten:
innerhalb geschlossener Ortschaften: 50 km/h,
auf Hauptstraßen außerhalb der Ortschaften: 70 km/h,
auf (ausgebauten) Nationalstraßen: 100 km/h.

Das ruandische **Straßennetz** ist in einem sehr unterschiedlichen Zustand. Die Nationalstraßen sind meist asphaltiert und recht gut zu befahren. Sobald Sie allerdings diese Hauptverbindungsstraßen verlassen, müssen Sie mit Ansammlungen von Schlaglöchern oder mit Pisten rechnen.

Folgende Straßen und Abschnitte befinden sich zurzeit in einem guten Zustand, das heißt, sie sind **asphaltiert** und haben keine bis wenige Schlaglöcher:
Richtung Osten:
Kigali nach Ngoma (Kibungo) und weiter nach Rusumo (Grenzort zu Tansania).
Von der Strecke nach Ngoma (Kibungo) zweigt in Kayonza eine gute Straße nach Norden (Nyagatare) ab.

Richtung Norden:
Kigali nach Gatuna (Grenzort nach Uganda).
Kigali nach Musanze (Ruhengeri) und weiter nach Rubavu (Gisenyi).

Richtung Westen:
Kigali über Muhanga (Gitarama) nach Karongi am Kivu-See (Kibuye).
Von Muhanga (Gitarama) gibt es eine Verbindung nach Norden zur Straße zwischen Musanze (Ruhengeri) und Rubavu am Kivu-See (Gisenyi).

Richtung Süden:
Von Muhanga (Gitarama) nach Huyé (Butare) und weiter zur Grenze nach Burundi.
Vor Huyé (Butare) zweigt eine Verbindung nach Westen über Nyamagabe (Gikongoro) und durch den Nyungwe Forest National Park nach Rusizi am Kivu-See (Cyangugu) ab.

Für das Fahren eines Fahrzeugs in Ruanda benötigen Sie einen **internationalen Führerschein**. Sollten Sie bereits einen rosafarbenen EU-Führerschein oder den EU-Kartenführerschein besitzen, so reicht dieser aus.
In Ruanda herrscht **Gurtpflicht** für Fahrer und Beifahrer. Zudem ist die **Nutzung von Handys** während der Fahrt verboten.
Wenn der Verkehr durch Schilder nicht anders geregelt ist, hat der von rechts kommende Verkehr **Vorfahrt**, ebenso wie der Verkehr im Verteilerkreis.

Leider ist alle Theorie grau, vor allem in den Städten. Verlassen Sie sich bitte nicht darauf, dass alle anderen Verkehrsteilnehmer sich immer an die Regeln halten, und fahren Sie dementsprechend vorsichtig. Lastwagen meinen oft aufgrund ihrer Größe keine Rücksicht nehmen zu müssen. Weichen Sie lieber rechtzeitig aus.

Automobilclubs

Es gibt (noch) keinen Automobilclub in Ruanda, der Serviceleistungen für Autofahrer anbietet. Der Rwanda Automobile Club ist ein Rallye-Veranstalter, der u. a. die **Mountain Gorilla Rally** im Juli jeden Jahres ausrichtet (www.motorsportrwanda.com).

Autoverleih

Für viele ist die Erkundung eines Landes mit dem Auto die bevorzugte Reisevariante. Auch in Ruanda lässt sich dieser Wunsch realisieren. Dort gibt es allerdings bisher nur einen der gängigen internationalen Autovermieter. Sie können jedoch auch auf das Angebot der lokalen Anbieter zurückgreifen. Die Anmietung eines Fahrzeugs ist im Vergleich zu Europa relativ teuer.

Denken Sie bitte daran, dass die Straßen in Ruanda nicht immer asphaltiert sind und dass für viele Strecken abseits der Hauptstrecken Allradfahrzeuge notwendig werden. Zudem gibt es keinen Pannenservice und Werkstätten nur in den größeren Ortschaften. Mietwagen mit und ohne Fahrer vermitteln die örtlichen Reiseveranstalter in Kigali.

Europcar, KN2 Av. (ex Avenue de la Paix), Kigali, 0252-571355, www.europcar.com, Mo–Fr 8–12.30, 13.30–20, Sa nur bis 18, So 10–12.30, 13.30–14 Uhr.

Limoz Rwanda, SOMECA Building opp. BCR, 12, Boulevard de la Revolution, Kigali, 0788309189, -7829, www.limozrwanda.com. Großer Autovermieter mit einer großen Auswahl an Fahrzeugen, inkl. Allrad. Vermietung in der Regel nur mit Fahrer.

Rwanda Discovery & Travel Agency, KN 25 ST (ex Avenue De Ntaruka), Road to National Statistic of Rwanda (NSR), Nähe Audiotex, Kiyovu, Kigali, 0788-862211, -388822, www.rdtagency.com. Hauptsächlich Allradfahrzeuge (mit Fahrer) zu vermieten.

United Travel and Safaris, Union Trade Centre, Suite No. 3.1, Avenue de la Paix, Kigali, 0252-577523, www.unitedtravelandsafaris.net. Büro Mo–Do 8–18, Fr 7.30–16, Sa 9–13 Uhr.

Badestrände

Der **Kivu-See** hat viele schöne Sandstrände, vor allem bei den größeren Orten am See, wie Rubavu (Gisenyi), Karongi (Kibuye) und Rusizi (Cyangugu). Dort gibt es auch ein Angebot an strandnahen Hotels. Der Kivu-See gilt bis auf einige Uferregionen als bilharziosefrei (s. dazu S. 223). Uferbereiche des Kivu-Sees mit Wasserpflanzen sollten gemieden werden. In den kleineren Süßwasserseen des Landes sollten Sie aufgrund der Bilharziosegefahr nicht baden.

Für Strandaufenthalte ist es wichtig, an ausreichenden **Sonnenschutz** gegen die starke Sonnenstrahlung zu denken. Nehmen Sie daher ausreichend Sonnencreme und einen Sonnenhut mit.

Banken

Große internationale Banken sind mit Filialen zurzeit noch nicht in Ruanda vertreten. Eine ganze Reihe ruandischer bzw. afrikanischer Banken haben vor allen in größeren Städten ein Netz von Bankfilialen, in denen auch Geldwechsel angeboten wird. In größeren Orten findet sich auch immer eine Bankfiliale, die über einen Gelsautomaten verfügt, an dem Sie mit einer Kreditkarte und PIN-Nummer Geld abheben können. Die Öffnungszeiten der Banken: Mo–Fr 8–15, Sa 9–12 Uhr.

Falls Sie dringend Geld aus Europa brauchen und normale Geldüberweisungen auf Konten in der Regel recht lange dauern, können Sie sich an Firmen wenden, die sich auf schnellen und sicheren Geldtransfer spezialisiert haben. Die beiden bekanntesten sind „Western Union" (www.westernunion.com) und „Moneygram" (www.moneygram.com). Das Geld ist nach der Einzahlung bereits eine Stunde später abrufbar. Doch die Schnelligkeit hat ihren Preis.

Botschaften und Konsulate

▶ **Vertretungen der Republik Ruanda**
in Deutschland
Botschaft der Republik Ruanda, Jägerstraße 67–69, 10117 Berlin,
☎ 030-20916590, 📠 030-209165959, www.rwanda-botschaft.de,
Mo–Fr 9–13 Uhr. Die Botschaft ist auch für Österreich zuständig.

Honorarkonsulat von Ruanda, Elmenhorststr. 7, 22767 Hamburg,
☎ 040-36026978, 📠 040-18071010, robbebunde@googlemail.com.

Honorarkonsulat von Ruanda, Heilbronner Str. 362, 70469 Stuttgart,
☎ 0711-2506140, 📠 0711-2506205, hans-peter.andrai@lap-consult.com.

Honorarkonsulat von Ruanda, Benediktenweg 11d, 82327 Tutzing,
☎ 08158-6289, friedemann.greiner@t-online.de.

Honorarkonsulat von Ruanda, Hahnensteg 43a, Postfach 920218,
30441 Hannover, Ruanda-honorarkonsulHomolka@t-online.de.

in Österreich
Honorarkonsulat der Republik Ruanda,
Egelseestraße 52b, 6800 Feldkirch,
☎ 05522-322012, 📠 05522-31830, consulat.rwanda.at@vlbg.at.

in der Schweiz
Botschaft der Republik Ruanda, 3
7–39 Rue de Vermont, 1202 Genève,
☎ 022-9191000, 📠 022-9191001,
www.switzerland.embassy.gov.rw.
Mo–Fr 9–13, 14–18 Uhr. Konsularangelegenheiten nur vormittags.

Allgemeine Reisetipps von A–Z

▶ Diplomatische Vertretungen in Ruanda
Botschaft der Bundesrepublik Deutschland, KN 27 St. 5 (ex Avenue Paul VI), Kigali, ☎ 280-575141, 280-575222, 🖷 (+49) 30-1817 67201, www.kigali.diplo.de. Mo–Do 9–11 Uhr. 24-Stunden-Bereitschaftsdienst der Botschaft (nur in Notfällen!): ☎ 0788-301491 (auch per SMS).

Generalkonsulat der Schweiz, 38 Boulevard de la Revolution, B.P. 597, Kigali, ☎ 0252-575534, 0252-575738, 🖷 0252-572461, kigali@eda.admin.ch, www.eda.admin.ch/grandslac.

Busreisen/-verbindungen

Wenn Sie preiswert durch das Land reisen oder von Ruanda aus in eines der Nachbarländer fahren möchten, dann gibt es sicher nichts Günstigeres als Minibusse und Überlandbusse. Um von den Hauptorten Ruandas dann allerdings weiter zu den touristisch interessanten Gebieten (z. B. Nationalparks) zu kommen, bleibt einem meist nur als Transportmittel ein Mietwagen, Motorrad, Fahrrad oder Taxi.

▶ Nationale Verbindungen
Nahezu alle Orte Ruandas werden per Minibusverbindung angefahren. Zudem gibt es private Busfirmen, die feste Fahrpläne haben, wie z. B. Atraco, Okapicar, Gaso Bus, Stella und Virunga Express.

Preise und ggf. Abfahrtszeiten finden Sie unter dem jeweiligen Ort in den Reisepraktischen Informationen.

▶ Internationale Verbindungen
Es gibt mehrere private Busunternehmen, die Strecken von Ruanda ins Ausland bedienen. Bei den internationalen Verbindungen ist es üblich, dass feste Sitzplätze vergeben werden, die Sie sich beim Kauf des Tickets nach Verfügbarkeit aussuchen können. Die am meisten genutzte internationale Route ist die von Kigali nach Kampala und von dort ggf. weiter nach Nairobi. Weitere Verbindungen führen nach Bujumbura (Burundi) und Goma (D.R. Kongo). Preise und Abfahrtszeiten finden Sie unter dem jeweiligen Ort in den Reisepraktischen Informationen.

Horizon Coaches, ☎ 0788-579002. Fahrten von Rubavu (Gisenyi) aus nach Uganda (Kisoro, Kabale, Mbarara, Kampala). Abfahrtszeit zwischen 4 und 5 Uhr ab Taxi-Park (nähe Markt).
Jaguar, ☎ 0789-401499, 0731-791249, Verbindung von Kigali, Busbahnhof Nyabugogo nach Kampala, tgl. um 6, 7, 9 und 11.30 Uhr via Katuna. Um 6.30 und 11.30 Uhr verkehrt auch ein Bus via Kagitumba. Abfahrt nach Bujumbura um 4.30 Uhr. Die Busse sind in Ordnung, einige zeigen DVDs an Bord.
Kampala Coach, ☎ 0788-358161. Busse fahren tgl. von Kigali, Busbahnhof Nyabugogo nach Kampala und Nairobi (5 Uhr), nach Kampala (13 Uhr) mit dortigem Anschluss an Busse nach Nairobi, Dar-es-Salaam und Juba.
Starways, ☎ 0788-525186. Eine Verbindung besteht über Kampala nach Nairobi (tgl. 5.45 Uhr) und eine nach Kampala (8 Uhr) ab Busbahnhof Nyabugogo, Kigali.

Camping

Campingplätze in Ruanda sind rar gesät. Im Prinzip gibt es die Möglichkeit zum Zelten nur in den drei Nationalparks. In den Ortschaften können Sie ggf. bei einem Hotel anfragen, ob Sie in dessen Garten zelten dürfen.

Camper und Wohnmobile: Urlaub mit dem Wohnmobil kennt man in Ruanda nicht. Dementsprechend gibt es auch keine Infrastruktur und auch keine Wohnmobile zu mieten.

Tipps
• Versuchen Sie immer, den Campingplatz bis zum späten Nachmittag zu erreichen, da es in Afrika immer sehr früh und vor allem sehr schnell dunkel wird.
• Stellen Sie Ihr Zelt nie in einem trockenen Flussbett auf, denn dort könnte durch Regen schnell wieder ein reißender Fluss entstehen.
• Achten Sie besonders nachts auf Tiere in der Umgebung und deponieren Sie Lebensmittel an einem sicheren Ort.
• Vergewissern Sie sich immer, dass Ihr Lagerfeuer vollständig gelöscht ist.
• Halten Sie beim Schlafen Ihr Zelt immer verschlossen.

Einkaufen

Ein Warenangebot für das tägliche Leben, wie Lebensmittel und einfache Konsumgüter, sind in den meisten Orten Ruandas ausreichend vorhanden. Darüber hinaus erhalten Sie weitere Dinge in den Supermärkten der größeren Städte. Auf den täglich stattfindenden Märkten aller Ortschaften gibt es immer eine Auswahl frischer Obst- und Gemüsesorten sowie Eier und Fleisch (Vorsicht wegen der Hygiene!) zu kaufen. In Orten mit Tourismuspotential können auf diesen Märkten zum Teil auch Handwerkskunst und Souvenirs erstanden werden.

Seit der Rückkehr der Touristen hat sich eine sogenannte Souvenirkultur entwickelt. So gibt es z. B. in Ruanda mittlerweile etliche, meist von Frauen geführte Kooperativen, die sich mit der Herstellung von traditionellem und modernem Kunsthandwerk beschäftigen. Dazu gehören u. a. Kalebassen, Korbflechtereien, Tonarbeiten, Baumwolltücher, Trommeln, Halsketten und Speere. Die Holzschnitzereien in Ruanda kommen jedoch noch größtenteils aus Kenia oder dem Kongo.

In den Geschäften gelten Festpreise. Auf den Märkten gilt das auch für einen Großteil der Lebensmittel. Bei allen anderen Waren sollten Sie handeln, besonders bei den Souvenirs.

Hinweis
Kaufen Sie **keine Teile von bedrohten Tieren** (z. B. Elfenbein, Felle, Schildpatt und Jagdtrophäen). Helfen Sie so durch Ihr Verhalten, die vom Aussterben bedrohten Tierarten besser zu schützen. Alle bedrohten Tier- und Pflanzenarten unterliegen einer internationalen Kontrolle. Die Ausfuhr aus Ruanda genauso wie die Einfuhr nach Europa ist unter Strafe verboten.

Einreise

Deutsche Staatsbürger brauchen für eine Einreise nach Ruanda seit dem 1.11.2014 ein **Visum**, das in der ruandischen Botschaft in Berlin oder an den Einreisestellen des Landes für 30 US$ ausgestellt wird. Alle anderen Staatsangehörigen benötigten für die Einreise nach Ruanda bereits zuvor ein Visum. Zu den nichtafrikanischen Staaten, deren Bürger weiterhin kein Visum für Ruanda (bis 90 Tage Aufenthalt) benötigen, gehören: Hongkong, Philippinen, Mauritius, Singapur und D.R. Kongo.

Ein Visum für Ruanda wird bei der Einreise am Flughafen oder bei einem der Grenzposten gegen eine Gebühr ausgestellt (deutsche Staatsbürger 30 US$, andere Staatsbürger 60 US$). Das Visum kann zuvor auch bei einer Botschaft in Europa für 45 € beantragt werden. Dafür werden neben dem Reisepass auch ein ausgefülltes Visaformular und zwei Passfotos benötigt. Infos unter www.auswaertiges-amt.de und unter www.migration.gov.rw.

Es besteht auch die Möglichkeit, vor Reiseantritt bei der Botschaft der Republik Ruanda in Berlin ein **East African Visa**, gültig zur mehrfachen Einreise für die Länder Kenia, Uganda und Ruanda, zu beantragen, wenn das erste Einreiseland Ruanda ist. Die Kosten für das „EAC Tourist"-Visum betragen 90 € (ggf. zzgl. 5 € Porto) bzw. 100 US$. Eine Visabeantragung ist auch online möglich über www.migration.gov.rw (Directorate General of Immigration and Emigration).

Seit März 2016 benötigen europäische Staatsangehörige bei Einreise nach Ruanda einen gültigen Impfnachweis über eine **Gelbfieberimpfung**! Reisende können sich auch bei Einreise direkt am Flughafen Kigali impfen lassen. Die Kosten hierfür belaufen sich derzeit auf 40 US$.

Alle Einreisenden müssen bei der Einreise sowie bei der Ausreise zudem das obligatorische Ein- und Ausreiseformular, **Arrival and Departure Declaration**, ausfüllen.

Elektrizität

Die Stromspannung beträgt in Ruanda 240 Volt (Wechselstrom). In der Regel finden Sie belgische/französische Steckdosen vor. In diese passen auch unsere zweipoligen Stecker. Ansonsten können Sie einen Adapter für belgische/französische Stecker verwenden.

Denken Sie bitte daran, dass es in Ruanda immer wieder zu Stromausfällen kommen kann. Nehmen Sie daher immer auch eine Taschenlampe mit.

Entwicklungsarbeit

Wenn Sie sich über die Entwicklungsarbeit und Hilfsaktionen in Ruanda informieren möchten, hier einige Adressen:

Partnerschaft Rheinland-Pfalz / Ruanda e. V., Schillerstr. 9, 55116 Mainz, ☎ 06131-163356, www.rlp-ruanda.de. Der Verein koordiniert die Hilfe aus dem Partnerland Rheinland-Pfalz für Ruanda.
ACA e.V., Grebbenerstr. 12, 52525 Heinsberg, ☎ 02452-65361, kontakt@ruanda-kongo.de, www.ruanda-kongo.de. Private Hilfsorganisation.
Ruanda-Komitee e.V., Rathausplatz 2, 55585 Hochstätten, info@ruanda. komitee.de, www.ruanda-komitee.de. Ein kleiner Verein, der in einigen Projekten in Ruanda die Hilfe zur Selbsthilfe fördert. Teil des Vereins Partnerschaft Rheinland-Pfalz / Ruanda e. V.
Music Road Rwanda, info@music-road-rwanda.de, www.music-road-rwanda.de. Verein zur musikalischen Förderung.

Emblem der Zusammenarbeit Ruanda / Rheinland-Pfalz

Essen

Die traditionellen Nahrungsmittel und Gerichte spielen in Ruanda eine große Rolle. Noch haben Fastfoodketten wie McDonald's in Ostafrika nicht Einzug gehalten und auch andere aus Übersee eingeführten Nahrungsmittel oder Gerichte konnten bis heute das traditionelle Essen nicht verdrängen.

Wichtigstes Nahrungsmittel ist in Ruanda die **Kochbanane**, die hier **Ibitocy** genannt wird. Sie wird als Hauptgericht zu einem Brei verarbeitet und dann zusammen mit einer Gemüse- oder Fleischsoße gegessen. Die Kochbanane dient aber auch als Gemüsebeilage, zu der sie ganz gekocht und serviert wird. Die normalen süßen Bananen werden **Imineke** genannt. Sie werden als Nachspeise oder aber als Snack zwischendurch gegessen. Ebenfalls weit verbreitet, zumal bei der einfachen Landbevölkerung, ist Maniok, hier **Imyumbati** genannt. Aus dem Wurzelgemüse wird in der Regel ein Brei gekocht, der sogenannte **Ubugari**. Dieser wird als aufgetürmter „Haufen" auf einem Teller in der Tischmitte serviert. Davon nimmt sich dann jeder etwas mit der Hand heraus und tunkt es in seine Soße, um es anschließend zum Mund zu führen.

In den **Restaurants** wird zu den Gerichten mit Kochbananen und Maniok weiteres Gemüse (Spinat, Mangold, Bohnen, Möhren, Kartoffeln etc.) und Fleisch (Rind, Schwein, Ziege, Huhn, Ente) meist in einer Soße gereicht. Beliebt sind kleine Fleischspieße, die auch an der Straßenecke oder in Bars als Zwischenmahlzeit verkauft werden.

Allgemeine Reisetipps von A–Z

In Restaurants mit gehobenem Standard sowie in den Restaurants der Hotels gibt es neben einigen traditionellen Gerichten hauptsächlich europäische Küche. Das Angebot ist je nach Koch sehr unterschiedlich. Die Auswahl ist dort in der Regel so groß, dass auch Vegetarier in der Regel auf ihre Kosten kommen.

Feiertage

Feste Feiertage:
1.1.	New Year's Day (Neujahr)
1.2.	Nationaler Heldentag (National Heros Day)
7.4.	Genocide Memorial Day (Genozid Gedenktag)
1.5.	Labour Day (Tag der Arbeit)
1.7.	Independence Day (Unabhängigkeitstag)
4.7.	National Liberation Day (Nationaler Befreiungstag)
15.8.	Assumption Day (Maria Himmelfahrt)
25.12.	Chrismas Day (Weihnachten)
26.12.	Chrismas Day (Weihnachten)

Variable Feiertage:
Karfreitag
Eid el Fitr (Ende des Ramadan)

Flüge

Ruanda wird leider nicht direkt von Deutschland aus angeflogen. Es gibt jedoch einige Möglichkeiten, von Deutschland mit Umsteigeverbindungen nach Kigali zu fliegen. Die Preise liegen je nach Saison und Fluglinie bei 700 bis 1.000 €.

▸ Interkontinentale Flüge

Brussels Airlines, www.brusselsairlines.com. Die Nachfolge-Airline der früheren Sabena fliegt täglich von Brüssel nach Kigali. Anschlussflüge in Deutschland von Bremen, Berlin, Hamburg, Frankfurt und München.
Ethiopian Airlines, www.ethiopianairlines.com. Die äthiopische Fluglinie gehört mittlerweile zu den größten in Afrika und fliegt von Frankfurt täglich über Addis Abeba nach Kigali (Rückweg mit Stopp in Entebbe). Stopover in Addis Abeba ohne Aufpreis möglich.
Qatar Airways, www.qatarairways.com. Die nationale Fluglinie von Qatar fliegt täglich von Frankfurt über Doha nach Kigali.
Turkish Airlines, www.turkishairlines.com. Die türkische Fluglinie fliegt von mehreren deutschen Flughäfen nach Istanbul und von dort fünfmal wöchentlich nach Kigali.

▸ Kontinentalflüge

Air Burundi: Die Airline hat zurzeit ihren Flugbetrieb eingestellt.
Ethiopian Airlines, www.ethiopianairlines.com. Die Fluglinie unterhält tägliche Verbindungen zwischen Addis Abeba, dem Sitz der Afrikanischen Union, und Kiga-

An Feiertagen macht man sich sich schick

li. Von Addis Abeba bestehen Verbindungen in fast jedes andere afrikanische Land.
Kenya Airways, www.kenya-airways.com. Die kenianische Fluglinie verbindet Kigali mehrmals täglich mit Nairobi. Von dort besteht Anschluss in andere afrikanische Staaten oder nach Europa.
Rwandair, www.rwandair.com. Die einzige nationale Fluggesellschaft Rwandair fliegt nur Ziele in der Region an. Sie verbindet zurzeit Kigali mit Accra (4x wöchentlich), Arusha (Kilimandjaro International, 3x), Bujumbura (tgl. mehrmals), Dar-es-salaam (3x), Douala (5x), Dubai (4x), Entebbe (tgl. mehrmals), Juba (3x), Mombasa (3x), Nairobi (tgl. mehrmals) und Johannesburg (4x).

▶ Inlandsflüge

Es gibt aufgrund der geringen Entfernungen im kleinen Land Ruanda keine Inlandsflüge. Ausnahme sind Charterflüge, die über private Flugunternehmen zu arrangieren sind.
Akagera Aviation, ☎ 0788-308382, www.akageraaviation.com, Büro Mo–Fr 8–17, Sa 8–14 Uhr. Das private Charterunternehmen fliegt alle möglichen Landepisten Ruandas an: Akagera Game Lodge, Akagera-Nationalpark, Gisoro, Huyé, Kamamebe, Karongi, Musanze, Nyagatare, Nyungwe Lodge, Rubavu.

Fotografieren

Für alle, die ihre Reiseerinnerungen gerne auf Bildern festhalten möchten, bietet Ruanda eine Menge interessanter Motive. Bringen Sie am besten Speicherkarten, Kamerabatterien und genügend Filmmaterial (falls Sie analog fotografieren) mit, da es außerhalb der Hauptstadt schwierig werden kann, adäquaten Nachschub zu bekommen.

Das Fotografieren von militärischen Einrichtungen und Regierungsgebäuden ist in Ruanda strengstens verboten. Dazu gehören auch einige Brücken. Fragen Sie lieber nach, falls Sie sich nicht sicher sind. Wenn Sie Menschen fotografieren möchten, dann fragen Sie diese bitte vorher und holen Sie sich ihr Einverständnis. Das gebietet allein schon der Anstand, den jeder Reisende in einem fremden Land wahren sollte. Generell sind die Ruander sehr freundlich und gehen normalerweise gerne auf Ihre Wünsche ein.

Tipps

- Die besten Chancen als Tierfotograf oder -filmer haben Sie in den Morgen- und Abendstunden sowie an Wasserstellen.
- Die Fluchtdistanz in den Nationalparks und Wildreservaten gegenüber einem Auto ist oft erstaunlich gering. Das sollte Sie jedoch nicht dazu verführen, dem Wild zu dicht „auf den Pelz zu rücken". Ihr oberstes Gebot sollte sein, die Tiere nicht zu beunruhigen. Nähern Sie sich ihnen vorsichtig. Ist es nicht auch ein beglückendes Gefühl, ein Foto gemacht und das Tier nicht gestört zu haben? Auch Aufnahmen von Tieren in ihrem Biotop aus größerer Distanz sind reizvoll. Es brauchen nicht immer Nahaufnahmen zu sein.
- Seien Sie vorsichtig beim Fotografieren und Filmen von wehrhaftem Großwild wie Büffeln und Elefanten. Sichern Sie sich bei einem eventuellen Angriff einen geeigneten Fluchtweg mit dem Auto.
- Beim Fotografieren von Gorillas ist zu beachten, dass diese meist im schattigen Unterholz angetroffen werden. Dadurch sind lichtempfindliche Filme erforderlich. Blitzlicht ist nicht erlaubt. Hilfreich ist hier ein kleines Tischstativ, das auf den Boden gesetzt werden kann.
- Nicht nur Großwild, sondern auch kleinere Tiere sind ein Verweilen, Beobachten und eine Aufnahme wert.
- Es ist ratsam, Ihre Kamera zu Hause auszuprobieren. Lassen Sie die Verschlusszeiten in einem Fotogeschäft vorher noch einmal überprüfen.
- Seien Sie auf Safaris stets bereit, denn die Tiere warten nicht, bis Sie z. B. Ihre Kamera ausgepackt, das richtige Objektiv gewählt und die richtigen Einstellungen vorgenommen haben. Oft sind es nur Sekunden, die Ihnen vielleicht ein Leopard für einen Schnappschuss Zeit lässt.
- Protzen Sie nicht mit Ihrer Kameraausrüstung. Sie kann sehr leicht ein begehrtes Diebesgut werden. Verschließen Sie sie bei Nichtgebrauch stets sicher.
- Schützen Sie Ihre Kamera- und/oder Filmausrüstung vor Stoß, Staub und Hitze.

Junger Berggorilla im Volcanoes-Nationalpark

Fracht & Pakete

Es besteht die Möglichkeit, wichtige und/oder größere Dinge nach oder von Ruanda aus zu versenden. Wenn Sie diese nicht der Post anvertrauen möchten, können Sie sich an diese in Ruanda vertretenen privaten Firmen wenden: DHL, East African Cargo, Federal Express, Intraspeet und TNT.

Frauen alleine reisend

Das Reisen für Frauen alleine oder in einer kleinen Frauengruppe ist in Ruanda problemlos möglich. Das Land gilt als recht sicher. Es sollten die üblichen Sicherheitsvorkehrungen getroffen werden, die für beiderlei Geschlecht gelten, wie Vorsicht vor Taschendieben oder vorsichtiges Reisen bei Nacht. Auf einer Reise durch Ostafrika sollte angemessene Kleidung selbstverständlich sein, das heißt Hosen und Röcke sollten mindestens bis zum Knie reichen, Baden oder sonnen „oben ohne" sind nicht angebracht.

Allein reisende Frauen werden sicher hier und da von Männern angesprochen, jedoch ist die Situation lange nicht vergleichbar mit dem, was Frauen in Nordafrika manchmal erleben. Generell sind ruandische Männer europäischen Frauen gegenüber sehr höflich. Sollte sich doch mal ein Mann etwas „aufdrängen", dann hilft es sicher, sehr selbstbewusst aufzutreten.

Im Gegensatz zu Kenia gilt Ruanda nicht als Hochburg für „Sextouristinnen". Der Umgang zwischen einer ausländischen Frau und einem einheimischen Mann ist daher etwas ungezwungener. Sollten Sie sich als Frau auf Ihrer Reise mit einem afrikanischen Mann einlassen, bedenken Sie bitte die kulturellen und materiellen Unterschiede.

Gesundheit

Reisen in die Tropen können auch mit Gesundheitsrisiken verbunden sin. Daher sollten Sie einige wichtige Gesundheitsbestimmungen und Impfvorschriften beachten.

▶ Malaria
Malaria wird durch einen Erreger aus der Gruppe der Plasmodien ausgelöst. Dieser wird von weiblichen Anopheles-Mücken durch einen Stich übertragen. Diese Mückenart ist nur in der Dämmerung/Dunkelheit aktiv (etwa 18 bis 6 Uhr). Als Überträger muss diese Mücke erst einmal eine Person stechen, die den Malariaerreger in sich trägt, um den Erreger aufzunehmen und ihn weitergeben zu können. Der beste Schutz vor Malaria ist daher die **Verhinderung von Stichen**. Ziehen Sie in den Abendstunden immer langärmlige Baumwollkleidung an. Nutzen Sie in Ihrem Zimmer ein Moskitonetz (falls vorhanden), reiben Sie sich mit Mückenschutzmitteln ein (z. B. Autan oder NoBite) oder/und benutzen Sie Mückenabwehrmittel wie abbrennbare Spiralen oder die „Mückenplättchen", die auf einem elektrisch beheizten Feld verdampfen. Erkundigen Sie sich auch über die Gebiete,

in denen Malaria auftritt. Nicht in allen Gegenden Ostafrikas kommt die Malaria vor, was vor allem am Klima liegt (der Malaria-Erreger braucht eine Mindesttemperatur zum Überleben). Generell lässt sich sagen, je höher ein Gebiet liegt, desto geringer ist die Möglichkeit einer Malaria-Übertragung. In Ostafrika fängt die malariafreie Zone ab etwa 1.200 bis 1.600 m an.

Immer mehr Tropenärzte empfehlen mittlerweile keine generelle **Malaria-Prophylaxe** mehr. Durch den übermäßigen Gebrauch der Malaria-Medikamente sind leider in den letzten Jahren immer mehr Resistenzen entstanden. Bei Reisen in Gebiete jenseits von 1.600 m und bei Übernachtungen in Moskito-geschützten Unterkünften (Moskitonetzen) wird häufig empfohlen, die Malaria-Medikamente „**stand-by**" mitzunehmen, das heißt erst einzunehmen, wenn sich die klassischen Symptome der Malaria, wie Fieber, Schüttelfrost, Gliederschmerzen, Schwindel und Übelkeit zeigen und kein Arzt in der Nähe ist. Dann müssen Sie allerdings mehrere Tabletten auf einmal nehmen. Im Endeffekt liegt die Entscheidung über eine Medikamenten-Prophylaxe oder die „Stand-by"-Mitnahme von Malariamitteln in der eigenen Verantwortung und ist von jedem Reisenden persönlich für sich zu entscheiden.

Zur Prophylaxe oder „Stand-by" eignen sich zurzeit für Ostafrika folgende Medikamente: Lariam, Malorone und Riamet. Ein weiteres, in Deutschland zurzeit nicht zugelassenes homöopathisches Medikament ist Demal 200 (zu beziehen über www.blueturtlegroup.com). Lesen Sie dazu ausführlich den jeweiligen Beipackzettel. Auf jeden Fall sollte bei Verdacht auf Malaria so bald wie möglich ein Arzt konsultiert werden.

Sollten die Symptome erst in Europa auftreten, machen Sie Ihren Hausarzt darauf aufmerksam, dass Sie in den Tropen waren!

Die Einnahme der Medikamente zur Prophylaxe muss mindestens eine Woche vor Reisebeginn erfolgen. Und auch über das Reiseende hinaus müssen die Medikamente noch eine gewisse Zeit eingenommen werden (bis zu 4–6 Wochen). Weitere Hinweise zu der Prophylaxe erhalten Sie bei folgenden **Tropeninstituten**:
Berlin: ☏ 030-301166
Düsseldorf: ☏ 0211-8117031, 8116800
Hamburg: ☏ 0900-1234 999 (gebührenpflichtig), www.tropenmedizin.net
München: ☏ 089-2180 13500, www.fitfortravel.de
Rostock: ☏ 0381-4947511

▸ HIV/Aids
Die Immunschwächekrankheit Aids ist in Afrika weit verbreitet. Mittlerweile hat sich im Bereich der Reduzierung von Neuansteckungen in Ostafrika viel getan. Trotzdem ist der Anteil der mit dem HI-Virus angesteckten Menschen in Ruanda mit 2,9 % der 15- bis 49-jährigen im Vergleich zu Europa sehr hoch (Deutschland weniger als 0,05 %). Es wird daher dringend geraten, bei jedem Geschlechtsverkehr alle nötigen Schutzmaßnahmen zu ergreifen. Ebenfalls als prophylaktische Maßnahme hat sich die Mitnahme von Einmalspritzen bewährt, falls Sie in einem Ort behandelt werden müssen, an dem es keine ungebrauchten Spritzen gibt.

Bilharziose (Schistosomiasis)

Diese Krankheit wird durch Schistosoma verursacht, kleinste Lebewesen (Saugwürmer), die in ruhigem oder sehr langsam fließendem Süßwasser leben. Ein Teil der Seen in Ruanda ist davon betroffen. Beim Aufenthalt im Wasser dringen diese in die Haut ein und von dort gelangen sie über die Blutbahn in die Leber. Anschließend verbreiten sie sich über die großen Blutgefäße im Körper und befallen vor allem Leber, Harnblase, Darm und Lunge. Ihre Eier werden mit dem Stuhl oder Urin wieder ausgeschieden.

Die Symptome der Bilharziose sind ein juckender Hautausschlag an der Eintrittsstelle der Larven, eine akute, fieberhafte Erkrankung als Folge der ersten Eiablage sowie die chronische Erkrankung mit Symptomen, die den befallenen Organen entsprechen. Die Diagnose erfolgt in erster Linie durch Nachweis der Eier im Stuhl oder Urin. Eine erfolgreiche medikamentöse Behandlung ist möglich, allerdings kann diese die bereits von den Tieren verursachten Schäden an den Organen nicht wieder rückgängig machen.

Daher vermeiden Sie das Baden in Seen, solange Sie nicht sicher sind, dass diese frei von Bilharziose sind. Einige sodahaltige Kraterseen und Bereiche des Kivu-Sees gelten als bilharziosefrei. Bisher wurden zwei Uferbereiche des Kivu-Sees mit den Bilharziose auslösenden Schistosoma-Würmern ermittelt. Das sind die Uferregion nördlich von Goma (D.R. Kongo) sowie die Uferbereiche der Inseln im südlichen Bereich des Kivu-Sees, vor Katana (D.R. Kongo) und südlich davon. Einziger im Kivu-See lebender Zwischenwirt, bei dem der Bilharziose auslösende Schistosoma-Erreger gefunden wurde, scheint die Kivu-Tellerschnecke zu sein *(Planorbis kivuensis)*. Uferbereiche des Kivu-Sees mit Wasserpflanzen sollten daher unbedingt gemieden werden.

Gelbfieber

Diese Viruserkrankung wird ebenfalls durch Stechmücken übertragen, in diesem Fall durch die Gattung Aedes. Es gibt seit Jahren eine wirksame Schutzimpfung, die allerdings nur in speziellen Impfzentren (meist Unikliniken) zu bekommen ist. Die Dauer des Schutzes beträgt zehn Jahre. Viele Länder verlangen einen Nachweis der Impfung, wenn Sie aus einem Land einreisen, das zu den Gelbfiebergebieten zählt.

Seit März 2016 benötigen auch europäische Staatsangehörige, die nicht über ein Gelbfieberepedemiegebiet einreisen, einen gültigen **Impfnachweis** über eine Gelbfieberimpfung. Reisende können sich auch bei Einreise direkt am Flughafen Kigali impfen lassen. Die Kosten hierfür betragen zzt. 40 US$.

Weitere Infos erhalten Sie bei den Tropeninstituten (s. S. 100) oder auf der Website der Weltgesundheitsorganisation: www.who.int.

Schlafkrankheit

Um die Schlafkrankheit ist es in den letzten Jahren immer ruhiger geworden. Das liegt zum einen an der erfolgreichen Eindämmung, aber vielleicht auch daran, dass sie durch gute Behandlungsmethoden ihren Schrecken verloren hat. Die Schlafkrankheit wird durch einige Arten der Tsetse-Fliege übertragen. Diese Fliege sieht etwa so aus wie unsere heimische Bremse.

Die Tsetse-Fliege liebt ein trockenes, warmes Klima, weswegen sie nur in den heißen Savannengebieten vorkommt. Ihr Stich ist schmerzhaft und sie kann selbst durch dicken Jeansstoff hindurch stechen. Daher hilft beim Durchfahren eines Tsetse-Fliegen-Gebietes nur, die Fenster zu schließen. Die oftmals empfohlene helle Kleidung hilft nicht wirklich, um die Fliegen fernzuhalten. Um die Tiere zu töten, müssen Sie beherzt zuschlagen, da die Tiere sehr robust sind (es muss „knacken").

▸ Impfungen
Die Gesundheitsvorsorge liegt im Verantwortungsbereich eines jeden Reisenden. Impfungen helfen Ihnen, mit einem guten Gefühl zu reisen und schützen Sie ganz konkret vor der Ansteckung mit bestimmten Krankheiten. Impfungen, die generell empfohlen werden: **Hepatitis A** und **B**, **Polio**, **Tetanus**. Für die Einreise nach Ruanda sind diese Impfungen nicht vorgeschrieben. Seit März 2016 benötigen auch europäische Staatsangehörige, die nicht über ein Gelbfieberepedemiegebiet einreisen, einen gültigen Impfnachweis über eine **Gelbfieberimpfung**.

▸ Reiseapotheke
Grundausstattung
2 Verbandspäckchen, steril
1 Dreiecktuch
1 Rolle Heftpflaster
0,5 m Pflasterschnellverband
1 Folienrettungsdecke
1 Schere (entfällt ggf., wenn Taschenmesser vorhanden)
1 kleine Splitterpinzette (spitz, auch zum Entfernen von Zecken)
10 Tabletten Schmerz-/Fiebermittel (z. B. Ibuprofen®, Novalgin®, Paracetamol®)
6 Tabletten gegen Magen- u. Darmerkrankungen/Übelkeit (z. B. MCP ratiopharm®)
10 Tabletten Durchfall (z. B. Imodium® akut)
1 Fläschchen Wunddesinfektionsmittel (z. B. Kodan®, Betaisodona®)
1 Sonnenschutz (Lippen!) mit hohem Lichtschutzfaktor (z. B. Anthélios®)
1 SamSplint® (Schiene)
2 Paar sterile Schutzhandschuhe (Vinyl oder Latex)

Erweiterte Ausstattung
1 elastische Binde, 8 cm breit
1 Tube Augensalbe (Bepanthen-Augensalbe®)
1 Tube Universalheilsalbe (z. B. Bepanthen®, Panthenol®)
1 Päckchen Second Skin® oder Compeed® (Druckstellen/Blasen an Füßen)

Getränke

Wie überall in den Tropen sollten Sie daran denken, **ausreichend Flüssigkeit** zu sich zu nehmen. Bedenken Sie bitte, dass das Leitungswasser in Ruanda nicht unserem Trinkwasserqualitätsstandard entspricht. Trinken Sie daher am besten abgepacktes **Mineralwasser**, das es landesweit in jedem Geschäft in unterschiedlichen Flaschengrößen zu kaufen gibt.

In Restaurants, Bars und Supermärkten gibt es die gängigen internationalen Softdrinks (Limonaden), zudem Bier aus ruandischer Produktion (Mützig, Primus) und Importbier (Heineken). In gehobenen Hotels und Supermärkten wird Wein aus Südafrika und zum Teil auch aus Europa angeboten.

Die einheimische Bevölkerung trinkt im täglichen Leben Wasser und Tee. In städtischen Gebieten ist mittlerweile auch der Kaffeegenuss verbreitet.

An traditionellen Getränken gibt es das **Bananenbier**, das sogenannte **Urwawa**. Die Bananen werden dabei grün geerntet und in große Bananenblätter gewickelt. Es wird ein Loch in die Erde gegraben und die Bananenpakete werden dort für 3–4 Tage eingegraben. Danach sind die Bananen sehr reif und süß. Einige Bananen werden dann als Nachspeise gegessen, der größere Teil wird in einem großen Bottich zerstampft und der Saft herausgefiltert. Dann wird Sorghum-Hirse gemahlen und für die Gärung mit dem Bananensaft vermischt. Nach dem Gärungsprozess ist das Bananenbier fertig.

Säuberung der Sorghum-Hirse, die auch zur Bierherstellung verwendet wird

Grenzübergänge

Die Grenzübergänge sind von 6 bis 18 Uhr für die Reisenden geöffnet.
Folgende Grenzübergänge sind für Reisende nach oder von Ruanda aus passierbar:

Von und nach Uganda
Cyanika (Strecke Musanze nach Kisoro)
Katuna (Strecke Kigali nach Kabale)
Kagitumba (vom Akagera-Nationalpark nach Mbarara)

Von und nach Tansania
Rusumo (Strecke Ngoma nach Ngara/Mwanza)

Von und zur D.R. Kongo
Rubavu (Strecke nach Goma)
Rusizi (Strecke nach Bukavu)

Von und nach Burundi
Fugi (Strecke von Huyé nach Kayanza/Bujumbura)

Kinder warten an einer Wasserstelle

Informationen

Informationen vor Ort bietet das Tourismusamt des **Rwanda Development Board (RDB)**, KN 5 Rd., KG 9 Avenue (ehemals Boulevard de l'Umuganda), Gishushu, P.O. Box 6239, Kigali, ☏ 0252-576514, reservation@rwandatourism.com, eac@rwandatourism.com, www.rwandatourism.com, www.rdb.rw, Öffnungszeiten Mo–Fr 7–17 Uhr.

Aktuelle Informationen zu Unterkünften und Veranstaltungen werden im vierteljährlich erscheinenden Magazin „The Eye" abgedruckt, das kostenlos in vielen Hotels und beim RDB zu bekommen ist. Im Internet unter: www.theeye.co.rw.

Interessante Links und Informationen unter dem Stichwort „Internet".

Internet

▶ **Nützliche und interessante Webdressen**
www.rwandaun.org – Seite der Ständigen Vertretung Ruandas bei den Vereinten Nationen in New York (engl.)
www.rwandaparliament.gov.rw – Seite des ruandischen Parlaments (engl.)
www.gov.rw – Offizielle Seite der ruandischen Regierung (engl.)
www.rwanda-botschaft.de – Internetseite der Botschaft der Republik Ruanda in Deutschland
www.rwandatourism.com – Informationen des staatlichen Tourismusamts des Rwanda Development Board (engl.).

www.liveinrwanda.com – Belgische Internetseite mit ausführlichen Informationen zum Reiseziel Ruanda (engl.)
www.genocidearchiverwanda.org.rw – Umfassendes Archiv mit Informationen zum Völkermord (engl.)
www.rwandanstories.org – Artikel und Geschichten rund um den Völkermord und die Zeit danach (engl.)

▶ Internetcafés

Internetcafés gibt es mittlerweile in allen größeren Orten Ruandas, die meisten sicherlich in der Hauptstadt Kigali. Aber auch zahlreiche Hotels verfügen heutzutage über Internetanschluss. Die Verbindungen sind jedoch teilweise recht langsam, da es noch keine DSL-Anschlüsse bzw. Breitband gibt.
Adressen von Internetcafés finden Sie unter dem jeweiligen Ort in den Reisepraktischen Informationen.

Kinder

Dass Europäer mit ihren Kindern nach Ruanda reisen, kommt wohl nicht sehr häufig vor. Dennoch sind viele Hotels auch auf Gäste mit Kindern eingestellt, da heimische Familien oder ausländische Familien, die in Uganda wohnen (Diplomaten, Entwicklungshelfer etc.), gerne an freien Tagen, übers Wochenende und in den Ferien mit ihren Kindern unterwegs sind.

Bedenken Sie, dass es in Unterkünften innerhalb von Nationalparks aufgrund von Sicherheitsvorkehrungen Einschränkungen für Kinder unterhalb eines bestimmten Alters geben kann. Am besten erkundigen Sie sich vorher bei Ihrem Reiseveranstalter oder direkt beim jeweiligen Hotel.

Kleidung

Für Reisen nach Ruanda empfiehlt es sich, leichte, helle Baumwollkleidung mitzunehmen. Tagsüber sind ein T-Shirt und leichte (halblange) Hosen bequem. Sollten Sie viel im Fahrzeug sitzen, reichen auch Sandalen als Schuhwerk aus. Zum Wandern ist festes Schuhwerk dringend anzuraten. Für große Wandertouren sind gute Wanderschuhe empfehlenswert. Heutzutage gibt es bequeme und sehr leichte Wanderschuhe, die angenehm zu tragen sind und guten Halt bieten. Für Wanderungen ebenfalls von Vorteil ist eine leichte Regenjacke.

Für den Abend ist es wichtig, etwas Warmes zum Überziehen dabei zu haben. Lange Hemden sind für den Abend generell empfehlenswert, dazu ein Pullover oder eine leichte Jacke. Zum Abendessen in gehobenen Restaurants ist auf entsprechende formelle Kleidung zu achten. In Restaurants mit gehobenem Standard erwartet man zumindest lange Hosen und ein Hemd.

In vielen Hotels der $$$- bis $$$$$-Kategorie besteht die Möglichkeit, Wäsche waschen zu lassen (Laundry Service).

Begegnung mit einem Berggorilla

Sollten Sie bei einer Reise nach Ruanda vorhaben, die **Berggorillas** zu besuchen, so denken Sie bitte an folgende Kleidung und Ausrüstung:
- Gartenhandschuhe (zum Festhalten im teils dornigen Gestrüpp)
- feste Wanderschuhe
- Pullover oder dickes langärmliges Hemd
- Regenjacke
- Tagesrucksack (am besten wasserfest)
- Wasserflasche

Für **Gipfeltouren** auf die Virunga-Vulkane ist zusätzlich folgende Ausrüstung notwendig:
- Isomatte
- Kerzen / Feuerzeug
- Kordel
- regenfeste Überhose
- Schlafsack
- Sonnenbrille
- Taschenlampe
- Taschenmesser
- warme Pullover
- ggf. Zelt

Klima und Reisezeit

Die Verbindung von Tropen- und Höhenlage gewährleistet in Ruanda das ganze Jahr hindurch ein angenehmes Klima. Tagestemperaturen von über 30 °C oder unter 15 °C sind eher selten. Ausnahmen sind die tiefer gelegenen und dadurch wärmeren Gebiete zu Tansania (Akagera-Nationalpark) einerseits und die kalten Höhenzüge der Virunga-Vulkane andererseits. Ansonsten spielen jahreszeitlich bedingte Temperaturschwankungen in ganz Ruanda keine große Rolle.

Das Klima in Ruanda ist recht feucht, was eine ergiebige Landwirtschaft ermöglicht. In vielen Landesteilen liegen die Niederschläge bei über 1.000 mm im Jahr (in den Gebirgswäldern sogar wesentlich höher).

Grob kann das Jahr in vier Klimazeiten eingeteilt werden. Die **lange Trockenzeit** (Impeshyi) dauert von Mitte Juni bis Ende September und die **kleine Trockenzeit** (Urugaryi) von Mitte Dezember bis Ende Januar.

Die **große Regenzeit** (Itumba) von Mitte Januar bis Mitte Juni und die **kleine Regenzeit** (Umuhindo) von Ende September bis Mitte Dezember. Die feuchteste Jahreszeit liegt zwischen Februar und Mai, wenn die meisten Landstriche durchschnittlich 150–200 mm Regen pro Monat verzeichnen.

Literatur

Deutsche Literatur sowie deutsche Zeitungen und Magazine sind in Ruanda normalerweise nicht zu bekommen.

Ruandische Literatur, meist in französischer Sprache, finden Sie in den Buchläden der Hauptstadt. Büchertipps zu in Deutschland erhältlicher Literatur über Ruanda sind im Anhang (ab S. 339) aufgeführt.

Medien

Die Medienlandschaft in Ruanda ist aufgrund der geringen Größe des Landes sowie aufgrund staatlicher Kontrolle relativ bescheiden. Dennoch gibt es eine kleine Auswahl an verschiedenen Medien zur Information und Unterhaltung.

▸ Zeitungen
Es gibt keine täglich gedruckte Tageszeitung in Ruanda, aber einige Zeitungen, die mehrmals wöchentlich erscheinen.
The New Times, www.newtimes.co.rw. Erscheint drei Mal wöchentlich auf Englisch, regierungsnah.
Rwanda Herald, private Zeitung in englischer Sprache.
Rwanda Newsline, englischsprachige Zeitung der Rwanda Independent Media Group.
Umuseso, Ausgabe der Rwanda Newsline in Kinyarwanda.
Kinyamateka, www.kinyamateka.com. Zeitung in der Sprache Kinyarwanda.

▸ Online-Nachrichtenportale
Umuseke, www.umuseke.rw. Auf Kinyarwanda und Englisch.
News of Rwanda, www.newsofrwanda.com. Ruandische Nachrichten auf Englisch.
Rwanda Post, www.rwandapost.org. Ruandische Nachrichten auf Englisch.
Rwanda Eye, www.rwandaeye.com. Wirtschaftsnachrichten auf Englisch.
Umupira, www.umupira.com. Fußballnachrichten in Englisch.
In 2 east Africa, www.in2eastafrica.net. Nachrichten und Regionales aus Ostafrika in Englisch.
Newstime Africa, www.newstimeafrica.com. Nachrichten aus ganz Afrika in Englisch.

▸ Wochenzeitung
The East African, www.theeastafrican.co.ke. In Uganda, Kenia, Tansania, Ruanda und Burundi jeden Montag erscheinende Zeitung vom kenianischen Verlag Nation Media. Wer sich einen umfassenden Überblick über Politik, Wirtschaft und Kultur in Ostafrika verschaffen möchte, findet hier die wöchentliche Zusammenfassung.

▸ Fernsehsender
RBA TV (Rwanda Broadcasting Agency, http://rba.co.rw), einziger (staatlicher) Fernsehsender in Ruanda mit Nachrichten in den Sprachen Kinyarwanda, Franzö-

sisch und Englisch. Außer einigen Eigenproduktionen werden auch Sendungen europäischer Sender übernommen.

Zudem können in der Kivu-Region einige Sender aus dem Kongo empfangen werden.

> **Radiosender**
Radiyo Rwanda, staatlicher Radiosender der RBA (http://rba.co.rw) mit Sendungen in allen drei Staatssprachen.
Magic FM, staatlicher Radiosender der RBA (http://rba.co.rw) mit Sendungen in allen drei Staatssprachen.
Deutsche Welle, seit 1999 hat die Deutsche Welle eine UKW-Sendelizenz und kann in ganz Kigali auf UKW empfangen werden.
Radio Flash, privater Radiosender.

Weitere private Radiosender sind vor allem in der Hauptstadt Kigali zu empfangen.

Nachtleben

Das Nachtleben in Ruanda fällt je nach Ort recht unterschiedlich aus. Ein Nachtleben in unserem westlichen Sinne existiert nur in der Hauptstadt Kigali. Dort gibt es diverse Möglichkeiten, das Nachtleben zu gestalten. Von Restaurants über Bars bis hin zu einigen Diskotheken ist sicher etwas für jeden Geschmack dabei. Zudem verfügt die Hauptstadt über ein Kasino, ein Kino und ein Theater. In den anderen Orten Ruandas beschränkt sich das abendliche Ausgehen zumeist auf Restaurants, Bars und ggf. kleine Clubs (Diskotheken).

Die Adressen finden Sie in den Reisepraktischen Informationen unter dem jeweiligen Ort.

Nationalparks

Zum Schutz der heimischen Tier- und Pflanzenwelt wurden einige Nationalparks in Ruanda geschaffen. Sie bilden heute die Hauptattraktion für Ruanda-Reisende. Informationen zu den Schutzgebieten sind vor Ort in den Büros der Parkverwaltung, in den zahlreichen Reisebüros in Kigali erhältlich oder beim:

Rwanda Tourism Office des **Rwanda Development Board (RDB)**,
KN 5 Rd., KG 9 Avenue (ehemals Boulevard de l'Umuganda), Gishushu, P.O. Box 6239, Kigali, ☎ 0252-576514, 0252-50235, reservation@rwandatourism.com, www.rwandatourism.com, Öffnungszeiten Mo–Fr 7–17 Uhr.

Das kleine Ruanda verfügt insgesamt über drei Nationalparks:
- Akagera-Nationalpark (im Osten)
- Nyungwe-Forest-Nationalpark (im Südwesten)
- Volcanoes-Nationalpark (im Nordwesten)

Nationalparkgebühren

Akagera-Nationalpark

Parkeintritt	35 US$
Guidegebühren (1 Tag)	40 US$ (halber Tag 25 US$)
Nachtsafari (2–3 Std., mind. 4 Pers.)	40 US$
Campinggebühren	20 US$
Bootstour morgens (1 Std.)	30 US$
Bootstour abends (1 Std.)	40 US$
Angelerlaubnis (1 Tag)	20 US$
Vogeltouren	80 US$
Fahrzeug ausleihen (inkl. Fahrer und Guide):	175 US$ (halber Tag), 275 US$ (1 Tag)

Fahrzeuggebühren pro Besuch:	Ausländisches Kennz.	Ruandisches Kennz.
Pkw	10 US$	2.000 RWF
Minibus und mittlere Busse	15 US$	3.000 RWF
Allradfahrzeuge inkl. Pick-ups	20 US$	4.000 RWF
Fahrzeuge der Tourveranstalter	25 US$	5.000 RWF
Busse, Lkw und andere über 2 t	50 US$	10.000 RWF

Nyungwe-Forest-Nationalpark

Parkeintritt in Verbindung mit einer Wanderung/Tag:

Wanderung	40 US$
Vogel-Wanderung	50 US$
Canopy Adventure (Hängebrücke)	60 US$
Waterfall-Wanderung	50 US$
Congo Nile Trail (ca. 30 km)	120 US$
Schimpansen-Trekking	90 US$
Primaten-Wanderung	70 US$
Campinggebühren Nacht/Pers.	30 US$ (bei bezahlter Wanderung)
Campinggebühren Nacht/Pers.	50 US$ (ohne bezahlte Wanderung)

Volcanoes-Nationalpark

Der Parkeintritt ist im Preis der Wanderungen enthalten.

Gorilla-Wanderung	750 US$
Golden-Monkey's-Wanderung	100 US$
Wanderung Dian Fosseys Grab	75 US$
Wanderung Kratersee	75 US$
Sonstige Naturwanderung	55 US$
Besteigung Mt. Bisoke	75 US$
Besteigung Mt. Gahinga	75 US$
Besteigung Mt Muhabura (4.127 m)	100 US$
Besteigung Mt. Karisimbi (4.507 m)	400 US$ (mit Gruppe 300 US$)
Besteigung Muhabura + Gahinga (2 Tage)	200 US$ (inkl. Campinggebühren)
Trekking zu vier Vulkanen (5 Tage)	1.500 US$
Tageswanderung Buhanga Eco-Park	40 US$ (mit Picknick 50 US$)

Notrufnummern

Es gibt in Ruanda noch kein einheitliches Notrufsystem für alle Bereiche. Wichtig sind daher lokale Telefonnummern, die Sie in den jeweiligen Reisepraktischen Informationen finden. Ambulanzen sind nur in den großen Städten verfügbar!

Polizei: ☏ 112
Verkehrspolizei: ☏ 252-57157

Öffentlicher Nahverkehr

Der normale öffentliche Nahverkehr wird in Ruanda, wie eigentlich überall in Afrika, mit **Minibussen** abgedeckt. Die Kleinbusse werden hier Taxis genannt, auch wenn sie mit unserer Vorstellung von Taxi nicht viel gemein haben. Diese „Taxis" dürfen offiziell bis zu 14 Personen befördern. Auf dem Land werden aber oft auch schon mal ein paar Fahrgäste mehr mitgenommen. Sie fahren vor allem innerhalb der Großstädte oder bringen die Menschen von den Zentren in die Außenbezirke. Der Tarif ist für unsere Verhältnisse recht günstig. Zu bedenken ist allerdings, dass viele Arbeitnehmer auf die „Taxis" angewiesen sind, um zur Arbeit zu kommen und jeden Tag zweimal diese Fahrt aus eigener Tasche bezahlen müssen.

Im Allgemeinen gibt es in jeder Stadt einen zentralen Taxi-Bahnhof, den sogenannten „Taxi-Park". Von dort fahren auch die regionalen Busse ab, die die größten Ortschaften des Landes ansteuern. Ursprünglich auch von Minibussen durchgeführt, sind die privaten Anbieter nun gesetzlich angehalten, für diese Strecken bequemere mittelgroße Busse (z. B. Typ Toyota Coaster) einzusetzen.

Für kürzere Strecken oder für Strecken, die normale Autos nicht befahren können, gibt es „Taxis auf zwei Rädern". In der motorisierten Version (Mopeds) heißen sie **Taxi-Moto** und in der Version mit Muskelkraft (Fahrräder) **Taxi-Velo**. In Kigali stehen diese auch für die normalen Innenstadtstrecken zur Verfügung, weil sie während der Stauzeiten schneller einen Weg durch das Gewusel der Autos und Busse finden. Daher sind die Fahrten durch den Stadtverkehr auch nicht ungefährlich.

In den Reisepraktischen Informationen finden Sie unten den jeweiligen Ortschaften die Plätze, an denen man so ein „Taxi" findet. Um Sie nicht zu verwirren, wird für diese Hinweise der Begriff „Minibusse" verwendet, damit Sie sie besser von den „richtigen" Taxis unterscheiden können.

Öffnungszeiten

Die allgemeinen Öffnungszeiten für **Geschäfte** in Ruanda sind: Mo–Sa 8–18 Uhr (Mo–Fr in Ausnahmefällen auch mal länger), am Sa schließen einige Geschäfte oft schon um 13 Uhr. An Sonn- und Feiertagen bleiben die meisten Geschäfte geschlossen.

Ortsnamen

Durch die Gebietsreform im Jahr 2006 bekamen einige ruandische Städte neue Namen. Die meisten alten Ortsnamen finden jedoch im Alltag noch allgemein Verwendung.

Alter Name	Neuer Name
Butare	Huyé
Byumba	Gicumbi
Cyangugu	Rusizi
Gikongoro	Nyamagabe
Gisenyi	Rubavu
Gitarama	Muhanga
Kibungo	Ngoma
Kibuye	Karongi
Ruhengeri	Musanze

Post

Die Post in Ruanda ist zuverlässig, aber teilweise sehr langsam. Eine Postkarte, die Sie außerhalb von Kigali einwerfen oder abgeben, braucht erfahrungsgemäß etwa drei Wochen bis nach Europa. Von Kigali aus dauert es etwa zwei Wochen. Eine Postkarte nach Europa ist recht preiswert. In jedem größeren Ort gibt es ein Postamt, das jeweils 8–17 Uhr geöffnet hat. Im Internet unter www.i-posita.rw.

Reiseleiter

Örtliche Reiseleiter (Guides) können Sie meist über die großen örtlichen Tour-Agenturen bekommen. Es gibt allerdings kaum deutschsprachige ruandische Reiseleiter, jedoch ist die Zahl der englischsprachigen Guides in den letzten Jahren stark gestiegen. Die RDB-Büros vor Ort sowie einige Hotels vermitteln ebenfalls regionale Führer. Diese sind in der Regel französisch- und/oder englischsprachig.

Reisen mit deutschen landeskundigen Reiseleitern bieten nur wenige Veranstalter in Deutschland an. Darunter ist:
Magisches Afrika, Althoffstr. 36, 44137 Dortmund,
☎ 0231-589792-29, 📠 0231-164470, www.magischesafrika.com.

Reisende mit Behinderungen

Ruanda ist im Vergleich zu Europa und anderen Urlaubsgebieten mit Massentourismus nicht besonders gut auf Reisende mit Behinderungen eingestellt. Zwar bieten die meisten Airlines in Verbindung mit dem Flughafen Kigali einen gewissen Service (z. B. Abholung mit einem Rollstuhl), doch darüber hinaus kann es schwierig werden, wenn man auf einen Rollstuhl angewiesen ist. In Hotels und Restaurants können daher Reisende mit Behinderungen schnell an ihre Grenzen stoßen. Lassen Sie sich am besten vor einer Reise gut beraten und stellen Sie Ihre Reise nach Art und Grad der Behinderung und den örtlichen Gegebenheiten mithilfe eines Reiseveranstalters bzw. einer örtlichen Agentur zusammen. Für körperlich Behinderte, die ihren Traum von einer Reise zu den Berggorillas verwirklichen möchten, gibt es die Möglichkeit, sich von Trägern auf einer Art „Sänfte" zu den Gorillas tragen zu lassen (400 US$). Informationen und Anmeldung beim Rwanda Development Board (www.rwandatourism.com).

Reiseveranstalter

▶ Reiseveranstalter in Deutschland

Ruanda gehört noch nicht zum Standardprogramm der großen deutschen Reiseveranstalter. Bisher haben nur mittlere und kleine Veranstalter das Land im Programm, oft in Kombination oder als Verlängerung einer Ugandareise. Je nach Interesse finden Sie vielleicht hier das gewünschte Angebot:

Reisen mit deutschem Studienreiseleiter
One World – Reisen mit Sinnen, Neuer Graben 153, 44137 Dortmund,
☎ 0231-589 7920, www.reisenmitsinnen.de. Anbieter von Studienreisen nach Ruanda, in Kombination mit Uganda.

Gruppenreisen
Fast alle Reiseveranstalter bieten Ruanda zurzeit nur als Anhängsel einer Uganda-Reise an, z. B.:
Chamäleon Reisen, Pannwitzstr. 5, 13403 Berlin,
☎ 030-347996-0, 📠 030-347996-11, www.chamaeleon-reisen.de.
Karawane Reisen, ☎ 07141-28480, 📠 07141-284825, www.karawane.de.
Wikinger Reisen, ☎ 02331-9046, 📠 02331-904704, www.wikinger-reisen.de.

Reine Ruanda-Reisen bieten:
Iwanowski's Individuelles Reisen, ☎ 02133-26030, 📠 02133-260333, info@afrika.de, www.afrika.de.
Bei der Reise „Best of Ruanda" fahren Sie mit einem englischsprachigen Driverguide von Kigali über den Akagera-Nationalpark, Nyungwe-Forest-Nationalpark mit Schimpansen- und Gorilla-Trekking, Kibuye und Rubavu am Kivu-See nach Musanze zum Volcanoes-Nationalpark. Nach dem Besuch der Berggorillas endet die Reise in Kigali.

DIAMIR Erlebnisreisen, Berthold-Haupt-Str. 2, 01257 Dresden,
☎ 0351-312077, 📠 0351-312076, www.diamir.de. Im Angebot sind eine Ruanda-Reise sowie Reisen nach Ruanda in Kombination mit Uganda bzw. Tansania.

▶ Reiseveranstalter in Ruanda

Wer die Reise lieber erst vor Ort bei einem ruandischen Reiseunternehmen buchen möchte (vor allem für diejenigen geeignet, die nur einzelne Touren machen wollen), kann sich an eines der folgenden Unternehmen in Kigali wenden:

Blick auf die Virunga-Vulkane

Amahoro Tours, ☏ 0788-655223, 0788-687448, www.amahoro-tours.com. Büro: Mo–Fr 8–17, Sa 9–12 Uhr.
Primate Safaris, 98, Avenue de la Paix, Kigali, ☏ 252-503428/9, 0788-300495, 784-300079, www.primatesafaris.info
Silverback Adventures, ☏ 0788-520103, www.silverbackadventures.com.
Thousand Hills Expeditions, Kigali, ☏ 280-311000, -301000, 0788-351000, www.thousandhillsexpeditions.com.
Volcanoes Safaris, im Hotel Mille Collines, ☏ 252-502452, 0788-302069, www.volcanoessafaris.com.
Wildlife Tours, Kimironko, KG 11 Ave., KG6 St., Opposite Four Square Gospel Church, Kigali, ☏ 0788-527049, 0788-357052, www.wildlifetours-rwanda.com.

▶ **Uganda**
Bei einer Kombination von Ruanda mit Uganda bietet sich folgendes Reiseunternehmen an:
Speke Uganda Holidays, 47 Ntinda Road, Kampala, Uganda,
☏ (+256) 31-2294531, (+256) 782-207009,
tony@spekeugandaholidays, www.spekeugandaholidays.com.
Büro in Deutschland, Waldweg 20, 16515 Oranienburg, ☏ 03301-577654.
Tony Mulinde (deutschsprachig) und sein Team organisieren Touren in Uganda und Ruanda.

Weitere Adressen finden Sie unter den Reisepraktischen Informationen der jeweiligen Orte. Falls Sie planen, die Berggorillas zu besuchen, so sollten Sie dies bereits weit im Voraus zu organisieren, weil die Gorilla Permits sehr limitiert sind und daher vor allem während der Hochsaison mindestens ein Jahr im Voraus gebucht werden sollten.

Safari

Ruanda ist hauptsächlich für seine Berggorillas bekannt und nicht so sehr als Safari-Destination, so wie z. B. das Nachbarland Tansania. Dennoch hat Ruanda zumindest ein Gebiet für eine klassische Safari anzubieten: den Akagera-Nationalpark. Mittlerweile gibt es dort auch wieder Unterkünfte sowie diverse Möglichkeiten zu campen. Das Wort „Safari" stammt übrigens aus dem Kisuaheli und bedeutet so viel wie „Reise".

Schiffsverbindungen

Einziges schiffbares Gewässer in Ruanda ist der Kivu-See. Es gibt zurzeit keine verlässliche Fährverbindung auf dem See. Boottransfers können über einige Hotels am See organisiert werden. Das RDB betreibt das Boot „Munezero", welches für Fahrten zwischen Rubavu, Karongi und Rusizi gechartert werden kann (reservations@rdb.rw). Das Anheuern von Fischerbooten ist ebenfalls möglich. Von einer Überfahrt auf die kongolesische Seite des Sees wird allerdings aus Sicherheitsgründen abgeraten.

Schulferien

Die Schulzeiten wurden in Ruanda neu geordnet und orientieren sich jetzt an jenen des Nachbarlandes Uganda. Das Schuljahr ist in Trimester aufgeteilt: Die erste Unterrichtsphase geht von Anfang Januar bis Anfang April, dann folgen die ersten dreiwöchigen Ferien bis Ende April. In der zweiten Periode wird von Ende April bis Ende Juli unterrichtet. Dann folgen zwei Wochen Ferien bis Mitte August. Der Unterricht im dritten Trimester geht bis Mitte/Ende Oktober, dann werden die Examen und Abschlussprüfungen abgehalten. Daran schließen sich die großen Ferien (zwei Monate) von Anfang November bis Anfang Januar an.

Weitere Informationen beim ruandischen Bildungsministerium: www.mineduc.gov.rw, info@mineduc.gov.rw.

Sicherheit

Die Sicherheitslage in Ruanda ist zurzeit sehr gut. Alle Landesteile können ohne Bedenken besucht werden. Gewarnt wird jedoch zeitweise vor Reisen in das Nachbarland D. R. Kongo. Instabil ist zurzeit die Lage in Burundi. Erkundigen Sie sich am besten bei Ihrer Botschaft nach der aktuellen Lage. Weitere Informationen zur Sicherheitslage finden Sie unter www.auswaertiges-amt.de.

▶ Kriminalität
In Ruanda ist die Kriminalität in allen Bereichen im Vergleich zu den Nachbarstaaten (vor allem Burundi und Kongo) erfreulicherweise gering. In Kigali können Sie sich tagsüber frei und ohne Probleme bewegen. Nur abends und nachts sollten Sie

einige Stadtteile der Hauptstadt meiden oder zumindest nicht allein zu Fuß unterwegs sein.

In den Städten muss mit **Kleinkriminalität** (Diebstahl aus Fahrzeugen, Handtaschenraub u. Ä.) gerechnet werden. Die gängigen Vorsichtsmaßnahmen sollten Sie unbedingt einhalten. Das heißt, Schmuck, größere Bargeldbeträge oder sonstige Wertgegenstände sollten Sie lieber im Hotel deponieren. Beim Besuch von Märkten, Busplätzen und anderen stark frequentierten Orten sollten Sie sich vor Taschendieben in Acht nehmen!

Sport

Fußball
Nationalsport ist wie in vielen afrikanischen Ländern auch der Fußball. Wenn Sie durch Ruanda fahren, werden Sie immer wieder Jungen und Männer auf mehr oder weniger geeigneten Plätzen spielen sehen. Das Sportministerium fördert den Fußball, da das Land im internationalen Fußball zukünftig eine größere Rolle spielen möchte, möglichst als eine der großen Fußballnationen Afrikas. Die Nationalmannschaft (Amavubi Stars, „Die Wespen") war in den letzten Jahren auf afrikanischer Ebene etwas erfolgreicher, zum ersten Mal gelang 2004 die Qualifikation zum Africa Cup. Der FIFA-Präsident eröffnete 2005 die erste Fußballakademie in Ruanda zur besseren Ausbildung der Fußballer. Bei der Afrikanischen Nationenmeisterschaft 2016 (African Nations Championship 2016) erreichte Gastgeber Ruanda das Viertelfinale.

Sportliche Aktivitäten
Wenn Sie in Ruanda selber Sport betreiben möchten, ist die Auswahl, abgesehen vom Fußball, nicht sonderlich groß. Außer in den internationalen Hotels mit Swimmingpools, Fitnessräumen und Tennisplätzen gibt es für Besucher nicht viele Sporteinrichtungen.

Wanderer und **Bergsteiger** kommen da schon eher auf ihre Kosten. Sie finden dazu mehr Informationen unter den jeweiligen Nationalparks.

Golf
Kigali Golf Club, ☎ 788-000004. Der 1987 gegründete Club unterhält seinen Golfplatz in Kigalis Stadtteil Nyarutarama.

Radfahren
Rwandan Adventures, Büro in Rubavu (Gisenyi), ☎ 078-6571414, 078-3107227, www.rwandan-adventures.com, Mo–Fr 9–11.30, 14–16.30 Uhr. Fahrradverleih und geführte Radtouren.

> **Tipp**
> Der sehenswerte Dokumentarfilm „**Rising from Ashes**" erzählt die Geschichte ruandischer Radfahrer nach dem Genozid, erzählt von Oscar-Preisträger Forest Whitaker (www.risingfromashesthemovie.com).

Sprachen

Ruanda hat drei Staatssprachen: **Kinyarwanda**, **Französisch** und **Englisch**. Muttersprache ist für alle Ruander das Kinyarwanda. Ruanda gehört damit, neben Burundi, zu den einzigen Ländern Afrikas, in denen alle Volksgruppen die gleiche Sprache sprechen. Neben Kinyarwanda spielen auch noch die zwei erwähnten europäischen Sprachen eine Rolle. In Kigali und bei der Gruppe der Batutsi ist der Anteil an Englisch sprechenden Ruandern recht hoch, während im Rest des Landes und mehrheitlich bei den Bahutu eher Französisch als europäische Fremdsprache gesprochen wird. Dass Englisch unter den Batutsi sehr verbreitet ist, liegt daran, dass viele Batutsi lange in den englischsprachigen Nachbarländern Uganda und Tansania im Exil waren. Durch diese Verbindung spricht ein kleiner Teil der Bevölkerung auch Kisuaheli.

Seit dem Beitritt Ruandas in die Ostafrikanische Gemeinschaft, in der Englisch die diplomatische Verkehrssprache ist, bemüht sich die Regierung, die englische Sprache in Ruanda zu fördern und ihre Verbreitung auszubauen. Auf Regierungsebene ist Englisch schon heute die wichtigste Sprache.

Tankstellen

Das Tankstellennetz in Ruanda ist gut ausgebaut. In der Regel ist in allen größeren und mittleren Ortschaften Benzin und Diesel erhältlich. Kraftstoff ist in Ruanda aufgrund der langen Transportwege für afrikanische Verhältnisse sehr teuer. Der Preis für einen Liter Benzin beträgt umgerechnet etwas über einen Euro. Diesel ist nur unwesentlich billiger.

Taxi

Fahrradtaxis und Kundschaft

Ein Taxi in unserem Sinne heißt in Ruanda **Taxi-Voiture** (Taxi-Wagen). Die Namensgebung ist nötig, um sie von den ebenfalls „Taxi" genannten **Minibussen** (**Taxi-Minibus**) abzusetzen. Taxis-Voitures gibt es in allen größeren Städten. Sie stehen meist an zentraler Stelle (z. B. an Minibusstationen, vor großen Hotels) oder können auf der Straße angehalten werden.

Zudem gibt es noch den innerstädtischen Transport mit Motorrädern, **Taxi-Moto** genannt. Diese Zweiradtaxis sind billig und schnell. Für kleinere Strecken eignet sich auch das **Taxi-Velo** (Fahrrad). Falls Sie mit großem Gepäck reisen, müssen Sie sich dann zwei der Fahrradtaxis mieten, eins für Sie und eins für das Gepäck. Bei allen drei Taxiformen müssen Sie das Entgelt vorher aushandeln. Bei den Zweiradtaxis sollte der Preis innerhalb einer Ortschaft 1,50 € nicht übersteigen. Eine Taxifahrt im Taxi-Voiture kostet ab 2 € für eine kurze Innenstadtstrecke. Fahrten über 2 km innerhalb Kigalis je nach Strecke ca. 4–5 €.

Telefonieren

Das Telefonfestnetz in Ruanda wird von der staatlichen Telefongesellschaft Rwandatel verwaltet. Aufgrund der geringen Anzahl von Telefonanschlüssen gibt es in Ruanda keine Vorwahlnummern.

Sie können von den meisten Hotels aus nach Europa telefonieren, für den dementsprechenden Preis. In größeren Ortschaften gibt es öffentliche Telefonzellen. Telefonkarten gibt es für 1.500, 3.000 und 5.000 RWF. In den Ortszentren gibt es auch „Telefonläden", die preiswertere Gespräche ins Ausland anbieten.

Um **von Ruanda aus ins Ausland** zu telefonieren, wählen Sie bitte:
00 (bei Mobiltelefonen ein +),
dann folgt die jeweilige **Ländervorwahl**:
Vorwahl für Deutschland: 49
Vorwahl für Österreich: 43
Vorwahl für die Schweiz: 41
Vorwahl für Belgien: 32
Vorwahl für Luxemburg: 352

Anschließend wählen Sie die Städtevorwahl ohne die Null, gefolgt von der Nummer des Gesprächspartners.

Wenn Sie **vom Ausland nach Ruanda** telefonieren möchten, dann wählen Sie die Ländervorwahl: **00 250**.

Danach wählen Sie die weitere Teilnehmernummer ohne die Null.

▶ Mobil telefonieren

Seit Ende der 1990er-Jahre können Sie in Ruanda auch mobil telefonieren, es gibt zurzeit drei Mobilfunkanbieter. Die Abdeckung mit Sendemasten ist zumindest in allen Städten und größeren Orten relativ gut. Abseits der Ortschaften und entlang von Nebenrouten sind hier und da noch einige Funklöcher.

In Ruanda haben Sie die Möglichkeit, ihr eigenes Handy mit Ihrer europäischen SIM-Karte zu nutzen. Der deutsche Anbieter t-mobile hat tigo Rwanda als Roamingpartner. Sie können sich auch eine SIM-Karte mit örtlicher Nummer kaufen. Das lohnt sich vor allem, wenn Sie sich länger in Ruanda aufhalten oder häufig telefonieren wollen/müssen und erreichbar sein wollen.

Airtel, www.africa.airtel.com/rwanda. Die indische Mobilfunkfirma (Bharti Airtel) ist seit 2012 in Ruanda vertreten.
MTN Rwandacell, www.mtn.co.rw. Der südafrikanische Mobilfunkanbieter war der erste Mobilfunkanbieter in Ruanda. Eine SIM-Karte kostet ca. 4,50 € (inkl. Startguthaben).
Tigo Rwanda, www.tigo.co.rw. Seit 2006 bietet die Tochterfirma des luxemburgischen Konzerns Millicom seine Dienste auch in Ruanda an. 195 RWF kostet zurzeit eine Minute nach Europa.

Trinkgelder

Trinkgelder werden in Ruanda nicht immer als selbstverständlich angesehen, aber natürlich gerne angenommen. Ausnahme bilden die Bereiche, in denen ausländische Touristen zu finden sind. Dazu gehören Hotels und Restaurants der gehobenen Klasse sowie Fahrer und Reiseleiter bei organisierten Rundfahrten und Touren. Dort wird ein angemessenes Trinkgeld erwartet!

In den Restaurants ist es üblich, den zu zahlenden Betrag einfach aufzurunden. Das Zimmerpersonal der Hotels freut sich über eine Kleinigkeit (Vorschlag: 0,25 € pro Zimmer und Tag, ca. 250 RWF). Die touristischen Helfer wie Reiseleiter, Fahrer und Park Guides erwarten etwas mehr. Hier sind etwa 1–2 € pro Tag und Person angebracht. Machen Sie die Höhe des Trinkgeldes bitte auch von der Leistung der Person abhängig(!) und werfen Sie einen Blick auf die örtlichen Gehaltsverhältnisse.

Trinkwasser

Das **Leitungswasser** sollten Sie in Ruanda nicht trinken, es entspricht nicht der europäischen Trinkwasserqualität. Trinkwasser gibt es von mehreren Herstellern abgepackt in Plastikflaschen zu kaufen. Die gängigste Marke ist „Source du Nil".

Hinweis
Außerhalb von Kigali ist es empfehlenswert, sich die Zähne mit gekauftem Mineralwasser in Flaschen zu putzen.

Unterkünfte

Ruanda ist mit Hotels und Gästehäusern nicht so üppig ausgestattet wie seine Nachbarländer, jedoch hat sich auf diesem Gebiet in den letzten Jahren Erfreuliches getan. Mittlerweile findet man in Ruanda eine breite Palette an Unterkünften – vom einfachen Gästehaus bis hin zum Fünf-Sterne-Hotel, allerdings bei Weitem nicht in jedem Ort. Auch in den Nationalparks hat sich die Situation in letzter Zeit leicht verbessert, in allen drei Parks gibt es komfortable Unterkünfte. Für Reisende, die gerne mit dem Zelt unterwegs sind, bestehen einige Campingmöglichkeiten (siehe dazu auch das Stichwort „Camping").

Die einzelnen Unterkünfte in den Orten entnehmen Sie bitte den Reisepraktischen Informationen, dort finden Sie unter jedem Ort die jeweils vorhandenen Übernachtungsmöglichkeiten. Zur besseren Orientierung sind die Hotels in **Preiskategorien** eingeteilt.

Die Hotelrechnungen werden entweder in Ruanda Francs (RWF) oder in US-Dollar ausgestellt. Bezahlen kann man mit beiden Währungen (s. auch unter Währung/Devisen, S. 120). In Ausnahmefällen werden auch Euro angenommen. Kreditkarten werden kaum akzeptiert, in der Regel nur in besseren, sprich in den teureren Hotels.

Übernachtungskategorien

Preise für ein Doppelzimmer pro Tag:
$$$$$	über 120 €
$$$$	80 bis 120 €
$$$	45 bis 80 €
$$	20 bis 45 €
$	10 bis 20 €

Bei einem Hotel ohne Zeichen bedeutet dies einen Preis unter 10 €.

Versicherungen

Versicherungen sind immer eine Frage von persönlicher Risikobereitschaft und Sicherheitsdenken. Daher muss jeder Reisende für sich überlegen, welchen Versicherungsschutz er für seine Reise benötigt.

Auf jeden Fall zu empfehlen ist eine **Auslandskrankenversicherung**. Sie kostet meist zwischen 10 und 20 € und gilt für alle Reisen in einem Jahr (je Reise bis zu 6 Wochen). Sie bekommen dann für medizinisch notwendige Aufwendungen im Ausland das Geld bei Vorlage der entsprechenden Quittungen zu Hause wieder erstattet. Achten Sie darauf, dass Ihre Auslandskrankenversicherung im Notfall einen Transport nach Hause mit einschließt. Zur Mitgliedschaft bei der Flugzeugambulanz Flying Doctors of East Africa (AMREF) s. S. 88.

Falls Sie eine teure Pauschalreise buchen möchten, ist zu überlegen, eine **Reiserücktrittsversicherung** abzuschließen. Vergewissern Sie sich bei angebotenen Versicherungen immer, ob Sie diese auch wirklich brauchen. Sollten Sie Ihre Reise mit Kreditkarte bezahlen, gibt es einige Kreditkartenanbieter, die diese Versicherung schon beinhalten (z. B. TUI Card). Die Versicherung zahlt nur die Stornokosten und verfallende Anzahlungen, wenn Sie die Reise aus wichtigen Gründen (Todesfall, Krankenhausaufenthalt etc.) nicht antreten können.

Zudem wird Ihnen von vielen Reisebüros eine **Reisegepäckversicherung** angeboten. Prüfen Sie diese genau, denn diese Versicherungen schließen viele Dinge von vornherein aus, sodass sich eine solche Versicherung in der Regel nicht lohnt. Das gilt besonders für teure Elektrogeräte und Kameras. Um zu Hause den Versicherungsschaden anzuzeigen, brauchen Sie außer den Rechnungen für die entwendeten/vermissten Dinge auch einen detaillierten Polizeibericht. Den zu bekommen, kostet Sie meist mindestens einen halben Urlaubstag. Oft reicht ein solcher Polizeibericht der Versicherung nicht aus. Wägen Sie daher den Schaden und Nutzen immer ab.

Währung/Devisen

Die Währung in Ruanda ist der **Ruanda Franc** (Franc Rwandais), abgekürzt FRW bzw. RWF. Die Währungseinheit wurde mit Beginn der Unabhängigkeit eingeführt und löste damit das Gemeinschaftsgeld der belgischen Kolonien ab.

Die ruandische Währung: der Ruanda Franc

Die wichtigsten internationalen Währungen können in jeder Bank und Wechselstube des Landes in Ruanda Francs umgetauscht werden. Der Umtauschkurs ist dabei von Bank zu Bank und Wechselstube zu Wechselstube unterschiedlich. Vergleiche lohnen sich. In der Regel bieten die Wechselstuben einen besseren Kurs als die Banken.

Neben den offiziellen Umtauschmöglichkeiten gibt es noch die „fliegenden" Geldwechsler. Sie bieten meist aber nur einen geringfügig höheren Kurs als die Wechselstuben an, sodass Sie sich überlegen sollten, ob ein Tausch das Risiko lohnt. Schwarzmarktwechsler finden Sie in größeren Orten wie Kigali oder Rubavu meist um den Marktplatz oder an den Grenzübergängen. Dort ist es sinnvoll, schon mal einen kleineren Betrag in Ruanda Francs einzutauschen, um bei der Ankunft in Ruanda etwas in der Tasche zu haben. Es gibt keine Bank oder Wechselstube am Busbahnhof.

Die Währung Ruanda Franc (Franc Rwandais) ist in Stückelungen von 100, 500, 1.000 und 5.000-RWF-Scheinen und in Münzen zu 1, 10, 20 und 50 RWF erhältlich.

Der **Umtauschkurs** lag im Juli 2016 bei ca. 813 RWF für 1 €.
Aktueller Wechselkurs unter www.oanda.com.

Devisen können Sie uneingeschränkt mit nach Ruanda bringen. Ab einem Betrag von 10.000 € müssen Sie jedoch den Geldbetrag beim Zoll deklarieren. Auch die ruandische Währung, der Ruanda Franc, darf aus- und eingeführt werden, der Höchstbetrag liegt jeweils bei 5.000 RWF. Die Währung können Sie dann allerdings nur in den Nachbarstaaten umtauschen.

Es hat sich bei Reisen nach Ruanda gezeigt, dass es am praktischsten ist, **Bargeld** mitzunehmen. Das hat den Vorteil, dass Sie es immer umtauschen können und teilweise sogar damit bezahlen können (US$ und Euro). Für Reisende aus Europa ist es von Vorteil, außer Euro auch immer ein paar Dollar mitzunehmen. Ansonsten können in US$ angegebene Preise in der Regel zum jeweiligen Umtauschkurs auch in Ruanda Francs gezahlt werden. Achten Sie bitte bei der Mitnahme von US$ darauf, dass keine Scheine angenommen werden, die älter als das Ausgabejahr 2000 sind.

Für große Scheine (50er und 100er) bekommen Sie teilweise bessere Umtauschkurse als bei kleineren Stückelungen.

Reiseschecks werden nur in sehr wenigen Banken Ruandas (Kigali!) eingewechselt und das auch nur zu einem schlechteren Kurs. Falls Sie trotzdem nicht auf Reiseschecks verzichten möchten, dann denken Sie bitte an den Kaufbeleg der Schecks, dieser wird von den meisten Banken zur Einsicht gefordert.

Das Bezahlen mit **Kreditkarte** ist in Ruanda nur in den großen Hotels und in einigen wenigen teuren Geschäften der Hauptstadt möglich.

Zeit

Ruanda gehört zur **Zentralafrikanischen Zeitzone** (Central Africa Time, CAT). Die Zeit ist identisch mit der mitteleuropäischen Sommerzeit. Während unserer Winterzeit beträgt der Zeitunterschied plus eine Stunde.

Es besteht eine Stunde Zeitunterschied zum Nachbarland **Uganda**, dort gilt die East Africa Time (EAT). Ruanda ist um eine Stunde zurück, was bei Grenzübergängen zu berücksichtigen ist.

In Ostafrika gehen zudem die Uhren generell etwas anders. Zwar hat auch traditionell der Tag in Ostafrika insgesamt immer 24 Stunden, nur werden die Stunden traditionell unterschiedlich gezählt. Die Tage sind über das Jahr gesehen relativ gleich lang, was an der Nähe zum Äquator liegt, und dauern etwa von 6 bis 18 Uhr.

So beginnt der Tag mit dem Sonnenaufgang, das heißt 6 Uhr unserer Zeitrechnung ist 0 Uhr **traditionelle Swahili-Zeit**, wie die Zeitrechnung in Ostafrika auch genannt wird. 7 Uhr ist dann 1 Uhr und so weiter. 12 Uhr Swahili-Zeit bedeutet dann 18 Uhr moderner Zeitrechnung. Dann beginnt die Nacht und die Stunden werden von vorn gezählt. 19 Uhr moderner Zeitrechnung sind 1 Uhr nachts in Swahili-Zeit.

In den Städten wird die alte traditionelle Zeitrechnung immer mehr verdrängt. Wenn Sie sich aber auf dem Land verabreden, sollten Sie sich immer vergewissern, welche Zeit gemeint ist.

Zoll

Zur Einfuhr nach Ruanda sind alle Gegenstände erlaubt, die man im Allgemeinen für eine Reise benötigt. Dazu sind pro Person noch erlaubt: 200 Zigaretten (oder 250 g Tabak), ein Liter alkoholische Getränke und 250 ml Parfüm (oder 500 ml Eau de Toilette). Zudem sind eine Kamera, eine Videokamera und ein Laptop (Notebook) zu persönlichen Zwecken gestattet. Diese Geräte müssen nicht beim Zoll deklariert werden. Für Journalisten und Filmemacher gelten gesonderte Regelungen.

Aktuelle Angaben unter **www.zoll.de**.

Allgemeine Reisetipps von A–Z

Die Gepäckkontrollen an den Landesgrenzen sind in der Regel recht streng. Die Einfuhr von Waffen oder Waffenteilen, pornografischem Material und Drogen ist streng verboten. Nicht erlaubt ist ferner die Einfuhr von Plastikverpackungen und -tüten. Geld- und Haftstrafen drohen bei Zuwiderhandlungen.

Zugverbindungen

Es gibt keinen Bahnverkehr in Ruanda, da die deutschen Pläne einer Bahnverbindung im Ersten Weltkrieg zum Stillstand kamen. Die Belgier als Verwalter Ruandas nach dem Ersten Weltkrieg hatten kein Interesse an dem Bau einer Eisenbahnstrecke. Nun ist das Thema aber wieder aktuell. Eine neue Bahnverbindung von Kigali nach Tansania an den Victoriasee ist in Planung, liegt aber zzt. auf Eis. Ein anderes Eisenbahnprojekt könnte noch eher verwirklicht werden. Die Standard Gauge Railway (SGR) soll Kigali über Uganda mit dem kenianischen Hafen Mombasa verbinden. Das Projekt wird federführend von den Chinesen realisiert, die die 2.935 km lange Strecke bis 2018 fertigstellen wollen.

Entfernungstabelle in km

	Kigali	Huyé	Gicumbi	Muhanga	Ngoma	Karongi	Rubavu	Nyamagabe	Musanze	Rusizi
Kigali	-	135	65	52	112	144	187	164	95	293
Huyé	135	-	210	82	247	129	237	29	190	158
Gicumbi	65	210	-	128	187	219	173	240	104	349
Muhanga	52	82	128	-	165	91	177	112	108	221
Ngoma	112	247	187	165	-	256	299	277	230	386
Karongi	144	129	219	91	256	-	108	258	199	130
Rubavu	187	237	173	177	299	108	-	366	69	238
Nyamagabe	164	29	240	112	277	258	366	-	220	128
Musanze	95	190	104	108	230	199	69	220	-	307
Rusizi	293	158	349	221	386	130	248	128	307	-

Das kostet Sie das Reisen in Ruanda

Stand Juli 2016

Auf den „Grünen Seiten" finden Sie Preisbeispiele für Ihren Ruanda-Urlaub, damit Sie sich eine ungefähre Vorstellung über die Kosten Ihrer Reise bzw. eines Aufenthaltes machen können. Wegen saisonaler Unterschiede oder wechselnder Preise bei einigen Leistungen geben wir in dem Fall nur eine ungefähre Preis-Spannweite an. Bitte fassen Sie alle aufgeführten Preise aufgrund von möglichen Preisschwankungen nur als Richtschnur auf.

Wechselkurs (Stand Juli 2016)
1 € = 813 Ruanda Francs (RWF), 1.000 RWF = 1,21 €
1 US$ = 741 RWF, 1.000 RWF = 1,33 US$

Aktueller Wechselkurs unter www.oanda.com

Beförderungskosten

▶ Flüge
Da es keine Nonstop-Flüge ab Deutschland gibt, stehen nur Angebote mit Umsteigeverbindungen zur Verfügung. Zurzeit bieten folgende Fluglinien Umsteigeverbindungen nach Ruanda an: Brussels Airlines, Ethiopian Airlines und Qatar Airways. Alle diese Airlines fliegen ab Frankfurt, einige wie Brussels Airlines auch ab anderen deutschen Flughäfen. Die Preise variieren für Flüge nach Kigali zwischen 700 und 1.000 € (jeweils Economy Class).

Inlandsflüge
Im flächenmäßig recht kleinen Ruanda gibt es nur einen regulären Inlandsflug von Kigali (KGL) nach Kamembe (KME). Der täglich angebotene Flug kostet One-way 100 US$. Die wenigen im Land existierenden Landepisten können jedoch mit kleinen Chartermaschinen angeflogen werden. Die Preise für Flüge mit Chartermaschinen liegen jedoch wesentlich höher.

Charterflüge
In Ostafrika sind Charterflüge beliebt und ermöglichen es, auch entlegene Winkel der Länder bequem zu erreichen. Charterflüge müssen zeitig im Voraus geplant und bestellt werden. Die Preise variieren sehr zwischen den einzelnen Anbietern. Die Kosten richten sich nach Fluggerät, Strecke und der Anzahl der mitfliegenden Passagiere. Daher können hier leider keine Preisbeispiele genannt werden. Informationen bekommen Sie direkt von den Charterflugunternehmen.

▶ Flughafen-Transfer
Ein **Taxi** (Taxi-Voiture) vom Flughafen Kigali in die Innenstadt kostet etwa 20 €. Große Hotels haben ihren eigenen Flughafenshuttle bzw. bieten Flughafentransfers auf Anfrage an, diese kosten aber meist nicht weniger.

Das kostet Sie das Reisen in Ruanda

Öffentliche **Minibusse** sind nicht direkt am Flughafen zugelassen. Um preisgünstig in die Stadt zu kommen, müssten Sie zuerst ein gutes Stück bis außerhalb des Flughafengeländes laufen oder Sie suchen sich ein Taxi, das Sie zu einem Minibusstand bringt (was jedoch für die kurze Strecke einen bereitwilligen Taxifahrer voraussetzt). Von einem Minibusstand (Taxi-Minibus) außerhalb des Flughafens bis in die Innenstadt kostet es etwa 0,80 €.

Mietwagen
In Ruanda gibt es eine internationale Mietwagenfirma (Europcar) und zahlreiche lokale Anbieter, die ein breites Angebot von Fahrzeugen bereitstellen. Ein normaler Pkw kostet in Ruanda durchschnittlich ab 60 € pro Tag (inkl. Versicherung und 100 Freikilometern).

Für Rundfahrten im Land ist allerdings meist ein **Allradfahrzeug** erforderlich. Allradfahrzeuge kosten in Ruanda ab 120 € pro Tag (inkl. Versicherung und 100 Freikilometern). Bei den lokalen Vermietern ist in diesem Preis der Fahrer schon mit eingeschlossen. Auf Ostafrika spezialisierte Veranstalter und Reisebüros werden Ihnen sicherlich bei der Planung weiterhelfen.

Busse
Fahrten mit Überlandbussen sind für europäische Verhältnisse recht günstig. Bedenken Sie dabei, dass die Qualität der eingesetzten Busse nicht dem europäischen Standard entspricht. Rechnen Sie für Fahrten innerhalb Ruandas mit etwa 1 € pro 50 km. Fahrten mit **Minibussen** innerhalb großer Städte und in die nähere Umgebung kosten etwa 0,20–0,80 €.

Taxi
Der Taxipreis ist immer Verhandlungssache. Fahrstrecken innerhalb einer Ortschaft kosten ab 2 €.

Benzin
Je nach Ort und Tankstelle kostet ein Liter Benzin etwas über 1 €. Diesel ist nur unwesentlich billiger.

Aufenthaltskosten

Pauschalangebote / Rundreisen

Rundreisen in Ruanda und die angrenzenden Länder kosten bei deutschen Veranstaltern je nach Reiseroute und Dauer ab 2.500 €. Bitte bedenken Sie, dass die Auswahl bestimmter Hotels und ein Gorilla-Trekking die Reise wesentlich verteuern können. Rundreisen mit den jeweils besten Hotels inklusive Besuch der Gorillas kosten meist mindestens 3.500 € und aufwärts. Dabei liegen in touristisch nicht so stark frequentierten Regionen die Preise generell weit höher als in den touristischen Hochburgen.

Das kostet Sie das Reisen in Ruanda

🛏 Übernachtungskategorien

Preise für ein Doppelzimmer pro Tag:
- **$$$$$**   über 120 €
- **$$$$**   80 bis 120 €
- **$$$**   45 bis 80 €
- **$$**   20 bis 45 €
- **$**   10 bis 20 €

Bei einem Hotel ohne Zeichen bedeutet dies einen Preis unter 10 €.

▶ Hotels / Lodges

Falls Sie nicht in den untersten Kategorien übernachten möchten, müssen Sie für eine Übernachtung im Doppelzimmer (Kigali und Nationalparks) mindestens 40 € pro Person kalkulieren. Außerhalb der Hauptstadt und der Naturschutzgebiete gibt es Mittelklasse-Unterkünfte schon ab 25 € pro Person.

Genaue Preisangaben über die Hotels finden Sie bei den Reisepraktischen Informationen des jeweiligen Ortes.

▶ Restaurants

In der Hauptstadt Kigali gibt es große Preisunterschiede. Generell sind Restaurantbesuche dort im Vergleich zum Rest des Landes um einiges teurer. Außerhalb der Hauptstadt sind Essen und Getränke für europäische Verhältnisse dagegen relativ günstig. In (touristischen) Mittelklasse-Restaurants kostet ein Essen 3–5 € (in Kigali 9–12 €). In einfachen Restaurants bekommt man ein Gericht für 2–4 € (in Kigali 3–8 €).

Bei den **Getränken** sieht es ähnlich aus. In (touristischen) Mittelklasse-Restaurants kostet eine Cola/ein Bier 0,50/0,90 € (in Kigali 0,60/1,10 €). In einfachen Restaurants zahlt man für eine Cola/ein Bier 0,35/0,50 € (in Kigali 0,50/0,90 €).

▶ Nationalparks

In den meisten Nationalparks kostet der Eintritt durchschnittlich um 30 € pro Tag und Person. Hinzu kommen je nach Park noch weitere Gebühren für Pirschfahrten, Wanderungen, Bergbesteigungen und Besuche von Gorillas oder Schimpansen (siehe Preisliste der Nationalparks S. 109).

▶ Lebensmittelpreise

Die Preise für heimische Lebensmittel, vor allem Obst und Gemüse, liegen weit unter den europäischen Preisen. Fleisch hingegen kostet fast dasselbe wie in Europa, alle importierten Lebensmittel sind weit teurer als in Europa üblich. Wenn Sie als Selbstversorger mit heimischen Waren auskommen, wird es recht preiswert. Je mehr importierte Lebensmittel Sie verwenden, desto höher sind Ihre Ausgaben.

▶ Telefonate

Nationale bzw. Ortsgespräche in Ruanda kosten bei den Telefonständen auf der Straße etwa 0,15 € die Minute. Telefonate in die Nachbarstaaten etwa 0,35 €, ins europäische Ausland zwischen 0,50 und 1 € die Minute. In den Hotels sind die Gesprächspreise je nach Hotelkategorie wesentlich höher. Rechnen Sie mindestens mit dem doppelten Preis. Für Vieltelefonierer mit Handy lohnt es sich, vor Ort eine lokale SIM-Karte zu kaufen.

Reisen in Ruanda: Routenvorschläge

Übersicht

Das Reiseland Ruanda ist flächenmäßig relativ klein und überschaubar, von daher bieten sich naturgemäß nicht allzu viele verschiedene Routen an. Dennoch finden Sie hier für Ihre Planungsvorhaben einige Vorschläge. Die in den Routenvorschlägen erwähnten Strecken und Orte werden ausführlich im Reiseteil ab S. 129 beschrieben.

Routen

Natur-Route

Diese Route führt Sie zu den drei Nationalparks des Landes:
Kigali – Akagera-Nationalpark – Nyungwe-Forest-Nationalpark – Volcanoes-Nationalpark – Kigali (ca. 575 km).

Ruanda ausführlich

Bei dieser Route lernen Sie Ruanda umfassend kennen:
Kigali – Akagera-Nationalpark – Nyanza/Huyé – Nyungwe-Forest-Nationalpark – Karongi – Rubavu – Volcanoes-Nationalpark – Lake Ruhondo/Burera – Kigali (ca. 650 km).

Anschluss an Uganda

Kisoro/Cyanika – Volcanoes-Nationalpark – Rubavu – Kigali (ca. 290 km).

Kombination Ruanda – Burundi

Kigali – Huyé – Kibira-Nationalpark (Burundi) – Bujumbura (Burundi) – Rusizi-Nationalpark (Burundi) – Nyungwe-Forest-Nationalpark – Karongi – Kigali (ca. 550 km).

Menschenaffen-Tour

Kigali – Volcanoes-Nationalpark – Karongi – Rusizi – Kahuzi-Biéga-Nationalpark (Kongo) – Nyungwe-Forest-Nationalpark – Huyé – Kigali (ca. 800 km).

Streckenabschnitte

In der folgenden Liste finden Sie einzelne Strecken der zuvor vorgestellten Routen mit Zeit- und Straßenzustandsangaben. Ein halber Fahrtag bedeutet 3 bis 4 ½ Std. Fahrzeit, ein ganzer Fahrtag 6 bis 8 Stunden Fahrzeit und ein Strich bedeutet eine Fahrzeit unter 3 Stunden.

Reisen in Ruanda: Streckenabschnitte

Streckenabschnitt	Kilometer	Fahrtage	Streckenzustand	Besonderheiten
Kigali – Akagera NP	85	½	asphaltiert / Piste	Großtiere
Akagera NP – Nyungwe NP	200	1	asphaltiert	Primaten, Vögel
Nyungwe NP – Volcanoes NP	190	1	asphaltiert	Vulkane, Berggorillas
Volcanoes NP – Kigali	100	½	asphaltiert	Vulkane
Akagera NP – Huyé	150	½–1	größtenteils asphaltiert	Ethnologisches Museum
Huyé – Nyungwe NP	70	½	asphaltiert	Primärwald
Nyungwe NP – Karongi	70	½	asphaltiert / Piste	Kivu-See
Karongi – Rubavu	110	½	Piste	Kivu-See
Rubavu – Volcanoes NP	70	–	asphaltiert	Berggorillas
Volcanoes – Lake Ruhondo	20	–	asphaltiert / Piste	Seelandschaft
Lake Ruhondo – Kigali	70	½	asphaltiert	Seenlandschaft
Cyanika – Volcanoes NP	30	–	asphaltiert	Vulkanlandschaft
Rubavu – Kigali	187	½	asphaltiert	Genozid-Mahnmal
Kigali – Huyé	135	1	asphaltiert	Ethnologisches Museum
Huyé – Kibira NP (BI)	70	½	teils schlechter Asphalt	Grenzübertritt, Primaten, Vögel
Kibira NP – Bujumbura (BI)	60	½	teils schlechter Asphalt	Tanganjika-See
Bujumbura – Rusizi NP (BI)	10	–	asphaltiert/Piste	Flusspferde
Rusizi NP – Nyunggwe NP	120	1	Piste/asphaltiert	Schimpansen
Rusizi – Kahuzi Biéga NP (CD)	120	1	Piste	Grenzübertritt, Flachlandgorillas
Kahuzi Biéga NP – Nyungwe NP	150	1	Piste/asphaltiert	Grenzübertritt

3. Kigali und Umgebung

Überblick

Die Hauptstadt Ruandas liegt eingebettet zwischen den Hügeln des ruandischen Hochlands, dessen Erhebungen in östlicher Richtung zunehmend flacher werden. Wie einst Rom, wurde Kigali auf mehreren Hügeln errichtet. Diese haben eine durchschnittliche Höhe von 1.600 m, während die Senken dazwischen etwa 300 m tiefer liegen. Höchste Erhebung der Stadt ist der 1.852 m hohe Mt. Kigali. Durch seine zentrale Lage in der Mitte des Landes ist Kigali der ideale Ausgangsort für Reisen durch Ruanda. Alle Landesteile sind von dort in weniger als einer Tagesfahrt zu erreichen, kein Ort liegt mehr als 300 km von Kigali entfernt.

Kigali wurde einst als Kolonialstadt von den Deutschen gegründet. Heute ist nur noch wenig aus dieser Anfangszeit zu sehen. Das liegt vor allem daran, dass Ruanda als Teil von Deutsch-Ostafrika nur als Außenposten der Kolonialverwaltung diente und bis zum Ende der deutschen Kolonialzeit keine großen Bau- und Entwicklungsmaßnahmen verwirklich wurden. Unter der belgischen Herrschaft verlor Kigali selbst den Verwaltungsstatus an das heutige Bujumbura (Burundi) und später an die ruandische Stadt Butare (heute Huyé). An die Kolonialzeit der Deutschen erinnern nur noch das Fort (heute ein Gefängnis) und das ehemalige Wohnhaus von Richard Kandt, das heute das Naturhistorische Museum beherbergt.

Kigali ist eine aufstrebende Großstadt, die sich in einem rasanten Wandel befindet. Die Regierung möchte aus ihrer Hauptstadt eine der modernsten Wirtschaftsmetropolen des afrikanischen Kontinents machen und hat vor einigen Jahren damit begonnen, die Stadt umfassend umzubauen und neu zu gestalten. Im Zentrum sind in den letzten Jahren zahlreiche neue, moderne Bürogebäude entstanden. Die städtische Infrastruktur wurde kontinuierlich verbessert und einige Großprojekte wie das neue Convention Center

Redaktionstipps

▶ Übernachten im berühmten **Hotel des Mille Collines Kempinski**, besser bekannt als „Hotel Ruanda" (S. 146).

▶ Ein Abendessen auf der Terrasse des **New Cactus** mit Blick auf Kigali ist ein Genuss (S. 148).

▶ Wo kann man schon mal einen ehemaligen **Präsidentenpalast** besuchen? Tauchen sie ein ins Ambiente der 1970er-Jahre und lauschen Sie den Geschichten über den umstrittenen Präsidenten (S. 138).

▶ Bei Heimweh oder für eine Mahlzeit zwischendurch: leckere Sandwiches oder deutsche Gerichte im **Restaurant La Galette** mit angeschlossener Bäckerei und Metzgerei (S. 149).

▶ Um die Ereignisse des Völkermords besser erfassen zu können, lohnt sich eine Besichtigung der **Genozid-Gedenkstätte** in Gisozi (S. 141).

Kigali und Umgebung – Überblick

konnten realisiert werden. Ob der Traum, aus Kigali eine Art Singapur Afrikas zu machen, Wirklichkeit wird, bleibt abzuwarten. Aber die Veränderungen der letzten Jahre sind bereits bemerkenswert.

Lage und Klima

Die Hauptstadt Ruandas liegt im Zentrum des Landes auf einer durchschnittlichen Höhe von 1.600 m. Kigali hat ein recht angenehmes Klima, das dem tropischen Savannenklima zugeordnet wird. Im Durchschnitt liegen die Tagestemperaturen in Kigali zwischen 14 und 28 °C (Tiefst-/Höchstwerte). Die wärmsten Monate sind August und September, wobei sich die durchschnittlichen Tagestemperaturen im Jahresverlauf nur um wenige Grad ändern. Die Luftfeuchtigkeit beträgt durchschnittlich etwa 60–70 %. Nur in den regenreicheren Monaten Oktober bis Mai kann sie auf bis zu 80 % ansteigen. In Kigali fallen jährlich etwa 950 mm Niederschlag, das ist vergleichbar mit den Werten des Saarlandes. Insgesamt verzeichnet die Stadt durchschnittlich 133 Regentage pro Jahr (s. Klimatabelle Kigali S. 41).

Mildes Klima

Stadtgeschichte

Ruandas heutige Hauptstadt Kigali wurde im Jahr 1907 während der deutschen Kolonialzeit gegründet. Den Ort hatte einst **Richard Kandt** (s. S. 135) bestimmt, indem er auf seiner Ruandakarte zwei Diagonalen zeichnete und sich beim Schnittpunkt einen geeigneten Ort suchte. Kandt entschied sich für Nyarugenge (1.550 m), einen Hügel, zu dem mehrere Pfade hinaufführten. Dieser Hügel lag unweit des Berges Kigali (1.852 m), auf dem sich ein für die Einheimischen heiliger Hain befand. Der Ursprung des heiligen Ortes ist auf eine Königsresidenz zurückzuführen.

Im 16. Jh. eroberte König Kigeri Mukobanya die Gebiete Buliza und Bumbogo und erhielt durch den König der Bugesera den **Berg Kigali** als Sitz seiner Residenz. Sein Nachfolger Mibambwe I. Mutabazi annektierte Bugesera und gliederte es in das ruandische Reich ein. Durch die allgemeine Bekanntheit des Berges in der Region nannten die Einheimischen die neue Station der Deutschen in Ruanda einfach nur *Kigali*. Daher änderte Kandt am 19. Oktober 1908 offiziell den Namen der deutschen Residentur in Ruanda von Nyarugenge in Kigali um.

Kigali diente damals nur als Sitz des von der Kolonialverwaltung für Deutsch-Ostafrika in Daressalam entsandten Statthalters für die beiden Königreiche Ruanda und Urundi (das heutige Burundi). Am 26. Oktober 1908 bekam Kigali, und damit Ruanda, sein erstes Postamt. Im selben Jahr begannen die Bauarbeiten für den deutschen Verwaltungssitz. Die Bauzeit für das **Boma** (Kisuaheli-Wort für Festung) dauerte mehrere Jahre. Es bestand aus einem Wohnhaus für den Residenten, mehreren Häusern mit Wohnungen, Lagerräumen und einer Polizeistube, einem Hospital mit abgetrennten Abteilungen für Europäer und Afrikaner, einem Gefängnis und Pferdeställen. Im Jahr 1912 wurde die Mauer um den Komplex mit einem großen Eingangstor fertiggestellt. In diesem Jahr betrug die Einwohnerzahl Kigalis keine 2.000, darunter waren 420 Nichtafrikaner.

Sitz des Statthalters für Deutsch-Ostafrika

Stadtgeschichte

Der deutsche Verwaltungssitz, Boma genannt, in der Kolonialzeit

Im Zuge des Ersten Weltkriegs eroberten die Belgier Kigali am 6. Mai 1916. Sie übernahmen die Stadt Kigali zunächst als Verwaltungssitz, doch in den folgenden Jahren wurde Ruanda mehr und mehr von Usumbura (heute Bujumbura) aus verwaltet, dem belgischen Verwaltungssitz im Königreich Urundi. Nach der Erteilung des Mandats durch den Völkerbund errichteten die Belgier ab 1919 neue Verwaltungsstrukturen für das Königreich Ruanda in der Stadt Astrida (Butare bzw. heute Huyé), da diese näher an der Grenze zu Urundi lag.

Nach der **Unabhängigkeit** im Jahr 1962 – Kigali hatte zu der Zeit gerade einmal 5.000 Einwohner – begann ein monatelanges Tauziehen um die Hauptstadt des unabhängigen Ruanda. Diese Auseinandersetzung entschied Kigali 1965 für sich und wurde am 26. Juni 1965 offiziell zur Hauptstadt Ruandas erklärt. Die Folge war ein rasantes Anwachsen der Einwohnerzahl. Allein in den ersten fünf Jahren stieg die Zahl um das Zehnfache. Auf dem **Kacyiru-Hügel** entstand das politische und administrative Zentrum mit dem Bau des Parlaments und diverser Ministerien. Heute, mehr als fünf Jahrzehnte nach der Ernennung als Hauptstadt des Landes, hat Kigali 1,2 Mio. Einwohner mit immer noch steigender Tendenz.

Seit 1965 Hauptstadt Ruandas

Seit einigen Jahren wird Kigali einem radikalen Wandel unterzogen. Die Regierung und die Stadtverwaltung wollen die ruandische Hauptstadt zu einem modernen Wirtschaftszentrum machen. Im Jahr 2009 wurde der Masterplan 2040 vorgestellt, in dem sehr ehrgeizige Ziele formuliert sind. Kigali soll sich bis 2040 zu nicht weniger als dem „Singapur des afrikanischen Kontinents" entwickeln. Die ersten Projekte des ambitionierten Masterplans konnten bereits auf den Weg gebracht werden. Es wird interessant sein, die Entwicklung der Stadt in den folgenden Jahren zu beobachten.

Buchtipp
Helmut Strizek, **Geschenkte Kolonien**, *Ruanda und Burundi unter deutscher Herrschaft. War der Völkermord in Zentralafrika eine Nachwirkung der kolonialen Herrschaft?*, Christoph Links Verlag (2006), Berlin bzw. Büchergilde Gutenberg (2007).

Kigali und Umgebung – Sehenswertes

Sehenswertes

Stadtrundgang

Hinweis
s. Karte hintere Umschlagklappe

Kigali ist eine weitläufige Stadt, der man ihre Einwohnerzahl von 1,2 Mio. nicht unbedingt auf den ersten Blick ansieht, da sie in vielen Stadtteilen ihren Kleinstadt-Charakter beibehalten hat. Dies wird sich sicherlich in den nächsten Jahren etwas ändern. Das Zentrum um die **Place de la Constitution** (Platz der Verfassung) und entlang der beiden Straßen KN 4 Av. (Avenue de la Paix) und der KN 3 Av. (Boulevard de la Révolution) ist relativ klein. Hier sind hauptsächlich Banken, Geschäfte und Büros ansässig.

Am südlichen Ende der KN 3 Av. ist leicht links das **Belgium Memorial (1)** zu sehen. Dort wurden im April 1994 zehn belgische Blauhelmsoldaten, die zum Schutz der damaligen Premierministerin abgestellt waren, erschossen. Dieses Attentat hatte den zeitweiligen Rückzug der UN-Truppe während des Völkermords zur Folge. Dahinter schließt sich das Gelände des **Kigali Institute of Science Technology & Management** an, zu dem auch ein Arboretum gehört.

Unterhalb (östlich) des Zentrums erstreckt sich ein relativ grüner Bereich mit vielen Villen in großen Gärten. Hier liegt das Diplomatenviertel, in dem heute auch viele wohlhabende Ruander wohnen. In diesem Viertel, das im Osten von der KN 3 Rd. (Boulevard de l'OAU) begrenzt wird, befindet sich auch die **Deutsche Botschaft**.

Zukunftsvision: Kigali soll im Jahr 2040 das Singapur Afrikas werden

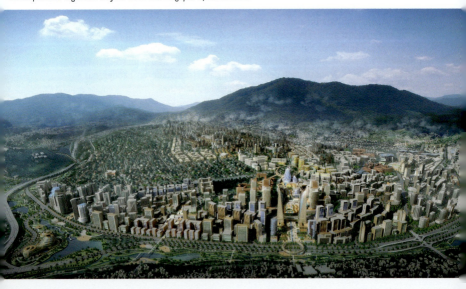

Straßennamen

Die Stadtverwaltung von Kigali begann im Jahr 2012 mit der **Umbenennung sämtlicher Straßen** der Hauptstadt. Dies ist etwas verwirrend, da jetzt eine Zahlen-/Buchstabenkombination anstelle eines Straßennamens tritt. Einheimische wie Touristen werden sich daran erst einmal gewöhnen müssen. Die Ruander nutzen bei der Wegbeschreibung jedoch sowieso eher markante Orte oder Gebäude und weniger Straßennamen.

Als Orientierungshilfe für das neue Namenssystem dient folgende Regel: Der neue Straßenname beginnt mit zwei Buchstaben, diese bezeichnen den **Distrikt**: **KK** (Kigali-Kicukiro) im Osten, **KN** (Kigali-Nyarugenge) im Westen und **KG** (Kigali-Gasabo) im Norden. Auf die zwei Buchstaben folgt eine **Zahl** aus ein bis drei Ziffern, die Nummer der Straße. Zum Abschluss des Straßennamens folgen nach den Ziffern wieder zwei Buchstaben: **Av.** (Avenue), **Rd.** (Road) oder **St.** (Street). Die letzte Bezeichnung bezieht sich auf die Größe und Wichtigkeit der jeweiligen Straße: Große Hauptverkehrsachsen (Av.), Hauptstraßen (Rd.) und kleine (Seiten-) Straßen (St.).

Eine gesamte Stadterkundung zu Fuß ist aufgrund der Entfernungen etwas schwierig, da sich die Stadt über mehrere Hügel verteilt. Aber zumindest das kleine Zentrum und die daran angrenzenden Stadtteile lassen sich gut „erlaufen".

Ein interessanter Abstecher für weitere Einkaufsmöglichkeiten ist der **Nyarugenge-Markt (2)**, der westlich vom Zentrum über die KN 74 St. (Rue de l'Epargne) zu erreichen ist, die von der KN 4 Av. (Avenue de la Paix) abzweigt. Das Marktviertel ist, wie so oft in Afrika, sehr geschäftig. Es macht Spaß, sich durch die wuselnden Menschen treiben und das Warenangebot auf sich wirken zu lassen oder einfach nur zu schauen und die Szenerie zu beobachten.

Marktviertel

Eine gute Gelegenheit, sich auf dem Stadtrundgang in Kigali zu stärken, vor allem für Reisende, die Lust auf deutsches Essen verspüren, ist ein Abstecher zum **Supermarkt** und **Restaurant La Galette** (s. S. 149). Es liegt unterhalb des Markts an der KN 76 St., Ecke KN 74 bzw KN 57. Im Supermarkt reicht das Warenangebot von deutschen Tütensuppen bis hin zur deutschen Marmelade. Die angeschlossene **Bäckerei** hat nahezu die gleiche Auswahl wie eine deutsche Bäckerei (Brötchen, Brot und Teilchen) und in der **Metzgerei** kann man Wurst nach deutschem Standard kaufen. Das angeschlossene Restaurant bietet außer internationalen Gerichten auch bayrischen Fleischkäse oder auch „Strammen Max".

In der Nähe des alten Markts ist eine kleine **Minibusstation (3)** (KN 82 St.). Von dort werden verschiedene Stadtteile Kigalis sowie einige Überlandziele angefahren. An der Straße befinden sich zahlreiche Geschäfte und Geldwechselstuben. Folgt man der Straße weiter, stößt man auf die KN 2 St. und weiter auf die große Place de l'Unité Nationale.

Das markante Stadtgefängis Gikondo

Von hier zweigt die KN 2 Av. (Avenue de la Justice) ab, die in einem Bogen um einen Hügel herumführt. An dieser Hauptstraße liegt das Gefängnis **Kigali City Prison Gikondo (4)**. Das markante Backsteingebäude wurde von den Belgiern in den 1930er-Jahren auf dem ehemaligen deutschen Militärgelände errichtet. Es ist für mehrere Tausend Strafgefangene ausgelegt, stieß jedoch nach dem Völkermord an seine Grenzen, als über 50.000 Gefangene untergebracht werden mussten, die auf ihren Prozess warteten. Nach Einrichtung der Gacaca-Gerichte (s. S. 34) und der Dezentralisierung des Gerichtswesens in Bezug auf den Völkermord entspannte sich die Lage in dem Gefängnis etwas, in dem es zuvor immer wieder Probleme mit der Versorgung der Gefängnisinsassen gab.

Naturhistorisches Museum

Deutsch-ruandisches Gemeinschaftsprojekt

Kurz nach dem Gefängnis zweigt rechts (westlich) von der KN 2 Av. eine kleine Straße (KN 90 St.) ab, die zum **Natural History Museum (5)** führt. Bei einem Gemeinschaftsprojekt der Regierungen Ruandas und Deutschlands sowie des Bundeslandes Rheinland-Pfalz wurde Anfang 2000 das sogenannte **Kandt-Haus** renoviert, um dort ein Museum einzurichten. Bei dem Haus handelt es sich um die Kolonialresidenz des ersten kaiserlichen Generalresidenten im Königreich Ruanda, **Richard Kandt** (1867–1918). Im April 2004 wurde das Gebäude offiziell als Stadtmuseum eröffnet und zeigte zunächst nur eine Ausstellung zur Geschichte der Stadt Kigali – von ihren kolonialen Anfängen bis zur Entwicklung zu einer modernen afrikanischen Hauptstadt.

Nach der Neuordnung der ruandischen Museen ist seit 2007 in den Räumlichkeiten des Kandt-Hauses das Naturhistorische Museum untergebracht. In mehreren Räumen sind seitdem Mineralien aus Ruanda, Steinwerkzeuge und Tierknochen aus Ausgrabungen zu sehen. Veranschaulicht wird auch der Vulkanismus in der Region.

Im zentralen Bereich ist ein großes Relief von Ruanda ausgestellt. Es folgt ein großer Raum mit präparierten Tieren aus Virunga, Nyungwe und Akagera, darunter ein „Man-eater"-Krokodil von 4 m Länge. Eine kleine Abteilung ist den prähistorischen Tierarten gewidmet. In einem lang gestreckten Raum ist die koloniale Geschichte in historischen Bildern und Texten dargestellt. Dem ehemaligen Bewohner des Hauses, dem deutschen Generalresidenten Richard Kandt, der 1905 den Kaffee mit nach Ruanda brachte, ist

Naturhistorisches Museum im Kandt-Haus

ebenfalls ein Bereich im Museum gewidmet. Im hinteren Garten des Museums befindet sich ein Haus mit **Terrarien**, in denen vor allem lebende heimische Giftschlangen zu bestaunen sind.

Natural History Museum, www.museum.gov.rw, tgl. 8–18 Uhr, letzter Sa im Monat 11–18 Uhr, 7. April geschl., Eintritt 6.000 RWF/12 US$.

Der Arzt und Afrikaforscher Richard Kandt

Richard Kandt wurde am 17. Dezember 1867 in Posen (Preußen) unter dem Namen Richard Jacob Kantorowicz geboren. Sein Vater Siegfried Kantorowicz war ein wohlhabender jüdischer Kaufmann, der im Oktober 1868 verstarb. Seine Mutter Janny lebte anschließend vom Erbe ihres Mannes. Richard Kandt ging nach dem Abitur nach Leipzig, um an der dortigen Universität Kunstgeschichte und neue Sprachen zu studieren. Im Sommersemester 1888 wechselte er nach München und studierte dort ab Herbst 1888 Medizin.

Im Deutschen Kaiserreich bestand Wehrpflicht und so diente auch Kandt in seiner Zeit als junger Medizinstudent. Eine Zeit, die ihn für sein späteres Leben sehr prägen sollte. Richard Kandt war mit seinem Leben als Arzt jedoch nicht zufrieden. Er hörte und las von berühmten Afrikaforschern wie Heinrich Barth (1821–1865), David Livingstone (1813–1873), Georg Schweinfurth (1836–1925), John Speke (1827–1864) und anderen. Besonders interessierte ihn das Werk des deutschen Ostafrika-Forschers **Graf Gustav Adolf von Götzen** (1866–1910). In seinem Buch „Durch Afrika von Ost nach West" (1895) schildert dieser die Entdeckung des Kivu-Sees und die Suche nach der Nilquelle sowie eine Begegnung mit dem damaligen ruandischen König, die ihn sehr beeindruckt hatte.

Richard Kandt war fasziniert und entwickelte ein zunehmendes Interesse an der **Afrikaforschung**. Er quittierte seine Arbeit in der damals sogenannten „Irrenanstalt" und ging nach Berlin. Dort begann Kandt Anthropologie und Völkerkunde zu studieren und belegte auch einen Sprachkurs in Kisuaheli. Durch seine Professoren erfuhr er von dem Umfang der Forschungsarbeit, die es noch in den deutschen Afrika-Kolonien zu leisten gab und dass Ruanda noch weitestgehend unerforscht war. Da die ersten Versuche, nach Ruanda zu kommen, fehlschlugen, begann er damit, seine eigene Expedition vorzubereiten. Er erhielt die Erlaubnis des Auswärtigen Amtes und fand die Unterstützung zahlreicher prominenter Kolonialpolitiker.

Richard Kandt im Jahr 1897

Im Mai 1897 erreichte er die Insel Sansibar. Er hielt sich zunächst in Daressalam auf und traf dort auf den berühmten Mediziner Robert Koch. Ende Juli 1897 war die Expedition soweit vorbereitet. 140 Träger wurden angeheuert, drei Führer, drei eigens für ihn abgestellte und 15 bewaffnete Soldaten. Am 25. März brach die Expedition endlich nach Ruanda auf. Als erstes erreichte sie am 11. Mai 1898 den Akagera-Fluss, den der Forscher Sir Henry Morton Stanley zuvor „Alexandra-Nil" getauft hatte, da er in ihm den Quellfluss des Victoriasees sah. Am 14. Juni residierten Kandt und sein Gefolge in Mukingo (Provinz Gitarama) vor den Toren der Königsresidenz.

Buchtipp

Richard Kandt: **Caput Nili – Eine empfindsame Reise zu den Quellen des Nils**, elv Berlin 2015. Richard Kandts Reisebeschreibung „Caput Nili" besteht aus 40 Briefen und Artikeln, die er vorwiegend bereits während seiner Jahre in Ruanda (1897–1902) schrieb und 1921 als Buch veröffentlichte. Er berichtet über einzelne Erlebnisse, schildert Betrachtungen der afrikanischen Bevölkerung, beschreibt Sitten und Gebräuche, Denkweisen und Gefühlswelten. Kandt beleuchtet dabei, wie Verschiedenheiten zwischen den Völkern je nach Blickwinkel gesehen, empfunden und gewertet werden können. Kandts Werk, dessen Text über die Hälfte speziell Ruanda betrifft, überragt in seiner empfindsamen und literarischen Schreibweise andere Reiseberichte seiner Epoche. Neben Landschaftsbeschreibungen macht er sich seine Gedanken zur Kolonialverwaltung und zum Kolonialismus und bewertet kritisch Gewalt und militärische Stärke. Darüber hinaus beschäftigt sich Kandt mit dem System der christlichen Missionierung, mit politischen Tagesfragen, kriegerischen Auseinandersetzungen und beschreibt Leben und Sterben der ruandischen Bevölkerung.

Außerhalb des Zentrums

Alle weiteren interessanten Orte und Stadtteile Kigalis liegen nicht unbedingt in Laufweite und sind bequemer per Minibus oder Taxi zu erreichen. So führt die zuvor beschriebene KN 2 Av. weiter nach Süden, wo sich etwas abseits des Zentrums der Stadtteil **Nyamirambo** erstreckt. Dort liegen ausgedehnte Wohnviertel und das kleinere der beiden städtischen Stadien.

Für die Mehrzahl der Reisenden ist Kigali nur eine Zwischenstation auf dem weiteren Weg zur Erkundung des Landes. Im Nordosten Kigalis liegt im Stadtteil **Nyabugogo** der große Busbahnhof, genannt **Taxi-Park (6)**. Er ist vom Zentrum aus über die von der Place de l'Unité abgehende KN 1 Rd. (Boulevard de Nyabugogo) zu erreichen. Von dort gelangt man mit Bussen in alle Landesteile Ruandas sowie ins umliegende Ausland (Burundi, Kongo, Uganda). Tickets für Fahrten in andere Städte oder ins Ausland sollten am besten im Voraus gekauft werden, für Inlandstrecken einige Stunden im Voraus, für die Strecken ins Ausland mindestens einen Tag vorher. Die Fahrkarten sind direkt bei den Schaltern am Taxi-Park oder an den Busstationen erhältlich. Abfahrtsorte und Ziele sind unter den „Reisepraktischen Informationen" aufgeführt (s. S. 153). *Drehkreuz für Reisen ins In- und Ausland*

Kulturzentren

Mehrere Kulturzentren in Kigali haben recht unterschiedliche Angebote. Das Zentrum **Communauté des Potiers Rwandais (COPORWA) (7)** ermöglicht Einblicke in die Batwa-Kultur und veranstaltet Tanzvorführungen. Das Projekt fördert zudem die Vermarktung von Batwa-Tonarbeiten. Das Batwa-Zentrum war bis 2007 unter dem Namen *Communauté des Autochtones Rwandais* (Gemeinschaft indigener Ruander) bekannt, musste dann jedoch seinen Namen ändern, da in Ruanda keine ethnisch basierten Organisationen bestehen dürfen. Das Geschäft befindet sich hinter dem Hotel des Mille Collines *(☏ 0252-502357, coporwa@yahoo.fr).*

Die Deutschen sind in Ruandas Hauptstadt mit einer kleinen Zweigstelle des **Goethe-Instituts (8)** vertreten. Es führt einige kulturelle Veranstaltungen durch, die per E-Mail oder telefonisch zu erfragen sind. Infos auch auf der Facebook-Seite des Instituts. **Goethe-Institut**, *Social Recreational Centre, 13, KN 27 St. (Avenue Paul VI), Kiyovu, ☏ 078-4950744, 078-3406021, info@kigali.goethe.org.*

Im *Centre Culturel d'Echanges Franco-Rwandaises* fanden einst zahlreiche kulturelle Veranstaltungen statt. Im eigenen kleinen Theater gab es Konzerte, Lesungen, Theaterstücke und Tanz sowie Ausstellungen und Informationsveranstaltungen. Das Kulturzentrum wurde Ende 2006 geschlossen und das ursprüngliche Gebäude 2014 abgerissen, was zu diplomatischen Verstimmungen zwischen beiden Ländern führte. Ursprünglich war geplant, das französisch-ruandische Kulturzentrum in neuen Räumlichkeiten wieder zu eröffnen. Aufgrund der diplomatischen Spannungen ist das Projekt jedoch zurzeit auf Eis gelegt. Damit Frankreich weiterhin Präsenz zeigen kann, wurde das **Institut Français** gegründet. Zunächst auf Sprachkurse ausgelegt, übernahm es in den letzten Jahren mehr und mehr kulturelle An- *Französisch-ruandische Beziehungen*

gebote wie Musik- oder Filmvorführungen. Die Mediathek des Institut Français *(1. Stock, ☏ 072-7576225, mediatheque.ifrwanda@gmail.com)* ist in Räumlichkeiten des **Rwanda Library Service (9)** untergebracht *(Stadtteil Kacyiru, gegenüber der US-Botschaft, ☏ 078-4657333, www.rls.gov.rw, Mo–Fr 8–20, Sa 8–17 Uhr).*
Institut Français, *Ambassade de France au Rwanda, 3, KN 33, Kiyovu, ☏ 072-7576224, sg.ifrwanda@gmail.com, www.institutfrancais-rw.com.*

Deutsch-ruandisches Denkmal

Deutsch-ruandische Geschichte

Das Denkmal „Die Räder der deutsch-ruandischen Geschichte" wurde 1987 auf dem Gelände der **Deutschen Botschaft (10)** errichtet. In einem aus Bruchsteinen gemauerten „Block der Gemeinsamkeit" sind zwei alte Räder eines Lastwagens aus der Zeit der deutschen Kolonialherrschaft montiert. Die zwei Räder (symbolisch für die zwei Länder) sind unabhängig voneinander angebracht und symbolisieren die getrennt verlaufende Geschichte. Auf dem „Block der Gemeinsamkeit", stehend für die gemeinsamen Werte wie Frieden, Fortschritt und Zusammenarbeit, sind mehrere Jahreszahlen zu sehen. Die Jahre 1894, 1907, 1916, 1962 und 1987 haben eine jeweilige Bedeutung in den deutsch-ruandischen Beziehungen. Die einzelnen Räder wiegen 250 kg, das gesamte Denkmal 6,3 t.

Kigali Convention Center (11)

Das Convention Center wurde zwischen 2012 und 2014 nach Plänen der Münchener Firma Spacial Solutions für rund 300 Mio. US$ errichtet. Der Komplex besteht aus einem Kongresszentrum, einem Hotel und einem Bürobereich und wird in Zukunft auch ein Museum beherbergen.

Kongresszentrum und Veranstaltungshalle

Blickfang und neues Wahrzeichen der Stadt ist der 38 m hohe **Glasdom**, der die 60 m breite Veranstaltungshalle überdacht. Diese ist für Veranstaltungen mit bis zu 2.260 Personen ausgelegt. Die spiralförmige Kuppel soll an Architekturformen des traditionellen Afrika erinnern. Rechts davon erstreckt sich der „IT-Office-Park", ein lang gezogenes, fünfstöckiges und mehrteiliges Gebäude direkt am KG 2 Platz, das durch seine mit bunten Streifen versehene Außenfassade auffällt. Die Gebäudeteile sind um einen Innenhof gruppiert, der einen Blick auf die Kuppel der Veranstaltungshalle freigibt. Im Erdgeschoss sind Geschäfte und Restaurants angesiedelt. Im Untergeschoss wird das neue **Rwanda Experience Center** Raum für Ausstellungen bieten.

Presidential Palace Museum (12)

Im Stadtteil Kanombe, etwa 2 km vom internationalen Flughafen Kigali entfernt, liegt der ehemalige Präsidentenpalast, der während der 1970er- bis späten 1990er-Jahre als Residenz der Präsidenten Juvénal Habyarimana und Pasteur Bizimungu diente. Seit einigen Jahren ist der Palast nun Besuchern zugänglich und ermöglicht einen Einblick in die Lebenswelt der früheren Präsidenten Ruandas.

Ein kleineres Haus auf dem Grundstück diente zunächst Juvénal Habyarimana in seiner Zeit als ruandischer Verteidigungsminister als Residenz. Nach dem Putsch von 1973 ließ er für sich nebenan 1976–1980 ein größeres Gebäude als Präsidentenresidenz bauen. Dieser Präsidentenpalast kann heute über das Wartezimmer betreten werden, wobei die Schuhe ausgezogen werden müssen. Im Wohnzimmerbereich des Erdgeschosses sind immer mal wieder verschiedene Ausstellungen zu sehen. Während des Rundgangs erzählen die Museumsführer interessante Anekdoten zur Präsidentenfamilie. Im ersten Stock liegt das große Schlafzimmer mit einem Tisch aus Elefantenhaut und -füßen. Über eine Fluchttreppe gelangt man ins zweite Stockwerk mit einem Trophäenraum und der Familienkapelle.

Einblick in den Präsidentenpalast

Hinter dem Präsidentengarten finden sich noch die Wrackteile des Präsidentenflugzeugs „FALCON 50", das am 6. April 1994 abgeschossen wurde und neben dem Präsidentenpalast abstürzte. Dieses tragische Ereignis sollte den Völkermord an rund 800.000 Menschen einläuten (s. S. 29).
Presidential Palace Museum, *tgl. 8–18 Uhr (Ausnahme: letzter Sa im Monat 11–18 Uhr, 7. April geschl.), www.museum.gov.rw, Eintritt 6.000 RWF oder 12 US$.*

Internationaler Flughafen (13)

Ruandas internationaler Flughafen, **Kigali International Airport**, liegt im Stadtteil **Kanombe**, 14 km östlich des Stadtzentrums von Kigali. Er wurde bereits von den Belgiern in den 1950er-Jahren auf einer Höhe von 1.491 m gebaut. Das ursprüngliche Terminalgebäude (heute VIP Terminal) wurde später durch einen Neubau erweitert. Der Flugverkehr und das Passieraufkommen steigen auch in Ruanda kontinuierlich an. Der Kigali International Airport fertigte im Jahr 2014 insgesamt rund 600.000 Passagiere ab.

Das neue Kigali Convention Center

Kigali und Umgebung – Sehenswertes

Da der jetzige Flughafen in Kanombe langsam an seine Kapazitätsgrenzen stößt, möchte Ruanda bald den Bau eines neuen Flughafens in Bugesera, 25 km außerhalb von Kigali, in Angriff nehmen. Bereits nach der Unabhängigkeit 1962 boten die Amerikaner an, einen neuen Flughafen für Ruanda zu errichten. Das Angebot stieß zunächst nicht auf Interesse, da der von den Belgiern während der Kolonialzeit errichtete Flughafen auszureichen schien. Nachdem ein weiterer Versuch für einen Neubau im Jahr 1973 scheiterte, beschloss die ruandische Regierung 2009, einen neuen Großflughafen zu errichten. Nach der ersten Bauphase ist eine Kapazität von 400.000 Passagieren geplant. Nach der letzten Bauphase bis 2030 soll der Flughafen dann für 3 Mio. Passagiere ausgelegt sein und einen Anschluss an die geplante (allerdings vorerst auf Eis gelegte) Bahnlinie nach Tansania bekommen. Wegen Finanzierungsproblemen wurde der Baubeginn jedoch immer wieder verschoben. Eine chinesische Investmentfirma war 2013 abgesprungen und die Regierung suchte noch Mitte 2016 einen neuen Investor.

Neuer Flughafen in Planung

Für die Zeit bis zur Fertigstellung wurde der alte Flughafen in Kanombe umfassend saniert und modernisiert.

Nyarutarama-See (14)

Der kleine See südlich des Golfplatzes bietet die Möglichkeit, in der Stadt etwas Natur zu genießen und Vögel zu beobachten. Ein Weg führt um den See herum. Er ist über die südlich am Golfplatz vorbeiführende KG 13 Av. zu erreichen, von der die KG 535 St. zum See abzweigt.

Wohnviertel am Rande der ruandischen Hauptstadt

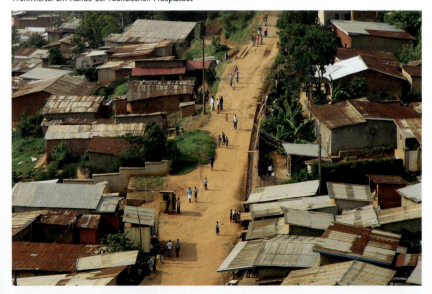

In der Gedenkstätte für den Völkermord in Gisozi

Gedenkstätten

In ganz Ruanda sind in den Jahren nach dem Völkermord eine ganze Reihe von Gedenkstätten und Mahnmalen entstanden, um an das schreckliche Ereignis von 1994 zu erinnern. Sie sind auch eine Mahnung an die Überlebenden, damit so etwas nie wieder geschehen möge. Die meisten Gedenkstätten sind Orte von Massengräbern oder aber Stätten und Gebäude, wie etwa Kirchen, an denen Hunderte oder gar Tausende von Menschen zu Tode kamen.

Kigali Genocide Memorial (15)

In Kigali liegt die zentrale Gedenkstätte für den Völkermord in Gisozi. Das Gebäude erinnert in seiner Form an eine Kirche. Das Kellergeschoss beherbergt eine unheimliche Sammlung von Knochen und Schädeln sowie von persönlichen Dokumenten und Habseligkeiten der Opfer. Dazu ist das mörderische Werkzeug ausgestellt – in der Regel Macheten. Im Erdgeschoss ist ein Dokumentationszentrum über die Zeit des Völkermords untergebracht. Auf dem Gelände befinden sich ebenfalls Massengräber für 250.000 Opfer. Sie wurden wie große Räume in die Erde eingelassen und sind mit riesigen Betonplatten abgedeckt. Im Inneren sind zahlreiche Särge mit den Überresten Ermordeter aufgebahrt. Die Gedenkstätte liegt etwas abseits der Innenstadt an der KG 14 Av. und ist am einfachsten mit einem Taxi zu erreichen. Eine günstigere Möglichkeit bieten die Minibuslinien 305 und 313, die in der Nähe der Gedenkstätte halten.

Gedenkstätte und Dokumentationszentrum

Kigali Genocide Memorial, www.kgm.rw, tgl. 8–17 Uhr, Eintritt frei, Fotogebühr: 20 US$, Audio-Guides sind für 11.250 RWF in Deutsch, Englisch, Französisch und Holländisch erhältlich. Museumsführer für Gruppen 4–10 Pers.: 100 US$, ☏ 078-8307666.

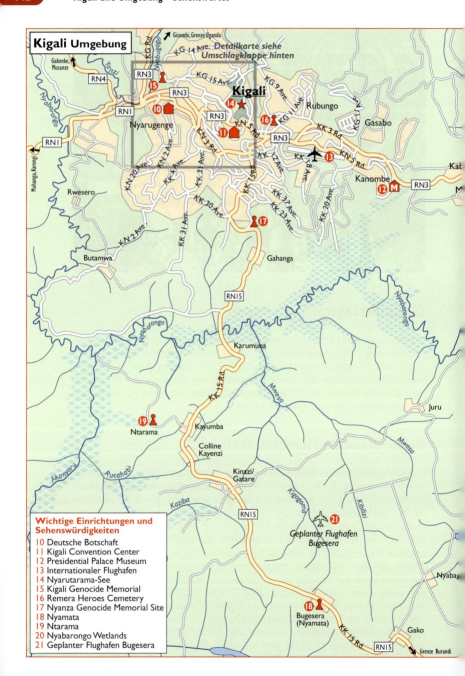

Gedenkstätten

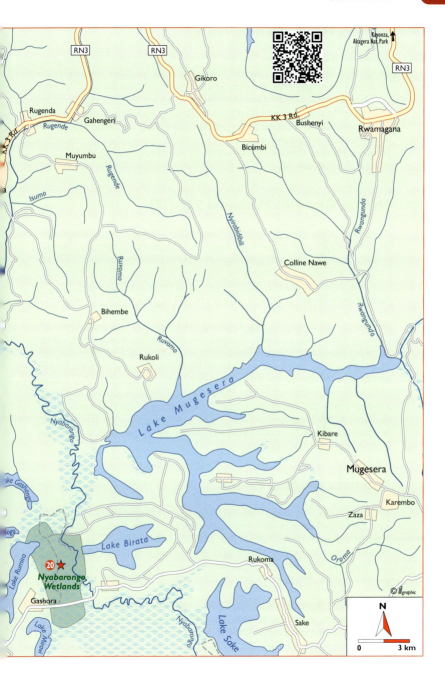

Remera Heroes Cemetery (16)

Auf diesem „Helden-Friedhof" liegt das Grab von Fred Rwigyema, dem Mitbegründer der RPF. Er wurde am 2. Oktober 1990 bei einer Aktion gegen die damalige ruandische Regierung getötet. Auf dem Grund befindet sich auch das Grab der ehemaligen Premierministerin Agathe Uwilingiyimana, die mit Beginn des Genozids am 7. April 1994 zusammen mit belgischen UN-Soldaten ermordet wurde. Ein Grab für den unbekannten Soldaten steht symbolisch für all jene, die im Kampf gegen die Völkermörder ums Leben kamen.

Remera Heroes Cemetery, *nordöstlich des Amahoro-Stadions an der KG 17 Av. (Kimironko Rd.), Eintritt frei.*

Nyanza Genocide Memorial Site (17)

Die Gedenkstätte „Nyanza Genocide Memorial Site" liegt in Kicukiro, einem Viertel am südlichen Stadtrand von Kigali, an der RN 15 in Richtung Nyamata. Dort befinden sich vier Massengräber, gekennzeichnet durch zahlreiche einfache Holzkreuze. Die Gräber bergen die sterblichen Überreste von rund 5.000 ermordeten Batutsi, von denen damals über 2.000 in der École Technique Officielle (ETO) Zuflucht gesucht hatten.

Zuflucht in einer Schule

Die meisten von ihnen waren am Vormittag des 7. April 1994 auf das Gelände der Schule geflüchtet, das zu diesem Zeitpunkt von 90 UN-Soldaten bewacht wurde. Nach der Ermordung belgischer Soldaten und dem Rückzug der UN-Truppen am 11. April waren die dort zurückgebliebenen Flüchtlinge, darunter etwa 400 Kinder, den mordenden ruandischen Bahutu-Soldaten schutzlos ausgeliefert. Alle dorthin geflüchteten Menschen wurden zur Mülldeponie nach Nyanza gebracht und brutal ermordet. Jedes Jahr am 11. April findet zur Erinnerung an das Massaker eine Gedenkfeier an den Massengräbern statt.

Nyanza Genocide Memorial Site, *zu erreichen von der Innenstadt u. a. mit einem Motoradtaxi (1.000 RWF), Eintritt frei.*

Nyamata und Ntarama

Massaker in zwei Kirchen

Wer noch mehr über diesen Teil der Vergangenheit Ruandas erfahren möchte, kann zudem die beiden etwas außerhalb der Stadt gelegenen Gedenkstätten besuchen. Beides sind Kirchen, in denen mehrere Tausend Ruander Schutz suchten und dennoch ermordet wurden. Ntarama (25 km) und Nyamata (30 km) liegen südlich von Kigali. Die Abzweigung nach Nyamata führt von der Flughafenstraße KN 5 Rd. auf die KN 3 Rd. (RN 15).

In **Nyamata (18)** steht eine Kirche, die Schauplatz eines schrecklichen Massakers war. Die Kirche wurde leer geräumt, nur einige Blutspuren zeugen noch von den Ereignissen. Außerhalb der Kirche wurde ein unterirdischer Grabraum angelegt, in dem die Toten aufgebahrt werden. Ein Guide erklärt Besuchern die Geschehnisse jener Zeit.

Die zweite Kirche befindet sich in **Ntarama (19)**. Dort wurde bis auf die Leichname alles so belassen wie es vorgefunden wurde. Das hat schon eine beeindruckende Wirkung! Mehr als 5.000 Menschen sollen hier ermordet worden sein. Beide Gedenkstätten kosten zurzeit keinen Eintritt, die Führer erwarten (und verdienen) allerdings ein Trinkgeld.

Nyabarongo Wetlands (20)

Etwas außerhalb der Hauptstadt, ca. 35 km südlich, liegt das Nyabarongo-Naturschutzgebiet, das die beiden Seen Mirayi und Rumira sowie das umliegende Sumpfgebiet umfasst. Das 142 km² große Gebiet ist zwar kaum besucht, bietet jedoch einige Wanderwege und gute Möglichkeiten zur Vogelbeobachtung. Nyabarongo ist von Kigali aus über die RN 15 nach Nyamata zu erreichen.

Sumpfgebiet

Reisepraktische Informationen Kigali

Information
Rwanda Development Board (RDB), *KG 9 Av. (Boulevard de l'Umuganda), Gishushu, Kigali,* ☎ *0252-576514 und 0252-50235, reservation@rwandatourism.com, www.rwandatourism.com, Mo–Fr 7–17 Uhr.*
The Eye Magazine Rwanda, *www.facebook.com/TheEyeMagazineRwandaBurundi/. Kostenlose, vierteljährlich erscheinende Zeitschrift mit Infos u. a. zu Unterkünften, Restaurants, Unternehmungen und aktuellen Terminen zu Veranstaltungen in Kigali und Umgebung. Liegt in vielen Hotels und beim RDB aus.*

Internet
www.kigalicity.gov.rw – *Informationen der Stadtregierung zu allen Themen der Stadt.*
Umfassende Informationen zur Hauptstadt Kigali in Englisch:
www.livinginkigali.com
www.kigaliout.rw
www.kigalikonnect.com

Wichtige Telefonnummern
Polizei-Notruf: ☎ *112*
Verkehrspolizei Kigali: ☎ *0252-57157*
Police Nationale *(Nationalpolizei):* ☎ *0252-515598 (für Ausländer)*
SAMU Ambulance Service: ☎ *912*

Krankenhäuser
University Central Hospital of Kigali (CHUK), *KN 4 Av.,* ☎ *0252-575555, 0252-8679290.*
King Faisal Hospital Kigali (KFH-K), *KG 544 St.,* ☎ *0252-589905, 0252-588888,* 📠 *0252-583203, http://kfh.rw.*
Polyclinique du Plateau, *28 KN 3 Av.,* ☎ *0252-578767.*

Apotheken
Pharmacie 24h, KN 3 Av. (Boulevard de la Révolution), Apotheke mit 24-Stunden-Service.
Die oben genannten Krankenhäuser unterhalten ebenfalls eine Apotheke, die bis in die späten Abendstunden Medikamente ausgibt.

Botschaften/Konsulate
s. S. 91

> **Hinweis**
> s. Karte hintere Umschlagklappe

Banken/Geldwechsel
Die zahlreichen Geldwechselbüros geben meist einen besseren Umtauschkurs, zudem geht der Geldumtausch dort schneller und einfacher vonstatten als bei den Banken. Wechselbüros gibt es überall in der Innenstadt, vor allem um den Markt und die zentrale Minibusstation sowie am Nyabugogo Taxi-Park. Beim Hauptsitz der jeweiligen Bank haben Sie gute Chancen, auch einen Geldautomaten zu finden, an dem Sie mit einer Kreditkarte und der PIN-Nummer Geld abheben können, z. B.:
I & M (BCR), KN 3 Av., ☎ 0252-595339, www.bcr.co.rw. Ruandas erste private Bank.
Banque de Kigali, KN 4 Av. (Avenue de Paix), ☎ 0252-593100, www.bk.rw. Die Banque de Kigali arbeitet mit der Deutschen Bank zusammen.
Banque Populaire du Rwanda (BPR), KN 67 St. 2, ☎ 0788-187200, www.bpr.rw.

Post
Das **Hauptpostamt** (☎ 0252-583441) befindet sich in der KN 4 St. (Abzweigung der KN 1 Rd.), in der Nähe des KN1-Kreisverkehrs, Mo–Fr 8–17 und Sa 8–12 Uhr.

Unterkunft
Kigali Serena $$$$$ (9), KN 3 Av. (Blvd. de la Révolution), P.O. Box 7469, Kigali, ☎ 0252-597100, 📠 0252-597101, kigali@serena.co.rw, www.serenahotels.com. DZ 365–400 US$, EZ 273–295 US$, Suite 400 US$. Das ehemalige Intercontinental Hotel wurde 2007 von der kenianischen Serena-Gruppe übernommen. Insgesamt hat das recht neue Hotel 148 Zimmer (mit Klimaanlage) mit internationalem Standard und verfügt über zwei Restaurants, Bar, Swimmingpool, Fitness- und Spabereich, Konferenzräume und einen bewachten Parkplatz. In 10 km Entfernung zum internationalen Flughafen Kigali.
Hotel des Mille Collines $$$$$ (7), KN 6 Av. (Avenue de l'Armée), ☎ 0788-192530, 0788-192000, reservations.kigali@kempinski.com, www.kempinski.com. DZ 250 US$, EZ 230 US$, Suite 390 US$. Die Geschichte des Mille Collines wurde durch den Kinofilm „Hotel Ruanda" berühmt, der Film wurde allerdings in einem anderen Hotel (in Südafrika) gedreht. Das seit einigen Jahren zur Kempinski-Gruppe gehörende Hotel verfügt über 112 komfortable Zimmern (alle mit Klimaanlage) und zählt zu den besten der Stadt (2009 renoviert), hat architektonisch allerdings nicht viel zu bieten. Mit Bar, Restaurant, Swimmingpool und gesichertem Parkplatz.
Grand Legacy $$$$$ (22), KN 3 Rd., P.O. Box 6555, Kigali, ☎ 0280-408080, 0788-303483, www.grandlegacy.rw. EZ/DZ 280–420 US$, inkl. Frühstück, Flughafentransfer und Pool. Hochglanzhotel mit modernen Zimmern, Frühstücksraum, zwei Restaurants, Pool und Sportbereich.
Lemigo $$$$$ (20), KG 624 St., ☎ 0784-040924, P.O. Box 2770, Kigali, www.lemigohotel.com. DZ 215–252 US$, inkl. freies WLAN. Im Stadtteil Kacyiru in der Nachbar-

schaft mehrerer internationaler Organisationen, 97 Zimmer auf drei Etagen um einen zentralen Poolbereich.

Gorillas Golf $$$$$ (16), KG 9 Av./KG 274 St., nahe dem Golfplatz, ☎ 0788-200500, 0788-174000, Nyrutarama, reservation@gorillashotels.com, www.gorillashotels.com. DZ 200–225 US$, EZ 175–200 US$. 88 Zimmer, Restaurant, Bar, Pool, freies WLAN.

The Manor $$$$$ (15), KG 584 St., Nyrutarama, ☎ 0280-690030, 0786-654435, www.themanorrwanda.com. DZ 195–325 US$, EZ 160 US$. Modernes Hotel mit drei Restaurants (chinesisch, indisch, italienisch), Pool und Sportbereich.

Umubano $$$$$ (17), KG 7 Av. (Blvd. de l'Umuganda), P.O. Box 874, Kigali, ☎ 0252-593500, 0788-136000, 📠 0252-582957, www.umubanohotel.rw. DZ ab 180 US$, EZ ab 135 US$. Das relativ ruhig in einem großen Garten gelegene Hotel gehört zu den ältesten der Stadt. Zimmer mit Klimaanlage und teilweise schönem Blick über Kigali.

Hotel Le Garni du Centre $$$$$ (6), KN 6 Av., P.O. Box 548, Kigali, ☎ 0252-572654, 📠 0252-571274, www.garnirwanda.com. DZ ab 180 US$, EZ ab 145 US$ inkl. Frühstück. Elf Zimmer mit TV und Kühlschrank. Gegenüber dem Hotel des Mille Collines gelegen. Kein offizielles Restaurant, das Essen muss daher rechtzeitig vorbestellt werden oder Sie gehen ins benachbarte Restaurant Chez Robert.

Top Tower $$$$$ (18), KG 7 Av. (Blvd. de l'Umuganda), ☎ 0252-553100, 0788-301225, www.toptowerhotel.com. DZ 150–270 US$ inkl. Frühstück. Luxushotel mit vier verschiedenen Zimmerklassen, zwei Restaurants, Bar, Lounge und Casino.

Kigali Marriott $$$$$ (8), KN 3 Av., Nyarugenge, ☎ 0222-111111, 📠 0222-111555, www.marriott.com. Neustes internationales Hotel mit 229 Zimmer und 25 Suiten, Eröffnung im September 2016.

Stipp $$$$ (12), KN 54 St., Kiyovu, P.O. Box 2834, Kigali, ☎ 0252-500275, 0788-353077, www.stipphotelrwanda.com. DZ 112 €, EZ 105 € inkl. Frühstück. Das Hotel verfügt über 50 Zimmer, Restaurant, Swimmingpool und Sauna.

Gorillas Kigali City Center $$$$ (11), KN 51 St. (Rue des Parcs), Kiyovu, ☎ 0252-501717, ☎ 0788-200500, reservation@gorillashotels.com, www.gorillashotels.com. DZ/DZ deluxe 110/130 US$, EZ 90/100 US$. Das Hotel hat 31 schöne Zimmer und mit „The Silverback" ein sehr gutes Restaurant! Freies WLAN, bewachter Parkplatz.

Alpha Palace $$$$ (21), KN 3 Rd. (Blvd. de l'OUA), P.O. Box 2632, ☎ 0788-304947, 0788-535981, www.alphapalacehotel.com. DZ 90–100 €, EZ 70 €, Suite 150 € inkl. Frühstück. 1 km vom Flughafen gelegen. Die 36 Zimmer haben alle TV, es gibt einen Swimmingpool, Internetcafé und ein Restaurant.

Nobleza $$$$ (25), KK 379 St./KK 15 Rd., außerhalb des Zentrums, an der Nationalstraße RN15 nach Bugesera, nahe Nyanza-Busbahnhof und Gedenkstätte, ☎ 0784-752496, 0788-306217, http://noblezahotel.com. EZ 100 US$, DZ 130–180 US$. 60 modern eingerichtete Zimmer. Restaurant. Angenehme ruhige Hügellage, Garten und Pool.

Golf Hills Residence $$$ (13), KG 415 St., Nyarutarama, P.O. Box 7177, Kacyiru, Kigali, ☎ 0788-301607, www.golfhillsresidence.com. EZ 50–80 US$, DZ 100–150 US$. Nett eingerichtetes Hotel mit schönem Garten, etwas außerhalb der Innenstadt.

Ninzi Hill $$$ (19), KG 543 St., ☎ 0252-587711, 📠 0252-587716, ninzihill@yahoo.fr, DZ 90 US$, EZ 70 US$, Suite 120 US$. Einfaches Hotel im Flachbau mit 15 Zimmern, jeweils mit TV.

Chez Lando $$$ (23), KG 201 St. (Airport Road), P.O. Box 1519, Kigali-Remera, ☎ 0252-589804, 0788-385300, www.chezlando.com. DZ ab 94/153 US$ (Altbau/Neubau), EZ 71/118 US$. 22 Zimmer (mit SAT-TV) befinden sich im älteren Hauptgebäude und zehn Bungalows im schönen Hotelgarten in DZ-Bungalows.

Okapi $$$ (1), KN 87 St., nördlich der Place de l'Unité Nationale, ☏ 0252-571667, 0787-335162, www.okapihotelrwanda.com. DZ 70–90 US$, EZ 50–70 US$ inkl. Frühstück und WLAN. Das 1999 eröffnete Hotel verfügt über 39 gute, aber einfach eingerichtete Zimmer in zwei Komplexen. Wenig Charme, aber gutes Preis-Leistungs-Verhältnis. Gutes Restaurant mit Terrasse. Angeschlossen sind eine Reiseagentur und ein Minibusunternehmen (Okapicar).
Step Town $$$ (2), KN1 Av., ☏ 0252-500042, 0788-5005662, www.step-town.com. EZ 51 €, DZ 63 €. Das Hotel mit 222 hellen und sauberen Zimmern bietet schöne Blicke auf die Hügel der Hauptstadt. Freies WLAN, Flughafentransfer möglich, bewachter Parkplatz.
Banana Guesthouse $$$ (10), KN 41 St. (Rue du Parc), Kiyovu, ☏ 0252-500154, 0783-391165, fbananaguesthouse@yahoo.com. Ein kleines Hotel mit neun Zimmern, gegenüber dem Rwigara House gelegen.
Agasaro $$ (24), KN 3 Rd. (Blvd. de l'OUA), nahe dem Alpha Palace (gegenüberliegende Straßenseite), ☏ 0252-583293, 📠 0252-582226, www.agasaromotel.itgo.com. DZ 50–56 US$, EZ 36 US$. Insgesamt 13 einfache, saubere Zimmer.
Sky $$ (4), KN 2 Av. (Av. de la Justice), ☏/📠 0252-503882, skyhotell@yahoo.fr. DZ 40–50 US$, EZ 20 US$. Hotel mit insgesamt 33 Zimmern. Restaurant im Haus, Internetcafé nebenan.
Urban by CityBlue $$ (14), KG 7 Av., Nyarutarama, ☏ 0787-811111, reservations.rw@citybluehotels.com, www.citybluehotels.com. EZ/DZ 28–92 US$ inkl. Frühstück. Kleines Hotel mit elf modern ausgestatteten Zimmern, mit Restaurant.
Isimbi $$ (5), KN 78 St. (Rue Karisimbi), ☏ 0252-572578, 0252-572581, 📠 0252-575109. DZ 24 €, EZ 21 €. Hotel mit 26 Zimmern, die hinteren sind die bessere Wahl, da etwas ruhiger.
Gloria $ (3), nahe Markt (unterhalb des Caritas-Buchladen), ☏ 0252-571957, 📠 0252-576623. DZ 14 €, EZ 10 €. Es gibt kein Restaurant im Hotel, aber etliche im Umfeld des sehr zentral gelegenen Hotels. Durch die Lage bedingt ist es nicht ganz so ruhig.

Gästehäuser
**Good News Guest House $$$**, KK 31 Av., KK 525 St. (Gikongoro Rd.), Gikondo, in der Nähe der Universität, ☏ 0788-524995, www.facebook.com/GoodNewsGuestHouse. DZ 60 US$, EZ 50 US$. Kirchliches Gästehaus mit 13 Zimmern.
**Iris Guesthouse $$**, KN 33 St. (Rue Député Kamuzinzi), Nyarugenge, in der Nähe der französischen Botschaft, ☏ 0728-501181, 0788-465282, 0785-806300, www.irisguesthouse-rw.com. DZ ab 133 US$, EZ 100 US$. 17 saubere und recht ruhige Zimmer.
One Love Guesthouse $$ (11), Rue de Kinamba, ☏/📠 575412, www.onelove-project.org. DZ 30–50 US$, EZ 20 US$. Große einfache Zimmer mit Kochmöglichkeit. Das Gästehaus gehört der NGO „One Love" aus Japan. Zelten im Garten möglich.

🍴 Essen & Trinken
New Cactus (8), KN 47 St. (Rue Député Kayuku), ☏ 0252-575572, 0788-678798. Geöffnet tgl. 11–22.15 Uhr. Von der Terrasse haben Sie einen schönen Blick auf Kigali. Französische und italienische Küche (besonders gut: Pizza!).
Chez Robert (2), in der Nähe des Hotels des Mille Collines, ☏ 0252-301501, 0722-582050. Zwei Elefanten flankieren den Eingang zum Gartenbereich des Restaurants, gute Küche unter portugiesischer Leitung, geöffnet tgl. ab 11.30 Uhr. Buffet ca. 9 €.
Camellia Tea House (4), KN 4 Av., ☏ 0788-309808, 0788-506645. Beliebtes Res-

taurant direkt im Zentrum mit gutem Preis-Leistungs-Verhältnis. Tee- und Kaffeespezialitäten. Buffet und à la carte, geöffnet tgl. 7–22 Uhr.

Down Town (3), KN 3 Av. (Blvd. de la Revolution), ☎ 0788-841375. Gute ruandische Küche mit einer Auswahl heimischer Speisen. Mit Sportsbar, die vor allem an den Wochenenden gut besucht ist.

La Galette (1), KN 76 St., ☎ 0252-575434. Restaurant am gleichnamigen Supermarkt. Wenn Sie Heißhunger auf Currywurst mit Fritten, Fleischkäse oder Strammen Max haben, dann sind Sie hier richtig. Aber auch die anderen nicht „typisch deutschen" Gerichte sind sehr lecker. Zu empfehlen, auch für den kleinen Hunger zwischendurch.

Hellenique (9), KG 666 St., Kimihurura (zwischen Kiyovu und Kacyiru), ☎ 0252-512342. Mediterran eingerichtetes Restaurant mit griechischer und internationaler Küche und angeschlossenem Hotel.

Lalibela (16), KN 5 Rd. (Av. du Lac Muhazi), Kimihuhura (in der Nähe des Kigali Business Centre), ☎ 0788-505293. Äthiopisches Restaurant mit gut gewürzten Gerichten. Probieren sie z. B. Wot, eine scharf gewürzte Fleischsoße, oder den traditionellen Kichererbsenbrei. Zu allen Speisen wird das Fladenbrot Injera gereicht. Tgl. geöffnet zum Mittag- und Abendessen.

The Manor (11), KG 584 St., Nyarutarama (in der Nähe des Golfclubs), ☎ 0280-690030, 0786-654435, www.themanorrwanda.com. Das Hotel The Manor verfügt über drei sehr gute Restaurants. **Marco's** mit italienischer, **Shere Sardar** mit indischer und **Silk** mit chinesischer Küche. Die Restaurants Marco's und Shere Sardar bieten zudem schöne Terrassenplätze mit Ausblick.

Royal Garden (6), KN 6 Av., Kiyovu (gegenüber der National Bank of Rwanda), ☎ 0252-505805, 0788-500073. Die hervorragende Küche diese indischen Restaurants bereitet eine Reihe von Köstlichkeiten des Subkontinents zu. Geöffnet Mi–Mo 11–23, Di 18–23 Uhr.

Shanghai (7), KN 33 St., Kiyovu, ☎ 0788-599995. Restaurant mit chinesischen und japanischen Gerichten, gut und preiswert.

Great Wall (13), KG 542 St. (Parallelstraße zur KG 7 Av.), südlich des Ninzi Hill Hotels. Schneller Service, günstiges asiatisches Essen.

Brachetto (10), KG 5 St., Kacyiru (in der Nähe der US-Botschaft), ☎ 0787-178133. Mediterrane Küche mit Weinbar, die Gerichte kosten durchschnittlich 15–19 €, geöffnet 11–14 und 18–21 Uhr.

Africa Bite (12), KG 674 St., ☎ 0788-685184. Gute afrikanische Küche, mit dem Fokus auf Ostafrika. Probieren Sie Bohneneintopf oder Kochbananen. Mo–Sa 12–15 und 18–22.30 Uhr, So geschl.

Zuri (17), KG 3 Av., Gishushu, ☎ 0786-255003, www.zurihotels.co. Indische und chinesische Küche, eines der besten Restaurants der Stadt, tgl. 11–22.30 Uhr.

Sole Luna (18), KG 599 St. (Parallelstraße zur KN 5 Rd.), in der Nähe des Hotels Beausejour, ☎ 0788-859593, www.soleluna-rwanda.com. Pizzaspezialitäten 6–12 €, geöffnet Di–So 12–22 Uhr.

L'Epicurien (19), KG 674 St., ☎ 0789-175868. Empfehlenswertes Restaurant mit internationaler Küche und großem Garten, gut besucht. Geöffnet tgl. 11.30–14.30 und 18.30–22.30 Uhr.

White Horse (5), KN 4 Av. (gegenüber der belgischen Schule), ☎ 0750-260964. Alteingesessenes italienisches Restaurant direkt in der Innenstadt.

Magda Café (14), KG 541 St., Kacyiru, ☎ 0788-305466. Bekannt für seine vegetarischen Burger. Geöffnet So–Do 7–22, Fr 7–17, Sa 18–22.30 Uhr.

Sholoka Lite (15), KG 541 St., Kacyiru (gegenüber dem Top Tower Hotel), ☎ 0788-350530, www.facebook.com/ShokolaCafe. Bunte Küche: mexikanisch, türkisch, marokkanisch und griechisch. Geöffnet Mo–Sa 7.30–22, So 8–21 Uhr.

Weitere Restaurants unter: www.eatinginkigali.com oder www.eatout.co.rw

Nachtleben
Planète Club, Kigali Business Centre, KN 5 Rd., ☎ 0788-683043. Besonders an den Wochenenden gut besuchter Club im Kigali Business Centre, daher auch oft nur KBC genannt.
Le Must Pub, Bigogwe Rd., ☎ 0788-500549. Angesagte Bar und Nachtclub mit Themenabenden unter der Woche. Aktuelle Infos auf Facebook.
Crystal Club, Top Tower Hotel, KG 7 Av. (Umuganda Blvd.), Kacyiru, ☎ 0252-585555, 0788-301225, www.toptowerhotel.com. Cocktaillounge mit tollem 360-Grad-Blick auf Kigali.
K-Club, House Nyarutarama, KG 9 Av., ☎ 078-5223273, kclubkigali@gmail.com. Moderner Nachtclub mit lang gestreckter Bar. Geöffnet Mi–So 19–6 Uhr.

Kino & Veranstaltungen
Century Cinema, im Kigali City Tower, KN 2 St. (Av. du Commerce), ☎ 0789-122222 oder 0789-133333, www.centurycinemas.rw. Das Kinocenter zeigt vor allem internationale Filme.
Goethe-Institut, Social Recreational Centre, 13, KN 27 St. (Avenue Paul VI), Kiyovu, ☎ 078-4950744, 078-3406021, info@kigali.goethe.org, www.facebook.com/goethe.kigali. Das aktuelle Programm ist auch der Internetseite der deutschen Botschaft in Kigali (www.kigali.diplo.de) zu entnehmen.

Aktivitäten/Touren
Das „Büro für Tourismus und Nationalparks" im **Rwanda Development Board (RDB)** bietet eine Kigali-City-Tour mit Führer an. Sie dauert vier Stunden und schließt mit einem Restaurantbesuch ab, um die Küche Ruandas kennenzulernen. Die Tour kostet 20 US$ pro Person, zu buchen direkt im Büro (KG 9 Av., Boulevard de l'Umuganda, Gishushu, ☎ 0252-576514, www.rwandatourism.com).

Eine Auswahl von Veranstaltern von Touren und Rundreisen in Ruanda:
Bizidanny Tours & Safaris, KN 2 St. (Av. de Commerce, Gloria Hotel), ☎ 0788-501461, 0551-02004, www.bizidanny.com.
East Africa Explorer, KN 3 Av. (Blvd. de la Revolution), ☎ 0788-358982, 0255-108703, www.eastafricaexplorer.com.
IT&T Tours, KN 2 Av. (Blvd. de la Révolution) im SORAS-Gebäude, ☎ 0788-300256, 📠 0252-575582.
Mapendano Voyage, Kimironko, ☎ 0788-761069, www.mapendanovoyages.com.
New Dawn Associates, UTC-Gebäude, ☎ 0788-558880, www.newdawnassociates.com.
Primate Safaris, 90, KN 4 Av. (Av. de la Paix), ☎ 0252-503428/9, 0788-300495, www.primatesafaris.info.
The Far Horizons, KN 5 Rd. (Airport Av.), ☎ 0280-658777, www.thefarhorizons.com.

Thousand Hills Expeditions, Zweigstelle im Hotel des Mille Collines, ☏ 0280-311000, 0788-351000, www.thousandhillsexpeditions.com.
Silverback Adventures, ☏ 0788-520103, www.silverbackadventures.com.
Volcanoes Safaris, im Hotel des Mille Collines, ☏ 0252-502452 oder 0788-302069, www.volcanoessafaris.com.
Wildlife Tours, KG 11 Av., gegenüber der Kimironko Bank, ☏ 0788-527049, 0788-527049, www.wildlifetours-rwanda.com.

Einkaufen

Einige Geschäfte im Zentrum um die KN 3 und KN 4 Av. sind auf **Souvenirs** spezialisiert. Zudem bieten einige **Galerien** u. a. interessante heimische Kunst an (African Art, KN 4 Av.).

Lust auf deutsche Süßigkeiten? Ein leckeres Salami-Baguette? Rosinenschnecken oder Mohnbrötchen? Dann ist das der Tipp in Kigali: **La Galette (1)**, deutscher Supermarkt mit Metzgerei und Bäckerei. Geöffnet tgl. ab 7.30 Uhr, Mo–Fr bis 19, Sa bis 18, So bis 14 Uhr. Sollten Sie nach einiger Zeit in Afrika deutsche Produkte und deutsches Essen vermissen, dann schauen Sie mal hier vorbei (s. auch S. 149).

Märkte

Der **Hauptmarkt** im Zentrum liegt an der KN 2 St. (Av. de Commerce), in der Nähe der zentralen Minibusstation. Dort wird alles für den täglichen Bedarf angeboten. Frisches Obst und Gemüse genauso wie Reis, Backwaren und allerlei Küchengeräte und Kleidungsstücke. Drumherum gruppieren sich zahlreiche Läden, die ein umfangreiches Angebot von Schuhen bis hin zu Elektroartikeln vertreiben.

Weitere Märkte befinden sich in den jeweiligen Stadtteilen, etwa der **Nyabogogo-Markt** oberhalb des großen Busbahnhofs, der **Remera-Markt** (mit Minibussen Richtung Kimironko). Ein bunter, ursprünglicher Markt ist z. B. der **Kimironko-Markt** mit Lebensmitteln aller Art, aber auch Kleidung, Stoffen und Kunsthandwerk.

Bohnen in allen Formen und Farben

Flughafen
Kigali International Airport (13)
Der internationale Flughafen liegt ca. 12 km östlich vom Zentrum Kigalis entfernt.

Fluginformation: ☏ 0252-583441.

Modell des geplanten neuen Flughafens in Bugesera, 25 km von Kigali

Flugverbindungen

Einzige direkte Flugverbindung von/nach Europa besteht mit Brussels Airlines ab/bis Brüssel. Weitere Möglichkeiten von Deutschland aus bieten Ethiopian Airlines von Frankfurt mit Umsteigen in Addis Abeba und Qatar Airways mit Umsteigen in Doha. Kontinentale Verbindungen gibt es von Ruanda nach Bujumbura/Burundi, Entebbe/Uganda, Nairobi/Kenia und Johannesburg/Südafrika. Von dort können weitere afrikanische, aber auch europäische Ziele angeflogen werden. Es gibt aufgrund der geringen Entfernungen in Ruanda nur einen regulären Inlandsflug, zwischen Kigali und Rusizi (Cyangugu). Andere Inlandsziele sind nur mit arrangierten Charterflügen zu erreichen.

Fluggesellschaften

Rwandair, Kigali Head Office, Kigali International Airport, Main Building, Obergeschoss, P.O. Box 7275, Kigali, ☎ 0788-177000, info@rwandair.com, www.rwandair.com. Kigali Head Sales Office, KN 4 Av. (Av. de la Paix), UTC Building, Erdgeschoss, ☎ 0788-177000, reservations@rwandair.com. Die staatliche Rwandair ist die einzige nationale Fluggesellschaft Ruandas.

South African Airways, www.flysaa.com. Die Airline fliegt im Codesharing mit Rwandair nach Johannesburg.

Air Tanzania, zurzeit keine Flüge nach Kigali, könnte sich aber in Zukunft ändern: www.airtanzania.co.tz.

Ethiopian Airlines, KN 4 Av. (Av. de la Paix), UTC Building, Office No. 5, ☎ 0252-570440, 🖷 0252-570441, kglsm@ethiopianairlines.com, www.ethiopianairlines.com. Das Büro ist geöffnet Mo–Fr 8–20, So und feiertags 10–14 Uhr. Büro am Kigali International Airport, Departure Terminal, ☎ 0788-380677.

Kenya Airways, KN 4 Av. (Av. de la Paix), UTC Building, ☎ 0280-306850, Reservation Hotline ☎ 0782-062524 (tgl. 8–20 Uhr), ☎ 0788-386339 (Mo–Fr 8–18, Sa 9–14 Uhr), reservations.kigali@kenya-airways.com, www.kenya-airways.com.

Brussels Airlines, Hotel des Mille Collines, ☎ 0252-575290/94, www.brusselsairlines.com. Bürozeiten Mo–Fr 8–17, Sa 8–12.30 Uhr.

Qatar Airways, Kigali City Tower, Av. de Commerce, ☎ 0252-553500, www.qatarairways.com.

Charter-Fluggesellschaften

Akagera Aviation, Kigali International Airport, Main Terminal Building, ☎ 0788-308382, office@akageraaviation.com, www.akageraaviation.com, Büro Mo–Fr 8–17, Sa 8–14 Uhr. Das private Charterunternehmen fliegt verschiedene Ziele in Ruanda an.

Coastal Aviation, ☏ (+255) 752-627825, Reservierungen ☏ (+255) 222-842700, www.coastal.co.tz. Die private tansanische Fluggesellschaft verbindet Kigali täglich mit den wichtigsten Destinationen des Nachbarlandes. Ideal, wenn Sie beide Länder auf einer Reise verbinden möchten. Ziele in Tansania sind u. a.: Lake Manyara, Mwanza und Serengeti-Seronera. Die Flüge finden auf Basis von „Share charter" statt, d. h. der Flugpreis richtet sich nach der Anzahl der mitfliegenden Personen.

Transfer vom Flughafen
Neben den diversen Taxis, die am Flughafen auf Fahrgäste warten, besteht die Möglichkeit, sich von einem Hoteltransferdienst abholen zu lassen, dieser muss jedoch im Voraus bestellt werden. Öffentliche Minibusse dürfen nicht auf das Flughafengelände fahren. Um mit einem günstigen Minibus in die Stadt zu gelangen, müssen Sie bis zur nächsten Minibus-Haltestelle außerhalb des Flughafengeländes laufen. Am besten beim Ausgang rechts die KN 5 Rd. entlanggehen und einen Minibus anhalten, oder weiter bis zur Kreuzung KK 3 Rd., dort befindet sich eine offizieller Minibus-Stopp.
Airport Special Taxi, ☏ 0788-303364, 0788-896509, airptaxi@yahoo.fr.

Taxis
Taxis warten an allen größeren Hotels sowie am Markt und an den Bus- und Minibusstationen. Zudem stehen meist einige Taxis an der KN 3 Av. (Blvd. de la Révolution). Die Fahrt innerhalb Kigalis kostet je nach Strecke zwischen 1,50 und 5 €.

Mietwagen
Es gibt nur wenige reine Autoverleihfirmen. Autos können Sie in der Regel jedoch über eine der großen Reiseagenturen mieten (s. S. 112). Adressen lokaler Anbieter s. S. 90.
Europcar, KN 4 Av. (Av. de la Paix), gegenüber der Mount Kenya University, Kigali, ☏/📠 252571355, www.europcar.com.

Busse
Taxi-Park Innenstadt (5)
Von hier aus fahren die Minibusse in alle Stadtteile Kigalis, darüber hinaus auch nach Muhanga (Gitarama), Huyé (Butare) und Rwamagana. Zu unterscheiden sind private, selbstständig geführte Minibusse und private Minibus-Unternehmen. Die **selbstständigen Minibusse** verkaufen in der Regel keine Tickets im Voraus, sie fahren ab, sobald der Bus voll ist, kassiert wird während der Fahrt. Bei den **Minibus-Unternehmen** (Atraco, Stella etc.) werden Tickets für eine Fahrt in einem Büro bzw. an einem Ticketschalter verkauft. Beim zentralen Taxi-Park in der Innenstadt liegen etliche dieser Büros etwas außerhalb der eigentlichen Minibusstation, aber in der direkten Umgebung. Am besten, Sie fragen sich durch. Für Minibusse in Richtung Musanze (Ruhengeri), Rubavu (Gisenyi) und Goma liegt eine Station (Okapicar) unterhalb der Place de l'Unité Nationale. Die meisten Unternehmen fahren aber vom großen Taxi-Park in Nyabugogo ab.

Taxi-Park Nyabugogo (2)
Von hier geht es in alle Landesteile Ruandas sowie nach Uganda, in den Kongo (Goma) und nach Burundi (Bujumbura). Die Station liegt etwa 2 km außerhalb der Innenstadt, zu erreichen mit einem Taxi oder Minibus. An der Einfahrt zum Taxi-Park (bei der Kobil-Tankstelle) liegen zu beiden Seiten die Büros der Busunternehmen. Auf der rechten Seite befinden sich zudem einige Geldwechselstuben.

Internationale Busverbindungen

Mehrere Busunternehmen bieten Busverbindungen in die Nachbarländer an, vor allem nach Kampala (Uganda) und Nairobi (Kenia). Zudem gibt es Verbindungen nach Goma (D. R. Kongo) und Bujumbura (Burundi). Die meisten Unternehmen starten direkt vom Taxi-Park Nyabugogo:

Jaguar, ☏ 0789-401499, 0731-791249 tägliche Verbindungen nach Kampala (8.000 RWF) um 6, 6.30, 9 und 11.30 Uhr. Abfahrt nach Bujumbura um 4.30 Uhr (6.000 RWF). Das Ticket ist gleichzeitig die Sitzplatzreservierung, möglichst schon am Vortag kaufen.

Kampala Coach, ☏ 0788-358161, 0783-400303, kampalacoach@yahoo.com, tägliche Verbindungen auf folgenden Routen: Abfahrt 5 Uhr Kigali via Kampala nach Nairobi. Abfahrt 6 Uhr von Bujumbura nach Kigali und weiter um 13 Uhr nach Kampala. In Kampala Anschluss an Busse nach Nairobi, Daressalam und Juba.

Trinity Express, tägliche Verbindungen nach Kampala um 9 und 17.30 Uhr (8.000/ 10.000 RWF je nach Bus).

Starways, ☏ 0788-525186. Tägliche Verbindungen nach Kampala (Bus 2, Abfahrt 8 Uhr) und über Kampala nach Nairobi (Bus 1, Abfahrt 5.45 Uhr).

Horizon Coaches, ☏ 0788-579002. Fahrten von Rubavu (Gisenyi) aus nach Uganda (Kisoro, Kabale, Mbarara, Kampala). Abfahrtszeit zwischen 4 und 5 Uhr ab Taxi-Park (nahe Markt).

Überregionale Busverbindungen

Vom Taxi-Park Nyabugogo sowie von der zentralen Minibusstation im Zentrum an der KN 2 St. (Av. de Commerce), Ecke KN 81 St. (Rue Mont Kabuye), in der Nähe des Marktes, kommen Sie in jeden Winkel Ruandas. Einige Strecken werden nicht häufig bedient, sodass es wichtig ist, die Fahrt schon am Morgen anzutreten. Generell ist zu sagen, je später Sie am Nachmittag noch losfahren wollen, desto schwieriger wird es. Zu bedenken ist dabei, dass die Busse in der Regel nicht nach 18 Uhr im Dunkeln ankommen wollen. Dies bedeutet, dass für ein zwei Stunden entferntes Ziel meist nach 16 Uhr kein Transport mehr möglich ist. Zu den normalen Minibus-Verbindungen ins städtische Umland kommen die Angebote der gut organisierten **Minibus-Unternehmen** in alle ruandischen Städte (bei denen Sie meist schon einen Fahrschein im Vorfeld kaufen können). Die bekanntesten und größten sind:

Atraco (Rue Mt. Kabuye, ☏ 0788-565081);

Horizon Express (Kigali – Huyé 2.500 RWF, Kigali – Nyamagabe 3.000 RWF, Kigali – Muhanga 900 RWF, Kigali – Ruhamgo 1.300 RWF, Kigali – Nyanza 1.700 RWF);

Rugali Express (Kigali – Huyé 2.500 RWF, Kigali – Nyamata 600 RWF);

Kigali Bus Service (alle 30 Min. nach Musanze und Rubavu);

Kigali Coach (Abfahrt zwischen 5.30 und 16 Uhr alle 30 Min., Kigali – Musanze 1.700 RWF, Kigali – Rubavu 3.000 RWF);

Matunda Express (Abfahrt ab 5 Uhr, Kigali – Kayonza 1.400, Kigali – Kabarondo 2.000, Kigali – Kibungo 2.000 RWF, Kigali – Rusumo 3.000 RWF);

Sotra Tours (Kigali – Huyé 3.500 RWF, Kigali – Nyanza 1.500 RWF, Kigali – Ruhango 1.300 RWF, Kigali – Rusizi 5.000 RWF, Kigali – Kitabi 4.000 RWF, Kigali Gasarende 3.500 RWF, Kigali – Nyamagabe 3.000 RWF);

Stella (☏ 0788-657070, alle 30 Min. nach Ngoma, Kibungo);

Virunga Express (☏ 0788-431960).

Rwanda Transport Company (ehemals Onatracom), ☏ 575404, 501302. Das staatliche Busunternehmen soll privatisiert werden. Das vor Jahren wegen seiner günstigen Preise beliebte Unternehmen bietet zur Zeit nur wenige Verbindungen an (ab Nyamirambo St.).

Städtischer Busverkehr
Die Minibusse mit Zielen in und um Kigali starten in der Regel vom zentralen Minibusplatz aus. Von dort gelangt man für wenig Geld in fast jeden Winkel der Stadt. Zudem gibt es in Kigali Motorrad- und Fahrradtaxis, die einen Großteil des nahen Stadtverkehrs abwickeln und an diversen Minibus-Stopps warten, um die Fahrgäste in die abseits gelegenen Seitenstraßen zu bringen.

Eines der privaten Busunternehmen, die den städtischen Nahverkehr abwickeln, ist **Kigali Bus Services** *(www.kigalibusservices.com). Einzeltickets kosten 250 RWF, Tagespässe 600 RWF und Monatstickets 10.000 RWF. Betriebszeiten: Mo–Fr 6.30–23 Uhr. Während der Hauptverkehrszeiten bis 8 Uhr und zwischen 17 und 20 Uhr fahren die Busse im dichteren Takt. Linien:*
101: *Kabuga, Murindi, Taxi-Park Remera, Sonatube, Rwandex, Statistique, CHUK, Bank of Kigali;*
102: *Kabuga, Murindi, Taxi-Park Remera, Rwandex, Nyabugogo;*
103: *Rubirizi, Kabeza, Remera, Rwandex, Statistique, CHUK, Bank of Kigali;*
104: *Kanombe Military Hospital, Airport, Taxi-Park Remera, Sonatube, Rwandex, Statistique, CHUK, Bank of Kigali;*
105: *Taxi-Park Nyabugogo, Kinamba, Kacyiru, Taxi-Park Remera;*
106: *Taxi-Park Remera, Ndera;*
107: *Taxi-Park Remera, Murindi, Masaka, Rusheshe;*
108: *Taxi-Park Remera, Sonatube, Kicukiro Centre;*
109: *Taxi-Park Remera, Sonatube, Rwandex, Gikondo (Nyenyeri), Bwerankoli;*
110: *Masaka, Masaka Hospital, Kabuga.*

 Entfernungen

Von der relativ im Zentrum des Landes gelegenen Hauptstadt Kigali gelangt man bequem in jede andere größere Stadt oder Region Ruandas.

Kigali – Muhanga (Giterama): 53 km
Kigali – Gicumbi (Byumba): 60 km
Kigali – Gatuna: 79 km
Kigali – Ngoma (Kibungo): 112 km
Kigali – Musanze (Ruhengeri): 118 km
Kigali – Akagera-Nationalpark: 119 km
Kigali – Huyé (Butare): 135 km
Kigali – Karongi (Kibuye): 144 km
Kigali – Nyamagabe (Gikongoro): 164 km
Kigali – Rubavu (Gisenyi): 187 km
Kigali – Rusizi (Cyangugu): 293 km

4. Der Osten Ruandas

Überblick

Sanfte Hügel prägen den östlichen Landesteil, weswegen Ruanda gerne auch „Land der tausend Hügel" genannt wird. Diese Hügel werden in östlicher Richtung zunehmend flacher und gehen in eine weitläufige Savanne über. In dieser Region leben die für Ostafrika ansonsten so typischen Tiere wie Zebras, Elefanten oder Giraffen. Der **Akagera-Nationalpark** schützt diesen besonderen Lebensraum und ist gleichzeitig einer der touristischen Höhepunkte Ruandas. Im Osten des Landes befindet sich das Gros der ruandischen Binnenseen. Allen voran der für Wochenendausflüge bei der Stadtbevölkerung beliebte **Muhazi-See**, der kleinere **Mugesera-See** oder der für Tierbeobachtungen bekannte **Ihema-See** im Akagera-Nationalpark. Letzterer liegt bereits in der Savannenlandschaft, die sich bis zur Grenze nach Tansania erstreckt. Entlang dieser Grenze reihen sich weitere Seen aneinander, vom Rwanyakizinga-See im Nordosten bis hinunter zum Cyambwe-See im Südosten. Die Ostprovinz ist etwa halb so groß wie der Freistaat Sachsen, ihre beiden größten Städte sind **Nyagatare** im Nordosten und **Ngoma** (Kibungo) im Südosten. Die Provinz wird im Süden und Osten vom **Akagera-Fluss** umschlossen, dem größten Fluss Ruandas. Entlang seines Verlaufs liegen einige Sumpfgebiete, in deren Papyrusdickicht der seltene Schuhschnabel lebt. Für Reisende bietet sich in Ost-Ruanda eine zum Rest des Landes sehr gegensätzliche Landschaft: Seen und Savannen, große Ankole-Rinderherden und verträumte Dörfer. Eine Großwildsafari bildet einen schönen Kontrast zu den Wanderungen in den Regenwäldern von Nyungwe und Virunga.

Redaktionstipps

▶ Der Besuch des **Akagera-Nationalparks** mit seinen weiten Landschaften, zahlreichen Seen und einer faszinierenden Tierwelt ist ein besonderes Erlebnis (S. 165).
▶ Übernachten in der Wildnis, aber mit Stil und Komfort in der **Ruzizi Tented Lodge** direkt am tierreichen Ihema-See (S. 173).
▶ Ein Ausflug zum **Muhazi-See** lohnt sich für geruhsame Bootstouren und schöne Spaziergänge (S. 161).

Von Kigali nach Nordosten

Die Hauptstraße KN 8 Avenue in Kigali geht in die KN 1 Road über, im Stadtteil Nyabugogo zweigt von dieser die Nationalstraße RN3 nach Norden ab und verlässt die Hauptstadt in nördliche Richtung. Die Strecke führt durch eine schöne

Von Kigali nach Nordosten

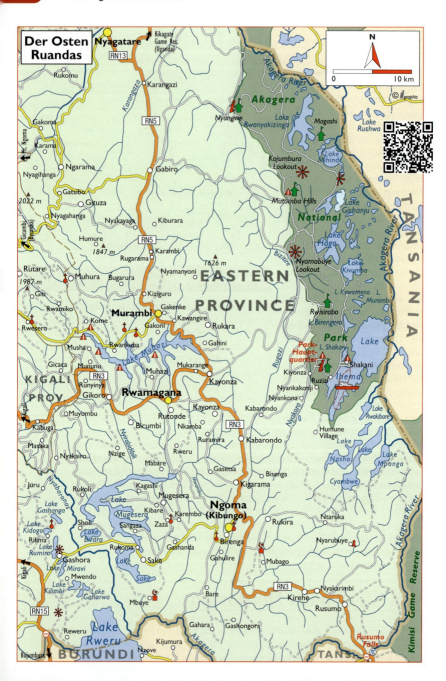

Hügellandschaft und ein wichtiges landwirtschaftliches Anbaugebiet. Dabei geht es vorbei an Mais- und Reisfeldern, Bananen- und Schnittblumenplantagen sowie an Hängen mit kurz geschnittenen Teesträuchern. Direkt an der RN3 gibt es keine größeren Ortschaften. In Rukomo zweigt bei Kilometer 53 links eine Straße nach Gicumbi (Byumba) ab, das einige Kilometer abseits der Nationalstraße liegt.

Gicumbi (Byumba)

Das rund 35.000 Einwohner zählende Gicumbi ist seit 2006 die Hauptstadt der Nordprovinz. Mit einer Höhenlage von 2.235 m ist sie die am höchsten gelegene Stadt Ruandas. Die Durchschnittstemperatur beträgt 18 °C und der jährliche Niederschlag rund 1.200 mm. Wichtigster Wirtschaftszweig ist die Teeproduktion, in der ein Großteil der Bevölkerung in und um die Stadt arbeitet. Die Region produziert mittlerweile den qualitativ besten Tee Afrikas.

Bedeutende Teeproduktion

12 km westlich der Stadt liegt der **Nyagafunzo-See** auf 2.050 m Höhe. Er ist von dem ca. 80 km² großen **Rugezi-Sumpf** umgeben, der nach 1979 auszutrocknen drohte. Grund war die Sprengung eines natürlichen Damms, um dahinter gelegene Felder zu bewässern. Durch die Trockenlegung großer Teile des Sumpfgebiets verschwanden alle größeren Tierarten, wie die auf sumpfiges Gelände spezialisierte Sitatunga-Antilope. Als auch der Wasserstand der beiden Seen Burera und Ruhondo zu fallen begann und die dortigen Stromgeneratoren durch fehlende Wasserkraft Probleme bekamen, wurde in den 1990er-Jahren ein künstlicher Damm errichtet. Bis 2014 hatte der Sumpf fast wieder seine ursprüngliche Größe erreicht. Ein Ausflug lohnt vor allem für Vogelkundler, denn in dem Gebiet kommen u.a. vor: der Südliche Kronenkranich *(Balearica regulorum)*, Purpurreiher *(Ardea purpurea)*, Nachtreiher *(Nycticorax nycticorax)*, Rosapelikan *(Pelecanus onocrotalus)*, Afrikanischer Löffler *(Platalea alba)*, Froschweihe *(Circus ranivorus)*, Langzehen-Kiebitz *(Vanellus crassirostris)* und Kivu-Buschsänger *(Bradypterus graueri)* (s. auch S. 217)

Reisepraktische Informationen Gicumbi (Byumba)

Information
Im Internet: *www.gicumbi.gov.rw*, offizielle Webseite der Distriktregierung (engl./kinyar.).

Wichtige Telefonnummern
Polizei Gicumbi, ☏ *078-8311155.*
Krankenhaus, ☏ *0252-577458.*

Banken/Geldwechsel
Bank of Kigali, ☏ *078-8301695, nahe der Bank BPR, Bargeldtausch der wichtigsten Währungen.*
Banque Populaire du Rwanda (BPR), ☏ *0252-565228, www.bpr.rw. Bargeldtausch, Vertretung von Western Union.*

Unterkunft

Urumuli $$$, oberhalb der Hauptstraße, ca. 2 km vom Minibusstand, ☎ 0252-564111, 078-4500242, hotelurumuli@yahoo.fr, DZ 40.000 RWF, EZ 25.000 RWF inkl. Frühstück. Das Hotel, 2000 eröffnet, mit 29 Zimmern gehört zum Jali-Club in Kigali.

Centre Diocésain de Formation et de Conférence $$, in der Nähe des Krankenhauses und 5 Min. vom Taxi-Park entfernt, ☎ 078-4338582, cdfcear@yahoo.com. Zwölf einfache Zimmer für 18 € (EZ/DZ) und Schlafplätze in Mehrbettzimmern.

Ubwuzu $, auf einem Hügel südwestlich der Stadt gelegen, ☎ 078-8428353, www.facebook.com/ubwuzu, ubwuzultd@yahoo.fr, DZ/EZ 15.000/10.000 RWF (ca. 17/ 11 €). Einfache, saubere Zimmer mit Restaurant und Garten. Das Hotel organisiert Bootstouren auf dem Nyagafunzo-See (50.000 RWF, 1–4 Pers.).

Aktivitäten

Vogelbeobachtung: Der Nyagafunzo-See liegt 12 km außerhalb von Gicumbi und wird vom Rugezi-Sumpf umgeben (s. auch S. 217). Das Vogelparadies ist über eine Piste zu erreichen, die vor der katholischen Kirche links Richtung Yaramba (6,5 km) abzweigt. An der Kreuzung kurz vor Yaramba geht es wieder links über den Kabingwe-Bach, nach 5 km wird das Seeufer erreicht. Spaziergänge und Bootsfahrten sind hier möglich.

Landschaftsfahrt: Die 45 km lange Pistenstecke zwischen Gicumbi und Base (an der Nationalstraße von Kigali nach Musanze) ist mit ihren saftig grünen Hügeln landschaftlich äußerst reizvoll. Für die Fahrt sollten Sie gut 2 Std. einplanen.

Verkehrsverbindungen

Den ganzen Tag über bestehen regelmäßige **Minibusverbindungen** nach Kigali und nach Katuna, der Grenzstadt zu Uganda. Am Morgen gibt es einen **Bus** nach Base, von dort besteht die Möglichkeit zur Weiterfahrt nach Musanze (Ruhengeri). Dazu müssen Sie in Base umsteigen, die Minibusse nach Musanze (Ruhengeri) erreichen Sie dann an der Hauptstraße (von Kigali kommend).

Der Muhazi-See östlich von Kigali

Weiter zur ugandischen Grenze

Nach der Ortsausfahrt folgt die RN3 mehr oder weniger dem Flussverlauf des Mulindi, bis nach rund 26 km der Grenzort **Katuna** erreicht wird (ca. 60 km von Kigali). Über diesen können Sie problemlos nach Uganda einreisen, die nächstgrößere Stadt auf ugandischer Seite ist **Kabale**. Katuna ist der wichtigste Grenzübergang ins Nachbarland, der von zahlreichen Lastwagen und Überlandbussen passiert wird. Er hat aber außer dem Grenzposten, ein paar Geschäften, einfachen Restaurants und Geldwechslern nicht viel zu bieten. Sollten Sie Katuna mit einem öffentlichen Minibus erreichen und weiter nach Uganda wollen, dann passieren Sie die Grenze zu Fuß. Auf der anderen Seite finden Sie einen Minibus-Anschluss nach Kabale. Wenn Sie Glück haben und ein großer Überlandbus passiert zeitgleich die Grenze und hat noch einen zusätzlichen Platz frei, dann können Sie direkt weiter nach Mbarara oder Kampala fahren. Aus- und Einreiseformalitäten s. Allgemeine Reisetipps S. 94.

Grenze zu Uganda

Von Kigali nach Osten

Um die Hauptstadt Kigali Richtung Osten zu verlassen, nehmen Sie die Nationalstraße RN3, die zunächst vom Stadtzentrum als KK3 Road zum internationalen Flughafen im Stadtteil Kanombe führt. Am Flughafen vorbei führt die RN3 über den Kitazigurwa-Fluss, durch die Ortschaft Kabuga und dann entlang des Rugende-Flusses. Als nächste Ortschaft wird **Rwamagana** passiert, die Hauptstadt der Ostprovinz, bevor nach 78 km die Nationalstraße in Kayonza an einer T-Kreuzung ankommt. Nach links (Norden) führt die Straße als RN5 zum **Muhazi-See** und weiter über Murambi, Kizigoro, Karambi bis nach Gatsibo, von wo nach ca. 15 km rechts die Piste zum **Nyungwe Gate**, dem nördlichen Eingangstor des Akagera-Nationalparks abzweigt (22 km). Die RN5 führt dann weiter über **Nyagatare** bis nach Kagitumba (Mirama Hills) an die Grenze zu Uganda.

An der T-Kreuzung in Kayonza verläuft die Nationalstraße RN3 nach rechts Richtung Süden. In dem kleinen Ort Kabarondo zweigt links eine relativ gute Piste zum **Akagera-Nationalpark** ab, auf der nach ca. 35 km das südliche **Eingangstor** (Main Gate) erreicht wird.

Muhazi-See

Der östlich von Kigali gelegene Muhazi-See ist ein stark verästelter, natürlicher Stausee, dessen durch vulkanische Tätigkeiten entstandener Erddamm im Jahr 1999 durch einen künstlichen Staudamm ersetzt wurde. Der schmale See ist 60 km lang und zwischen 600 m und 5 km breit. Er nimmt eine Fläche von 33 km² ein und ist durchschnittlich 10 m tief (max. 14 m). Geologisch betrachtet liegt der See in einem über eine Milliarden Jahre alten Gebiet. Die Sockel der Hügel im Westen bestehen hauptsächlich aus Glimmerschiefer, während im Osten Granitgestein vorherrscht. Aus dem See entspringt als größter Fluss der Nyabugogo, der später in

Stausee

Ein Klaffschnabel-Storch

den Nyabarongo mündet. Ein weiterer Fluss, der im Nordosten aus dem See fließt, ist der Kanyonyomba, an dessen Ufern sich ein großes Reisanbaugebiet erstreckt.

Muhazi liegt im Herzland des nach der Gründung im 14. Jh. noch recht kleinen Königreichs Ruanda. In den überlieferten Sagen und Geschichten spielt der See immer wieder eine Rolle. Während der deutschen und belgischen Kolonialzeit wurde er als Transportweg von den Europäern genutzt. Nach dem Ersten Weltkrieg besetzten die Briten ab 1922 den östlichen Teil, um ihren Traum einer Verbindung von Kairo nach Kapstadt zu verwirklichen. Zu dieser Zeit kam auch die britische Missionsgesellschaft CMS nach Ruanda. 1924 gaben die Briten das Gebiet zur Verwaltung an die Belgier zurück, nur die Missionare blieben bis heute. Ihre Missionsstation inklusive Krankenhaus befindet sich im Ort Gahini.

Angesiedelte Fischarten

Im Wasser des Muhazi leben zahlreiche Fleckenhalsotter (*Hydrictis maculicollis*), die sich von Fisch, Krebstieren und kleinen Wasservögeln ernähren. Um die Versorgung der Bevölkerung mit frischem Fisch zu verbessern, wurden einige Fischarten ausgesetzt, die dort ursprünglich nicht heimisch waren. 1989 wurde der Marmorierte Lungenfisch (*Protopterus aethiopicus*) und 2003 eine Art des Tilapia ausgesetzt, Afrikas gängigster Speisefisch.

Die **Vogelwelt** am Muhazi-See ist recht vielfältig und ermöglicht einige interessante Beobachtungen. Zu den am häufigsten anzutreffenden Arten gehören der Schreiseeadler, Klaffschnabel, Nimmersattstorch, Kuhreiher, Kormoran, Graufischer, Haubenzwergfischer, Braunflügel-Mausvogel, Schwarzzügeldrossling, Sumpfschnäpper, Graubrust-Paradiesschnäpper, Mosambikgirlitz, Dorfweber, Buntastrild und das Rotbrust-Glanzköpfchen, ein Nektarvogel.

Zwei Orte am See sind mittlerweile recht beliebt für Ausflüge und bieten seit einigen Jahren Unterkünfte für Besucher. Da ist zum einen **Gahini** im Osten, das sich in Verbindung mit einem Besuch des Akagera-Nationalparks anbietet. Und zum zweiten **Rwesero** am Nordwestende des Sees.

Reisepraktische Informationen Muhazi-See

Unterkunft

Muhazi Beach Hotel $$, *Rwamagara, abseits der RN3 (Straße Kigali-Kayonza), muhazibeachhotel@gmail.com, ☎ 078-8389978. Das Hotel liegt idyllisch auf einer Halbinsel. Es besteht aus einem Haupthaus und 17 Bungalows.*

**Seeds of Peace Centre $$**, *Gahini, an der Straße nach Nyagatare, gegenüber der Abzweigung nach Gahini, ☎ 078-8818018, gahini@rwanda1.com. Bungalows mit zwei Zimmern, Küche und Bad für 40 US$ für vier Personen, 35 US$ für drei, 25 US$ für zwei. Möglichkeit zum Zelten, mit Picknickplatz. Das Restaurant serviert leckeren Fisch. Zudem gibt es einen Bootsverleih und es werden Bootstouren angeboten.*

Duha Beach Resort $$, *☎ 078-3391165, 078-8791196, www.duhabeachresort.com. Zimmer und Rundhäuser direkt am See, einfach, aber nett eingerichtet. Kanu und Bootsverleih, Badminton. Camping möglich.*

Rwesero Beach $, *am nordwestlichen Ende des Sees, Abzweigung von der Straße Kigali-Nyangatare, ☎ 0252-502821 oder 078-5107765. Elf einfache Hütten für 11–17 €. Mit Restaurant und Bar am See sowie Bootsverleih.*

Camping

Jambo Beach, *Ostseite des Sees ☎ 078-8573017. Zelten direkt am See mit einfachem Restaurant.*

Rwesero Beach, *im nordwestlichen Bereich des Sees. Campingplatz mit Picknickbereich und Restaurant.*

Essen & Trinken

Jambo Beach, *in der Nähe des Seeds of Peace Centre, Richtung Kayonza. Einfaches, aber gutes Restaurant am Seestrand.*

Nyagatare

Die Stadt Nyagatare liegt im Nordosten des Landes, zwischen Uganda, Tansania und dem nördlichen Ende des Akagera-Nationalparks. Sie ist eingebettet in eine den Savannen von Akagera ähnelnde Landschaft, mit dem Unterschied, das hauptsächlich Hausrinder anzutreffen sind. Meist handelt es sich dabei um die imposanten langhornigen **Ankole-Rinder** (s. S. 164).

In der weiten Landschaft fallen einförmig gebaute Häuser auf. Diese wurden mit internationaler Unterstützung für die aus dem Exil zurückkehrenden Batutsi erbaut. Die auf 1.360 m gelegene Stadt dehnt sich mit ihren etwa 52.000 Einwohnern auf der östlichen Seite des von Bäumen gesäumten Kagitumba-Flusses aus (auf einigen

Karten auch als Muvumba-Fluss bezeichnet). Abseits der Hauptrouten sind hier Touristen selten gesehene Gäste. Es gibt aber einige einfache, kleine Hotels und Restaurants sowie Geschäfte und eine Post.

Das Ankole-Rind

Das für weite Teile Ruandas und Ugandas typische traditionelle Hausrind ist das sogenannte Ankole-Rind. In Europa wird diese Rinderrasse häufig auch „Watussi"-Rind genannt. Dieser europäischen Bezeichnung geht ein Missverständnis voraus, denn bei dem Wort „Watussi" handelt es sich eigentlich um die Bezeichnung einer Volksgruppe aus Ruanda (Ba-tutsi = Einzahl, Wa-tutsi = Mehrzahl). Im Englischen werden die Batutsi „Tussi" genannt und die Vorsilbe „wa" entspricht in der ruandischen Sprache Kinyarwanda der Mehrzahl. Die aus dem Englischen kommende Bezeichnung meinte damit ursprünglich „die Rinder der Watussi".

Bekannt wurden diese Rinder jedoch durch die Ankole im gleichnamigen Königreich. Daher werden die Rinder in Afrika heute als „Ankole-Rinder" bezeichnet. Gehalten und gezüchtet werden sie seit Jahrhunderten von mehreren Stämmen in Ostafrika, so auch von den Batutsi in Ruanda. Die Rinderrasse hat sich wahrscheinlich aus dem Zebu-Rind entwickelt. Bei der Zuchtauslese war die **Hornlänge** von entscheidender Bedeutung. Die Hörner können heute eine Länge von über 2,60 m erreichen. Afrikanische Völker betrachten diese Rinder als ein Zeichen des Reichtums. Bei einigen Völkern werden den Töchtern der Familie Tiere als Mitgift mitgegeben.

Die Ankole-Kühe liefern nur wenig Milch, aus der teilweise eine Art Weichkäse hergestellt wird. Da die Rinder eine wichtige ökonomische Funktion innehaben – der Besitz der Ankole-Rinder gilt als Statussymbol und als Ausdruck von Reichtum –, werden sie gehegt und gepflegt und in der Regel nicht geschlachtet. Außer der Milch wird das Blut der Tiere zum Trinken genutzt. Dazu werden sie zur Ader gelassen und einige hundert Milliliter Blut an der Halsschlagader abgezapft. Die Wunde wird mit einer Mischung aus Speichel und Erde wieder verschlossen, damit sie sich im Nachhinein nicht entzündet und auch schneller wieder verheilt. Das Blut wird mit Milch vermischt getrunken. Auch der Dung der Tiere ist nützlich: Vermischt mit Lehm dient er zur Abdichtung der Häuser, getrocknet als Brennmaterial zum Kochen.

Text: Thomas Breuer

Ankole-Rinder besitzen stattliche Hörner

Reisepraktische Informationen Nyagatare

Wichtige Telefonnummer
Polizei **Nyagatare**, ☎ 565251.

Unterkunft
Blue Sky Hotel $$, *etwas abseits der Hauptstraße,* ☎ *0252-563431, 078-8301914, bskyhotel@gmail.com, DZ 25 €, EZ 13–19 €. Hotel mit zwei Etagen, WLAN, Bar, Sauna und Schwimmbad. Empfehlenswertes Restaurant.*
Centre Spirituel Amizero $, *abseits der Hauptstraße, ca. 1 km vom Taxi-Park,* ☎ *0252-565051, 078-8842765, DZ 11 €, EZ 7 €, Betten in Schlafsälen kosten 2 €. Hotel mit 17 einfachen Zimmern und Restaurant.*

Verkehrsverbindungen
Reguläre **Busverbindungen** *bestehen zwischen Nyangatare und Kigali (2.000 RWF), sowie nach Kayonza und zur ugandischen Grenze (Kagitumba).*

Akagera-Nationalpark

Weite Ebenen, von Bäumen gesäumte Seen, immergrüne Papyrussümpfe und sanfte Hügel prägen die wunderschöne Savannenlandschaft des Akagera-Nationalparks. Dieser schützt seit 1934 Teile der Savannen Ruandas, in der zahlreiche, für die ostafrikanischen Savannen so typische Tierarten wie Zebras, Antilopen, Büffel, Hyänen oder Elefanten leben. Im Vergleich zu den anderen Regionen Ruandas ist das Parkgebiet relativ flach und klimatisch etwas wärmer und trockener. Busch- und Baumsavanne wechseln einander ab, wobei Akazienarten *(Vachellia sp.)* die dominierenden Pflanzen sind. Auffällig ist die an einen Kaktus erinnernde Kandelaber-Euphorbie *(Euphorbie candelabra)*. Diese zu den Wolfsmilchgewächsen zählende Pflanze kann stattliche Höhen von mehreren Metern erreichen.

Tiere der ostafrikanischen Savanne

Akagera umfasst in seinen Grenzen zahlreiche Seen mit unterschiedlichen Ausmaßen. Der größte von ihnen ist der **Ihema-See**, der sich im Süden des Parks erstreckt. Sieben weitere Seen folgen an seiner nordwestlichen Flanke, darunter der fischreiche Shakani- und der Birengero-See. Dort leben neben Flusspferden zahlreiche Wasservögel und Krokodile. Im zentralen Teil befinden sich weitere Seen, die größten sind dort der Hago- und der Kivumba-See. Im nördlichen Teil wiederum liegen der für seine Flusspferdpopulation bekannte Mihindi-See sowie der Rwanyakazinga-See. Zwischen den Seen erstrecken sich etliche Sümpfe, die meist von einem breiten Rand von Papyruspflanzen gesäumt werden. An der östlichen Parkgrenze, die gleichzeitig die Grenze zum Nachbarland Tansania darstellt, schlängelt sich der **Akagera**, der größte Fluss Ruandas und Namensgeber des Parks.

Größter Fluss Ruandas

Es wäre sicher vermessen, den Park mit anderen Schutzgebieten in Ostafrika zu vergleichen. Zu viele Tiere wurden in den vergangenen Jahrzehnten gewildert, ei-

Schutzbemühungen greifen nige Arten sogar völlig ausgerottet (Spitzmaulnashorn, Löwe, Afrikanischer Wildhund). Jedoch haben sich, seit die Schutzbemühungen greifen, etliche Tierarten wieder vermehrt oder sind ins Gebiet zurückgewandert. So können Besucher heute wieder stundenlang durch die schöne Landschaft fahren und dabei durchaus zahlreiche Tiere beobachten. Und dies sogar mit vielleicht einem Vorteil gegenüber anderen Nationalparks in Afrika, da ihnen wahrscheinlich kaum ein anderer Wagen begegnen wird.

Lage und Klima

Trockenes Klima Der Akagera-Nationalpark liegt im Osten Ruandas entlang der Grenze zu Tansania und erstreckt sich über Höhen von 1.280 m bis knapp 2.000 m. Das Klima in dieser Region ist trockener als in den übrigen Landesteilen Ruandas. Die Regenzeit ist kürzer und auch weniger ergiebig. Die Temperaturen liegen tagsüber meist über 25 °C, teilweise sogar leicht über 30 °C. In einigen Monaten kann nachts das Thermometer unter 18 °C fallen, sodass wärmere Kleidung für den Abend empfehlenswert ist.

Geschichte

Das Gebiet des heutigen Nationalparks wurde Mitte des 19. Jh. von einigen Abenteuer- und Forschungsreisenden besucht. Der britisch-amerikanische Forschungsreisende Henry Mortan Stanley, der auf seiner ersten Afrikareise 1871 auf den verschollen geglaubten David Livingstone unweit des Tanganjika-Sees stieß, erreichte auf seiner zweiten Afrikareise 1874 den Ihema-See. Ende des 19. Jh. kamen im Zuge

Flusspferde sind häufig in Akageras Seen

der Kolonialisierung einige deutsche Reisende, Forscher und Kolonialbeamte in das Akagera-Gebiet, bevor Deutschland nach dem Ersten Weltkrieg seine Kolonien verlor und Ruanda unter belgische Herrschaft gestellt wurde.

Bereits recht früh begannen die Belgier sich für **Naturschutz** zu interessieren. Ab 1920 gab es etliche amtliche Verfügungen zu diesem Thema. Dennoch dauerte es noch einige Jahre, bis am 26. November 1934 der „Parc National de la Kagera" gegründet wurde. Seinen Namen erhielt das Schutzgebiet nach dem Fluss, der im Osten teilweise die Grenze zu Tansania markiert und später in den Victoria-See mündet. Der damals 2.500 km² große Park wurde bereits weitestgehend nach den heute üblichen Regularien geführt. Dabei wurde ein Teil als strikte Schutzzone ausgewiesen, Randbereiche fungierten hingegen als eine Art Pufferzone und konnten teilweise von der Bevölkerung weiter genutzt werden. Verwaltet wurde der Park damals vom „Institut des Parcs Nationaux du Congo Belge et du Ruanda-Urundi" (Nationalpark-Institut Belgisch-Kongo und Ruanda-Urundi). Im Jahr 1957 wurden in Afrika das erste Mal Nashörner umgesiedelt. Dabei kamen sechs Spitzmaulnashörner, fünf weibliche und ein männliches Tier in den Nationalpark. Die Population entwickelte sich so gut, das Ende der 1970er-Jahre rund 50 Nashörner im Park lebten.

Die Belgier förderten den Naturschutz

Nach der Unabhängigkeit wurde der Park in **Parc National d'Akagera** (Akagera-Nationalpark) umbenannt und unterstand zunächst dem Ministerium, bevor später ein eigenes Amt zur Verwaltung der Nationalparks gegründet wurde. Die neue Regierung hatte große Probleme mit dem anhaltenden Bevölkerungswachstum. So wurde der Akagera-Nationalpark bereits einige Jahre nach der Unabhängigkeit um einige tausend Hektar verkleinert. Der Aufbau einer eigenen Nationalparkverwaltung verlief nur schleppend, die Schutzmaßnahmen in den Nationalparks ließen sehr zu wünschen übrig. Erst im Laufe der 1970er-Jahre verbesserte sich die Situation. Eine vertiefende Zusammenarbeit zwischen Ruanda und der Bundesrepublik Deutschland rückte den Naturschutz sowie den Tourismus mehr in den Blickpunkt der ruandischen Politik.

1975 half der deutsche Zoologe Bernhard Grzimek dabei, **Elefanten** wieder im Akagera-Nationalpark anzusiedeln. Die letzten Elefanten waren dort 1961 gesichtet worden. In **Bugesera**, einem Gebiet südlich von Kigali, lebten zu dieser Zeit noch Elefanten, die jedoch dem steigenden Landbedarf

Unterstützung durch Bernhard Grzimek

Elefantenbulle Mutware wurde von Rangern aufgezogen

der wachsenden Bevölkerung weichen sollten.

Bei der Aktion wurden etwa 100 Elefanten erschossen und 26 Jungtiere für die Umsiedlung gefangen. Drei von ihnen, mit Namen Mwiza, Hélico und Mutware, mussten zunächst von Rangern aufgezogen werden. Nach ihrer Auswilderung schlossen sich die ersten beiden bald den wilden Artgenossen an, während Mutware ein Einzelgänger blieb. Die Nationalpark-Ranger hielten über all die Jahre zu ihm Kontakt, sodass der stattliche Elefantenbulle auch heute noch Menschen gegenüber keine Scheu zeigt. Leider haben die späteren Unruhen in Ruanda das ambitionierte Elefanten-Projekt durch Wilderei zunichte gemacht. Mutware überlebte diese Zeit, büßte dabei jedoch seine Stoßzähne ein. Seine fehlende Distanz gegenüber Menschen verursacht immer wieder Konflikte, da er sich gerne in die Siedlungen um den Nationalpark begibt, um dort auf den Feldern Nahrung zu suchen.

Ein zweiter Prozess der **Flächenreduzierung** vom Akagera-Nationalpark erfolgte 1998. Die nach dem Ende des Völkermords aus dem Exil zurückkehrenden Batutsi benötigten dringend Land. Die Regierung entschloss sich daher, große Teile im Osten und Norden des Parkgebiets für diese Zwecke abzutrennen. So schrumpfte der Park auf heute 1.122 km² und verlor damit über die Hälfte seiner ursprünglichen Fläche. Das Problem der rasant wachsenden Bevölkerung besteht weiterhin, voraussichtlich wird sich die Bevölkerungszahl Ruandas in den nächsten 20 Jahren verdoppeln. Nur wenn der Akagera-Nationalpark ein gut besuchtes Reiseziel wird, besteht die Hoffnung verhindern zu können, dass weitere Gebiete abgetrennt werden.

Schrumpfendes Schutzgebiet

Im Auftrag des Ruanda Development Board übernahm im Jahr 2011 die Organisation **African Parcs** (www.african-parks.org) das Management des Akagera-Nationalparks. Zu den Aufgaben gehören die Entwicklung des Tierbestands, der Aufbau und die Unterhaltung der Infrastruktur, die Durchsetzung der Naturschutzgesetze, die Zusammenarbeit mit der angrenzenden Bevölkerung und die Durchführung von gemeinsamen Entwicklungsprojekten. Die auf 20 Jahre angelegte Zusammenarbeit beinhaltet zudem den Bau und die Betreibung eines gehobenen Zeltcamps sowie die Errichtung eines 120 km langen Elektrozauns entlang der westlichen Parkgrenze. Zur Entwicklung des Tierbestands gehört auch die Wiederansiedlung von Löwen und Nashörnern. 2015 wurden im Rahmen des Projekts sieben Löwen aus Südafrika im Nationalpark ausgewildert.

Wiederansiedlung von Tieren

Geschichte

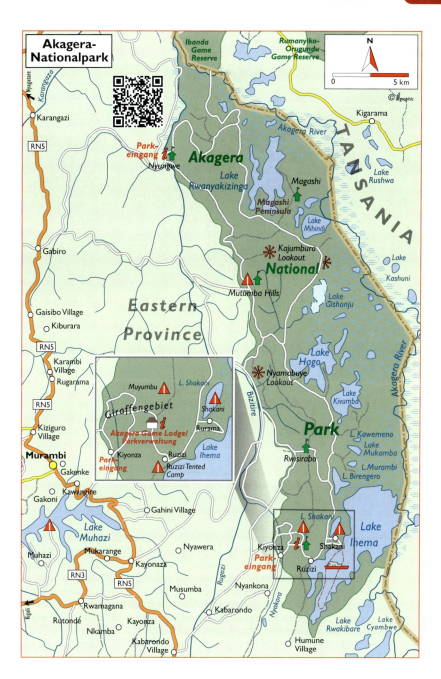

Die Maasai-Giraffe stammt ursprünglich aus Kenia

Tiere im Akagera-Nationalpark

Säugetiere im Nationalpark

Zahlreiche Säugetierarten bevölkern die Savannen und Seen von Akagera. Das schwerste Landtier ist der afrikanische **Elefant** *(Loxodonta africana)*, von denen etwa 90 Tiere im Parkgebiet leben. Sie sind dort jedoch wegen ihrer Wanderungen auch über die Grenze nach Tansania hinweg nicht immer anzutreffen. Von dem einst häufigen Spitzmaulnashorn wurde im Jahr 2007 das letzte Tier gesehen. Es ist jedoch geplant, in Zukunft wieder Nashörner einzuführen. **Flusspferde** *(Hippopotamus amphibius)* sind dagegen in den Seen noch recht häufig anzutreffen.

Insgesamt sind elf **Antilopenarten** im Park zu finden: Impala oder Schwarzfersen-Antilope *(Aepyceros melampus)*, Defassa-Wasserbock *(Kobus ellipsiprymnus defassa)*, Topi *(Damaliscus lunatus)*, Pferdeantilope *(Hippotragus equinus)*, Eland-Antilope *(Taurotragus oryx)*, Bohor-Riedbock *(Redunca redunca)*, Klippspringer *(Oreotragus oreotragus)*, Kronenducker *(Sylvicapra grimmia)*, Oribi oder Bleichböckchen *(Ourebia ourebi)* Buschbock *(Tragelaphus scriptus)* und die Sitatunga oder Sumpfantilope *(Tragelaphus spekii)*. Die **Maasai-Giraffe** *(Giraffa camelopardalis tippelskirchi)* wurde 1986 von Kenia eingeführt, heute sind etwa 60 Giraffen im Park anzutreffen. Weitere Säugetierarten sind der Kaffernbüffel *(Syncerus caffer)*, das Böhm-Zebra *(Equus quagga boehmi)* und das Warzenschwein *(Phacochoerus africanus)*.

Zu den in Akagera vorkommenden **Raubtieren** gehören Tüpfelhyäne *(Crocuta crocuta)*, Ostafrikanischer Leopard *(Panthera p. pardus)*, Serval *(Leptailurus serval)*, Streifenschakal *(Canis adustus)* und die zu den Schleichkatzen zählenden Schlank-, Zebra- und Zwergmangusten. Bis Anfang der 1990er-Jahre sollen noch rund 250 Löwen im damals noch größeren Nationalpark gelebt haben. Seit dem Jahr 2000 waren sie jedoch im Akagera-Nationalpark nicht mehr präsent. Nachdem der Grenzzaun im Westen fertiggestellt war, wurde ab 2015 damit begonnen, wieder Löwen anzusiedeln.

Mehrere **Primatenarten** leben im Nationalpark: Anubis-Pavian *(Papio anubis)*, Grünmeerkatze *(Chlorocebus pygerythus)* und Diadem-Meerkatze *(Cercopithecus mitis)*, wobei Letztere seit einigen Jahren nicht mehr gesichtet wurde. Kaum zu sehen sind die nachtaktiven Affen, der Moholi-Galago *(Galago moholi)* und der Großohr-Riesengalago *(Otolemur crassicaudatus)*.

Marabu im Akagera-Nationalpark

Rund 500 **Vogelarten** wurden im Parkgebiet registriert, davon ca. 100 Arten, die in Ruanda nur im Akagera-Nationalpark beobachtet werden können. Einer der außergewöhnlichsten Vögel ist sicherlich der Schnuhschnabel, der in Papyrussümpfen mit seinem mächtigen Schnabel nach speziellen Fischen jagt. Entlang der Seeufer schreiten Sattel-, Klaffschnabel oder Nimmersatt-Störche, Silberreiher gehen im seichten Wasser auf die Pirsch, während die mit den Eisvögeln verwandten Graulieste von ufernahen Sträuchern Ausschau nach kleinen Fischen halten. Auf meist etwas exponierter Stelle sitzen die weithin hörbaren Schreiseeadler, auch die Rufe der Kronenkiebitze sind zu vernehmen. Weißbrauen-Spornkuckucke verschwinden meist schnell im Unterholz, während man Webervögel zur richtigen Jahreszeit beim Bau von kunstvoll geflochtenen Nestern sehen kann. Besonders interessant für Ornithologen sind die seltenen Papyrus-Würger *(Laniarius mufumbiri)*, Doppelzahn-Bartvogel *(Lybius bidentatus)* und Böhm's Schnäpper *(Muscicapa boehmi)*.

Bunte Vogelwelt

Aktivitäten im Park

Der Akagera-Nationalpark bietet ein Netz von **Pisten**, auf denen der Besucher die weite Savannenlandschaft erkunden kann. Die Beobachtung der verschiedensten Savannentiere während der Fahrten ist ein besonderes Naturerlebnis. Einige Pisten des Nationalparks verlassen zeitweise das Schutzgebiet, da ursprüngliches Parkgebiet vor einigen Jahren für die Bevölkerung abgetrennt wurde. In diesen Gebieten am Parkrand leben Hirten mit einer großen Anzahl von Rindern.

Parkguides oder lokale Führer

Pirschfahrten führen auf Rundstrecken ab zwei Fahrstunden bis hin zu einem ganzen Tag durch den Nationalpark und sind mit Orientierungsnummern auf der Karte sowie an den Pisten markiert. Um auch nur annähernd einen Eindruck vom Nationalpark zu erhalten, sollten Besucher mindestens einen halben Tag, besser aber gleich einen ganzen Tag einplanen. Für alle, die den Park auf eigene Faust und mit eigenem (Miet-)Wagen befahren möchten, ist der obligatorische **Parkguide** sehr hilfreich, da er sich mit den Wegen und besonders mit den Aufenthaltsorten der Tiere gut auskennt. Es stehen angestellte Parkguides und Community Freelance Guides („selbstständige lokale Führer") zur Auswahl. Letztere kommen aus parknahen Dörfern und erhalten auf diese Weise die Möglichkeit, durch den Tourismus etwas hinzuzuverdienen. Für Besucher, die mit einem einfachen Pkw oder mit öffentlichen Verkehrsmitteln anreisen, besteht die Möglichkeit, für eine Pirschfahrt ein offenes Allradfahrzeug mit Fahrer bei der Parkverwaltung zu mieten.

Beobachtungsmöglichkeiten

Die Einfahrt zum Park befindet sich in der Nähe der Akagera Game Lodge. Von dort führen verschiedene Pisten durch den Park, planen Sie Ihre Route je nach zeitlicher Verfügung. Vom Main Gate führt eine Strecke zum 5 km entfernten **Ihema-See**, Ruandas zweitgrößtem Gewässer. Dort befindet sich die **Hauptverwaltung** des Parks. Nördlich des Ihema-Sees führt die Strecke etwa 4 km bis zum **Shakani-See**. Dort lebt eine große Anzahl an Flusspferden, es gibt einen schönen Picknickplatz und an dem See darf mit Erlaubnis der Parkbehörde geangelt werden. Weitere 8 km Richtung Norden folgt der **Birengero-See** mit einer Vielzahl an Wasservögeln. Zur Wildbeobachtung eignet sich die Gegend um den **Hago-See**, der 15 km nördlich des Birengero liegt. Ebenso gut geeignet zur Tierbeobachtung sind die **Mutumba Hills**, mit knapp 2.000 m die höchste Erhebung im Park, bei denen sich gerne auch seltenere Huftiere aufhalten. Lohnend ist auch eine **Bootsfahrt** auf dem Ihema-See. Auf dieser faszinierenden Wassertour sehen Sie große Nilkrokodile, Gruppen von Flusspferden und zahlreiche Wasservögel.

Reisepraktische Informationen Akagera-Nationalpark

Information

Im Internet: *Offizielle Webseite des Nationalparks:* www.akagera.org.
African Parks, *www.african-parks.org,* Büro Akagera ☏ 078-2166015, 078-6182871, *akagera@african-parks.org.*
Friends of Akagera National Park: *www.facebook.com/AkageraNP.*
Tourismusamt: *www.rwandatourism.com.*

Kontakt Nationalpark: *Süd-Eingang,* ☏ *078-6182871;*
Nord-Eingang, ☏ *078-6182872;*
Büro, ☏ *078-2166015.*
Weitere Informationen unter: www.akagera.org
Der Akagera-Nationalpark ist tgl. 7–17 Uhr geöffnet. Eintritt: 30 US$ pro Person/Tag.
Zusätzliche Gebühren für die Ranger-Begleitung: 15/30 US$ (halber/ganzer Tag).
Hinzu kommt eine Gebühr für das Fahrzeug von 4.000 RWF für ruandische Pkw oder Allradfahrzeuge bzw. 20 US$ für im Ausland registrierte Fahrzeuge.

Es ist nicht gestattet, den Park ohne **ortskundigen Guide** zu durchfahren. Eine recht gute Nationalparkkarte wird am Eingangstor bzw. im Hauptbüro verkauft.

Unterkunft
Ruzizi Tented Lodge $$$$$ (2), Ihema-See, ☎ 078-7113300, www.ruzizi lodge.com, ruzizi@african-parks.org. DZ 300 US$, EZ 210 US$, jeweils mit Halbpension. Die 2013 eröffnete Lodge gehört zum Parkmanagement. Sie verfügt über neun komfortable Zelte, die über Holzstege miteinander verbunden sind, sowie ein gutes Restaurant und eine große Holzterrasse mit einem schönen Blick über den See.

Akagera Game Lodge $$$$ (1), 1 km vom südlichen Main Gate des Akagera-Parks entfernt, ☎ 078-2535717 oder 078-5201206, www.akageralodge.com, akagera01@gmail.com. DZ 100 €, EZ 80 €, Suite als DZ 150 € jeweils inkl. Frühstück. Die 2004 letztmalig renovierte Lodge (trotz des Namens eigentlich ein Hotel) liegt auf einer Anhöhe unweit des Ihema-Sees. Unterkunft bieten 58 Zimmer und zwei Suiten, wobei alle Zimmer einen herrlichen Blick auf den See bieten. Das Hotel verfügt über ein Restaurant, Bar, Tennisplatz und einen Swimmingpool.

Camping
Es liegen drei Campingplätze innerhalb des Nationalparks mit einfachen Toiletten und Waschgelegenheiten. Es gibt kein fließendes Wasser, daher selber genügend Wasser und Trinkwasser mitbringen. Zelte und Feuerholz können zur Verfügung gestellt werden. Buchungen über das Nationalparkbüro (s. o.), Kosten: 20 US$ pro Person/Nacht.

Shakani Campsite: Der Campingbereich liegt wunderschön am Ufer des Shakani-Sees, mit einigen bewaldeten Hügeln im Rücken. Von dort sind gut Flusspferde und zahlreiche Vögel zu beobachten.

Mutamba Campsite: Dieser Zeltplatz auf dem höchsten Punkt des Nationalparks ist meist von weidenden Huftieren umgeben. Man hat gute Chancen, von dort Eland- und Pferdeantilopen zu beobachten.

Begegnung im Nationalpark

In Akagera leben verschiedenste Hornträger, wie diese Topi-Antilope

Muyumba Campsite: Muyumba ist eine Anhöhe westlich des Shakani-Sees. Von diesem Zeltplatz hat man einen tollen Blick über die Seen bis hinüber nach Tansania. Er liegt nur wenige Kilometer vom Hauptquartier entfernt und ist dem südlichen Eingang am nächsten.

Aktivitäten

Für alle Aktivitäten ist eine rechtzeitige **Anmeldung** beim Parkmanagement erforderlich. Kontaktdaten s. o.

Angeln: Die Angelgenehmigung für den Shakani-See kostet 20 US$ pro Person/Tag.

Bootsfahrt: Bootstouren auf dem Ihema-See mit einem Boot der Parkverwaltung kosten pro Person 30 US$ die Stunde (Abfahrtzeiten: 7.30, 9 und 15.30 Uhr). Für die Fahrt um 17 Uhr zum Sonnenuntergang werden 40 US$ pro Person/Stunde berechnet. Außerhalb dieser Zeiten kann eine Bootstour für 180 US$ gebucht werden.

Geführte Safari: Der Nationalpark stellt Ranger-Guides für Pirschfahrten im Nationalpark zur Verfügung. Bei Fahrtbeginn vor 9 Uhr bzw. nach 12 Uhr und einer Fahrtdauer bis 5 Std. gilt die Tour als halber Tag und kostet 15 US$. Bei Fahrtbeginn nach 9 Uhr bzw. vor 12 Uhr und mehr als 5 Std. Fahrtdauer gilt die Tour als ganzer Tag und kostet 30 US$. Die Fahrt von einem Eingang (z. B. Süd) zum anderen Eingang (z. B. Nord) wird als ganzer Tag gerechnet, unabhängig von der Stundenzahl. Der Ranger-Guide wird in diesem Fall von der Parkverwaltung wieder zum Ausgangspunkt zurückgebracht.

Nachtsafari: Eine Nachtsafari dauert 3–4 Std. und kostet bei mindestens 4 Personen 40 US$ pro Peron.

Vogeltour: Für eine ornithologische Parktour zahlt man 80 US$ pro Person/Tag.

Verkehrsmittel

Der Nationalpark ist am besten mit einem **Mietwagen** oder einem eigenen **Auto** zu erreichen. Von Kigali aus brauchen Sie ca. 2,5–3 Std. (s. Streckenhinweis, S. 175). Sollten Sie Akagera als Tagesausflug von Kigali aus planen, dann starten Sie am besten sehr früh, damit Sie spätestens gegen 7.30 Uhr im Park sind. Das ist eine gute Zeit zur Tierbeobachtung, da später zur Mittagszeit viele Tiere im Unterholz Schatten suchen.

Mit **öffentlichen Verkehrsmitteln** gestaltet sich die Anfahrt etwas schwieriger. Nehmen Sie von Kigali kommend einen Bus nach Ngoma und steigen Sie in Karabondo aus. In dem kleinen Ort zweigt eine Straße nach Akagera ab. Versuchen Sie dort eine Transportmöglichkeit nach Nyankora zu finden (31 km). Von dort sind es nur noch 5,5 km bis zum südlichen Parkeingang. Fahrten im Park können Sie dann mit einem parkeigenen Safarifahrzeug unternehmen.

> **Streckenhinweis**
>
> Von **Kigali zum Akagera-Nationalpark** fahren Sie zunächst von der Stadt in Richtung Flughafen und folgen der RN3 nach Osten (Kayonza). Nach etwa 78 km endet in Kayonza die Straße an einer T-Kreuzung. Links geht es nach Nyagatare und rechts zum Akagera-Nationalpark und Ngoma (Kibungo). Die Straßen sind bis dahin asphaltiert und in gutem Zustand. In Kabarondo zweigt links eine Piste Richtung Nationalpark ab (ausgeschildert). Die relativ gute Piste hat zwar das eine oder andere Schlagloch, doch kann sie gut mit einem normalen Pkw befahren werden. Nach 30 km erreichen Sie das Dorf Nyankora und 5 km weiter liegt das südliche Eingangstor (Main Gate).

Von Kigali nach Südosten

Von Kigali kommend biegt an der T-Kreuzung in Kayonza die RN3 nach rechts Richtung Süden ab. Im kleinen Ort Kabarondo befindet sich links die Abzweigung einer relativ guten Piste zum Akagera-Nationalpark, auf der nach ca. 35 km das südliche Eingangstor (Main Gate) erreicht wird (s. o.).

Die RN3 führt dann weiter nach **Kigarama** und erreicht von dort nach 8 km die Stadt **Ngoma** (Kibungo), die etwas abseits der Nationalstraße liegt. Rund 67 km hinter Kigarama befindet sich der Grenzort **Rusumo**, von dort ist die Einreise nach Tansania möglich.

Aus- und Einreiseformalitäten s. Allgemeine Reisetipps S. 94.

Ngoma (Kibungo)

Die 47.000 Einwohner zählende Stadt Ngoma liegt 3 km abseits der Nationalstraße von Kigali zur Grenze nach Tansania. Die Bewohner des gleichnamigen Distrikts hatten unter dem Völkermord besonders zu leiden, die Todesrate war dort überdurchschnittlich hoch. Durch die abgeschiedene Lage im Ländereck zu Burundi und Tansania wurde der Wiederaufbau nach dem Bürgerkrieg nur schleppend vorangetrieben.

Ngoma ist eine ruhige Stadt ohne weitere Besonderheiten. Ihre Lage ist jedoch günstig für Ausflüge in den Akagera-Nationalpark oder auch zu einem Besuch der nahe gelegenen **Rusumo-Fälle**. Theoretisch ist ebenfalls eine Weiterfahrt nach Tansania möglich. Allerdings gibt es auf tansanischer Seite in näherer Umgebung keine Nationalparks oder ähnlich interessante Orte, die einen Tagesausflug lohnen würden.

Grenznahe Wasserfälle

Reisepraktische Informationen Ngoma (Kibungo)

Information
Im Internet: www.ngoma.gov.rw, offizielle Webseite der Distrikt-Verwaltung.

Wichtige Telefonnummern
Polizei Ngoma, ☏ 0252-566220/21.
Krankenhaus, ☏ 0252-566244.

Banken/Geldwechsel
Banque Populaire du Rwanda (BPR), direkt im Zentrum gelegen, ☏ 0252-567582, www.bpr.rw.

Unterkunft
Motel Umbrella Pine $$, in Cyasemakamba, etwas außerhalb von Ngoma, an der Hauptstraße nach Rusumo, ☏ 078-2525885, 5442322, DZ 18 €, EZ 10 € inkl. Frühstück. Nettes Personal und recht gutes Restaurant.
Tiptop Motel $, nahe Markt, ☏ 0252-566471, 078-8539604, DZ 12 €. Kleines, sehr zentrales Motel mit fünf sehr einfachen Zimmern.

Gästehäuser/Jugendherbergen
Centre Saint Joseph $, in der Nähe des Stella-Express-Ticketbüros, ☏ 0252-566303, 078-8545406, DZ 12 €, Suite 17 €, EZ 6 € mit Gemeinschaftsbad inkl. Frühstück. Bett in Schlafsälen 2 €. Angeschlossen ist ein Restaurant mit Terrasse, es werden lokale Gerichte serviert.
Centre de Formation de l'Eglise Anglicaine $, 50 m von der Abzweigung nach Cyasemakamba, ☏ 078-4258882, DZ 11 €, DZ mit Gemeinschaftsbad 8 €, Bett im Schlafsaal 3 €. Gästehaus mit 17 Zimmern und Schlafsaal. Kein Restaurant, aber Gerichte werden nach Vorbestellung serviert.

Verkehrsverbindungen
Die Stadt liegt 112 km von Kigali entfernt und ist mit dem **Auto** in rund 2 Std. zu erreichen. Mit den öffentlichen Bussen/Minibussen sollte man jedoch mehr Zeit einkalkulieren. Tägliche, regelmäßige **Busverbindungen** bestehen mit Rusumo, Kayonza und Kigali. Von Kigali kommend können Minibusse nach Rusumo bereits an der 3 km vor Ngoma liegenden Kreuzung Cyesamakamba erreicht werden.

Grenzregion zu Tansania

Kuhdungbilder

Auf der von Kigali kommenden Hauptstraße sind es von der Abzweigung nach Ngoma (Kibungo) bis zur tansanischen Grenze nur noch 60 km. Auf dem Weg dorthin passieren Sie 20 km vor der Grenze den Ort **Nyakarimbi**. Die Gegend um den Ort ist bekannt für die sogenannten „Kuhdungbilder". Diese Verzierungen aus dem Dung der Rinder befinden sich traditionell an den Innenwänden der Hütten. In Nyakarimbi sieht man jedoch auch einige Hütten mit Verzierungen an der

Außenwand. Zudem befindet sich im Ort eine Kooperative zur Herstellung von Handarbeiten.

Die Grenze zu Tansania wird durch den Akagera-Fluss markiert, der auf Höhe der Grenzbrücke durch eine kleine Schlucht donnert. An der Grenze selbst gibt es nur ein kleines Dorf mit einigen einfachen Restaurants und Bars. Am Grenzposten geht es sehr beschaulich zu, der Grenzverkehr mit dem Nachbarland ist nicht besonders stark. Fragen Sie die Grenzpolizisten höflich, ob Sie auf die Grenzbrücke dürfen, um sich die **Rusumo-Fälle** anzusehen. In der Regel sind die Polizisten freundlich und lassen Touristen gewähren. Aber bitte achten Sie darauf, dass im Grenzbereich nicht alles fotografiert werden darf.

 Entfernungen

Von Ngoma nach Kayonza: 36 km
nach Rusumo: 60 km
nach Kigali: 112 km
nach Muhanga: 165 km
nach Musanze 230 km
nach Huye: 247 km
nach Karongi: 256 km

Rusumo-Fälle

Hier in Rusumo liegt die Stelle, an der der Deutsche Graf Gustav Adolf von Götzen 1894 den Akagera-Fluss überquerte und als erster Deutscher seinen Fuß auf ruandischen Boden setzte. Im Ersten Weltkrieg besetzten 1916 die Belgier die strategisch wichtige Brücke und sorgten für einen Rückzug der Deutschen aus Ruanda.

Der Wasserfall des Rusumo ist etwa 15 m hoch und 40 m breit. Er wurde international bekannt während des Genozids, als sich Hunderte vom Fluss angeschwemmte tote Körper an den Fällen sammelten und Tausende von Menschen über die Brücke ins rettende Tansania flüchteten.

Schreckliche Bilder vom Fluss

Der Rusumo-Fluss an der Grenze zu Tansania

5. Das Gebiet der Vulkane

Vulkane üben schon seit Urzeiten eine große Faszination auf die Menschen aus. Majestätisch ragen sie gegen den Himmel, verbreiten, wenn sie noch aktiv sind, immer mal wieder Angst und Schrecken, liefern aber auch atemberaubende Bilder und Stoff für unzählige Mythen. Das Gebiet der ruandischen Vulkane befindet sich im Nordwesten des Landes und umfasst den zu Ruanda gehörenden Teil der **Virunga-Kette** und das angrenzende Hochland bis zum zentralafrikanischen Grabenbruch am Kivu-See im Westen. Das Gebiet um die Vulkane ist sehr hügelig. Die Landschaft ist aufgrund der klimatischen Verhältnisse üppig grün und weitestgehend landwirtschaftlich geprägt. In dem noch in Resten vorhandenen Berg-Regenwald der Virungas leben die berühmten **Berggorillas**. Es sind vor allem diese sanften Menschenaffen, die wohl die meisten Reisenden nach Ruanda locken. Das Gebiet hat jedoch noch einiges mehr zu bieten als diese faszinierenden Tiere. Bergsteiger und Wanderer finden hier ebenso gute Bedingungen vor wie Ornithologen oder Angler an den umliegenden Seen Burera und Ruhondo.

Redaktionstipps

▶ **Übernachten** an den Berghängen der Virunga-Vulkane in der **Le Bambou Gorilla Lodge** (S. 211).
▶ Ein frühes **Abendessen** mit Blick auf die Virunga-Vulkane und die umliegenden Seen in der **Virunga Safari Lodge** (S. 216).
▶ Eine **Wanderung** auf den Spuren von Dian Fossey, der Besuch bei den **Berggorillas** im Volcanoes-Nationalpark (S. 196, 212).
▶ **Bergtouren** durch die wunderschöne Bergwelt der **Virunga-Vulkane**, deren Besteigung atemberaubende Aussichten verspricht (S. 207, 212).
▶ Ein Ausflug zu den herrlich gelegenen **Seen Ruhondo** und **Burera** (S. 214).

Die Strecke von Kigali nach Musanze (Ruhengeri)

Die Strecke von Kigali nach Musanze führt von der Innenstadt kommend über die KN8 Av. (RN3) Richtung Taxi-Park Nyabugogo. Etwa 2,5 km nach dem Taxi-Park zweigt rechts die Hauptstraße RN4 nach Musanze (Ruhengeri) und Rubavu (Gisenyi) ab. Nach der Überquerung des Nyabugogo-Flusses geht es zunächst bergauf, bis sich nach einigen Kilometern beim Blick zurück eine schöne Aussicht auf Kigali eröffnet. Dann schlängelt sich die Straße um und über die Hügel, bis bei guter Sicht in der Ferne die Virunga-Vulkane zu erkennen sind. Musanze wird nach etwa 1 ¾ bis 2 Stunden Fahrt erreicht.

Musanze (Ruhengeri)

Überblick

Anlaufstelle für Nationalparkbesucher

Musanze zu Füßen der Virunga-Vulkane ist eine eher verschlafene, mittelgroße Stadt mit 72.000 Einwohnern. Sie hat außer einigen Hotels und Restaurants für Reisende nicht allzu viel zu bieten. Als nächstgelegene Stadt zum **Volcanoes-Nationalpark** ist sie jedoch Anlaufstelle für alle Reisenden, die Berggorillas besuchen oder Wanderungen und Bergbesteigungen in den Virungas unternehmen möchten. Das macht Musanze zu dem touristischen Zentrum Ruandas, was nicht bedeutet, dass man dort auf Touristenmassen stößt. Die meisten Hotels liegen außerhalb des Ortskerns und so begegnen sich im Zentrum des Ortes vielleicht gerade einmal ein paar Dutzend Reisende. In Musanze geht es weit ruhiger und beschaulicher zu als in allen anderen touristischen Hochburgen des Kontinents. Das macht Reisen in Ruanda zu etwas ganz Besonderem.

In der östlichen Umgebung der Stadt liegen zwei schöne Seen, der Ruhondo- und der Burera-See, die ebenfalls einen Abstecher lohnen (s. S. 214). Die zu den beiden Seen führende Straße verläuft weiter nach Cyanika an die Grenze zu Uganda.

Geschichte

Über die Geschichte der Stadt Musanze ist nicht viel bekannt. Zur Zeit der ersten Europäer in Ruanda war der damals noch Ruhengeri genannte Ort ein kleines Dorf mit einigen typischen Rundhütten. In seiner Nähe, von Kigali kommend ca. 1,5 km vor dem heutigen Musanze, lag eine bekannte Mineralwasserquelle, die schon der Herzog von Mecklenburg 1907 erwähnt hat. Auch der damalige Gouverneur Deutsch-Ostafrikas, Heinrich Albert Schnee, soll 1913 von der Quelle getrunken haben. Heute kann diese Quelle jedoch nicht mehr besucht werden.

Neuordnung der Provinzen

Nach der Unabhängigkeit Ruandas diente Ruhengeri hauptsächlich als Marktplatz, zu dem die Bauern der gesamten Region strömten, um ihre Waren zu verkaufen. Erst mit Beginn des Tourismus und der Möglichkeit, Berggorillas zu besuchen, erwachte das Städtchen aus seinem Dornröschenschlaf. Ruhengeri war bis zur Gebietsreform Hauptstadt der gleichnamigen Provinz und verfügt dadurch über einige Verwaltungsbauten sowie über ein Krankenhaus. 2006 wurden bei einer Neuordnung die Provinzen und Distrikte des Landes neu zugeschnitten. Die ehemalige Provinz Ruhengeri ist seitdem ein Teil der neuen Nordprovinz, die wiederum in fünf Distrikte (Landkreise) unterteilt ist. Die neu geschaffenen Distrikte bekamen aus Gründen der Vergangenheitsbewältigung neue Namen, im Fall des Distrikts im Großraum Ruhengeri ist dies Musanze. Wie bei allen neuen Distrikten sind deren Namen für die jeweilige Distrikthauptstadt übernommen worden und so wurde aus Ruhengeri die Stadt Musanze.

Musanze (Ruhengeri)

Stadtrundgang

Die Innenstadt von Musanze wird durch einen Bach in zwei Bereiche geteilt. Von Kigali kommend erreicht man zunächst das östliche Zentrum der Stadt. Auf der linken Seite der Hauptstraße (Rue du 5 Juillet) liegt der **Alte Markt**. Einige Minibus-Unternehmen legen hier auf dem Weg zwischen Kigali und Rubavu (Gisenyi) bzw. Goma einen Stopp ein. Der eigentliche **Busbahnhof** ist am Ende der Rue de Commerce, vom Alten Markt kommend ist dies die zweite Straße links. Der gleichen Straße rechts Richtung Norden folgend, gelangt man zum **Neuen Markt**. Geht man weiter über die Rue du 5 Juillet, überquert man den die Innenstadt teilenden Bach Kigombe und passiert auf der linken Seite das **Krankenhaus**. Entlang des weiteren Weges liegen einige Bankfilialen und auf der linken Seite das **Musanze Tourism Information Center**. Dort sind allgemeine Informationen zur Stadt und zum Volcanoes-Nationalpark sowie Hilfe zur Planung von Wanderungen in der Umgebung erhältlich. Beachten Sie jedoch: Möchten Sie Bergtouren innerhalb des Volcanoes-Nationalparks unternehmen und sollten Sie noch kurzfristig ein **Gorilla-Permit** benötigen, so bekommen Sie diese Informationen nur im Nationalparkbüro in Kinigi!

Gorilla-Permit rechtzeitig besorgen

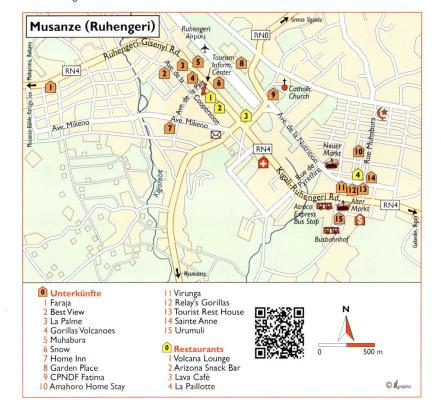

Unterkünfte
1 Faraja
2 Best View
3 La Palme
4 Gorillas Volcanoes
5 Muhabura
6 Snow
7 Home Inn
8 Garden Place
9 CPNDF Fatima
10 Amahoro Home Stay
11 Virunga
12 Relay's Gorillas
13 Tourist Rest House
14 Sainte Anne
15 Urumuli

Restaurants
1 Volcana Lounge
2 Arizona Snack Bar
3 Lava Café
4 La Paillotte

Die Umgebung von Musanze

Auch wenn die Stadt hauptsächlich als Ausgangspunkt zum Besuch des Volcanoes-Nationalparks dient, so bietet ihre Umgebung für Reisende mit etwas Zeit durchaus noch weitere Ausflugsmöglichkeiten.

Musanze-Höhle

Blick aus der Musanze-Höhle

Die interessante Musanze-Höhle liegt 2 km außerhalb von Musanze an der Straße nach Rubavu (Gisenyi), etwa 100 m rechts hinter einem Fußballfeld. Der Eingang in die etwa 2 km lange Haupthöhle erinnert an eine Kathedrale. Im Inneren haben zahlreiche Fledermäuse ihr Quartier. Die Höhle soll in früheren Jahrhunderten immer wieder Zufluchtsort für Verfolgte gewesen sein und wurde während des Völkermords 1994 als Grab benutzt. Seit 2014 ist die Höhle offiziell für Besucher zugänglich, es wurden dafür Wege angelegt und Absicherungen installiert. Die einheimischen Guides können einiges zur Geschichte der aus basaltischen Lavaschichten der Vulkane Bisoke und Sabyinyo entstandenen Höhle erzählen und gleichzeitig die Würde des Ortes wahren, in der viele Menschen ihre letzte Ruhestätte fanden. Der Eintritt kann im Nationalparkbüro in Kinigi bezahlt werden und beträgt 50 US$.

Karago-See

Dieser kleine See liegt auf 2.285 m Höhe, eingebettet in einer schönen Hügellandschaft zwischen Musanze und Rubavu. Er war früher ein beliebtes Urlaubsdomizil der ruandischen Präsidenten. Nach der vollständigen Abholzung des Gebiets sinkt jedoch der Pegel des Sees bedrohlich. Aufforstungsprogramme sollen das ökologische Gleichgewicht wiederherstellen. Folgt man der Hauptstraße RN4 von Musanze ca. 24 km Richtung Westen bis zum Ort Mukamira, zweigt dort die Straße RN11 nach Muhanga (Gitarama) ab. Kurz darauf liegt linker Hand der RN11 der Karago-See. Mehrere Fußwege führen von der Straße direkt hinunter zum See.

Einst Ferienziel der Präsidenten

Reisepraktische Informationen Musanze (Ruhengeri)

Information
Musanze Tourist Information Center, *Rue du 5 Juillet (Hauptstraße nach Rubavu)*, ☏ *0252-546645, 0788-519874, www.musanze.com. Das lokale RDB-Büro befindet sich im ersten Stock im Gebäude der Stadtverwaltung.*

Wichtige Telefonnummern
Polizei Musanze: ☏ *0252-546255, 0252-546264.*
Krankenhaus: ☏ *0252-546343.*

Unterkunft
Gorillas Volcanoes $$$$ (4), *Av. du 5 Juillet (gegenüber dem Muhabura Hotel)*, ☏ *0252-546700, 0788-425643,* *0252-546751, www.gorillashotels.com. DZ 110 US$, EZ 90 US$ ohne Frühstück. Neubau mit 31 Zimmern mit Balkon und einem guten Restaurant (The Urugano). Ein Fitnessraum hält moderne Geräte bereit. Im großen Garten befinden sich ein Swimmingpool und ein weiterer Fitnessbereich.*
Best View $$$$ (2), ☏ *0252-546450, 0786-894922, www.bestviewhotelmusanze.com. DZ 100-120 US$, EZ 80 US$. Modernes, kühl eingerichtetes Hotel mit Restaurant und Bar.*
Home Inn $$$$ (7), *Av. de la Paix (nahe Av. Mikeno, westlich des Zentrums)*, ☏ *0252-546333, 0788-343127, www.homeinnhotel.com. DZ 90-100 US$, EZ 80 US$. Relativ neues Hotel mit zwölf Zimmern (Sat-TV).*
Virunga $$$ (11), ☏ *0788-301462, 0788-346391, www.virungahotel.com. DZ 80-120 US$, EZ 60-80 US$. Moderner Hotelkomplex mit 23 Zimmern, teilweise mit Balkon, im neuen Zentrumsbereich der Stadt gelegen. Modern eingerichtet, Sat-TV auf den Zimmern.*
The Garden Place $$$ (8), *RN8 Richtung Cyanika, hinter dem Flughafen*, ☏ *0781-626504, www.thegardenplacehotel.com. DZ 58-92 €, EZ 45 € inkl. Frühstück. Anfang*

Das Garden Place Hotel in Musanze vor der Kulisse der Virunga-Vulkane

2015 eröffnetes Hotel unter kirchlicher Leitung, mit 20 sauberen, zweckmäßig eingerichteten Zimmern.

La Palme $$$ (3), Av. du 5 Juillet (nahe Muhabura Hotel), ☎ 0252-546428, 0787-495453, 📠 0252-546430, www.lapalmehotel.net. DZ 100 US$, EZ 80 US$ und Suite 120 US$. Relativ neues Hotel mit 48 sauberen Zimmern mit Balkon (Suiten mit zwei Balkonen) und nettem Service, recht gutes Restaurant, freies WLAN.

Faraja $$$ (1), RN4 Richtung Rubavu, ☎ 0738-306812, www.facebook.com/faraja hotels/. DZ 80–100 US$, EZ 60 US$ inkl. Frühstück. Insgesamt 38 Zimmer in einem modernen Hotelbau außerhalb des Zentrums.

**Garden House $$$**, Av. de la Coopération 53, Zentrumsnähe, ☎ 0788-427200. DZ 80 US$, EZ 60 US$ inkl. Frühstück. Familiäre Pension mit fünf schönen Zimmern, Transfer zum Nationalpark möglich.

Snow $$$ (6), Av. du 5 Juillet (RN4), ☎ 0789-055903, www.snowhotelrwanda.com. DZ 60–100 US$, Suite 120 US$ inkl. Frühstück. Das neue Hotel ist im Zentrum von Musanze gelegen.

Sainte Anne $$$ (14), ☎ 0252-546284, 0252-546461, 📠 0252-546460, info@sainteannehotel.com. DZ 55–65 US$ inkl. Frühstück und WLAN. Einfaches, sauberes Hotel mit kleinem Restaurant.

Muhabura $$ (5), Av. du 5 Juillet, ☎ 0252-546296, 0788-364774, www.muhabura hotel.com. DZ 40 €, größere Zimmer 48 €, EZ 32 €. Das Hotel liegt am Rande des Zentrums, auf dem Weg nach Rubavu (rechte Seite). Die 24 Zimmer und sechs Apartments sind sauber und jeweils mit eigenem Bad/WC. Zum Hotel gehören ein gutes Restaurant und eine Bar.

Relay's Gorillas $$ (12), im Zentrum, gegenüber der ECO-Bank, ☎ 0252-546280, 0788-630073. DZ/EZ 40 US$, DZ (zwei Betten) 60 US$, Suite ab 80 US$. Zweckmä-

Landschaft in Nord-Ruanda

ßig eingerichtete Zimmer, sauber. Mit eigenem Restaurant (Silverback Top Link, geöffnet 6–22 Uhr) und Nachtclub.
Urumuli $ (15), *nahe dem Markt und Katima Restaurant (Seitenstraße der Rue du Marché),* ☎ *0252-546820, 0785-278689. DZ 12 €, EZ 10 €. Die Zimmer sind allerdings schon recht heruntergekommen.*

Gästehäuser/Jugendherbergen
Amahoro Home Stay $$$ (10), *3. Seitenstraße der Rue Muhabura,* ☎ *0784-424866, www.amahoro-guesthouse.com. DZ 70 US$, EZ 50 US$ inkl. Frühstück. Das Gästehaus mit einfachen, sauberen Zimmern gehört zum gleichnamigen Tourveranstalter (s. u.).*
CPNDF Fatima $$ (9), *Av. de la Nutrition,* ☎ *0788-304599, www.fatimamusanze.rw. DZ ab 25 US$, EZ ab 15 US$, Suite 250 US$. Bett im Schlafsaal 10 US$, Camping pro Person 10 US$. 35 kleine, saubere Zimmer mit Bad/WC sowie Moskitonetzen. Freundliches Personal.*
Tourist Rest House $ (13), *Rue Muhabura,* ☎ *0785-227990. Die Zimmer sind sehr einfach und teils renovierungsbedürftig und kosten 18–36 €.*

Weitere Unterkünfte befinden sich außerhalb von Musanze (Ruhengeri) in Richtung Kinigi und Volcanoes-Nationalpark (Informationen s. S. 210).

🍴 Essen & Trinken
Volcana Lounge (1), *Av. du 5 Juillet,* ☎ *0785-818501. Gemütliches Restaurant mit Kamin. Zur Pizza aus dem Holzkohleofen bietet sich eine schöne Aussicht.*
Arizona Snack Bar (2), *Av. du 5 Juillet,* ☎ *0783-016430. Rustikale Bar mit einfachen Gerichten.*

Lava Café (3), *Av. du 5 Juillet (nahe der Abzweigung nach Kinigi), guter Kaffee und kleine Speisekarte.*
La Paillotte (4), *Av. de la Nutrition. Leckeres Essen für faire Preise, mit eigener Bäckerei.*
Silverback Top Link, *Av. du 5 Juillet, Ecke Seitenstraße zum Relay's Gorillas Hotel (s. o.). Bar mit kleiner Speisekarte. Angeschlossener Nachtclub (an Wochenenden ab 22 Uhr).*

Gut essen können Sie ebenfalls in den Restaurants der **Hotels**. Einfache kleine Restaurants mit heimischer Kost gibt es vor allem in der Nähe der beiden Marktplätze.

🍸 Diskotheken
Silverback Night Club, *beim Relay's Gorillas Hotel. Geöffnet Fr, Sa, So und vor Feiertagen 22–6 Uhr.*

👁 Rundfahrten/Touren
Amahoro Tours, *nahe Alter Markt,* ☎ *0788-655223, 0788-687448, www.amahoro-tours.com. Sehr engagierter Tour Operator, bietet vom Gorilla-Trekking über Jeepsafaris und Kanu-Ausflügen auf den nahegelegenen Seen Burera und Ruhondo eine ganze Palette von Aktivitäten an. Inhaber Greg Bakunzi ist bei der Integration der umliegenden Gemein-*

den in den Tourismus ebenfalls sehr engagiert. Hier werden Aufenthalte bei Familien, Ausflüge zum traditionellen Fischen oder Handarbeitskurse vermittelt. Die Projekte werden vom SDT (www.sd-tourism.org) unterstützt. Büro geöffnet Mo–Fr 8–17, Sa 9–12 Uhr.

Regionale Busverbindungen
Regelmäßige **Minibus-Verbindungen** tagsüber bis ca. 18.30 Uhr nach Rubavu (ca. 1,50 €) und bis ca. 17.30 Uhr nach Kigali (ca. 2,50 €) sowie einige tägliche Verbindungen zur Grenze nach Uganda (Cyanika).
Im Ort selber stehen **Motorrad- und Fahrradtaxis** zur Verfügung. Preis für eine innerörtliche Strecke ab 0,40 €.

Entfernungen

Von Musanze nach Kigali: 118 km
nach Cyanika (Grenze zu Uganda): 28 km
nach Rubavu (Gisenyi): 69 km
nach Huye (Butare): 190 km
nach Gatuna: 198 km, nach Ngoma (Kibungo): 230 km
nach Rusizi (Cyangugu): 307 km

Eine seltene Pflanze – die Virunga-Lilie

Die Virunga-Lilie *(Lilium zairii)* ist eine sehr enge Verwandte von *Lilium formosanum* und ähnelt dieser stark. Die Pflanze ist immergrün und scheint fast endlos zu blühen. Während der erste der bis zu 110 Zentimeter hohen Stängel bereits Früchte trägt, blüht der zweite mit ein bis drei Blüten und der dritte treibt schon wieder aus. Die Blüte ist stark duftend, weiß und trompetenförmig und rückseitig bronzerot gefärbt.

Die Virunga-Lilie ist eine endemische Lilienart. Sie ist sowohl für den afrikanischen Kontinent als auch für die gesamte südliche Hemisphäre einzigartig. Sie vermehrt sich durch Samen, die sofort keimen. *Lilium zairii* ist erst im April 1982 von dem polnischen Wissenschaftler Dr. Henryk Mackiewicz im damaligen Zaire (heute D.R. Kongo) entdeckt worden und wurde von ihm und Prof. Kaziemierz Mynett 1986 erstmals wissenschaftlich beschrieben.

Virunga-Vulkane

Majestätisch ragen die Virunga-Vulkane aus der hügeligen Landschaft hervor, wobei sie oft von Wolken gekrönt oder vom Nebel umschlungen werden, was ihnen einen mystischen Charakter verleiht. Die Virunga-Vulkane liegen im Dreiländereck Uganda, Ruanda und Kongo und verlaufen nördlich des Kivu-Sees entlang des westlichen Ausläufers des Grabenbruch-Systems. Dieser Bruch entstand vor etwa 20 Mio. Jahren durch die Plattentektonik und verläuft rund 9.000 km vom Roten Meer bis nach Mosambik. Entlang des Ostafrikanischen Grabenbruchs (engl. Rift Valley) kam es dadurch zu gewaltigen vulkanischen Eruptionen, aus denen auch die Virungaberge hervorgingen. Diese Vulkankette besteht aus acht an den Riftspalten entstandenen und unterschiedlich alten Vulkanen.

Dreiländereck Uganda, Ruanda, Kongo

Die beiden westlichen Vulkane **Nyamuragira** (3.063 m) und **Nyiragongo** befinden sich auf kongolesischer Seite am Boden des Grabenbruchs und sind heute noch aktiv (s. S. 247). Sie entstanden vermutlich vor etwa 12.000 Jahren. Der Nyiragongo, ein großer Schichtvulkan von 3.462 m Höhe, wird von zwei Seitenkratern flankiert (Shaheru im Süden und Baruta im Norden). Sein Hauptkegel wird von einem abrupt abfallenden Krater mit einem Durchmesser von einem Kilometer ausgehöhlt.

Zur zentralen Gruppe der Virungas zählen der **Karisimbi**, mit 4.507 m der höchste der Virunga-Vulkane, gefolgt vom **Mikeno** mit 4.437 m und dem **Visoke** mit 3.711 m. Die östliche Gruppe umfasst mit dem **Sabinyo** (3.634 m) den ältesten der Virunga-Vulkane. Seine vulkanische Tätigkeit begann vor 2,6 Mio. Jahren und erlosch vor etwa 11.700 Jahren. Die Vulkane **Gahinga** (3.474 m) und **Muhabura** (4.127 m) entstanden wiederum vor etwa 900.000 Jahren.

Blick von Uganda aus auf die Virunga-Vulkane (von links nach rechts): Muhabura, Gahinga, Karisimbi, Sabyinyo, Mikeno

Der Karisimbi ist der höchste der Virunga-Vulkane

Lage und Klima

Der zu Ruanda gehörende Teil der Virunga-Vulkane liegt im äußersten Nordwesten des Landes. Es ist ein sehr niederschlagsreiches Gebiet, in dem es das ganze Jahr über regnen kann. Die trockensten Monate sind Dezember bis Februar und Juni bis September. Je nach Höhe liegen die durchschnittlichen Tagestemperaturen zwischen 5 und 22 °C. Auf den Bergspitzen, vor allem auf dem Karisimbi, kann es nachts durchaus frostige Minusgrade geben.

Volcanoes-Nationalpark (Parc National des Volcans)

Ruandischer Teil der Virungas

Der 12.760 ha (127 km²) große Volcanoes-Nationalpark schützt den ruandischen Teil der Virunga-Vulkane. Er liegt auf einer Höhe zwischen 2.400 und 4.507 m. Den höchsten Punkt des Nationalparks markiert die Spitze des Karisimbi-Vulkans an der Grenze zum Kongo. Es folgen von Nordwest bis Nordost die Vulkane Bisoke (3.711 m), Sabinyo (3.634 m), Gahinga (3.474 m) und Muhabura (4.127 m). Die Vegetationszonen der Vulkane sind mit jenen im Ruwenzori-Gebirge in Uganda vergleichbar. Allerdings wurde der Wald unterhalb von 2.500 m bereits vollständig abgeholzt. Das Gebiet des Parks ist sehr regenreich, um die 2.000 mm Niederschlag werden dort pro Jahr gemessen.

Die bekanntesten Bewohner dieses Nationalparks sind sicher die weltweit berühmten **Berggorillas**. Ihre Bekanntheit verdanken die Tiere u.a. der amerikanischen Forscherin **Dian Fossey**, die die Berggorillas fast 20 Jahre lang erforschte, bis sie ihren Einsatz für die bedrohten Tiere im Dezember 1985 mit dem Leben bezahlte. Ihre Geschichte wurde nur drei Jahre später im US-amerikanischen Spielfilm „Gorillas im Nebel" („Gorillas in the Mist") auf Grundlage ihrer gleichnamigen Autobiografie erzählt. Ihre Arbeit und ihr Anliegen, die Berggorillas zu schützen, machten Dian Fossey und Ruanda in der ganzen Welt bekannt.

Die Gorillaforscherin Dian Fossey

Dian Fossey wurde am 16. Januar 1932 in Falifax (Kalifornien) geboren. Nach der allgemeinen Schulausbildung studierte sie am San Jose College in Kalifornien und absolvierte eine Ausbildung als Bewegungstherapeutin. Nach ihrem Abschluss im Jahr 1954 arbeitete sie mehrere Jahre in einem Kinderkrankenhaus in Louisville (Kentucky, USA). Als sie im Alter von 31 Jahren einen Vortrag des bekannten Anthropologen Louis Leakey über die Berggorillas hörte, war sie so begeistert, dass sie sich spontan entschloss, Leakey bei seinen Forschungsarbeiten in Afrika zu unterstützen.

1963 reiste sie zum ersten Mal nach Ostafrika. Im Grenzland zwischen dem Kongo und Uganda kam sie erstmals in die Region der Berggorillas. Was sie dort vorfand, sollte ihr ganzes weiteres Leben verändern. Die Gorillas wurden gewildert und abgeschlachtet, ihre Köpfe und Hände als makabre und geschmacklose Souvenirs an Touristen verkauft. Erschreckend war vor allem die Jagd auf die Gorillababys. Für ein solches Baby erhielten Tierhändler bis zu 60.000 US$. Da Gorillas ihren Nachwuchs bis zur Selbstaufopferung verteidigen, schlachteten die Wilderer die erwachsenen Tiere skrupellos ab, um an die wertvollen Gorillababys zu kommen.

Entschlossen in Afrika mit Menschenaffen zu arbeiten, suchte und fand Dian Fossey Unterstützung bei der renommierten National Geographic Society und der Wilkie-Stiftung. 1967 begann sie mit ihrer Arbeit im Kongo. Ein halbes Jahr später zwangen sie die politischen Unruhen im Kongo, nach Ruanda zu fliehen und ihr Forschungsprojekt dort neu aufzubauen. Im September 1967 gründete sie in den Virunga-Bergen in über 3.000 m Höhe die **Karisoke-Forschungsstation**. Der Name der Station setzte sich aus den Namen zweier Vulkane zusammen, Karisimbi und Visoke. In ihrer Autobiografie „Gorillas im Nebel" schreibt sie später über ihre Arbeit: „Ich hatte den tief empfundenen Wunsch, gemeinsam mit wilden Tieren in einer Welt zu leben, die von den Menschen noch nicht zerstört wurde."

1970 wurde ihre intensive Arbeit, die Berggorillas an sich zu gewöhnen (zu habituieren), endlich belohnt. Sie konnte sich bis auf 45 Meter an eine Gorillagruppe heranwagen. Dabei machte sie ständig die Fressgewohnheiten der Gorillas nach, brach Äste ab und aß die Blätter. Nach und nach vermochte Fossey den Abstand zu verringern, bis sie eines Tages Digit, ein zweijähriges Gorilla-Männchen, berühren konnte. Der Aufwand ihrer Forschung ist für Außenstehende kaum vorstellbar, konnten doch viele Monate vergehen, bis ein Forscher die scheuen Menschenaffen auch nur kurz zu Gesicht bekam.

Fast 20 Jahre verbrachte Dian Fossey nun bei „ihren" Berggorillas in den Virungas. Aus der anfänglichen wissenschaftlichen Faszination entstand zunehmend eine tiefe emotionale Beziehung zu den Tieren. Dian Fossey zog sich immer mehr von den Menschen zurück und lebte nur noch für „ihre" Gorillas. *Nyiramachabelli*, „die Frau, die allein im Wald lebt", wurde sie in der Landessprache Kinyarwanda genannt.

Als Wissenschaftlerin lieferte Dian Fossey wichtige Beiträge zum Verhalten und zur Sozialstruktur der Gorilla-Familien. 1974 erlangte sie an der University of Cambridge die Doktorwürde in Zoologie. 1980 nahm sie eine Stelle an der Cornell University an, die ihr erlaubte, mit der Niederschrift ihres Buches **„Gorillas in the Mist"** („Gorillas im Nebel", 1983) zu beginnen.

Buchtipp
Dian Fossey: **Gorillas im Nebel**, antiquarisch erhältlich.

Die Wilderei in der Region bereitete ein immer größer werdendes Problem. Immer wieder fielen die Menschenaffen den Begierden nach Fleisch oder Trophäen zum Opfer. Zum Schutz vor Wilderern organisierte Dian Fossey Patrouillen und unterhielt eine Truppe von bewaffneten Söldnern, womit sie sich Feinde in der Region machte. Ein weiterer Grund, warum Dian Fossey sich bei den Einwohnern rund um die Forschungsstation wenig Sympathie erworben hatte, war ihre strikte Weigerung, den Ökotourismus in den Virungas zu fördern.

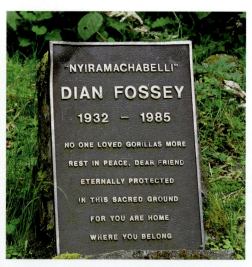

Nyiramachabelli
Dian Fossey 1932–1985
Niemand hat Gorillas mehr geliebt
Ruhe in Frieden, liebe Freundin
Auf ewig im Schutz
dieses heiligen Bodens
Denn jetzt bist du da,
wo du zu Hause warst.

(Text auf dem Grabstein von Dian Fossey)

In den frühen Morgenstunden des 27. Dezembers 1985 fand ein Mitarbeiter Dian Fosseys Leiche, ihr Schädel war durch Macheten zertrümmert. Das Verbrechen an der

Dian Fosseys Grab

Die Reste von Dian Fosseys Forschungsstation Karisoke holt sich der Wald zurück

mutigen Zoologin wurde nie aufgeklärt. Auf ihren ausdrücklichen Wunsch hin wurde ihre Leiche neben dem Grab von Digit auf dem Gorilla-Friedhof begraben.

Drei Jahre später, 1988, wurden das Leben und die Arbeit von Dian Fossey in einem beeindruckenden Spielfilm nachgezeichnet. Dem Film „Gorillas in the Mist" liegen die gleichnamige Autobiografie von Dian Fossey und ein Artikel des Journalisten Harold T.P. Hayes zugrunde.

In dem Film von Regisseur Michael Apted ist Sigourney Weaver in der Hauptrolle als Dian Fossey zu sehen. Die Schauspielerin wurde für ihre Leistung mit dem Golden Globe geehrt. Während der Dreharbeiten begeisterte sie sich so sehr für diese Tiere, dass sie heute Ehrenpräsidentin des Dian Fossey Gorilla Fund (DFGF) ist.

Text: Thomas Breuer

Geschichte des Parks

Ruanda gehörte zu den ersten afrikanischen Gebieten, in denen Gesetze und Richtlinien zum Schutz der Natur eingeführt wurden. Der heutige Volcanoes-Nationalpark war zur Zeit der belgischen Kolonialherrschaft zunächst Teil des damaligen **Parc National Albert**, der als erster Nationalpark in Afrika am 21. April 1925 gegründet wurde. Bereits vier Jahre später, am 9. Juli 1929, wurde das Institut du Parc National Albert ins Leben gerufen, das erste Forschungen in dem interessanten Vulkangebiet betrieb. Am 12. November 1935 sind die Grenzen des Parks

Erster Nationalpark in Afrika

Gorillamutter mit Kind

neu festgelegt worden, womit der Park eine Größe von insgesamt 809.000 ha (8.090 km²) erhielt. Davon entfielen jedoch nur 8 % auf das heutige Staatsgebiet von Ruanda. 1960 wurde der Parc National Albert infolge der Unabhängigkeitsbestrebungen des Kongo und Ruandas geteilt. Der kongolesische Teil nannte sich fortan **Parc National des Virunga** (Virunga-Nationalpark) und der ruandische Teil **Parc National des Volcans** (Volcanoes-Nationalpark). Letzterer hatte zunächst eine Größe von 30.000 ha (300 km²), wurde jedoch später immer mal wieder in seiner Fläche verkleinert. So schrumpfte er im Jahr 1969 um 8.900 ha, die zur Anlage von Plantagen zur Gewinnung von Pyrethrum, einem Insektizid aus getrockneten Blüten von Chrysanthemen, verwendet wurden. Heute beträgt die Fläche des Volcanoes-Nationalparks nur noch 12.760 ha (127,6 km²).

Beginn des Berggorilla-Tourismus

In den 1980er-Jahren nahm im Volcanoes-Nationalpark der **Gorilla-Tourismus** seinen Anfang und der Park entwickelte sich bis 1990 zum bekanntesten Ort zur Beobachtung von Menschenaffen. Im Februar 1992 kam der Berggorilla-Tourismus jedoch erstmalig zum Erliegen. In diesem Monat wurde das Nationalparkbüro überfallen und zwei Angestellte ermordet. Daraufhin schloss man zunächst auch das Forschungszentrum, das einst von Dian Fossey gegründet wurde. Die ruandische Regierung bemühte sich, die Sicherheit wieder zu verbessern, denn der Tourismus war mittlerweile ein wichtiger Devisenbringer für das Land. Im Juni 1993 konnte der Volcanoes-Nationalpark wieder eröffnet werden.

Kein Jahr später, im April 1994, musste er wegen des Völkermords in Ruanda wieder geschlossen werden. Erst nach Entspannung der Lage konnten die Forscher 1998 zurückkehren und der Nationalpark wieder für Besucher zugänglich gemacht werden. Seit Juli 1999 ist der Besuch von Berggorilla-Gruppen für Touristen wieder durchgehend möglich.

F. R. von Beringe – Entdecker der Berggorillas

Der Offizier und spätere Entdecker der Berggorillas **Friedrich Robert von Beringe** wurde am 21. September 1865 in Aschersleben am Nordostrand des Harzes geboren. Von Beringe entschied sich wie sein Vater für eine Offizierslaufbahn und ging 1898 auf eigenen Wunsch zur Kaiserlichen Schutztruppe nach Deutsch-Ostafrika (die heutigen Staaten Tansania, Ruanda, Burundi und das Kionga-Dreieck in Mosambik).

In der Zeit von 1902 bis 1904 war von Beringe Leiter des Militärstützpunkts in Usumbura. Von dort unternahm er am 19. August 1902 eine Reise nach Norden, um deutsche Außenposten im heutigen Burundi und Ruanda zu besuchen. Die Expedition diente zudem dazu, die Beziehungen und Kontakte zu lokalen Führern auszubauen und den Machtanspruch der Deutschen zu festigen. In der Reisegruppe befanden sich ein Unteroffizier, ein Militärarzt sowie 20 Askari und die notwendigen Träger.

Von Beringe besuchte zunächst König Msinga von Ruanda. Dann führte ihn die Route weiter nordwärts in Richtung der Virunga-Vulkane. Von dort unternahm er vom 16. bis 18. Oktober zusammen mit dem Militärarzt Dr. Engeland sowie einigen Askari und Trägern zum ersten Mal den Versuch, den **Mount Sabinyo** (von den Einheimischen **Kirunga ya Sabyingo** genannt) zu besteigen.

Schon am Abend des ersten Tages errichteten sie ihr Lager auf einem Bergsattel in ca. 2.500 m Höhe. Aus der Ebene waren einige neugierige Einheimische mit hinaufgeklettert, von denen sie „reichlich Verpflegung" erhielten, wie von Beringe später im „Deutschen Kolonialblatt" berichtete. Am 17. Oktober 1902 begannen von Beringe und Dr. Engeland mit fünf Askari und den Trägern die Besteigung des Gipfels.

Auf einer Höhe von 3.100 m errichteten die zwei Deutschen dann erneut ihr Zelt. Die Träger und Askari fanden in Felshöhlen Unterschlupf, wo sie sich durch ein Lagerfeuer etwas gegen die Kälte schützen konnten. Bei diesem Lager fand die historische Begegnung statt, die von Beringe im „**Deutschen Kolonialblatt**" mit folgenden Sätzen beschrieb: „Von unserem Lager aus erblickten wir eine Herde schwarzer, großer Affen, welche versuchten, den höchsten Gipfel des Vulkans zu erklettern. Von diesen Affen gelang es uns, zwei große Tiere zur Strecke zu liefern, welche mit großem Gepolter in eine nach Nordosten sich öffnende Kraterschlucht abstürzten. Nach fünfstündiger anstrengender Arbeit gelang es uns, ein Tier angeseilt heraufzuholen." Bei dem Tier handelte es sich um einen menschenähnlichen Affen mit einem Körpermaß von 1,50 m Länge. Der männliche Affe wog mehr als 100 kg, hatte eine unbehaarte Brust und große Hände und Füße. „Es war mir leider nicht möglich, die Gattung des Affen zu bestimmen", bedauerte von Beringe. Aufgrund der Größe des Affen konnte es sich seiner Meinung nach nicht um einen Schimpansen handeln. Ein Vorkom-

Virunga-Vulkane

info

men der bis dato nur aus dem Flachland bekannten Gorillas war im Gebiet um die ostafrikanischen Seen bis dato „nicht festgestellt worden".

Seinen Fund schickte von Beringe daher zur weiteren Untersuchung an das Zoologische Museum in Berlin. Auf der Rückreise nach Usumbura wurden die Haut sowie eine Hand des Affen von einer Hyäne gefressen. Doch der Schädel und Teile des Skelettes kamen unversehrt in Berlin an, sodass der am Museum tätige Professor Paul Matschie (1861–1926) das Tier als neue Gorilla-Art beschreiben konnte. Er benannte die Art nach ihrem Entdecker: *Gorilla beringei*.

F. R. von Beringe starb am 5. Juli 1940 in Stettin. Als Entdecker der Berggorillas ist Hauptmann von Beringe bis heute vielen unbekannt. Es erinnert jedoch eine Gedenktafel am Eingang zum **Virunga-Nationalpark** im Dreiländereck (Kongo, Ruanda und Uganda) an ihn. Fälschlicherweise wird er dort mit dem Vornamen Oscar genannt. Seine Berichte von den Expeditionen in der Vulkanregion finden sich nur noch in wenigen Exemplaren in Museumsarchiven und Fachbibliotheken. Die meisten seiner persönlichen Dokumente fielen im Zweiten Weltkrieg den Bombenangriffen auf Dresden zum Opfer.

Geschichte der Berggorillas

Einst einige Tausend Berggorillas

Die Berggorillas wurden erst im Jahr 1902 vom deutschen Forscher **Friedrich Robert von Beringe** entdeckt (s. o.). Es ist nicht bekannt, wie viele Berggorillas es zu dieser Zeit noch gab. Es wird jedoch angenommen, dass ihre Population bereits damals nicht sehr groß war. Ursprünglich lebten wohl etwa einige Tausend von ihnen in den Bergwäldern der heutigen Länder Uganda, Ruanda und Kongo. Die Zersiedlung ihres Lebensraums hatte zur Zeit ihrer Entdeckung bereits begonnen. Der Bwindi-Wald in Uganda war schon seit einigen Hundert Jahren von den Wäldern der Virunga-Vulkane durch menschliche Siedlungen getrennt. Ein Grund, warum heute einige Wissenschaftler die Berggorillas in **zwei geografische Unterarten** aufteilen: den eigentlichen Berggorilla *(Gorilla beringei beringei)* und den Bwindi-Berggorilla *(Gorilla beringei bwindii)*. Diese Einteilung ist in Fachkreisen allerdings sehr umstritten.

Einige Jahre nach ihrer Entdeckung verfolgte die belgische Kolonialregierung bereits mit Sorge die zunehmende Jagd auf die großen Affen. Vom Ende des Ersten Weltkriegs bis Mitte der 1920er-Jahre wurden aktenkundig mehr als 50 Berggorillas getötet. Das war einer der Gründe, die 1925 zur Einrichtung des Parc National Albert führten. Erst 1960 begannen die Forscher, sich näher mit den Gorillas zu beschäftigen. Der in Berlin geborene amerikanische Forscher George Schaller war der erste, der sich der Freilandforschung dieser Tiere verschrieb. Seinen Zählungen zufolge soll es Anfang der 1960er-Jahre 450 Berggorillas gegeben haben. 20 Jahre später wurden nur noch 250 gezählt. Mehrere Gründe waren für den rasanten Niedergang der **Gorilla-Population** ausschlaggebend: zum einen die Teilung des bisherigen Parc National Albert, für den jetzt zwei Staaten verantwortlich waren, zum anderen die Verkleinerung der Fläche 1957 zugunsten der lokalen Farmer sowie zugunsten eines europäisch finanzierten Plantagenprojekts im Jahr 1968. Dazu kam die Jagd auf Gorillas zum Zweck des Souvenirhandels. Gab es doch damals Touristen, die sich gerne echte, präparierte Gorillahände als Aschenbecher kauften.

1978 wurde das erste **Projekt zum Besuch von Berggorillas** durch Touristen gestartet. Bis Mitte der 1980er-Jahre war dieses Projekt so profitabel, dass 10 Mio. US$ pro Jahr eingenommen werden konnten. Damit war der Berggorilla-Tourismus damals die dritthöchste Devisen-Einnahmequelle Ruandas. Bis zum Ende der 1980er-Jahre wuchs die Gorilla-Population auf 320 Tiere an. Durch die Berggorillas bekamen mehr Menschen Arbeit und sie verdienten mehr Geld, als sie es durch Wilderei je konnten. Aufgrund innerer politischer Unruhen kam der Berggorilla-Tourismus jedoch im Jahr 1991 zum Erliegen.

Die Beobachtung der Berggorillas ist ein einmaliges Erlebnis

In der Folge der instabilen Jahre nach dem Genozid dauerte es bis Ende der 1990er-Jahre, bis die Pforten des Nationalparks für ausländische Besucher wieder geöffnet werden konnten. Für die zurückkehrenden Forscher brachte die mit Bangen verfolgte Zählung der Berggorillas nach den Jahren des Bürgerkriegs überraschend Positives zu Tage. Nur vier Tiere fehlten in den von den Wissenschaftlern kontrollierten Gruppen, darunter zwei alte Männchen, die durchaus auch eines natürlichen Todes gestorben sein konnten. Niemand hatte nach dem Tod fast einer Million Menschen geglaubt, die Berggorillas in fast vollständiger Zahl wieder anzutreffen.

Trotz der bisherigen Erfolge bringt der **Gorilla-Tourismus** allerdings auch Risiken mit sich. Zum einen besteht die Gefahr der Ansteckung von durch den Menschen übertragene Krankheiten, gegen die Gorillas keine Abwehrstoffe besitzen, zum anderen sind an Menschen gewöhnte Gorillas auch immer leichtere Beute für Wilderer. Das Problem der Wilderei zeigte sich im Jahr 2002, als gleich zweimal der Versuch unternommen wurde, Gorillababys zu entführen. Im Mai wurden zwei weibliche Tiere getötet, um an die beiden Jungen zu kommen und im Oktober wurde ein Jungtier von Wilderern entführt, das glücklicherweise wieder befreit

Risiken der Gorilla-Besuche

Besuch der Berggorillas

„I've been accepted by a Gorilla". Es war ein kurzes Telegramm, das Dian Fossey 1967 an Louis Leakey sandte, den weltberühmten Paläo-Anthropologen und ihren „Projektmanager" in Bezug auf ihre Berggorilla-Studien. Sie berichtete von einem unvergesslichen Ereignis. Peanut, ein junges Männchen, schaute ihr direkt in die Augen, bevor es sich entschloss, weiter zu fressen. Von den Erlebnissen, an die sie sich nach 13 Jahren Forschung am liebsten erinnerte, gehörte dieser Moment zu ihren ergreifendsten. Diese faszinierende Begegnung zwischen Mensch und Tier lockt auch heute Naturliebhaber in Ruandas Volcanoes-Nationalpark, der durch Dian Fosseys Artikel im Magazin „National Geographic" sowie ihr Buch „Gorillas im Nebel" weltberühmt wurde.

Faszinierende Begegnung von Mensch und Tier

Nach den Schimpansen sind die Gorillas die nächsten Verwandten des Menschen im Tierreich. Der Kontakt mit den Berggorillas ist daher immer eine besondere Begegnung und heute eines der großen **Highlights** für Ostafrika-Besucher. Dieser Höhepunkt hat allerdings seinen Preis, eine Besuchserlaubnis für Berggorillas kostet in Ruanda stattliche 750 US$. Es hilft jedoch, diesen Betrag zu akzeptieren, wenn man sich daran erinnert, dass das Geld in den Naturschutz eines Landes investiert wird, das zu den ärmsten der Welt zählt. Zudem ist es sicher fraglich, ob in einem der am dichtesten besiedelten Länder der Erde noch Platz für Natur wäre, wenn die Menschen daran nicht auch verdienen könnten.

In Ruanda gilt das Gorilla-Trekking als relativ einfach, im Vergleich zu den beiden Nachbarländern (wobei „relativ" in Afrika wörtlich zu nehmen ist). Für einen Besuch der Berggorillas ist ein **Gorilla-Permit** notwendig, das im RDB-Hauptbüro in Kigali zu bekommen ist. Wer nicht bereits im Voraus gebucht und sich ein Gorilla-Permit

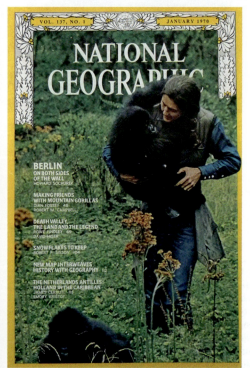

Artikel über Dian Fossey in der Zeitschrift „National Geographic" 1970

Traditionelle Tänze zur Einstimmung des Gorilla-Trekkings

besorgt hat, hat zumindest in der Nebensaison noch die Chance, eines der zurzeit täglich 80 Besuchertickets im Nationalparkbüro in Kinigi zu ergattern.

In der Stadt Musanze gibt es eine Reihe von Hotels, jedoch kann es für Reisende ohne eigenen Transport günstiger sein, in Kinigi zu übernachten, um damit näher am **Treffpunkt für die Wanderung am Parkbüro** zu sein. Es gibt keinen direkten öffentlichen Minibusverkehr von Musanze in das 14 km entfernte Kinigi, sodass ein privater Transport organisiert werden muss. Die meisten Hotels übernehmen auf Wunsch die Organisation eines solchen Transfers nach Kinigi (ca. 50 US$). Stellen Sie sicher, dass der Transport verlässlich vorbereitet ist und Sie rechtzeitig am Parkeingang sind. Ansonsten laufen Sie Gefahr, Ihren Anspruch auf den Besuch einer Gorillagruppe zu verlieren. Alle Wanderer, die zu den Gorillas möchten, treffen sich um 7 Uhr am Parkbüro zur Registrierung (Reisepass mitbringen!). Dort findet auch die Einteilung in die jeweiligen Gruppen statt sowie eine Einführung durch den jeweiligen Parkführer. Das Parkbüro ist jedoch nicht der Ausgangsort der Wanderung. Je nach Gorillagruppe wird von dort aus noch bis zum Ausgangspunkt der Wanderung gefahren. Sollten Sie über kein eigenes Fahrzeug verfügen, besteht in der Regel die Möglichkeit, bei anderen Mitwanderern in ihrer Gruppe mitzufahren.

Einführungen durch die Guides

Es gibt **zehn an Besucher gewöhnte Gorillagruppen**. Die Gruppe „Susa A" ist mit 28 Tieren zurzeit die größte der an Besucher gewöhnten Gorillafamilien, gefolgt von der Gruppe „Dreizehn" mit 25 Mitgliedern. Beide Gruppen sind jedoch nicht immer einfach zu erreichen. Andere Gruppen leben meist näher an der Parkgrenze, was den Besuch der Tiere weniger anstrengend macht (s. Gorillagruppen, S. 200). Nicht immer ist es möglich, sich die zu besuchende Gruppe auszusuchen. Gerade ohne Vorausbuchung wird die Auswahl schwierig, da bestimmte Besucherkontingente für einzelne Gruppen bereits ausgeschöpft sind. Aber egal zu welcher Gruppe Sie wandern, alle Besucher erzählen von überwältigenden Erlebnissen.

Einige Gorillagruppen sind an Besuche von Menschen gewöhnt

Je nach Gorillagruppe wird für die Fahrt vom Büro bis zum Ausgangspunkt der Wanderung bis zu einer Stunde benötigt. Der erste Teil der Wanderung bis zum **Erreichen der Parkgrenze** kann ebenfalls bis zu einer Stunde dauern. Dabei geht es vorbei an Chrysanthemen-Feldern und an winkenden, lachenden Kindern. Die Parkgrenze ist meist gut zu erkennen, eine Steinmauer trennt die unberührte Natur von den Feldern der dort lebenden Bauern. Mit Hilfe von Funkgeräten verständigen sich die Parkführer mit den vorauseilenden Fährtensuchern, um so den direkten Weg zur Gruppe zu finden. „Weg" bedeutet in diesem Fall jedoch kein angelegter Waldweg, sondern ein nach Regen oftmals matschiger Trampelpfad. Die letzte Strecke ist oft durch undurchdringliches Unterholz, torniges Gestrüpp und dichten Bambus zurückzulegen.

Dies ist der Grund, warum Sie lange Hosen (z. B. Jeans), feste Schuhe (stabile Wanderschuhe), ein langärmeliges Shirt, eine regenfeste Jacke und (Garten-)Handschuhe tragen sollten, Letztere um sich bei Aufstiegen besser festhalten zu können, ohne Rücksicht auf Dornen und Stacheln. Bedenken Sie dabei auch, dass steile Berghänge teilweise auch schon mal auf allen Vieren erklommen werden müssen. Seien Sie also für die Wanderung gut vorbereitet. Eine normale Kondition (keine Krankheiten; man muss aber kein Sportler sein) ist normalerweise ausreichend, es sei denn, Sie besuchen eine der Gruppen an den oberen Vulkanhängen (z. B. Susa A), wofür eine bessere Kondition von Vorteil wäre. Unterschätzen Sie zudem die Höhe nicht, denn die Wanderung findet auf Höhen zwischen 2.500 und 3.000 m statt. Das bringt auch sportliche Menschen schon mal aus der Puste. Die Parkführer achten in der Regel darauf, dass bei weiten Wanderungen Pausen eingelegt werden. Achten Sie aber selbst darauf, in Ihrem eigenen Rhythmus zu gehen. Wenn Sie befürchten, allzu große Anstrengungen nicht zu schaffen, dann fragen Sie direkt bei der Buchung nach den einfacher zu erreichenden Gruppen (z. B. Sabinyo).

Die eigene Kondition einschätzen

Die Wanderung bis zum Erreichen einer Gorillagruppe kann eine bis sechs Stunden dauern. Der Parkführer wird nur eine so lange Strecke laufen, die eine Rückkehr noch vor Sonnenuntergang ermöglicht. Den ersten Gorilla, den man in der Regel zu Gesicht bekommt, ist eines der jungen Männchen oder Schwarzrücken, die in der Umgebung der Gruppe „patrouillieren". Vom Ort dieser Begegnung ist die

Verhaltensregeln beim Besuch der Gorillas

Bei einem Besuch der Gorillas sind folgende Regeln unbedingt zu beachten:
- Mit ansteckenden Krankheiten (Schnupfen, Grippe etc.) ist der Besuch grundsätzlich verboten. Bitte gefährden Sie die Gorillas nicht!
- Das Mindestalter für den Besuch der Gorillas liegt bei 15 Jahren.
- Der Aufenthalt im Nationalpark ist ohne Guide nicht erlaubt.
- Versuchen Sie einen Toilettengang zu vermeiden. Sollte das nicht gehen, müssen Sie diesen in einem abseits gegrabenen Erdloch verrichten und dieses anschließend wieder gut mit Erde verschließen.
- Werfen Sie unter keinen Umständen irgendetwas während Ihres Aufenthalts im Park weg, nehmen Sie alle Abfälle wieder mit (auch natürliche Abfälle wie Bananenschalen).
- Zu den Gorillas muss ein Abstand von mindestens 5 m eingehalten werden.
- Das Rauchen, Essen oder Trinken in der Nähe der Gorillas ist während des Aufenthaltes untersagt.
- Falls Sie doch mal niesen müssen, halten Sie sich etwas vor die Nase und versuchen Sie sich vorher zu entfernen oder sich zumindest von den Gorillas wegzudrehen.
- Die Benutzung von Blitzlicht ist verboten. Vergewissern Sie sich, dass der Blitz bei Ihrer Kamera ausgeschaltet ist.
- Vermeiden Sie es möglichst, den Gorillas direkt in die Augen zu schauen, da diese direkte Blicke als aggressives Verhalten wahrnehmen.

Gruppe meist nur noch einige hundert Meter entfernt. Es wird versucht, den Besuch der Gorillas so zu legen, dass man sie zur Mittagszeit erreicht, da sie dann in Ruhe fressen oder sich gegenseitig säubern und die Jungtiere die Pause zum Spielen nutzen. Bevor der eigentliche Besuch der Gorillagruppe beginnt, geben die Führer letzte **Anweisungen zum richtigen Verhalten**. An der Stelle müssen die Rucksäcke und Taschen abgenommen und zurückgelassen werden. Diese dürfen nicht mit zu den Tieren genommen werden, das gilt auch für Essen und Getränke.

In früheren Jahrzehnten hatten Gorillas durch Mythen und fiktive Erzählungen ein regelrechtes „King Kong"-Image. Mittlerweile sollte jedoch allen Reisenden bekannt sein, dass Gorillas an sich friedliche Tiere sind. Zeichen von Angriff und Gewalt sind meist nur Bluffs, um

Einer der Ausgangspunkte für das Gorilla-Trekking

sich Respekt zu verschaffen. Während man gerade einige Gorillas beobachtet, kann es vorkommen, dass plötzlich ein Tier so nah an einem vorbeirennt, dass man es kaum glauben kann. Dann gilt es, einfach Ruhe zu bewahren. Der **Kontakt mit den Menschen** ist für die Gorillas meist gefährlicher als umgekehrt. Durch die genetische Nähe zum Menschen (98,7 %) können Gorillas sich mit den meisten menschlichen Krankheiten anstecken. Eine einfache Grippe kann dabei eine komplette Gorilla-Familie vernichten, da die Tiere gegen diese Krankheiten keine Abwehrstoffe besitzen. Die Parkmitarbeiter bitten daher inständig, bei Krankheitsanzeichen auf einen Besuch der Gorillas zu verzichten. Die gezahlte Gebühr für den Besuch kann dann u. U. erstattet werden.

Ansteckungen der Tiere sind zu vermeiden

Das **Fotografieren der Gorillas** kann sich schwierig gestalten, auch wenn man recht nah an die Tiere herankommen und sie bereits riechen kann. Die Umgebung ist oft nebelig und Autofokus-Kameras haben so ihre Probleme mit den zwischen dem Fotografen und den Gorillas befindlichen Ästen und Blättern. Zudem sind die schwarzen Tiere im Schatten der Vegetation eine Herausforderung für richtiges Belichten. Das Benutzen von Blitzlicht ist strengstens verboten, um die Tiere nicht zu blenden und sie nicht unnötig zu stören. Grundsätzlich sollte auf alle Dinge, die die Gorillas erschrecken oder verstören könnten (Handys etc.) verzichtet werden. Vermeiden Sie es unbedingt, die gesamte Zeit durch die Linse der Kamera zu schauen. Ein Besuch der Gorillas ist ein einmaliges Erlebnis und zu schade, es nur durch die Linse gesehen zu haben. Nehmen Sie sich die Zeit, diese besonderen Augenblicke ohne störende Einflüsse zu genießen.

Kein Blitzlicht verwenden

Der **Aufenthalt** bei den Gorillas ist auf eine Stunde begrenzt. Besucher dürfen nicht näher als 5 m an die Gorillas heran. Das lässt sich allerdings nicht immer einhalten, da vor allem neugierige Jungtiere des Öfteren in die unmittelbare Nähe kommen. Bisher hat es keine Unfälle mit Gorillas gegeben, dennoch sollten Sie sich immer besonnen und vor allem ruhig verhalten. Folgen Sie in jedem Fall den Anweisungen der Parkführer, sie kennen die Tiere gut und können die Situationen am besten einschätzen (Verhaltensregeln s. S. 199). Gewiss, eine Stunde ist nicht viel. Aber sie wird auf ewig in Erinnerung bleiben!

Gorillagruppen

Zurzeit sind zehn Berggorilla-Familien habituiert und für Touristen zugänglich. Die Bestandszahlen beziehen sich auf den Anfang des Jahres 2015.

Volcanoes-Nationalpark (Parc National des Volcans)

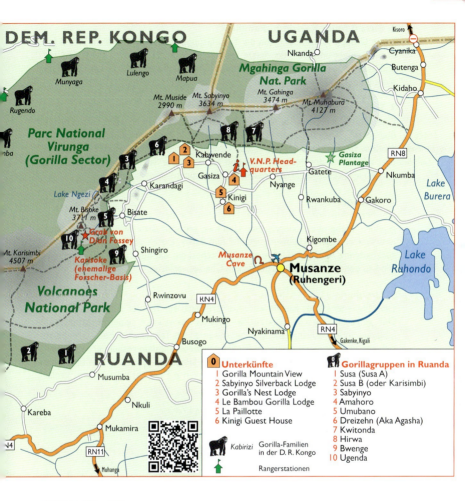

1. Susa (Susa A)

Susa ist eine der bekanntesten Berggorillagruppen und wurde bereits von Dian Fossey erforscht. Ihr Name geht auf den Fluss Susa zurück, der durch ihr Territorium fließt. Mit ihren derzeit 28 Mitgliedern, inklusive drei Silberrücken, gehört sie zu den beeindruckendsten Gruppen. Vor der Aufspaltung in zwei Gruppen (Susa A und Susa B) war Susa mit insgesamt 42 Tieren die größte der Gorillagruppen im Virunga-Gebiet. Zu ihr gehören auch die Zwillinge Byishimo und Impano mit ihrer Mutter Nyabitondore. Poppy, 1976 geboren, ist einer der ältesten noch lebenden Gorillas, der an Menschen gewöhnt ist. Er gehörte bereits zur Gruppe, als sie von Dian Fossey studiert wurde. Wegen des bis in die höchsten Regionen hineinreichenden Reviers gehört Susa A zu den Gorillagruppen, die am schwierigsten zu erreichen sind.

Die Susa-Gruppe kannte schon Dian Fossey

2. Susa B (oder Karisimbi-Familie)
Diese Gruppe splittete sich von der Susa-Gruppe ab und wird seitdem Susa B genannt. Sie lebt unterhalb der Spitze des Karisimbi (4.507 m) sowie seiner Caldera und besteht aus 15 Tieren. Aufgrund ihres Territoriums ist diese Gruppe ebenfalls nicht immer einfach zu erreichen.

3. Sabyinyo
Diese Gorillagruppe wurde nach dem gleichnamigen Vulkan benannt, dessen Name übersetzt „Zähne des alten Mannes" bedeutet. Sie wird von Guhonda, einem der größten Silberrücken, angeführt. Zur Gruppe gehören sieben weitere Mitglieder: drei Weibchen, drei Halbwüchsige und ein Baby. Die Sabyinyo-Gruppe gehört zu den am leichtesten zu erreichenden Gorillagruppen.

Leicht zu erreichende Gruppe

4. Amahoro
Der Name Amahoro („Frieden") ist Programm für diese große Gruppe mit 17 Mitgliedern. Neben dem Silberrücken Ubumwe gehören dazu zwei Schwarzrücken, fünf Weibchen, vier Halbwüchsige und fünf Babys. Durch seine friedvolle und zurückhaltende Art hat Ubumwe allerdings schon das ein oder andere Familienmitglied an den benachbarten Silberrücken Charles verloren.

5. Umubano
Die Mitglieder dieser Familie waren ursprünglich ein Teil der Amahoro-Gruppe. Der junge und forsche Silberrücken Charles verwickelte seinen Kontrahenten Ubumwe in monatelange Kämpfe, bei denen er ein Teil der Amahoro-Gruppe zu sich zog und mit ihnen eine neue Familie gründete. Seitdem respektieren sich beide Silberrücken und gehen sich aus dem Weg. Umubano („Nachbarschaftlich") hat elf Mitglieder, darunter neben dem Silberrücken ein Schwarzrücken, drei Weibchen und sechs Jungtiere.

Der Mount Sabinyo („Zähne des alten Mannes") ist der älteste der Virunga-Vulkane

Silberrücken der Gruppe „13"

6. Dreizehn (Aka Agasha)

Der Name bezieht sich auf die Gruppengröße, als diese Familie das erste Mal beobachtet wurde. Heute besteht „13" aus 25 Mitgliedern: einem Silberrücken, zwölf Weibchen, fünf Halbwüchsigen und sieben Babys. Die Geschichte von „Dreizehn" ist sehr abenteuerlich. Ursprünglich von einem Silberrücken namens Nyakarima geführt, verlor dieser bei einem Kampf mit Agashya („Neuigkeiten") seine gesamte Gruppe – ein ungewöhnlicher Vorgang. Agashya führte die Gruppe weiter hoch, um den Nachstellungen des alten Silberrückens zu entgehen und bemächtigte sich auf dem Weg durch Kämpfe mit anderen Gruppen weiterer Mitglieder, sodass seine Gruppe innerhalb kurzer Zeit von zwölf Tieren auf 25 anwuchs. Agashya gilt als vorsichtiger Anführer: Schon bei Verdacht auf Gefahr bringt er seine Gruppe bis zur Vulkanspitze hinauf, was schon einige Besuchergruppen, die auf dem Weg zu dieser Gruppe waren, zur Verzweiflung brachte.

Vorsichtiger Silberrücken

7. Kwitonda

Diese auch nicht immer einfach zu erreichende Gruppe stammt ursprünglich aus dem kongolesischen Teil der Virungas. Die 18 Mitglieder werden von einem Silberrücken namens Kwitonda angeführt. Daneben leben in der Familie ein weiterer Silberrücken sowie ein Schwarzrücken.

8. Hirwa

Die Hirwa-Gruppe entstand etwas überraschend, als sich am 17. Juni 2006 beim Zusammentreffen der Gruppen „Dreizehn" und „Sabyinyo" einige wenige Abtrünnige zu einer eigenen kleinen Gruppe zusammenschlossen. Später stießen noch einige einzelne Gorillas dazu, sodass Hirwa („Glücklich") nun neun Mitglieder hat: einen Silberrücken, drei Weibchen, zwei junge Weibchen und drei Babys.

9. Bwenge
Die Gruppe wurde durch den gleichnamigen Silberrücken im Jahr 2007 gegründet, nachdem er seine ursprüngliche Gruppe verließ und nach und nach einige Weibchen von anderen Gruppen für sich eroberte. Die ersten Jahre waren von schweren Schicksalsschlägen begleitet, insgesamt sechs Babys starben. Die Babys der letzten zwei Geburten sind jedoch wohlauf und die Familie besteht heute aus elf Mitgliedern. Sie leben an den Hängen des Karisoke. Wanderungen zur Bwenge-Gruppe dauern oft etwa drei Stunden, wobei einige Hundert Höhenmeter zu überwinden sind.

10. Ugenda
Diese am Karisimbi lebende Gruppe besteht aus elf Gorillas, darunter zwei Silberrücken. Der Name Ugenda bedeutet „in Bewegung" und wurde wegen der häufigen Standortwechsel gewählt. Diese Gruppe sowie die Bwenge-Familie waren ursprünglich nur den Forschern zugängliche Gorillagruppen, die erst seit Kurzem auch von Touristen besucht werden können.

Tierarten im Volcanoes-Nationalpark

Interessante Tierarten

Der **Berggorilla** *(Gorilla beringei beringei)* ist sicher das mit Abstand bekannteste Tier des Nationalparks, jedoch natürlich nicht das einzige. Wenn auch die weiteren **Säugetierarten** nur selten zu sehen sind, so leben in dem Gebiet der Vulkane doch eine ganze Reihe von interessanten Tieren. Darunter befinden sich 15 Arten Goldmulle *(Chrysochloridae),* sieben Arten Hörnchen *(Sciuridae),* das Lord-Derby Dornschwanzhörnchen *(Anomalurus derbianus)* die Ruwenzori-Otterspitzmaus *(Micropotamogale ruwenzorii),* die Kleine Nacktsohlen-Rennmaus *(Tatera valida)* und 40

Vegetation am Mount Bisoke

Mausvögel im blühenden Korallenbaum

Arten Ratten und Mäuse. Eher in der Dämmerung oder nachts aktiv sind das Weißbauchschuppentier *(Manis tricuspis)*, zwei Arten von Stachelschweinen, Streifenschakal *(Canis adustus)*, Tüpfelhyäne *(Crocuta crocuta)*, Afrikanische Goldkatze *(Profelis aurata)*, Serval *(Leptailurus serval)*, Afrikanische Wildkatze *(Felis Silvestris Cafra)* und der Ruwenzori-Leopard *(Panthera. p. ruwenzori)*. Zu den **kleineren Raubtieren** zählen das Zorilla *(Ictonyx striatus)*, der Honigdachs *(Mellivora capensis)*, Weißnackenwiesel *(Poecilogale albinucha)*, Afrikanische Zibetkatze *(Civettictis civetta)*, Waldginsterkatze *(Genetta servalina)*, Südliche Großfleck-Ginsterkatze *(Genetta tigrina)*, Pardelroller *(Nandinia binotata)* und fünf Arten von Mangusten. Zu den in Virunga vorkommenden **Huftierarten** zählen der Östliche Bongo *(Tragelaphus euryceros)*, Buschbock *(Tragelaphus scriptus)*, Peter's Ducker *(Cephalophus callipygus)*, Weißbauch-Ducker *(Cephalophus lecogaster)*, Blauducker *(Philantomba monticola)*, Schwarzstirn-Ducker *(Cephalophus nigrifrons)*, Gelbrückenducker *(Cephalophus silvicultor)* und der Afrikanische Büffel *(Syncerus caffer)*.

Sehr selten geworden ist der **Waldelefant** *(Loxodonta cyclotis)*, während der Steppenwald-Baumschliefer *(Dendrohyrax arboreus)* hier und da mit Glück zu sehen ist. Durch die nächtliche Lebensweise sind **Erdferkel** *(Orycteropus afer)* eigentlich nie zu sehen. Nur ihre Erdbauten verraten ihre Anwesenheit. Durchaus auch mal tagaktiv, aber sehr scheu sind die drei **Wildschweinarten**: das Riesenwaldschwein *(Hylochoerus meinertzhageni)*, Buschschwein *(Potamochoerus larvatus)* und das Pinselohrschwein *(Potamochoerus porcus)*. Neben dem Berggorilla finden sich weitere **Affenarten**: die Kongo-Weißnasenmeerkatze *(Cercopithecus ascanius)*, die Vollbart-Meerkatze *(Cercopithecus l'hoesti)*, die Goldmeerkatze *(Cercopithecus kandti)*, die Silber-Meerkatze *(Cercopithecus doggetti)*, der Guereza *(Colobus guereza)*, Anubis-Pavian *(Papio anubis)* und fünf nachtaktive Loriartige *(Galagos bzw. Buschbabys)*. Zu den fliegenden Säugetieren des Gebiets zählen fünf Arten **Flughunde** und 15 Arten **Fledermäuse**.

Weitere Affenarten

Im Volcanoes-Nationalpark konnten die Wissenschaftler 185 **Vogelarten** nachweisen. Zu den im Park vorkommenden Arten gehören beispielsweise: Kronenkranich, Raubadler, Augur-Bussard, Schmarotzer-Milan, Kronentoko, Ruwenzori-Turako, Mönchskuckuck, Schildrabe, Geierrabe und Braunflügel-Mausvogel.

Reptilien sind aufgrund der Höhenlage nicht so artenreich im Nationalpark vertreten, aber es gibt immerhin acht **Schlagenarten**, die jedoch sehr scheu sind und daher nur sehr selten gesehen werden: Schwarzgrüne Buschviper *(Atheris nitschei)*, Nashornviper *(Bitis nasicornis)*, Günthers Grünbaumschlange *(Dipsadoboa unicolor)*, Ruanda Buschschlange *(Philothamnus ruandae)*, Schwarze Baumschlange *(Thrasops aethiopissa)*, Südafrikanische Baumnatter *(Thelotornis kirtlandi)*, Eierschlange *(Dasypeltis atra)*, Angola-Buschschlange *(Philothamnus angolensis)*. Interessant sind die fünf **Chamäleonarten**, die ihre Beute (Insekten) mit Hilfe ihrer überlangen Zunge fangen: Elliot's Chamäleon *(Chamaeleo ellioti)*, Raues Bergchamäleon *(Chamaeleo rudis)*, Zweistreifenchamäleon *(Chamaeleo bitaeniatus)*, Lappenchamäleon *(Chamaeleo dilepis)* und das Boulengers Stummelschwanzchamäleon *(Rhampholeon boulengeri)*. Weitere Reptilienarten sind die Bergwald-Echse *(Adolfus vauereselli)*, Grauers Skink *(Leptosiaphos graueri)*, Östlicher Goldskink *(Mabuya megalura)*, Hackars Skink *(Leptosiaphos hackars)* und Sternfeld's Gecko *(Cnemaspis quattuorseriatus)*. Auch einige Arten von **Amphibien** sind vertreten, acht Frosch- sowie zwei Krötenarten kommen in dem Nationalparkgebiet vor.

Pflanzenwelt im Volcanoes-Nationalpark

Vielfältige Flora

Die Pflanzenwelt an den Virunga-Vulkanen ist sehr vielfältig und ändert sich mit der jeweiligen Höhenregion. Im unteren Bereich bis 2.400 m breitet sich Regenwald aus, der jedoch zum größten Teil bereits abgeholzt wurde und dessen ehemalige Flächen heute dem landwirtschaftlichen Anbau dienen. In einer Art Pufferzone um 2.500 m Höhe wächst ein durch Neoboutonia-Arten dominierter Wald, eine Gruppe in Afrika beheimateter Pflanzen aus der Familie der Wolfsmilchgewächse.

Zwischen 2.500 und 3.200 m findet sich hauptsächlich ein Wald aus afrikanischem Bergbambus *(Arundinaria alpine)*. Diese zu den Gräsern zählende Pflanze wird bis zu 19 m hoch und erreicht eine Stammdicke von bis zu 12,5 cm. Dieser Bambus wächst auf rund 30 % der Parkfläche. In der darauffolgenden Zone (2.600–3.600 m) gedeiht vor allem auf den regenreichen

Blüte des Johanniskrauts

Markante Silhouette der Vulkane Mikeno und Karisimbi

Seiten der südlichen und westlichen Hänge ein Hagenia-Hypericum-Wald mit dem Kossobaum *(Hagenia abyssinica)* und dem Johanniskraut *(Hypericum revolutum)* als dominierenden Pflanzenarten. Diese Vegetationsform nimmt etwa ein Drittel der Parkfläche ein. Zwischen 3.500 und 4.200 m ändert sich die Pflanzenwelt erneut und Lobelien *(Lobelia wollastonii, L. lanurensis)* und die bis 6 m hohen baumförmigen Kreuzkräuter *(Senecio erici-rosenii)* bestimmen das Bild von 25 % der Parkfläche. In der obersten Pflanzenzone der Virungas (4.300–4.500 m) breitet sich hauptsächlich Grasland aus mit verschiedenen Gräsern, Schafgarben und Moosen.

Aktivitäten im Park

Auch wenn die meisten Besucher wegen der Berggorillas kommen, gibt es im Volcanoes-Nationalpark noch mehr zu sehen und zu unternehmen. Ein mehrtägiger Aufenthalt wird durch gute Hotels in der Nähe des Parks möglich und eröffnet neben dem Besuch der Gorillas weitere interessante Möglichkeiten.

Besteigung des Mount Karisimbi

Für die Besteigung sind zwei Tage vorgesehen. Das Parkbüro stellt für die Bergtour einen Guide (im Preis für die Tour enthalten), alles andere muss mitgebracht werden. Denken Sie vor allem an die richtige Kleidung gegen Regen und Kälte. Ein gutes, regendichtes Zelt sowie genügend Wasser und Verpflegung sind ebenfalls wichtig. Sollte Ihnen das Gepäck zu schwer werden, können Sie sich über das Parkbüro einen Träger organisieren.

Bergtouren

Besteigung des Mount Visoke

Die Besteigung des Mount Visoke ist im Vergleich zum Karisimbi eine kürzere Wanderung und kann an einem Tag durchgeführt werden. Der Anstieg selber dauert etwa zwei Stunden. Denken Sie auch hier an die richtige Kleidung. Der Führer

Die organisierten Wanderungen führen auch zum Gorilla-Friedhof

kennt sich mit den aktuellen Wetterverhältnissen aus und kann zusätzlich gute Tipps für den Tagesmarsch geben.

Wanderung zum Grab von Dian Fossey
Diese Halbtages-Tour zum Grab der berühmten Gorilla-Forscherin und zu den Gräbern der dort getöteten Gorillas (einschließlich ihres Lieblingsgorillas Digit) ist eine interessante Wanderung, die keiner besonderen Vorbereitungen bedarf.

Golden-Monkey-Wanderung
Wanderung zu den Goldmeerkatzen Die im Englischen „Golden Monkey" genannte Goldmeerkatze ist eine mittlerweile seltene Affenart, die nur in den Virunga-Vulkanen und den restlichen Wäldern Ruandas anzutreffen ist. Im Volcanoes-Nationalpark gibt es eine etwa 40 Affen umfassende Gruppe, die an Menschen gewöhnt ist. Pro Besuch sind sechs Personen erlaubt. Nach dem Aufspüren können die Tiere, wie die Gorillas, eine Stunde lang beobachtet werden.

Kurze Wanderungen
Weitere Wanderungen dauern zwischen zwei und drei Stunden und führen am Wald entlang oder zu den Kraterseen. Die Mitarbeiter des Parkbüros oder Ihr Guide geben gerne weitere Auskünfte.

Kwita izina
Feier zur Geburt der Gorillababys Das Fest zur „Namensgebung" *(Kwita izina)* ist seit jeher Bestandteil der ruandischen Kultur. Bei dem Fest zur Geburt eines Kindes wird von den Familienmitgliedern der Name des Babys verkündet. Seit 2005 führt das Rwanda Development Board dieses Fest einmal im Jahr (September) auch für die innerhalb eines Jahres neugeborenen Gorillababys durch. Dieses Fest dient auch dazu, in der Öffentlichkeit auf die Problematik des Gorillaschutzes aufmerksam zu machen. Offizielle Webseite zu dem Event: www.rdb.rw/kwitizina.

Die Goldmeerkatze

Diese seltene Affenart, die bis vor einigen Jahren noch als Unterart der Diadem-Meerkatze galt, lebt in den Wäldern der Virunga-Vulkane und in den benachbarten Waldgebieten von Gishwati und Nyungwe. Die Tiere haben ein blaugraues Fell, mit goldgelben Partien an Schultern und Rücken, die letztlich zum Namen führten. Sie ziehen unter Führung einiger adulter Männchen in großen Gruppen von bis zu 60 Tieren durch ihr Territorium, auf der Suche nach Nahrung. Ihre Ernährung besteht aus (hauptsächlich jungen) Blättern und Früchten von (bisher bekannten) 32 verschiedenen Pflanzenarten. Außerdem nehmen sie gelegentlich auch Insekten und Larven als Eiweißquelle zu sich.

Im benachbarten Mgahinga-Gorilla-Nationalpark, dem in Uganda gelegenen Gebiet der Virunga-Vulkane, wurde die Goldmeerkatze (engl. Golden Monkey) eingehend untersucht. Im Nationalparkgebiet leben demnach etwa 3.200 bis 5.000 dieser Affen. Nach Vergleichen mit Untersuchungen an der gleichen Affenart von 1991 konnte eine leichte Verbesserung der Bestandszahlen festgestellt werden. Die durchschnittliche Größe der Gruppen im Mgahinga-Gorilla-Nationalpark beträgt 30, bei einer Anzahl von 3 bis 62 Tieren pro Gruppe. Sie halten sich hauptsächlich in Höhen von 2.450 bis 3.280 m auf. Auch in höher gelegenen Gebieten sind die Meerkatzen noch zu finden, allerdings weniger häufig und in kleineren Gruppen. Besonders gerne halten sie sich in den Waldbereichen mit großem Bambusbestand auf, auch wenn dieser nicht Hauptbestandteil ihrer Nahrung ist. Diese Gruppen legen am Tag bei der Nahrungssuche und -aufnahme etwa 1 km pro Stunde zurück.

Die seltenen Goldmeerkatzen

Trotz verbesserter Schutzbemühungen ist die Goldmeerkatze *(Cercopithecus kandti)* weiterhin bedroht. Immer noch werden von Wilderen Fallen für kleine Antilopen aufgestellt, in die teilweise auch die Affen geraten. Der illegale Einschlag in den Bambuswald konnte immer noch nicht unterbunden werden.

Im ruandischen Volcanoes-Nationalpark ist es seit 2003 möglich, eine an Menschen gewöhnte Goldmeerkatzen-Gruppe zu beobachten. Durch das Angebot möchte man auf diese bedrohten Tiere aufmerksam machen, um die Forschungs- und Schutzbemühungen auszuweiten.

Reisepraktische Informationen Volcanoes-Nationalpark

i Information

Beste Anlaufstelle für Ihre Vorbereitungen und den Erwerb von Gorilla-Permits ist das RDB-Büro in Kigali: **Rwanda Development Board**, KN 5 Rd., KG 9 Av. (ehemals Boulevard de l'Umuganda), Gishushu, P.O. Box 6239, Kigali, ☏ 0252-576514, reservation @rwandatourism.com, www.rwandatourism.com, www.rdb.rw.

Weitere Informationen, Auskunft über freie Termine zum Besuch der Berggorillas (nach telefonischer Rücksprache mit dem RDB-Büro in Kigali) und möglicherweise restliche **Gorilla-Permits** am jeweiligen Morgen des Tages (zwischen 7 und 8 Uhr morgens) sind im Park Headquarter in **Kinigi** zu bekommen, ca. 14 km von Musanze (Ruhengeri) entfernt.

@ Internet

www.volcanoesnationalparkrwanda.com – private Informationsseite für den Nationalpark.
www.berggorilla.org – Informationen zu den Berggorillas in Deutsch.
www.rwandatourism.com – Informationen zum Besuch der Berggorillas und zu weiteren Touren im Nationalparkgebiet über das Rwanda Development Board (s. o.).

Banken/Geldwechsel

Umtauschmöglichkeiten gibt es in den Banken in Musanze (s. S. 183). In den gehobenen Unterkünften sowie im RDB-Büro kann man auch mit US-Dollar bezahlen.

Unterkunft

Sabyinyo Silverback Lodge $$$$$ (2), 3 km außerhalb von Kinigi, ☏ +254 (20) 2734000, reception.rwanda@governorscamp.com, www.governorscamp.com. DZ je nach Saison zwischen 940 und 1.760 US$, EZ je nach Saison zwischen 470 und 1.100 US$ inkl. Vollpension und Getränke sowie Wäscheservice. Suiten 200 US$ zusätzlich. Die 2007 eröffnete Lodge hat acht Bungalows, darunter zwei Suiten und einen Familienbungalow, jeweils mit einer schönen Aussicht auf die Vulkane. Die Lodge gehört zu einem Gemeindeprojekt (SACOLA), mit einem Teil der Einnahmen aus der Unterkunft werden verschiedene lokale Projekte gefördert. Eine immer mal wieder mit Preisen ausgezeichnete Lodge, luxuriös, aber auch übeteuert.
Gorilla's Nest Lodge $$$$$ (3), Kinigi, ☏ 0252-589106, 0783-004914, judith@dubaiworldafrica.com, www.gorillanestlodge.com. Diese sehr schöne Unterkunft brannte 2012 zum Teil ab (u. a. das Restaurant), soll aber peu à peu wiederaufgebaut werden. Zurzeit können nur das Jack Hanna Cottage (als DZ 450 US$) für kleinere Gruppen bis 4 Pers. und die zwei wieder hergerichteten Ranch Rooms (DZ 350, EZ 200 US$) gebucht werden. Vollpension mit einigen freien Getränken. Zudem wurden das Restaurant und die Lounge wieder neuerbaut. Aktuelle Infos auf der Homepage.
Gorilla Mountain View $$$$ (1), zwischen Mt. Sabyinyo und Bisoke, ☏ 0788-305708, www.3bhotels.com. DZ 300 US$, EZ 230 US$ inkl. Vollpension. Die 2009 eröffnete Anlage verfügt über mehrere schön eingerichtete Steinbungalows mit Kamin, großem Bad, Kaffeemaschine und einem herrlichen Blick auf die Vulkane. Im Garten lassen sich gut Vögel beobachten.

Hügellandschaft im Nebel

Le Bambou Gorilla Lodge (4), ☎ 0788-307374, 0784-753415, www.lebambougorillalodge.com. DZ 200 US$, EZ 150 US$ inkl. Vollpension. Schön gelegene Lodge mit 15 großzügigen Zimmern/Bungalows mit Blick ins Grüne. Die Lodge bietet zwei Übernachtungen mit Vollpension (Softdrinks), Gorilla-Permit, Transfer von und nach Kigali und von der Lodge zum Volcanoes-Nationalpark und zurück für 1.500 US$.

Kinigi Guest House (Village Touristique Kinigi) $$ (6), in der Nähe des Parkbüros, ☎ 0252-547156, 078-533606, www.rwanda-kinigi-guesthouse.com. DZ 40 €, EZ 25 €. Mittlerweile renovierte Zimmer mit Strom und Bad in Holzhäusern unweit des Parkbüros. Nette Atmosphäre und gutes Essen. Camping ist im Gelände möglich.

La Paillotte $$ (5), ☎ 0785-523561, 0722-322066, www.lapaillottegorillaplace.com. Kleine DZ 19 €, EZ 13 €, große DZ 31 €, EZ 19 €. Kleines Hotel im Ort, sechs Zimmer.

Weiter Unterkünfte siehe Reisepraktische Informationen Musanze (S. 183) und zu den Seen Ruhondo und Burera (S. 216).

Rundfahrten/Touren/Besichtigungen

In Musanze: Amahoro Tours, s. unter Reisepraktische Informationen Musanze, S. 185.

In Kinigi: Muhisimbi, ☎ 078-3003335, 078-8833352, www.muhisimbi.com. Diese vor Ort arbeitende Hilfsorganisation hat spezielle Führer ausgebildet, die informative Besuche in Kinigi durchführen. Es besteht dabei die Möglichkeit, lokale Häuser, die Schule, den Markt und eine Bananenbierbrauerei zu besuchen. Zudem gibt es Infos und „Kostproben" zum traditionellen Bogenschießen sowie Musik und Tänze. Die Touren sind kostenlos, ein Trinkgeld wird erwartet.

Weitere hilfreiche Reiseagenturen und Tour Operators finden Sie in **Kigali** (s. S. 150).

Neugierige Blicke auf beiden Seiten

Aktivitäten

Zur **Gorilla-Beobachtung** im Volcanoes-Nationalpark kommen zehn an Menschen gewöhnte Gorillagruppen infrage. Ein **Gorilla-Permit**, also die Erlaubnis zum Besuch einer Gorillagruppe, kostet 750 US$ und sollte am besten weit im Voraus gebucht werden (mind. sechs Monate im Voraus, für die Hochsaison Juni–Sept. mind. ein Jahr). Mit dem Kauf eines Gorilla-Permit besteht jedoch keine Garantie, die Tiere auch wirklich zu sehen. Die Chance liegt jedoch bei 99,9 %. Sollte die seltene Möglichkeit eintreffen, dass keine Gorillagruppe zur Beobachtung erreicht wird, so wird das Geld für das Gorilla-Permit nicht erstattet. Im Preis sind der Parkeintritt, ein Parkführer sowie die Spurensucher und Ranger enthalten, die mit auf eine Wanderung gehen. Alle erwarten am Ende der Wanderung ein kleines Trinkgeld, das 10 € pro Person nicht übersteigen sollte. Daneben gibt es die Möglichkeit, einen persönlichen Träger zu engagieren, der den Teilnehmern den Rucksack trägt und bei schwierigen Trekkingpassagen hilft (15 US$, ggf. plus Trinkgeld).

Startpunkt: Zunächst müssen sich alle Gorilla-Interessierten mit ihren Gorilla-Permits und ihrem Reisepass um 7 Uhr am **Parkbüro in Kinigi** melden. Nach der Registrierung, der Einteilung der Gruppen und der Einführung starten gegen 8 Uhr die Fahrten zu den jeweiligen Ausgangspunkten der Wanderungen. Pro Gorillagruppe sind acht Besucher pro Tag zugelassen. Die Beobachtungszeit beträgt genau eine Stunde, ausgehend vom Erreichen der Gorillagruppe.

Neben dem Gorilla-Trekking gibt es noch weitere interessante **Wanderungen**, die vom RDB-Büro angeboten werden. Für Bergsteiger haben die Möglichkeit, einen der drei Vulkane im Parkgebiet zu besteigen. Eine 2-Tages-Tour zum **Karisimbi-Vulkan** kostet z. B. 100 US$ pro Tag. Der **Visoke** ist etwas einfacher zu besteigen (2 Std., 50 US$). Zudem gibt es weitere Wanderrouten, wie den **Golden Monkey Trail** (100 US$), zum **Grab von Dian Fossey** (75 US$) oder zu den **Kraterseen** (75 US$). Abseits des Parks gibt es die Gelegenheit, das Dorf Iby'Iwacu mit umfangreichem Programm zu besuchen.

Regionale Busverbindungen

Mit öffentlichen Verkehrsmitteln kommen Sie nicht direkt zum Nationalpark. Nehmen Sie einen der vielen **Minibusse** zwischen Kigali und Rubavu (Gisenyi) und steigen Sie in **Musanze** (Ruhengeri) aus (ca. 90 Min.). Von dort führt eine Straße ins 14 km entfernte **Kinigi**, wo sich das Parkbüro befindet. Von Musanze nach Kinigi fahren **Matatus** oder **Taxis** (ca. 12 €). Die Wanderungen beginnen jedoch nicht am Parkbüro. Für die teilweise schlechten Pisten zu den Ausgangsorten sind Allradfahrzeuge erforderlich! Diese können in Musanze als „Allradtaxi" für die Fahrten zum Park und zurück für ca. 50 € gemietet werden. Ansonsten können Sie versuchen, Fahrgemeinschaften mit anderen Besuchern zu bilden. Erkundigen Sie sich am besten schon in Ihrem Hotel nach möglichen Fahrgelegenheiten. Wichtig ist es vorher auszumachen, welche Strecken im Preis inbegriffen sind, damit es nicht zu Missverständnissen kommt. Des Weiteren besteht die Möglichkeit, mit einem Motorradtaxi für umgerechnet ca. 4 € zu fahren. Ein bisschen Abenteuergeist gehört allerdings dazu.

Wanderung zum Grab von Dian Fosseys Lieblingsgorilla Digit

Streckenhinweis

Von **Musanze** bestehen mehrere Möglichkeiten zur Weiterfahrt. Zum einen die asphaltierte Hauptstraße RN4 Richtung Westen, über Nkuli und Mukamira nach Rubavu (Gisenyi) am **Kivu-See**, zum anderen die Strecke nach **Muhanga** (Gitarama), die zunächst Richtung Rubavu führt und dann in Mukamira abzweigt (RN11). Die Straße führt über den Ort Ngororero und ist teilweise nicht asphaltiert. Eine weitere, allerdings viel schlechtere Piste Richtung Muhanga führt direkt von Musanze Richtung Süden, zunächst entlang des Mukungwa-Flusses und nach seiner Mündung in den Nyabarongo-Fluss diesem folgend bis Gatumba. Dort stößt die Piste auf die von Mukarima kommende Straße nach Muhanga (Gitarama).

Nach Norden führt eine Straße von Musanze aus zum knapp 30 km entfernten Grenzort **Cyanika**. Auf dem Weg werden die beiden **Seen Ruhondo und Burera** passiert.

Die Seen Ruhondo und Burera

Ein stattlicher Sattelstorch

Die beiden Seen Ruhondo und Burera liegen östlich von Musanze und werden von einem nur 1 km breiten Landstreifen voneinander getrennt. Ursprünglich bildeten die beiden Gewässer einen einzigen großen See, bis vor einigen Jahrtausenden ein Lavastrom des Sabinyo-Vulkans den **See in zwei Teile** teilte. Ruhondo und Burera sind seitdem nur durch einen Flusslauf miteinander verbunden.

Heute sind weite Bereiche des Umlands kultiviert, dennoch umgibt die beiden Seen eine herrlich grüne Landschaft. Von den umgebenden Hügeln bietet sich bei gutem Wetter eine wundervolle Aussicht auf die Virunga-Vulkane – genau der richtige Ort für leichte Wanderungen oder um einfach mal einen Tag zu entspannen. Mittlerweile gibt es einige Unterkünfte in der Gegend und bei Interesse können mit einem Fischerboot die Seen näher erkundet werden. Die Pisten rund um die beiden Seen sind jedoch durch den Regen meist in keinem guten Zustand, ein Allradfahrzeug ist daher von Vorteil.

Geschichte

Im Bereich der beiden Seen fand einer der entscheidenden Kämpfe der deutschen Kolonialmacht gegen aufständische Ruander statt. Dabei ging es zunächst um einen Nachfolgestreit in der ruandischen Königsfamilie. Seit der Inthronisierung des min-

Thronfolgestreit derjährigen König Yuhis V. Musinga im Jahr 1897 hielten sich hartnäckig Gerüchte, dass König Kigeri IV. Rwabugiri (Amtszeit 1853–1895) eigentlich einen anderen Sohn zur Nachfolge bestimmt hatte. Bei dem Staatsstreich von Rucunshu, bei dem der neue König Mibambwes IV. Rutarindwa 1896 getötet wurde, floh seine Frau mit ihrem Sohn in den Norden.

Einige Jahre nach der Krönung von König Yuhis V. Musinga erklärte ein Mann namens Ndungutse, der Sohn des ermordeten Königs zu sein und begründete damit den Anspruch auf den Thron. Er begann zahlreiche Anhänger um sich zu scharen

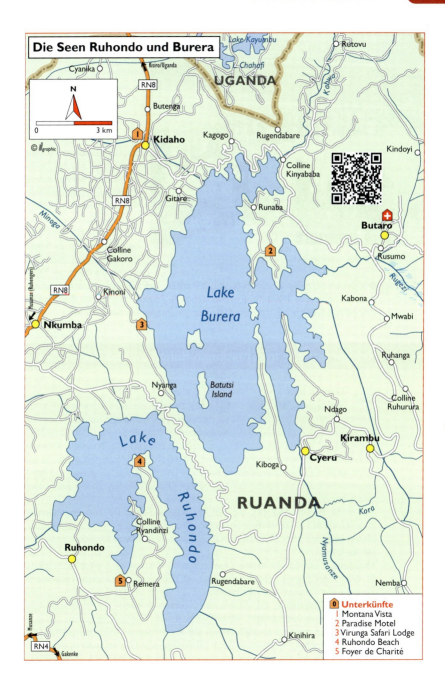

Die Seen Ruhondo und Burera

Deutsche Militärexpedition in Ruanda

und die Anhänger des verschmähten Prinzen begannen das Königreich vom heutigen Grenzgebiet zwischen Ruanda und Uganda aus zu destabilisieren.

Die Deutschen wollten mithilfe von sogenannten Strafexpeditionen wieder „Ruhe und Ordnung" in ihrer Kolonie herstellen und gleichzeitig den amtieren König stützen. Am Ruhondo- und Burera-See kam es 1912 zu der entscheidenden Schlacht zwischen der deutschen Kolonialmacht, die durch die Truppen des amtierenden Königs unterstützt wurden, und den Aufständischen auf der anderen Seite. Die 3.000 Mann starke deutsche Truppe lieferte sich drei Monate lang heftige Kämpfe, bis die Aufständischen geschlagen werden konnten.

Reisepraktische Informationen Ruhondo- und Burera-See

Unterkunft

Virunga Safari Lodge $$$$$ (3), zwischen den Seen Ruhondo und Burera gelegen, an der Straße nach Cyanika die Abzweigung in Nyaragondo (ca. 20 km von Musanze) nehmen, ☎ 07882-594363, zu buchen bei Volcanoes Safaris, ☎ 0252-502452, 0788-302069, www.volcanoessafaris.com. Preise ab 500 US$ pro Person inkl. Vollpension, Getränke und Wäscheservice. Luxuriöse, mit viel Holz und Naturstein gestaltete und 2009 renovierte Unterkunft (ehemals Volcanoes Camp) mit acht Bungalows und herrlichem Ausblick über die beiden Seen und zu den Virunga-Vulkanen. Zudem gibt es zwei „Honeymoon"-Bungalows.

Ruhondo Beach $$$ (4), am Fuß des Gashaki-Berges (12 km von Musanze), ☎ 0782-497865, 0728-497865, www.ruhondobeach.com. DZ 64–79 € inkl. Frühstück. Kleines Hotel mit zehn Zimmern im Hauptgebäude in steinernen Bungalows sowie Garten direkt am See.

Montana Vista $$ (1), Kidaho, Cyanika Road, 5 Min. von der Grenze nach Uganda, ☎ 0781-574685, www.montanavistahotel.com. DZ ab 30 €. Dreistöckiges Hotel mit 31 Zimmern und Terrasse, kostenlos WLAN.

Foyer de Charité $ (5), Rebero, am südlichen Ruhondo-See, ☎ 0252-547024, 0788-510659, 📠 0788-547025, vdprw@yahoo.fr, www.foyer-de-charite.com. DZ 15 €, EZ 10 €. 1968 errichtete kirchliche Anlage mit 45 Zimmern mit Waschschüssel und Gemeinschaftsduschen (Warmwasser durch Solaranlage). Zur Übernachtung ist eine vorherige Anmeldung erforderlich.

Paradise Motel $ (2), *Kirambo (15 km südlich von Butaro), an der Hauptstraße,* ☎ *0788-478512, harelimanaviateur@yahoo.fr. DZ 13 €. Kein warmes Wasser, Mahlzeiten möglich mit einigen Gerichten zur Auswahl.*

Essen & Trinken

Ile de Cyuza, *auf der privaten Cyuza-Insel im Burera-See betreibt das Hotel* **La Paillotte** *aus Kinigi ein kleines, einfaches Restaurant. Von der Terrasse hat man einen schönen Blick auf den Burera-See und den Vulkan Muhabura. Ausflüge zur Insel können über das Hotel organisiert werden.*

Transport

Der Ruhondo-See ist ohne eigenes Transportmittel am besten mit einem Motorradtaxi von Musanze (Ruhengeri) aus zu erreichen (4–5 €). Machen Sie gleich einen Termin für die Rückfahrt aus.

Das Rugezi-Sumpfgebiet

Östlich des Burera-Sees und unweit der ugandischen Grenze liegt eingebettet im Buberuka-Hochland in einem überfluteten Tal auf 2.050 m Höhe der Rugezi-Sumpf. Fast 90 % des über 67.000 m² großen Sumpfes besteht aus Torfboden. Die vorherrschenden Pflanzen sind die Echte Papyrus *(Cyperus papyrus)*, Gräser wie *Miscanthidium violaceum*, Zypergräser wie *Cyperus latifolius*, die Heidelbeer-Verwandte *Vaccinium stanleyi*, Süßgrasgewächse wie *Xyris vallida* und Erikagewächse. Das Gebiet erhält etwas weniger Regen als die Vulkan-Region, die jährliche Niederschlagsmenge liegt bei 1.200 mm.

90 % Torfboden

Der Sumpf lässt sich in drei Zonen einteilen. Im nördlichen Bereich ist der Wasserstand sehr niedrig und der Sumpf wird landwirtschaftlich genutzt. Im zentralen Bereich ist der Wasserstand geringfügig höher. Trotz Eingriffen ist hier und da noch natürliche Vegetation vorhanden. Im südlichen Bereich ist der Wasserstand hoch und der Sumpf noch in einem recht natürlichen Zustand. Das südliche Ende des Sumpfgebiets wird durch den **Nyagafunzo-See** begrenzt (s. auch S. 159). Dieser südliche Bereich eignet sich sehr gut für Vogelbeobachtungen. Leider ist Rugezi nicht ausreichend geschützt: Illegales Fischen, Jagd, Landwirtschaft und Handel mit Küken der Kronenkraniche setzen dem Naturschutzgebiet mehr und mehr zu.

Bisher wurden 43 verschiedene **Vogelarten** am Rugezi-Sumpf beobachtet, darunter seltene Arten wie Kivubuschsänger *(Bradypterus graueri)*, Bindenbuschsänger *(Bradypterus carpalis)*, Papyruswürger *(Laniarius mufumbiri)*, Gelbbauch-Rohrsänger *(Chloropeta gracilirostris)*, Papyruszistensänger *(Cisticola carruthersi)*, Zimtflügelstar *(Onychognathus tenuirostris)*, Baglafechtweber *(Ploceus baglafecht)*, Halsbandastrild *(Nesocharis ansorgei)*, Diademgirlitz *(Serinus frontalis)*, Papyrusgirlitz *(Serinus koliensis)* und der Dickschnabelgirlitz *(Serinus burtoni)*.

Der Rugezi-Sumpf ist vom Burera-See in Richtung Süden über **Nyamugali** und die Abzweigung nach Kibali gut zu erreichen.

6. Um den Kivu-See

Der Kivu-See gehört zur sogenannten **Great African Lakes Region**, der Region der „großen afrikanischen Seen". Diese Region umfasst den Victoria-See und die Seen des zentralafrikanischen Grabenbruchs: Albert-, Edward-, Kivu-, Tanganjika- und Malawi-See. Mit rund 110 Mio. Menschen zählt diese Region zu den am dichtesten besiedelten der Erde. Die Gründe dafür sind u.a. das durch die vulkanischen Aktivitäten sehr fruchtbare Land sowie ausreichend Wasser. Die Region gilt zudem als Geburtsstätte des modernen Menschen *(Homo sapiens)*, der dort bereits vor 150.000 Jahren lebte. Das Gebiet um den Kivu-See ist durch den zentralafrikanischen Grabenbruch und die ihn flankierenden Vulkane geprägt – ein einzigartiges Landschaftsbild. Das Klima dieser Region ist angenehm mild und zog daher schon während der Kolonialzeit Europäer in diese Region. Der Einfluss des Sees auf das Mikroklima sorgt das ganze Jahr über für ausreichend Regen und eine **üppige Vegetation**. Der früher in der Kivu-Region vorherrschende Regenwald musste allerdings einer ausgedehnten Landwirtschaft Platz machen.

Redaktionstipps

▶ Die Region zu Fuß erkunden: Wandern auf dem **Congo Nile Trail** (S. 235).
▶ Nach anstrengenden Wanderungen eine besondere Empfehlung: ein oder zwei **Ruhetage am Strand des Kivu-Sees** in Rubavu oder Karongi (S. 224, 260).
▶ Eine landschaftlich **schöne Strecke** mit herrlichen Ausblicken liegt zwischen **Karongi und Rusizi** entlang des Kivu-Sees (S. 264).
▶ Mittag- oder Abendessen in schöner Atmosphäre im **Restaurant des Waterfront Resort**, direkt am See in Rubavu (S. 231).
▶ Komfortabel übernachten und relaxen am Strand im **Lake Kivu Serena Hotel** in Rubavu (S. 230).

Für Reisende sind die Orte am Kivu-See ein hervorragender Ausgangspunkt, um von dort den See und seine Umgebung, die Bergwelt Ruandas sowie bei politisch stabiler Lage auch den nahen Kongo zu erkunden. Nach den Ausflügen, Wanderungen und Bergtouren locken die Strände des Kivu-Sees zum Entspannen und Ausruhen.

Der Kivu-See

Der am Grund des zentralafrikanischen Grabenbruchs (Albert-Graben) auf einer Höhe von 1.462 m gelegene Kivu-See hat eine Fläche von 2.650 km² (zum Vergleich: Bodensee 260 km²). An seinen Ufern leben heute über 2 Mio. Menschen.

Der Kivu-See

Der zentralafrikanische Zweig des Grabenbruchsystems entstand vor etwa 20 Mio. Jahren. Am Grund dieses Erdrisses bildete sich später ein großer, lang gestreckter See. Durch tektonische Anhebungen und vulkanische Tätigkeiten, bei denen vor einigen 10.000 Jahren an manchen Stellen Lava in den Grabenbruch floss, wurde der 485 m tiefe Kivu-See von seinen beiden Nachbarseen getrennt. Er hat durch die umliegenden Höhen und Berge eine ganze Reihe von Zuflüssen sowie den Rusizi als einzigen Abfluss. Der 117 km lange Fluss verbindet den Kivu-See mit dem 680 Höhenmeter niedrigeren Tanganjika-See. Gustav Adolf von Götzen war im Jahr 1894 nachweislich der erste Europäer, der den Kivu-See erkundete. Daraufhin kamen weitere Reisende, um die geografische und naturkundliche Situation am Kivu-See zu erforschen, darunter Heinrich von Bethe (1899), Richard Kandt (1899/1902) und Friedrich Robert von Beringe (1899/1900).

Von Nachbarseen getrennt

Zahlreiche **Inseln** erheben sich aus dem Kivu-See. Die mit 340 km² und mit Abstand größte Insel **Idjiwi** gehört jedoch zum benachbarten Kongo. Sie ist die zweitgrößte afrikanische und weltweit die zehntgrößte Binnenseeinsel. Die größten Inseln auf der ruandischen Seite des Sees sind **Bugarura** und **Iwawa** im zentralen Teil, etwa auf der Höhe zwischen den Ortschaften Kayove und Rutsiro. Auf Iwawa ist jedoch eine Militärstation ansässig, die Insel ist daher für Besucher gesperrt. Ein kleines, schönes Inselarchipel liegt nördlich der Stadt Karongi (Kibuye) und mehrere größere Inseln erstrecken sich am Südende des Kivu-Sees bei Rusizi (Cyangugu). Die zwei größten von ihnen sind **Nkombo** und **Ishwa**.

Mitten durch den See verläuft die Grenze zwischen den Staaten Ruanda und der Demokratischen Republik Kongo (früher Zaire). Daher gehört nur rund ein Drittel der Gesamtfläche des Kivu-Sees zum ruandischen Staatsgebiet. Diese Grenzziehung stammt noch aus der Kolonialzeit, als Deutsche und Belgier sich lange Zeit nicht auf einen Grenzverlauf zwischen beiden Kolonien einigen konnten und beide den See für sich beanspruchten. Ursprünglich gehörte die gesamte Kivu-Region

Grenzverlauf mitten durch den Kivu-See

Eine der zahlreichen kleinen Inseln im Kivu-See vor Karongi

Der Kivu-See

zum damaligen Königreich Ruanda. 1911 einigten sich die streitenden Kolonialherren auf eine endgültige Grenzziehung und die Teilung des Sees.

Besonderes Phänomen

Ein interessantes Phänomen am Kivu-See ist, dass der **Salzgehalt** und die **Wassertemperatur** mit zunehmender Tiefe steigen. Dieses Phänomen wird durch vulkanische Quellen auf dem Boden des Sees verursacht. Diese sind auch für die hohe Konzentration an gelösten Gasen im Tiefenwasser des Sees verantwortlich. Wissenschaftler gehen davon aus, dass etwa 250 km³ CO_2 und etwa 60 km³ **Methan** im See gelöst sind. Dass dieses Gas nicht entweicht, liegt an dem hohen Wasserdruck in über 250 m Wassertiefe. Die Sättigung beträgt derzeit 55 %, jedoch mit steigender Tendenz. Die Temperatur des Oberflächenwassers liegt recht konstant bei 24 °C.

Mit Methangas betriebenes Kraftwerk

Mit dem Ziel der nachhaltigen Verbesserung der **Energieversorgung** beschloss die Regierung im Frühjahr 2005, das Methangas im Kivu-See zu nutzen. Günstiger Nebeneffekt der Gasausbeutung wäre die Verringerung der Gefahr eines Gasausbruchs, sollte der Sättigungsgrad der unteren Wasserschichten weiter steigen. Ein internationales Konsortium soll in den nächsten Jahren am Kivu-See ein 70-MW-Kraftwerk errichten, das mit dem im See vorkommenden Methangas betrieben werden soll. Bereits seit dem Jahr 2010 ist ein Pilotkraftwerk mit 30 MW in Betrieb. Von der 4 km vor der Seeküste errichteten **Förderplattform** „Kibuye I" mit ihrem 25 m hohen Turm wird das gashaltige Wasser aus 320 m Tiefe angesaugt und mit einer Gasabscheiderkaskade die Gase CO_2 und Methan vom Wasser getrennt. Die so pro Stunde geförderten 1.000 m³ Methangas fließen durch eine Leitung zum Gaskraftwerk, das in der Bucht von Rubona, einem Vorort von Rubavu (Gisenyi), mit drei Generatoren den Strombedarf der Bralirwa-Brauerei und von Teilen der Stadt produziert.

Sandstrand am Kivu-See in Rubavu

Fischfauna im Kivu-See

Mit nur etwa 30 Arten ist die Fischfauna des Kivu-Sees vergleichsweise artenarm. Die Hälfte der Fischarten zählt zu den *Haplochromis*, einer Gattung von Riffbarschen, die wiederum zur Familie der Buntbarsche *(Cichlidae)* gehören. Diese werden je nach Art 8–28 cm lang. Die Männchen sind in Balzstimmung meist intensiv gefärbt und unterscheiden sich deutlich von den Weibchen mit meist unscheinbarer Färbung. Zu den Buntbarschen zählen auch die zwei im See vorkommenden Arten der Gattung *Oreochromis*. Vier Arten von Karpfenfischen der Gattung *Barbus* leben im Kivu-See, außerdem eine Art Strahlenflosser *(Raiamas moorii)*, der zu den Knochenfischen gehört. Im See heimisch sind auch vier Welsarten. Zudem leben hier einige vom Menschen im Kivu-See ausgesetzte Fischarten. Zu ihnen zählen der 45 cm große und bis 2,5 kg schwere *Coptodon rendalli*, eine mit dem Tilapia verwandte Buntbarschart, und die Tanganjikasee-Sardine *(Limnothrissa miodon)*. Letztere wurde 1959 durch die Belgier im See ausgesetzt. Heute werden jährlich zwischen 2.000 und 4.000 t Fisch gefangen.

Vergleichsweise wenige Fischarten

Strände

Im Kivu-See kann im Prinzip zu jeder Jahreszeit gebadet werden. Es gibt keine Flusspferde und Krokodile, die gefährlich werden könnten. Zudem soll das Wasser des Sees an den **ausgewiesenen Badestellen** bilharziosefrei sein *(s. dazu Hinweis unten)*. Durch die in den See einmündenden Flüsse ist das Wasser in der Nähe dieser Mündungen nicht immer klar. Das liegt vor allem an den Sedimenten, die durch die Erosion ins Wasser geschwemmt werden. Die Wasserqualität des Kivu-Sees ist jedoch in Ordnung.

Badebereiche

Theoretisch kann man überall baden, weil der See an vielen Stellen von einem Sandstrand gesäumt wird. Da sich einige Uferabschnitte jedoch in Privatbesitz befinden oder dichter pflanzlicher Wildwuchs den Zugang zum Ufer erschwert, ist es zu empfehlen, an einem der Strände der Hotels (z. B. Palm Beach) oder an einem der Strandrestaurants (z. B. Bikini TamTam) zu baden. Die Strände dort sind sauber und die Kellner werfen gerne einen Blick auf Ihre Sachen, während Sie baden. Und ein erfrischendes Getränk ist bei Bedarf auch nicht weit.

> **Hinweis**
>
> Untersuchungen haben ergeben, dass nicht mehr der gesamte Kivu-See als bilharziosefrei gilt. Bisher wurden zwei Bereiche mit den **Bilharziose** auslösenden Schistosoma-Würmern ermittelt. Das sind die Uferregion nördlich von Goma (D. R. Kongo) sowie die Uferbereiche der Inseln im südlichen Bereich des Kivu-Sees, vor Katana (D. R. Kongo) und südlich davon. Einziger im Kivu-See lebender Zwischenwirt, bei dem der Bilharziose auslösende Schistosoma-Erreger gefunden wurde, scheint die Kivu-Tellerschnecke zu sein *(Planorbis kivuensis)*. Uferbereiche mit Wasserpflanzen sollten daher unbedingt gemieden werden.

Die Rue de Palmier in Rubavu führt entlang des Südufers

Rubavu (Gisenyi)

Rubavu liegt eingezwängt zwischen den Ausläufern der Virunga-Vulkane, der Abbruchkante des zentralafrikanischen Grabens und dem Kivu-See. Direkt unten am See befindet sich der **alte (koloniale) Stadtteil**, leicht darüber erstreckt sich auf 1.510 m Höhe die „**Neustadt**" mit ihrer Geschäftsmeile und dem bunten Markt. Zur anderen Seite wird die Stadt von der Abbruchkante des Grabenbruchs und dem sich dahinter erstreckenden, bis zu 3.000 m hohen Hochplateau begrenzt. Die kleine Stadt am Nordostufer des Kivu-Sees, nahe der Grenze zur D.R. Kongo, wirkt recht verschlafen, obwohl Rubavu immerhin 106.000 Einwohner hat. Die Lage am Kivu-See und die nahe kongolesische Stadt Goma bescheren Rubavu ein wenig geschäftliches Treiben. Etliche Ruander aus Rubavu gehen zum Handeln nach Goma (und umgekehrt), einige wenige begeben sich auch nach Goma, um dort zu arbeiten.

Einst mondäner Badeort

Der früher Gisenyi genannte Ort war während der belgischen Kolonialzeit ein fast schon mondäner Badeort. Die ufernahen, mittlerweile im schlechten Zustand befindlichen alten Villen in ihren großen parkähnlichen Gärten zeugen heute noch von dieser Zeit. Die Strandpromenade bzw. der zwischen Allee und Strand gelegene kleine Park wird heute noch regelmäßig gepflegt. Hier am See liegt auch eines der besten Hotels des Landes, das Lake Kivu Serena.

Geschichte

Die Geschichte der Stadt Rubavu (früher Gisenyi und zu Kolonialzeiten Kissenji geschrieben) geht auf die deutsche Kolonialzeit zurück. Die Deutschen gründeten am

Nordostufer des Kivu-Sees 1899 einen Militärposten und unterhielten dort eine Militärstation. Die Errichtung an dieser Stelle hatte mit den Gebietsstreitigkeiten zwischen Deutschen und Belgiern zu tun, die den Kivu-See jeweils für ihre Kolonie beanspruchten. In dieser Zeit war Rubavu einer der größten Orte im Königreich Ruanda. Am 20. Dezember 1911 wurde hier nach Kigali das zweite kaiserliche Postamt eröffnet.

Gebietsstreitigkeiten

Einziges Überbleibsel aus dieser Zeit ist das Grab eines deutschen Soldaten. Das **Grab von Johannes Plaen** (1.3.1888–19.10.1912) befindet sich in der Rue Véterinaire, einige Hundert Meter vom heutigen Lake Kivu Serena Hotel entfernt. Das Grab wurde 1985 erneuert, die alte Grabplatte ist allerdings noch erhalten. Das nahe gelegene alte Gebäude der Veterinärstation weist Züge deutscher Kolonialarchitektur auf, es könnte daher auch deutschen Ursprungs sein.

Nachdem die Belgier infolge des Ersten Weltkriegs das Völkerbundmandat über Ruanda und Burundi erhalten hatten, zogen die neuen Beamten in die von den Deutschen verlassene Hauptstadt Kigali. Da der Hauptverwaltungsort nicht viel zu bieten hatte, suchten die in Kigali lebenden Belgier nach einem schönen, klimatisch angenehmen Ort für das Wochenende. Die Wahl fiel auf ein kleines Fischerdorf am Kivu-See, das den Vorteil hatte, nahe der belgischen Stadt Goma (heute D. R. Kongo) zu liegen. So entstanden im Laufe der Zeit herrliche Villen in großen tropischen Gärten entlang der Uferpromenade, da der Kivu-See zum Baden einlud und das Klima hier angenehmer war als in der Hauptstadt.

Zur Sommerfrische der Belgier erkoren

Nach dem Ende der Kolonialzeit und dem Abzug der Belgier übernahm die neue afrikanische Oberschicht den Ort und setzte die Tradition als Badeort fort. Bei der Gebietsneuordnung im postkolonialen Ruanda wurde Gisenyi Hauptstadt der gleichnamigen Provinz. Außer einigen wenigen kleinen Verwaltungsgebäuden brachte der Status der Stadt nicht viel ein. Durch den wirtschaftlichen Niedergang Ruandas nach der Unabhängigkeit, den folgenden politischen Unruhen und dem Bürgerkrieg hatte die Stadt sehr zu leiden. Die Villen begannen langsam zu verfallen und die Hotels mussten wegen politischer Probleme und ausbleibender Gäste immer mal wieder ihre Tore schließen.

Blick von Rubavu auf den Kivu-See

Geschäftsstraße in Rubavu mit dem Vulkan Nyiragongo (D. R. Kongo) im Hintergrund

Seit 2006 gehört die ehemalige Provinz Gisenyi zur neuen Westprovinz. Durch die Gebietsreform wurden etliche Städtenamen geändert und Gisenyi erhielt den Namen Rubavu (zuvor Name des oberen Stadtteils). Seit einigen Jahren scheint sich die Stadt langsam aus der Lethargie der Vergangenheit zu befreien und sucht den Anschluss an vergangene glorreichere Tage.

Lage und Klima

Vulkanisches Gebiet

Rubavu liegt auf einer Höhe von 1.480 m am nordöstlichen Ende des Kivu-Sees. Das Gebiet ist hochvulkanisch mit dem noch aktiven Vulkan Nyiragongo (3.470 m, letzter Ausbruch 17.1.2002) im Norden der Stadt sowie den Vulkanen Karisimbi (4.507 m) und Mikeno (4.437 m) im Nordosten. Direkt hinter der Stadt erstreckt sich im Osten eine etwa 30 km lange und 2.500–3.000 m hohe Bergkette als Teil des Grabenbruchs. Sie ist der Grund, dass Rubavu vom Rest des Landes etwas „abgeschnitten" wirkt. Die Einwohner der Stadt konnten wegen dieser Lage beispielsweise kein ruandisches Fernsehen empfangen. Entlang dieser Bergkette erstreckte sich einst der **Gishwati-Wald** als Verbindung zwischen den Virungas und dem Nyungwe-Wald. Leider sind heute nur noch kleine Reste dieses einzigartigen Waldgebiets vorhanden.

Durch die Höhenlage hat Rubavu ein sehr angenehmes Klima mit einer durchschnittlichen Tageshöchsttemperatur von 26 °C. An Regentagen und in der Nacht kann es recht frisch werden. Durch das vom See beeinflusste Mikroklima sind Niederschläge das ganze Jahr über möglich. Am trockensten sind die Monate Juni bis August.

Stadtrundgang

In der Regel kommt man in der etwas höher gelegenen „**Neustadt**" von Rubavu (Gisenyi) an. Zentral in der Mitte liegt ein großer Platz, an dem sich die Busstationen und die **Markthalle** von Rubavu befinden. Um diesen Platz herum gibt es alles Wichtige zu kaufen. Außer dem Markt gibt es hier diverse Geschäfte, eine Tankstelle, Internetcafés und die Ticket-Verkaufsbüros der Busgesellschaften. Die Fahrkartenbüros von Okapicar und Atraco liegen an der Südwestseite des Platzes.

Rund um den Markt

Geht man über die östlich des Platzes vorbeiführende **Hauptstraße** Richtung Norden, gelangt man zur größten **Moschee** der Stadt. Darauf folgen nur noch Wohngebiete bis zur Grenze zum Kongo. In südlicher Richtung hat die Hauptstraße ein wenig von einer Geschäftsstraße. Durch die schwierige Lage in den 1990er-

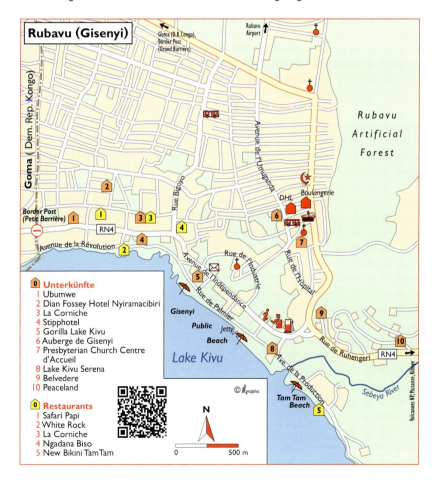

Jahren waren lange Zeit viele dieser Läden geschlossen. Seit den 2010er-Jahren wurde wieder investiert und neue Geschäfte eröffnen. Dennoch macht die Straße keinen sehr geschäftigen Eindruck. Folgt man weiter der Hauptstraße, macht diese einen Rechtsschwenk und führt am **Gefängnis** (links) und am **Krankenhaus** (rechts) vorbei. Vielleicht begegnet man dort Kolonnen von rosafarben gekleideten Männern. Dies sind Gefangene, die tagsüber unter Aufsicht Arbeiten für die Allgemeinheit verrichten müssen.

Geht man weiter nach rechts, wird linker Hand eine Tankstelle passiert. Danach gabelt sich die Straße am **Lake Kivu Serena Hotel**, links geht es zum Strand (Bikini TamTam), rechts zur Uferpromenade. Der kürzere Weg vom Marktplatz zum See führt allerdings vom zentralen Platz westlich hinunter. Dabei werden die Post und eine große Schule passiert. Wenn Sie entlang der mit alten Bäumen bestandenen **Avenue de l'Indépendance** spazieren, die parallel zum Ufer liegt, achten Sie auf kreischende Laute, denn in den Bäumen leben große Flughundkolonien.

Flughundkolonien

Folgt man zum Ende der Straße dem Hinweisschild zum Lake Kivu Serena Hotel, gelangt man zur **Rue de Palmier**. Hier sieht man zuerst das ehemalige Hotel Palm Beach und dessen Strand. Das Lake Kivu Serena liegt daneben am Ende der Straße. Auf der Uferpromenade gelangen Sie an weiteren Hotels vorbei, bevor nach etwa 20–30 Minuten zu Fuß der Grenzposten der D. R. Kongo erreicht ist.

Straße zum Strand

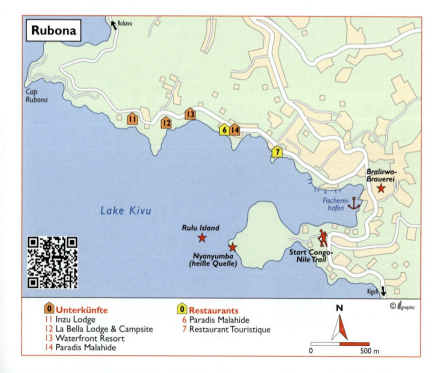

Unterkünfte
11 Inzu Lodge
12 La Bella Lodge & Campsite
13 Waterfront Resort
14 Paradis Malahide

Restaurants
6 Paradis Malahide
7 Restaurant Touristique

Fischerboote in der Bucht von Rubona

An Sehenswürdigkeiten hat der Ort Rubavu nichts weiter zu bieten. Also genießen Sie den Strand und den herrlichen See.

Wer möchte, kann südwärts einige Kilometer bis zum Vorort **Rubona** gehen. Dort liegt eine schöne Bucht, in der viele Anglerboote zu sehen sind. Es gibt ein nettes Restaurant, zum Baden ist die Bucht selbst jedoch nicht geeignet. Auf der gegenüberliegenden Seite der Bucht ist die größte Brauerei des Landes ansässig (Mützig-Bier). *Hübsche Bucht*

Reisepraktische Informationen Rubavu (Gisenyi)

Information
RDB Rwanda Tourism Office, *Avenue de l'Indépendance, www.rwandatourism.com. Geöffnet Mo–Fr 7–17, Sa/So 8–12 Uhr. Das staatliche Fremdenverkehrsbüro hält Informationen zur Stadt, zum Congo Nile Trail und zu den Nationalparks bereit und vermittelt Bootstouren.*

Internet
Informationen zum **Kivu-See** *im Internet: www.lake-kivu.org.*
Internetverbindungen sind in Rubavu manchmal ein kleines Abenteuer. Es gibt einige **Internetcafés** *(alle am Markt), aber die Verbindungen sind langsam, falls sie überhaupt zustande kommen. Besser funktioniert das Internet (WLAN) in der Regel in den Hotels.*

Wichtige Telefonnummern
Polizei Rubavu: ☎ 0252-540316, 540407.

Apotheken

Um den Markt im Zentrum von Rubavu gibt es mehrere Apotheken, die allerdings nicht gut bestückt sind.

Banken/Geldwechsel

Mehrere Banken haben Filialen in der Stadt. Zudem gibt es mittlerweile zahlreiche Wechselbüros, die sich alle um den Markt herum befinden. Am Markt lauern auch die Schwarzmarktwechsler, bei denen Sie meist einen leicht besseren Kurs bekommen können (Vorsicht! Zählen Sie erst das Geld, bevor Sie Ihre Devisen rausgeben).

BANCOR (Banque Commerciale du Rwanda), Avenue de l'Indépendance, ☎ 0252-540120, 540121.

Banque de Kigali, Avenue de l'Indépendance, ☎ 0252-540279.

BCDI (Banque de Commerce, de Développement et de l'Industrie), an der Hauptgeschäftsstraße (vom Markt Richtung Musanze), ☎ 0252-540010.

Unterkunft

Lake Kivu Serena $$$$$ (8), direkt am See am Ende der Rue de Palmier (ausgeschildert), ☎ 0252-541111, 📠 0252-541102, www.serenahotels.com. DZ 232 US$, EZ 172 US$, Suite 360 US$ jeweils inkl. Frühstück. Es gibt 60 Zimmer sowie 23 Familienzimmer und 6 Suiten. Das mit Abstand beste Hotel vor Ort und vielleicht eines der schönsten in Ruanda. Direkt am Strand des Kivu-Sees gelegen. Mit Swimmingpool und Fitnessraum. Gehört seit 2007 zur kenianischen Serena-Gruppe.

Entspannen am Strand des Lake Kivu Serena Hotel

Gorilla Lake Kivu $$$$ (5), Rue de Palmier, ☎ 0252-540600, 0788-174000, 📠 0252-540602, www.gorillashotels.com. DZ/DZ deluxe 110/120 US$, bei Einzelbelegung 90/100 US$. Das ehemalige Hotel Regina wurde von der Gorillas-Hotelgruppe 2008 komplett saniert und erweitert. Die insgesamt 35 Zimmer befinden sich in einem alten Kolonialhaus und einem Anbau. Es gibt mit „The Ubwato" ein gutes Restaurant. Daneben Swimmingpool und Sportmöglichkeiten wie Badminton, Volleyball und Fitnessraum. Der Kivu-See und der Strand-Park liegen direkt vor der Tür. Ebenso eine Brutkolonie Kormorane (je nach Brutzeit) auf einem großen Eukalyptus-Baum.

Stipphotel $$$ (4), Rue de Palmier, ☎ 0252-540450, 540202, 0788-305682, 📠 0252-540335, www.stipphotelrwanda.com. Preise: DZ 120 €, Suite 130 € mit Balkon, EZ 100 US$ inkl. Frühstück. Herrliches, 2005 eröffnetes Hotel mit 26 Zimmern (alle mit King-Size-Betten), Restaurant mit Seeblick, Poolbar, Gartenpavillon und Swimmingpool. Wer keinen Strand vor der Tür braucht wie beim Lake Kivu Serena, der wird hier auf seine Kosten kommen, sehr zu empfehlen!

Belvedere $$$ (9), ☎ 0252-540349, 0788-506555, www.belvedere.rbo.rw. DZ 55 €, EZ 49 €, jeweils mit Frühstück. Auf einer Anhöhe vor der Stadt gelegen (von Musanze kommend), daher eine schöne Aussicht hinunter auf den Kivu-See. 26 Zimmer und recht gutes Restaurant.

Peaceland $$ (10), *Rue de Ruhengeri, einige Hundert Meter außerhalb des Ortes,* ☏ *0252-540007, peacelandhotel07@yahoo.com. DZ 35–49 €, EZ 19–25 €.* Das Hotel hat 29 Zimmer mit Balkon, die Zimmer nach vorne bieten einen herrlichen Blick auf den Ort und den See.

Dian Fossey Hotel Nyiramacibiri $$ (2), *La Corniche (ausgeschildert),* ☏ *0788-517591, 0788-305511, www.dianfosseyhotel.com. Großes DZ 31–49 €, EZ 25–27 €, EZ-Suite 49 €, jeweils inkl. Frühstück.* Falls Sie als nicht verheiratetes Paar ein DZ nehmen möchten, gibt es einen Aufschlag von 2,50 € (das soll laut Manager „Lustpaaren" den Anreiz nehmen, die Lodge als Stundenhotel zu missbrauchen). Relativ neue Lodge im ruhig gelegen „Villenviertel" der Stadt, dadurch allerdings etwas abseits. Durch neuen Anbau mittlerweile 20 Zimmer.

Ubumwe $$ (1), ☏ *0252-540267 oder 0788-506647 (Michel), www.ubumwehotel.rbo.rw. Preise: DZ 1. Kategorie (neue Zimmer) 37 €, 2. Kategorie 31 €, EZ 25 €.* Das Hotel liegt in einem Garten etwas abseits von Stadt und See (auf dem Weg zur Grenze). Wenn auch nicht direkt am Wasser gelegen, so hat man aber von der 1. Etage einen Blick auf den Kivu-See. Die Zimmer der 1. Kategorie liegen in einem Neubau und sind wesentlich besser als die der 2. Kategorie im Altbau. Der Zimmeraufschlag lohnt sich. Die Zimmer im Neubau in der 1. Etage haben Balkon mit Seeblick! Alle 23 Zimmer sind mit TV und Moskitonetz ausgestattet.

Außerhalb von Rubavu

Paradis Malahide $$ (14), *Rubona, 6 km südlich am Strand des Sees gelegen,* ☏ *0788-648650, 0788-756204, www.paradisemalahide.com. EZ/DZ 70/80 US$, inkl. Frühstück.* 8 nette Holzbungalows aus Vulkangestein und lokalem Holz, verteilt im Garten, und 4 Zimmer, direkt am See gelegen, kostenloses WLAN, mit empfehlenswertem Restaurant (s. S. 232.).

Waterfront Resort (13) *(ehemals View Palm Resort), Straße nach dem Cap Rubona, 7 km außerhalb von Rubavu,* ☏ *0789-528772, 0788-382507, www.waterfrontresortlk.com. DZ 80/100 US$ (African/Garden), EZ 70/90 US$ (African/Garden) inkl. Frühstück.* Wunderschön direkt am Kivu-See gelegenes Hotel mit palmbestandenem Sandstrand. 15 Zimmer in zwei Kategorien und Bungalows inmitten eines grünen Gartens, mit abgetrennter Dusche unter freiem Himmel. Das Restaurant bietet Fischspezialitäten aus dem See, ist aber auch für andere Gerichte zu empfehlen. Boot für Ausflüge vorhanden.

Inzu Lodge (11), *Nyamyumba, 5 km außerhalb von Rubavu in Richtung Bralirwa,* ☏ *0784-179203, 075-250101, www.inzulodge.com. DZ Bambushaus 45 US$, 4 DZ in Safarizelten 40 US$ (jeweils ohne Frühstück). Camping für 20 US$ pro Zelt möglich.* Einfache, freundlich geführte Lodge, die es sich zum Ziel gesetzt hat, die lokale Gemeinschaft der Umgebung zu unterstützen.

La Bella Lodge & Campsite (12), *Rubona, Straße nach Bralirwa (7 km nach Rubavu),* ☏ *0788-510714, 0783-373400, www.labella-lodge.com. EZ/DZ 80 US$ (inkl. einem Frühstück!). Zelten kostet 20 US$ pro Person.* Durchschnittliches Restaurant mit Sitzmöglichkeiten im Garten.

Gästehäuser

La Corniche $$ (3), *Avenue de la Corniche,* ☏ *0788-322234, EZ/DZ 19–37 €.* Einfaches, freundliches Gästehaus mit 4 Zimmern und schönem Garten.

Auberge de Gisenyi $ (6), *gegenüber der Minibusstation,* ☏ *0788-703456. DZ/EZ 8/10 €. Einfache Zimmer mit Dusche (kalt), zentral gelegen, daher ideal für einen kurzen Aufenthalt.*
Presbyterian Church Centre d'Accueil $ (7), *im Zentrum nahe Markt,* ☏ *0252-540397, bigltd@hotmail.fr. Zimmer für 15 €, Bett im Schlafsaal 4 €. Das kirchliche Gästehaus mit seinen zwar einfachen, aber sauberen 13 Zimmern ist einer der ältesten Unterkünfte in der Stadt und hat ein annehmbares Restaurant.*
Le Chargeur Motel, ☏ *0783-869362. Neues Gästehaus mit einigen Zimmern, beliebter Bar und Grillrestaurant.*

Campingplätze
Am Restaurant **Paradis**, ☏ *08465959 (s. u.), mit herrlichem Blick über die Rubona-Bucht. Vorher anmelden!*

Essen & Trinken
Gut essen kann man in den Hotels der $$$- und $$$$-Kategorie (Auswahl s. o.) zu entsprechenden Preisen. Preiswerter sind die folgenden Restaurants:
New Bikini TamTam (5), *Rue Production. Gartenrestaurant direkt am See. Besonders an Wochenenden gut besucht. Gerichte und einfache Snacks zum Sundowner.*
La Corniche (3), *Rue de la Corniche,* ☏ *0788-322234. Gartenrestaurant im Bereich des „Villenviertels". Mit Mittagsbuffet und Snacks am Abend. Gästehaus s. o.*
Ngadana Biso (4), *im „Villenviertel" gelegen (gegenüber dem Roten Kreuz). Nettes Restaurant mit Garten, in dem hauptsächlich typisch ruandische Speisen (Matoke, Fleischspieße etc.) serviert werden.*
Safari Papi (1), ☏ *0776-903545, 0788-508866, psafari2k@yahoo.com. Neue Bar, Lounge und Restaurant (11.30–23 Uhr). Von einem Musiker geführte Location mit netter Atmosphäre und Garten. Am Wochenende Live-Musik (www.myspace.com/safapapyjohn).*
Thai Jazz (6), *Avenue de la Révolution, Restaurant am Seestrand,* ☏ *0788-202027, thaijazz@yahoo.fr. Thai-Küche und europäische Gerichte, geöffnet tgl. zum Mittag- und Abendessen.*
The Bistro at White Rock (2), *Rue de Palmier,* ☏ *0783-146082. Internationale Küche und schmackhafte Gerichte in netter Atmosphäre. Geöffnet Mi–So 8–22 Uhr. Mi und Sa nachts hat auch die angeschlossene Diskothek geöffnet.*

Außerhalb von Rubavu in Rubona
Paradis Malahide (6), *Rubona,* ☏ *0788-648650, 0788-756204, www.paradisemalahide.com. Das Restaurant liegt etwas außerhalb (6 km) an der schönen Rubona-Bucht, in der sich der Hafen von Gisenyi befindet (gegenüber der Bralirwa-Brauerei). Schmackhafte Küche aus lokalen Zutaten, wie fangfrischem Fisch. Auch Unterkunft s. o.*
Restaurant Touristique (7), *Rubona, nahe Paradis Malahide,* ☏ *0788-689733. Das Restaurant, auch Chez Maman Chakula genannt, serviert Mittag- und Abendessen in einem schönen Garten mit Blick auf den See. Lokale Gerichte, Snacks und europäische Küche; Gerichte zwischen 5 und 9 €.*

Diskotheken
Chez Nyanja, *nahe Stipphotel, Avenue du Lac. Angesagte Bar und Diskothek, wo man zu afrikanischen Rhythmen, Rumba und Hip-Hop abtanzen kann. Hier geht es am Wochenende erst nach Mitternacht so richtig los.*

La Bamba, nördlich des Marktes. Täglich geöffnete Open-Air-Bar, am Wochenende Tanz und Musik.

Einkaufen

Sollten Sie Hunger auf Käse oder (Butter-)Milch, Saft, Kekse, Ketchup oder Schokolade haben, dann werden Sie in der **Boulangerie** hinter dem Markt (Rue Poissons) fündig. Dort gibt es natürlich auch alles andere, vom Brot bis zum Reis.

Das „**Poupeterie-Atelier**" ist eine Frauenkooperative, die Puppen und andere Handwerksartikel herstellt. Gehen Sie an der Auberge de Gisenyi die Straße hoch, dann kommen Sie nach der nächsten Kreuzung (geradeaus) dorthin.

Märkte

Der **Zentralmarkt** von Rubavu wird in der neuen Markthalle direkt im Zentrum der Stadt abgehalten.

Flugverbindungen

Es gibt keinen Flughafen, nur eine Landepiste für kleine **Charterflugzeuge**. Der nächstliegende Flughafen liegt in Goma (D.R. Kongo). Von Ruanda aus bestehen zurzeit keine Flugverbindungen nach Goma.

Taxis

Die Taxis (**Taxi-Voiture**) stehen am zentralen Marktplatz. Eine Fahrt innerhalb von Rubavu kostet ca. 1,80–3 € (ca. 1.500–3.500 RWF). **Zweiradtaxis** warten ebenfalls am Marktplatz auf Fahrgäste und verkehren zudem überall in der Stadt (einfach mit Handzeichen anhalten).

Auf der Rue de Palmier

Mietwagen

Es gibt keine Mietwagenagentur in Rubavu. Sie können sich allerdings ein Taxi für einen Tag mieten. Der Preis ist Verhandlungssache.

Busse

Internationale Busverbindungen

Vom **Rubavu Taxi-Park** fahren Minibusse nach Goma (D.R. Kongo). Nicht-Afrikaner benötigen allerdings ein **Visum für den Kongo**. Daher wird man Ihnen empfehlen, ein Taxi oder auch ein Motorrad zu nehmen, um individuell über die Grenze nach Goma zu fahren. Zurzeit ist es für Europäer aus Sicherheitsgründen nicht gestattet, über Goma hinaus in den Kongo zu reisen. Bitte erkundigen Sie sich vorher bei Ihrer Botschaft in Kigali nach den **aktuellen Sicherheitshinweisen**.

Überregionale Busverbindungen
Normale **Minibusse** starten direkt beim Taxi-Park am Markt für Fahrten nach Musanze (Ruhengeri) (1 Std.) und Kigali (3 Std.). Einige Minibusse fahren auch nach Muhanga (Giterama). Dort kann man umsteigen, falls man in den Süden Ruandas oder zu den südlicheren Städten am Kivu-See möchte. Neben den Minibussen gibt es diverse Busunternehmen mit **mittelgroßen Bussen** für Fahrten nach Kigali (über Musanze) und nach Goma.

Eine Kolonie von Flughunden lebt in den Bäumen der Avenue de l'Indépendance

Fast alle diese Unternehmen haben ihre **Ticketbüros** und Abfahrtsstellen in der Nähe des Taxi-Parks. Fahrpreis nach Kigali etwa 3,50 €, die Abfahrzeiten variieren etwas, sodass mind. einmal in der Stunde ein Bus in die Hauptstadt abfährt. **Okapis** erste Fahrt ist um 5 Uhr, **Atracos** erste Fahrt um 6 Uhr. Bei der ersten Fahrt von Okapi um 5 Uhr müssen Sie sich am Vortag anmelden und werden dann direkt vor Ihrem Hotel abgeholt (meist bereits gegen 4.30 Uhr). So brauchen Sie nicht mit Ihrem Gepäck nachts durch die Straßen zu laufen. Mit dieser Frühverbindung haben Sie noch die Chance, eine internationale Busverbindung ohne Zwischenübernachtung in Kigali zu bekommen (z. B. den 9-Uhr-Jaguar-Bus nach Kampala). Abfahrtszeiten:

Okapicar, Verbindungen nach Kigali um 5, 7, 8.30, 10, 11, 12.30, 14, 15.30 und 16.30 Uhr. Abfahrt nach Goma um 8, 9.30, 10.30, 12, 13.30, 15 und 16 Uhr.

Horizon Coaches, Abfahrt ab Taxi-Park nahe Markt, tgl. Verbindungen von Rubavu nach Kampala (via Cyanika, Kisoro, Kabale, Mbarara).

Städtischer Busverkehr
Es gibt keinen innerstädtischen (Mini-)Busverkehr. Der Nahverkehr wird im kleinen Rubavu mit Fahrrädern, Motorrädern und Taxis abgewickelt.

Bootsverkehr
Es gibt zurzeit **keine offiziellen Fähren**, die Rubavu mit anderen Städten am Kivu-See verbinden. Schnellboote verkehren jedoch zwischen der benachbarten kongolesischen Stadt Goma und Bukavu. Über Touragenturen und Hotels können jedoch **Motorboote** für Fahrten nach Karongi und Rusizi gechartert werden. Zudem verbindet das Boot „**Munezero**" der staatlichen Tourismusagentur (RDB) Rubavu mit Karongi und Rusizi.

Entfernungen

Von Rubavu nach Kigali: 187 km
nach Musanze: 69 km
nach Cyanika (Grenze zu Uganda): 98 km
nach Huyé: 170 km
nach Rusizi: 248 km
nach Gatuna (Grenze zu Uganda): 267 km

Congo Nile Trail

Der Congo Nile Trail wurde erst vor wenigen Jahren eingerichtet, um Besuchern des Landes die Möglichkeit zu eröffnen, Ruanda auch jenseits der Berggorillas kennenzulernen. Dabei spielt der Wunsch der Regierung eine Rolle, Reisende für einen längeren Aufenthalt im Land zu gewinnen. Denn noch kommt die Mehrzahl der Touristen nur für zwei oder drei Tage ins Land, um die Berggorillas zu besuchen. Der Rest der Reise wird meist in den Nachbarländern Uganda oder Tansania verbracht. Die Landschaft im Osten des Kivu-Sees, der mit seinen zahlreichen Inseln als einer der schönsten Seen des afrikanischen Grabenbruchs gilt, eignet sich hervorragend für **Wander- oder Fahrradtouren**. Der Name **Congo Nile Trail** weist darauf hin, dass das Hochland östlich des Kivu-Sees die Wasserscheide dieser beiden großen Flusssysteme darstellt. An den westlichen Hängen fließt das Wasser Richtung Kivu-See und damit in den Einflussbereich des Kongo. An den östlichen Hängen fließt das Wasser über den Akagera in den Victoria-See, aus dem der Weiße Nil entspringt.

 Hinweis
Verlauf Congo Nile Trail s. Karte S. 220

Der Congo Nile Trail führt über 227 km von **Rubavu** (Gisenyi) am Nordende des Kivu-Sees zu dessen Südende bei **Rusizi** (Cyangugu), unweit der kongolesischen Stadt Bukavu. Für den Trail benötigen Wanderer rund zehn Tage und Radfahrer fünf Tage. Der Weg ist auch in zwei Tagen mit einem Allradfahrzeug zurückzulegen, mit einer Zwischenübernachtung in Karongi. Wer weniger Zeit zur Verfügung hat, kann den Weg auch in Teilen begehen bzw. befahren. Zudem bieten „Sonderpfade" (Subtrails) Touren zu bestimmten Themen an, z. B. zum Tee- oder Kaffeeanbau. Etwa die Hälfte der Strecke besteht aus schmalen Pisten, die nur von

Beschilderung entlang des Congo Nile Trail

sehr wenigen Fahrzeugen genutzt werden. Andere Abschnitte gehören zum Umfeld größerer Ortschaften und sind teils asphaltiert. Aber auch dort hält sich der Verkehr in Grenzen. Bedenken Sie, dass die Strecken nicht eben sind und immer wieder einige Höhenmeter zu überwinden sind. Der Start bei Rubavu sowie das Ziel in Rusizi sind etwa 1.500 m hoch. Der höchste Punkt entlang des Trails beträgt 2.630 m.

Reisepraktische Informationen Congo Nile Trail

Information
Für den **Congo Nile Trail** gibt es eine kostenlose **Landkarte** in allen Büros des RDB, Adressen siehe Kigali, Musanze oder Rubavu.

Infos im Internet: **www.rwandatourism.com/things-to-do/congo-nile-trail**

Preise für organisiertes Trekking auf dem Congo Nile Trail
Wanderführer: *30 US$/Tag (max. 5 Pers.);*
Träger: *20 US$/Tag;*
Camping Equipment *für 2 Personen: 30 US$/Tag.*

Kosten Unterkunft während des Trekkings
Campingplatz: *5 US$;*
Homestays: *10 US$/Bett;*
Base Camp: *20–40 US$;*
Hotels und Gästehäuser: *zwischen 35 und 100 US$ inkl. Frühstück.*

Aktivitäten/Sondertouren
Nachtangeln *(Overnight fishing): 20 US$/Person.*
Coffee-Route: *30 US$/Person.*
Tea-Route: *30 US$/Person.*
Fahrradmiete:
35 US$/Tag (normales 21-Gänge-Mountainbike);
80 US$/Tag (Highend-Fahrräder).
Miete Allradfahrzeug: *100 US$/Tag.*
Miete Motorboot *(Kivu Island Experience):*
Rusizi (Cyangugu) – Rubavu (Gisenyi): 1.600 US$;
Karongi (Kibuye) – Rubavu (Gisenyi): 800 US$.

Fahrradverleih/-Touren
Rwandan-Adventures, *Büro in Rubavu, gegenüber dem Restaurant Eden Garden,* ☎ *0789-571414, www.rwandan-adventures.com. Bietet geführte Fahrradtouren an, bucht Unterkünfte entlang der Strecke und verleiht Fahrräder für selbstständige Touren. Ein Trekkingführer kostet 30 US$/Tag, ein Träger mit Fahrrad (bis 15 kg Gepäck): 30 US$/Tag.*
Amagare – Rwandan Adventure Cycles, ☎ *0788-547028, 0788-305174, www.amagare.com. Geöffnet Mo–Fr 9–11.30, 14–16.30, Sa 9–11 Uhr. Fahrradverleih.*

Abstecher zur Provinz Nord-Kivu (D.R. Kongo)

D.R. Kongo und Kivu-Region auf einen Blick

Staatsname	**Demokratische Republik Kongo** (Republiki ya Kongó Demokratiki)
Fläche	2.344.858 km²
Hauptstadt	Kinshasa mit 9,8 Mio. Einwohnern (2016)
Einwohner	79,4 Mio. (Stand 2016)
Bevölkerung	250 ethnische Gruppen, davon 80 % Bantu (Kongo, Luba, Mongo, etc.), 2 % Niloten, 0,05 % Pygmäen
Bevölkerungswachstum	3,16 % (2014)
Kindersterblichkeit	bis zum Alter von 5 Jahren: 98,3 von 1.000 Geborenen (2015)
Altersstruktur	0–14 Jahre: 46,17 %; 15–64 Jahre: 50,86 %; älter als 65: 2,97 % (2014)
Lebenserwartung	durchschnittlich 58,66 Jahre
Amtssprachen	Kikongo, Lingala, Tshiluba, Kiswahili, Französisch
Religion	37 % Katholiken, 32 % Protestanten, 12 % Muslime, 10 % Naturreligionen, 7 % Kimbangismus
Währung	Kongolesische Franc (CDF); Kurs 1 € = ca. 1.037 CDF
Flagge	Blaue Flagge mit einem gelb eingefassten roten Querstreifen von unten links nach oben rechts. In der oberen Hälfte ist ein gelber Stern platziert.
HIV / Aids	ca. 1 % der Bevölkerung zwischen 15 und 49 Jahre sind HIV-positiv (2014)
Analphabetenquote	gesamt 24,98 % (2012)
Staats- und Regierungsform	seit 1960 semipräsidentielles Regierungssystem
Staats- und Regierungschef	Präsident Joseph Kabila (Staatsoberhaupt seit 2001); Premierminister Augustin Matata Ponyo (Regierungschef 2012)

Wirtschaftskraft nach BSP	weltweit Platz 94 von 188 (IWF 2014)
Inflation	1,2 % in 2014
Wirtschaftswachstum	9,05 % (2014)
Bruttoinlandsprodukt	39 Mrd. US$, BIP 729 US$ pro Kopf (2015) davon Land-/Forst-/Fischwirtschaft: 30 %; Bergbau/Industrie: 65 % (2014)
Auslandsverschuldung	5,5 Mrd. US$ (2014)
Entwicklungsstand	Platz 186 von 187 Ländern (H.D. Index 2013)
Bodenschätze	Blei, Coltan, Diamanten, Erdöl, Gold, Kupfer, Mangan, Zink, Zinn
Städte	Kinshasa: 9,8 Mio. Einwohner; Lubumbashi: 1,9 Mio. Einwohner; Mbuji-Mayi: 1,8 Mio. Einwohner; Kananga 1,2 Mio. Einwohner; Kisangani: 1 Mio. Einwohner

Provinzen

Provinz	**Nord-Kivu**
Fläche	59.483 km² (2,54 % des Kongo)
Hauptstadt	Goma mit 1,1 Mio. Einwohnern (offiziell 0,5 Mio. Einwohner, 2016)
Einwohner	6 Mio. Einwohner (7,6 % des Kongo, Stand 2016)
Amtssprachen	Französisch, Kiswahili
Provinz	**Süd-Kivu**
Fläche	65.070 km² (2,78 % des Kongo)
Hauptstadt	Bukavu mit 800.000 Einwohnern (2016)
Einwohner	5 Mio. Einwohner (6,3 % des Kongo, Stand 2016)
Amtssprachen	Französisch, Kiswahili

Das ruandische Rubavu und das kongolesische Goma sind Nachbarstädte am Kivu-See

Goma (D. R. Kongo)

Während eines Aufenthalts in Rubavu (Gisenyi) bietet es sich bei Interesse und genügend Zeit an, die kongolesische Nachbarstadt Goma zu besuchen. Sie liegt quasi nur einen Steinwurf entfernt auf der anderen Seite der Grenze, ebenfalls direkt am **Kivu-See**, mit dem nur 15 km entfernten Vulkan Nyiragongo im Hintergrund. Die 1.480 m hoch gelegene Stadt ist mit offiziell rund 500.000 Einwohnern wesentlich größer als ihre ruandische Nachbarstadt Rubavu (Gisenyi). Durch zahlreiche Flüchtlinge, die durch die immer wieder aufflammenden Kämpfe im Ost-Kongo in der Stadt Schutz suchten, ist Gomas Einwohnerzahl in den letzten zehn Jahren enorm gestiegen. Schätzungen zufolge lebten 2015 inklusive der Flüchtlingssiedlungen an der Peripherie an die 1,1 Mio. Menschen im Großraum Goma.

Nahe dem Vulkan Nyiragongo

Für Nachtschwärmer ist ein Ausflug nach Goma besonders am Wochenende zu empfehlen, da dort das Nachtleben weitaus vielfältiger ist als in Rubavu. Von Goma aus ist der zum kongolesischen Teil der Virunga-Vulkane gehörende und erst vor Kurzem ausgebrochene Vulkan **Nyiragongo** zu besteigen – eines des Highlights des **Virunga-Nationalparks** (Parc National des Virunga) (S. 247).

Geschichte

Goma war einst ein kleines Fischerdorf am Ufer des Kivu, das spätestens seit dem 16. Jh. zum Königreich Ruanda gehörte. Der Ort gewann für die belgischen Kolonialherren an Bedeutung, nachdem mit dem Deutschen Reich 1911 eine Einigung über die Grenzziehung in der Kivu-Region getroffen wurde. Aus einem kleinen belgischen Militärposten wuchs in den folgenden Jahren eine richtige Stadt heran. Nach der Unabhängigkeit des Kongo von Belgien im Jahr 1960 stand Goma zunächst im Schatten des am südlichen Ufer des Sees gelegenen Bukavu (s. S. 270). Nach der Gebietsreform 1988 wurde Goma zur Hauptstadt der neuen Provinz Nord-Kivu, die etwa die Größe des Freistaats Bayern hat. Durch den Abbau von **Bodenschätzen** in der Umgebung kam die Stadt sogar zu einem bescheidenen Wohlstand. Der Kampf um diese Bodenschätze sollte für Goma jedoch spätestens ab den 1990er-Jahren zu einem wachsenden Problem werden (s. S. 276).

Flüchtlinge in Goma

Seit Mitte der 1990er-Jahre ist Goma durch die internationalen Medien meist nur durch diverse Katastrophenmeldungen bekannt. Ende 1994 flüchteten Hunderttausende Bahutu in die Stadt, nachdem die Rebellenarmee der Batutsi die Macht in Kigali erobert hatte, um dort den Völkermord zu beenden. Riesige Flüchtlingslager für insgesamt eine Million Menschen entstanden, die von der internationalen Gemeinschaft versorgt werden mussten.

Der ruandische Konflikt wurde in den Folgejahren auch in Goma und in der kongolesischen Provinz Nord-Kivu ausgetragen, da die neue ruandische Regierung vermutete, dass zahlreiche Täter, die sich des Völkermords schuldig gemacht hatten, unter den Flüchtlingen im Kongo untergetaucht waren. Da die Zentralregierung des Kongo nichts gegen Mordkommandos von Bahutu-Gruppen gegen Batutsi in der Kivu-Region unternahm und nicht auf Attacken gegen ruandische Grenzposten reagierte, entschloss sich die ruandische Regierung mit ihren Verbündeten (Uganda, Burundi, Angola) im Jahr 1996, im Ost-Kongo einzumarschieren. Der sogenannte **Erste Kongo-Krieg** begann, in dem Ruanda die ADFL unter Laurent Kabila unterstützte. Diese Befreiungsbewegung kämpfte gegen das Regime von Diktator Mobutu. Der Erste Kongo-Krieg endete mit der Vertreibung von Mobutu und der Machtübernahme Kabilas am 17. Mai 1997.

Hinweis zur Sicherheitslage

Die Lage in und um Goma war zum Redaktionsschluss dieser Ausgabe ruhig, dennoch bestand noch im Juni 2016 eine allgemeine Reisewarnung des Auswärtigen Amts für die kongolesischen Provinzen **Nord- und Süd-Kivu**. Diese Reisewarnung hat zum Hintergrund, dass in den vergangenen Jahren immer wieder Auseinandersetzungen zwischen kongolesischen Streitkräften und bewaffneten (oppositionellen) Gruppen stattfanden (s. dazu S. 242). Die Stadt Goma sowie die stadtnahen Bereiche am Kivu-See sind eigentlich recht sicher. Für Reisen über Goma hinaus, z. B. zum Virunga-Nationalpark oder um den Kivu-See herum, erkundigen Sie sich bitte auf jeden Fall vor einer Einreise in den Kongo über die aktuelle Sicherheitslage! Informieren Sie sich beim Auswärtigen Amt unter www.auswaertiges-amt.de und direkt vor Ort bei den deutschen Botschaften in Kigali bzw. Kinshasa sowie bei einem örtlichen Reiseunternehmen (www.visitvirunga.org/touroperators).

Bereits 1998 zerbrach das Bündnis und Kabila beendete die Zusammenarbeit mit Ruanda. Die ruandische Regierung unterstütze daraufhin eine im Ost-Kongo neugegründete Rebellenarmee, die RCD. Im August 1998 begann die Gruppe mit Hilfe von Ruanda, Goma und kurze Zeit später auch Bukavu zu kontrollieren, der **Zweite Kongo-Krieg** begann. Es sollte Afrikas blutigster Krieg werden, der oft auch als „afrikanischer Weltkrieg" bezeichnet wurde. Nicht weniger als neun Staaten beteiligten sich an dem Krieg, zudem weitere 20 unterschiedliche Millitärgruppen. Bis zum Ende des Krieges im Jahr 2003 starben durch Kriegshandlungen und deren Folgen (Hunger, Seuchen, etc.) 5,4 Mio. Menschen.

Der Probleme durch jahrelangen Krieg nicht genug, brach am 17. Januar 2002 der **Vulkan Nyiragongo** aus und ein starker Lavastrom zerstörte Teile von Gomas Innenstadt. Menschen mussten zeitweise evakuiert werden, kamen aber nach Ende der Eruptionen schnell wieder in die Stadt zurück. Nach dem Friedensabkommen von 2003 beruhigte sich die Lage im Ost-Kongo und die Einwohner von Goma konnten für einige Jahre wieder durchatmen. Durch die von Ruanda zunächst garantierte Ordnung gab es eine relative Sicherheit und das Alltagsleben verlief wieder in ruhigen Bahnen.

Faszination und Gefahr gehen vom aktiven Vulkan Nyiragongo aus

Doch die friedlichen Zeiten währten nicht lange. Im September 2007 kam es außerhalb von Goma zu gewaltsamen Auseinandersetzungen. Am 27. Oktober 2008 begann die „Schlacht von Goma", als die von der kongolesischen Armee abgesplitterte Gruppe CNDP unter Führung von General Nkunda die Stadt einnehmen wollte. 200.000 Menschen flohen vor den Kämpfen aus Goma. Nach der gelungenen Festnahme von General Nkunda wurden die Kämpfe im Januar 2009 eingestellt. Ruanda wurde beschuldigt, General Nkunda, einen kongolesischen Batutsi, und seine Rebellengruppe unterstützt zu haben. Auch wenn die ruandische Regierung dies stets zurückwies, so könnte sie durchaus ein Sicherheitsinteresse daran gehabt haben, eine ihr ergebene Militärstreitmacht in der Nachbarregion zu haben, um die Aktivitäten der Exil-Bahutu von der FDLR besser kontrollieren zu können. Andere Beobachter glauben jedoch, dass der Sicherheitsaspekt letztlich nur vorgeschoben ist und Ruanda eigentlich an den wertvollen Rohstoffen der Kivu-Region interessiert ist. Die Wahrheit liegt vielleicht irgendwo dazwischen.

„Schlacht von Goma"

Am 20. November 2012 nahm die **Rebellenarmee M23** die Stadt ein. Vor den folgenden Kämpfen flüchteten 140.000 Menschen aus der Stadt. Nach Erfolgen der kongolesischen Streitkräfte zog sich die Rebellengruppe im Dezember freiwillig zurück. Am 24. Februar 2013 unterzeichnen elf afrikanische Staaten einen Vertrag, der endlich Frieden in die gebeutelte kongolesische Region bringen sollte. Zur aktuellen politischen Situation s. u.

Politische Lage in der kongolesischen Kivu-Region

Nach der Niederschlagung der sogenannten **M23 Rebellion** durch die kongolesische Armee entschied die UN am 28. März 2013, eine „Interventions-Truppe" zur Stabilisierung der Region zu stationieren. Im Oktober 2013 war die **MONUSCO** genannte Truppe vollzählig und einsatzbereit. Ihr gehören Soldaten aus Malawi, Tansania und Südafrika an. Eine erste Teiltruppe der MONUSCO hatte bereits ab Juni 2013 damit begonnen, die ehemalige Rebellengruppe M23 zu entwaffnen. Im Januar 2015 starteten MONUSCO und die kongolesische Armee eine Offensive gegen die FDLR (Forces Démocratiques de Libération du Rwanda) in der Kivu-Region sowie gegen Stellungen der Bahutu-Rebellen von der FNL, nachdem zuvor eine militärische Gruppe in Burundi eingefallen war. Die dortige Armee konnte jedoch diese Gruppe zunächst zurückdrängen, es gab 95 getötete Rebellen und zwei tote Soldaten. Am 25. Januar 2015 ergaben sich 85 Rebellen in der Kleinstadt Mubambiro (Nord-Kivu) mit ihren Waffen. Sie sollen in die kongolesische Armee (FARDC) eingegliedert werden. Am 31. Januar 2015 wiederum begann eine Kampagne gegen die Bahutu-Rebellen der FDLR. Bis zum 13. März 2015 wurden 182 FDLR-Rebellen getötet und erhebliche Waffenlager ausgehoben. Im Januar 2016 begannen einige kleinere Rebellengruppen (die ugandische ADF und Mai-Mai) und die FDLR sich gegenseitig zu bekämpfen, was Tausende Zivilisten aus Lubero (Nord-Kivu) flüchten ließ.

Im Mai 2016 informierte sich eine Delegation u. a. der Vereinten Nationen (UN) und der Afrikanischen Union (AU) vor Ort in der Region über die Fortschritte der Stabilisierung und den Kampf gegen die Rebellengruppen. Die FDLR und die ADF sind hauptsächlich noch um Beni, im Norden der Provinz Nord-Kivu, nordwestlich des Virunga-Nationalparks aktiv.

In Nord-Kivu gibt es 2016 rund 780.000 **Binnenflüchtlinge**, die in einer ganzen Reihe von Flüchtlingscamps untergekommen sind. Im Mai 2016 wurde darüber diskutiert, einen Großteil dieser Camps, die hauptsächlich von kongolesischen Bahutu bewohnt werden, zu schließen. Politiker und Militärs sehen in den Flüchtlingscamps einen Zufluchtsort für Rebellenkämpfer. Kritiker fürchten, dass vor allem die unbeteiligten zivilen Flüchtlinge darunter leiden werden, da nicht geklärt ist, wo all diese Menschen leben sollen. Ebenfalls im Mai 2016 kam es in Goma, wie in vielen anderen großen Städten des Landes, zu Demonstrationen gegen Präsident Kabila, der für eine, eigentlich in der Verfassung nicht vorgesehene dritte Amtszeit im November kandidieren will. Ein Gericht in Kinshasa hatte zuvor entschieden, dass, wenn es nicht zu planmäßigen Wahlen kommen sollte, Kabila auch über das Ende der zweiten Amtszeit hinaus Präsident bleibt.

Anfang Juni 2016 gab die ehemalige Rebellengruppe M23 bekannt, sich als Partei registrieren zu lassen. Dies ist Teil des **Friedensabkommens**, das 2013 in Nairobi zwischen der kongolesischen Regierung und der Rebellengruppe unterzeichnet wurde. Gleichzeitig appellierten Vertreter der Unterstützergruppe für den Kongo (u. a. UN, AU, EU) in Addis Abeba an alle kongolesischen Politiker, den politischen Dialog fortzusetzen.

Stadtrundgang

Die Stadt Goma hat für auswärtige Besucher keine großen Sehenswürdigkeiten zu bieten. Von Rubavu aus über die **Avenue de la Révolution** kommend und beim Grenzabschnitt Grand Barrière die Grenze überschreitend, führt die Straße mal mehr, mal weniger am See entlang und eröffnet immer wieder schöne Ausblicke auf den Kivu-See.

Ins Zentrum geht es nach dem Grenzübertritt der beim Hotel VIP Palace über den nach Nordwesten abzweigenden **Boulevard Kanyamuhanga**. Der mit einem grünen Mittelstreifen versehene Boulevard führt zum größten Innenstadtplatz mit seinem doppelten Kreisverkehr. Anschließend säumen einige Banken den Kanyamuhanga bis zum nächsten runden Platz. Im anschließenden Abschnitt wird die Bebauung etwas lockerer und auf dem dann folgenden runden Platz wurde den **Chukudus**, den hölzernen Lastrollern, ein Denkmal gesetzt (s. u.). Von diesem Platz Richtung Norden führt eine Straße zum großen Markt von Goma sowie weiter zum Flughafen. Nach rechts geht es wieder Richtung Rubavu und nach links zunächst auf der Rue Sake dann zur **Avenue de la Paix** (Friedensallee) zur westlichen Innenstadt.

Wichtiges Transportmittel für Lasten: das Chukudu

Die „Chukudeure"

Jedem Besucher fallen sie sofort ins Auge, diese ungewöhnlichen Transportroller, die zum Alltagsbild des Ost-Kongo gehören. Das **Chukudu** genannte hölzerne Gefährt ist seit einigen Jahrzehnten das wichtigste alltägliche Transportmittel für Lasten aller Art. Entstanden ist der Lastroller in den 1970er-Jahren, als es mit der Infrastruktur und der Wirtschaft im Osten des Kongo steil bergab ging. Bis auf wenige Straßen in Großstädten wie Goma und Bukavu bestehen die Verkehrswege aus mit scharfkantigem Lavagestein durchsetztem Lehm – ein Albtraum für jeden luftgefüllten Gummireifen.

Mit diesen einfachen und selbst zu bauenden Transportmitteln aus Holz lassen sich auch auf unebenen Pisten Säcke mit Getreide, Gemüse, Holzkohle und sonstige Dinge transportieren. Bis zu 600 kg kann ein **Chukudeur**, wie die Transporteure genannt werden, damit von A nach B bewegen. Das Chukudu besteht aus einem etwa 2 m langen Holzbalken, einem nach Vorbild von Rinderhörnern gebogenen Lenkrad und zwei hölzernen Rädern, die mit einem Gummistreifen aus alten Autoreifen versehen sind und auf Kugellagern alter Autos laufen. Keine anfällige Technik also, keine platten Reifen, kein Geld für Benzin – nur Muskelkraft. Ohne Lasten schiebt der Fahrer das Chukudu wie bei einem Tretroller durch Abstoßen mit einem Bein an (meist kniend). Das beladene Fahrzeug wird dann geschoben. 60 US$ kostet ein Chukudu und ein Chukudeur verdient bei guter Auftragslage am Tag ca. 5–10 US$. Da sehr viele Chukudeure ihre Dienste anbieten, ist jedoch nicht jeden Tag ein solcher Verdienst garantiert.

Die Einfachheit brachte dem simplen Gefährt großen Erfolg, mittlerweile auch jenseits der Grenzen in Ruanda und Burundi. Der Name *Chukudu* wurde aus dem Geräusch hergeleitet, den die Räder auf festen Straßen erzeugen: *Chu-ku-du, Chu-ku-du ...*

Reisepraktische Informationen Goma (D.R. Kongo)

Information
Informationen im Internet unter:
www.kongo-kinshasa.de – aktuelle Informationen über den Kongo.
www.livingingoma.com – umfassende Infos zu Goma (Hotels, Events etc.) in Englisch.
www.congo-tourisme.org – offizielle Tourismusseite des Kongo in Französisch.

Einreise/Grenze
Die Grenze zwischen Ruanda und der D.R. Kongo ist zurzeit geöffnet und ohne Schwierigkeiten zu passieren. Ruandische und kongolesische Staatsangehörige benötigen nur einen Personalausweis, Europäer müssen ein **Visum** erwerben. Deutsche Staatsan-

Reisepraktische Informationen Goma (D. R. Kongo)

gehörige bekommen das Visum für die Einreise in den Kongo bei der Botschaft der Demokratischen Republik Kongo in Berlin:
Ambassade de la République Démocratique du Congo,
Ulmenallee 42a, 14050 Berlin, ☎ 030-30111-298, 030-30111-285,
📠 030-30111-297, ambardc_berlin@yahoo.de, www.ambardc.de.
Für den Antrag werden ein noch mindestens sechs Monate gültiger Reisepass, zwei Passbilder und ein ausgefülltes Visaformular benötigt. Kosten für ein Monatsvisum mit einmaliger Ein-/Ausreise: 109 €. Informationen unter www.ambardc.de.

Hinweis
Sollten Sie in die D. R. Kongo reisen wollen, erkundigen Sie sich auf jeden Fall vorab nach der **aktuellen Sicherheitslage** (www.auswaertiges-amt.de, www.kinshasa.diplo.de).

Botschaft
Die Deutsche Botschaft befindet sich in der kongolesischen Hauptstadt Kinshasa, ca. 1.600 km Luftlinie von Goma entfernt, Fahrstrecke 2.700 km.
Ambassade de la République fédérale d'Allemagne,
82, Avenue Roi-Baudouin, Kinshasa-Gombe,
☎ (+243) 81-5561380, 81-5561381, 81-5561382, www.kinshasa.diplo.de

Geldwechsel
Für einen kurzen Aufenthalt im Kongo ist es nicht unbedingt nötig, Geld zu tauschen, da in Goma auch der Ruanda-Franc (RWF) und der US-Dollar akzeptiert werden.

Unterkunft
Es gibt etliche Hotels in diversen Kategorien in Goma, viele der annehmbaren Unterkünfte sind allerdings oft durch Mitarbeiter der Hilfsorganisationen belegt. Hier die zzt. besten:
**Ihusi $$$$**, 140, Boulevard Kanyamahanga, nur 50 m von der ruandischen Grenze entfernt, direkt am See, ☎ (+243) 81-3129560, info@ihusihotel.net, http://ihusihotel.net. EZ/DZ 70–200 US$ inkl. WLAN, Menü um die 20 US$. Das 26-Zimmer-Haus ist von einem schönen Garten umgeben.
**Jerryson $$$–$$$$$**, 52, Avenue des Orchidées, ☎ (+243) 99-4557982, 82-1256790, jerrysonhotel@yahoo.fr, www.jerrysonhotelgoma.com. DZ 50–160 US$, verschiedene Zimmerkategorien je nach Standard und Ausstattung.
**Congomani $$$**, Cercle Sportif. DZ 75 US$. Hotel mit 25 Zimmern. Mit Bar, aber ohne Restaurant.
**Cap Kivu $$$**, 199, Avenue de la Frontière, ☎ (+243) 99-7765676, 81-3372299. EZ/DZ 60–150 US$. Gute Lage in der Nähe des Sees.
**VIP Palace $$$**, Boulevard Kanyamuhanga, ☎ (+243) 99-7736797. EZ/DZ 55–200 US$. Alteingesessenes Hotel mit 33 Zimmern, nicht so luxuriös wie der Name vielleicht vermittelt.
**Mbiza $$$**, 131, Avenue du Marché, ☎ (+243) 99-4406087, www.mbizahotel.com. EZ/DZ 55–140 US$. Hotel mit 59 Zimmern und Pool.
**Rusina $$$**, Avenue Karisimbi, in der Nähe der Post, ☎ (+243) 81-5535677. DZ 50–85 US$, VIP 90–200 US$. Mit Sauna und Pool.
**La Versaille $$**, im Zentrum in der Nähe des Rathauses. DZ 40 US$.

**Shu Shu Guesthouse $**, Boulevard Kanyamuhanga, ☏ (+243) 99-9149766. EZ/DZ 20 US$. Kleines Gästehaus mit sieben Zimmern, einfach und sauber.
Colibri, ☏ (+250) 78-2160547. EZ/DZ 5/10 US$. Sehr einfache Zimmer, mit Garten und Campingmöglichkeit.

Essen & Trinken
Le Chalet, Avenue de la Paix, Quartier Himbi, ☏ (+243) 81-9450284. Wunderschön am See gelegenes Restaurant mit afrikanischer und europäischer Küche (Pizza!). Hauptgerichte um 15 US$, Cocktails ab 5 US$. Jeden Sonntagmittag und Mittwochabend auch Buffet. Mit Terrasse zum See und Bootsanlegestelle.
Lac Kivu Lodge, 162 Avenue Alindi, Quartier Himbi, ☏ (+243) 81-1510760, www.lackivulodge.com. Eines der besten Restaurants der Stadt mit hauptsächlich europäischen Gerichten, zudem eine große Auswahl an vegetarischen Speisen. Gleichzeitig eine gute Unterkunft mit hübsch eingerichteten Zimmern.
Bon Pain, Boulevard Kanyamuhanga (in der Einkaufspassage). Gute Bäckerei mit großer Auswahl und angeschlossenem Café und Restaurant. Dort gibt es kleine Snacks, Burger und einige Hauptgerichte.
Paradise Club, Avenue des Mesanges, Stadtteil Beni, ☏ (+243) 99-5484722. Restaurant mit Außengastronomie, Di und Do Buffet mit äthiopisch-eritreischen Speisen. Gerichte zwischen 4 und 16 €.
Riviera Club (ehemals La Bodega), 56 Boulevard Kanyamuhanga, ☏ (+243) 99-7341300. Hauptsächlich einheimische Gerichte und am Wochenende Musik mit Live-Bands.

Nachtleben
Kivu Club, Avenue de Tulipiers, Quartier Les Volcans, ☏ (+243) 975-547839, www.facebook.com/Kivu-Club. Ein relativ neuer, 2015 eröffneter Nachtclub mit angeschlossener Pizzeria (mittags und abends geöffnet). Der angesagte Nachtclub hat Mi und Fr-So ab 20 Uhr geöffnet. Hin und wieder werden Salsa-Kurse angeboten.
Weitere Nachtclubs sind:
Zebra Night Club, Avenue Mapendo,
Dallas Club, Avenue de la Poste.

Hinweis
Zur **Sicherheit bei Reisen in den Kongo** sollten Sie aufgrund der sich immer mal wieder verändernden örtlichen Situation nur **staatlich anerkannte Tourunternehmen** nutzen. Eine vollständige Liste dieser geprüften Unternehmen finden Sie auf: www.visitvirunga.org/touroperators

Rundfahrten/Touren/Besichtigungen
Einige lokale Agenturen bieten Touren zum Virunga-Nationalpark und anderen Sehenswürdigkeiten an:
Go Congo Tour Operator, Vertretung im Hotel Grand Lac, ☏ (+243) 099-8162331, 81-1837010, info@gocongo.com, www.gocongo.com. Spezialisiert auf Bootstouren auf dem Kongo sowie Exkursionen in den Virunga-Nationalpark.
Jambo Safaris, Rond Point Segners, ☏ (+243) 099-7745179, sjambos@yahoo.fr oder makabuza@yahoo.fr. Bietet Ausflüge in die Umgebung an (Vulkanausflüge und zum Nationalpark).

Mapendano Voyages, Kimironko, Kigali, ☎ 0788-761069, Kongo: ☎ (+243) 99-9816555, www.mapendanovoyages.com. Eine französisch-ruandisch-kongolesische Agentur mit Sitz in Kigali und Arusha (Tansania). Bietet von Ruanda aus Touren in die kongolesische Kivu-Region an.

✈ Flughafen/Flugverbindungen

Der **Flughafen** von Goma liegt mitten in der Stadt, westlich des Zentrums, direkt an der Grenze zu Ruanda. Er wird hauptsächlich von kongolesischen Fluggesellschaften für Inlandsflüge genutzt sowie von der UN und sonstigen Hilfsorganisationen, die von dort den Ost-Kongo mit Hilfsgütern versorgen.

Es bestehen regelmäßige **Inlandsverbindungen** nach Kisangani und Kinshasa. Kleinflugzeuge fliegen auch die Städte in der Umgebung an, z. B. Bukavu oder Bunia.

Zurzeit gibt es keine direkte Flugverbindung von Ruanda nach Goma. Seit Juli 2015 fliegt jedoch Ethiopian Airlines von Addis Abeba (Äthiopien) und Entebbe (Uganda) dreimal wöchentlich nach Goma mit Anschluss ab/bis Frankfurt (www.ethiopianairlines.com).

🚌 Internationale Busverbindungen

Die ruandischen Minibus-Unternehmen **Atraco** und **Okapicar** verbinden Goma mit Rubavu, Musanze und Kigali.

Vulkane Nyiragongo und Nyamuragira

Die beiden Vulkane Nyiragongo und Nyamuragira gehören zu den insgesamt acht **Virunga-Vulkanen**, die sich im Dreiländereck Kongo, Ruanda und Uganda erheben. Beide sind Strato- oder Schichtvulkane. Diese Vulkane werden aufgrund ihres Aufbaus aus einzelnen Schichten von pyroklastischen Sedimenten und Lava so bezeichnet.

Der 3.470 m hohe **Nyiragongo** ist wie sein Nachbar noch aktiv und stößt täglich bis zu 70.000 Tonnen Schwefeldioxid aus (2005). Über die vorkolonialen Ausbrüche des Vulkans vor 1877 ist wenig bekannt. Einer der ersten registrierten Ausbrüche mit einer hohen Zahl von Opfern ist der aus dem Jahr 1977, bei dem vermutlich 600 Menschen ums Leben kamen. Danach verzeichnete der Vulkan erst wieder am 17. Januar 2002 einen größeren Ausbruch. Dabei zerstörte ein Lavastrom mehrere Dörfer, floss schließlich durch die Stadt Goma und in den Kivu-See. 147 Menschen kamen dabei ums Leben, schätzungsweise 500.000 Menschen mussten evakuiert werden. Die Ausbrüche des Nyiragongo sind vor allem deshalb gefürchtet, da dieser eine relativ dünnflüssige Lava auswirft. Beim Ausbruch des Vulkans im Jahr 2002 erreichten die Lavaströme eine Geschwindigkeit von 100 km/h. In dem etwa 1 km breiten Krater des Vulkans liegt der **größte Lava-See der Erde**. Die Position des Lava-Sees steigt und sinkt, durchschnittlich liegt er etwa 600 m unterhalb des Kraterrands. Ein kleinerer Ausbruch ereignete sich 2012.

Hohe Vulkanaktivität

Der Vulkan **Nyamuragira** ist mit mehr als 30 verzeichneten Ausbrüchen seit 1880 einer der aktivsten Vulkane Afrikas, auch wenn seine Ausbrüche in den letzten Jahrzehnten weniger schlagzeilenträchtig waren. Er liegt 25 km nördlich vom

Kivu-See und 13 km nordwestlich vom Nyiragongo entfernt. Sein letzter Ausbruch erfolgte am 6. November 2011. An diesem Tag schoss eine 400 m hohe Lavafontäne aus dem Krater, der heftigste Ausbruch seit etwa 100 Jahren. Am 29.11.2014 bildete sich erstmals seit dem Lava-Ausfluss von 1938 wieder ein Lava-See. Er ist mittlerweile ca. 500 m tief und es dürfte nur eine Frage der Zeit sein, bis sich dieser in die Ebenen um den Vulkan ergießt.

Hinweis
Für Ausflüge zu den Vulkanen, s. unter Virunga-Nationalpark (S. 257).

Virunga-Nationalpark

Die schneebedeckten Gipfel des Ruwenzori-Gebirges, weite Savannen mit Elefanten und Antilopen sowie ein Teil der namensgebenden **Virunga-Vulkane** machen diesen Naturpark zu einem der landschaftlich schönsten und spektakulärsten der Erde. Der Virunga-Nationalpark ist nicht nur Afrikas ältester Nationalpark, sondern auch seit 1979 UNESCO-Weltnaturerbe. Die Landschaft im 7.800 km² großen Virunga-Nationalpark ist enorm vielfältig mit Regen- und Galeriewäldern, Seen und Sümpfen, Savannen und Erosionstälern, aktiven Vulkanen und schneebedeckten Gipfeln. Das gleiche gilt für die dort lebende Tierwelt: Elefanten, Okapis und Berggorillas gehören zu den Höhepunkten dieser atemberaubenden Natur.

Faszinierende Landschaft

Der Virunga-Nationalpark ist in drei Sektoren aufgeteilt. Im **nördlichen Sektor** befinden sich der zum Kongo gehörende westliche Teil des Ruwenzori-Gebirges und die Galeriewälder am Semliki-Fluss, in denen das seltene und faszinierende Okapi lebt, ein Verwandter der Giraffen. Auf ugandischer Seite schließen sich der

Landschaft des Virunga-Nationalparks

Semliki-Nationalpark und etwas südlicher der Ruwenzori-Nationalpark an.

Im **zentralen Sektor** liegt der Edward-See, umgeben von den Rwindi-Ebenen und dem Flusstal des Ishasha. Dort sind zahlreiche Elefanten, Flusspferde, Büffel und Topi-Antilopen zu Hause. An den zentralen Sektor grenzt auf ugandischer Seite der Queen-Elizabeth-Nationalpark.

Der **südliche Sektor** des Nationalparks besteht aus den zum Kongo gehörenden Virunga-Vulkanen und den dazwischen liegenden Hochflächen. Während an den Hängen der Vulkane die Berggorillas leben, sind in den tieferen Wäldern Schimpansen heimisch.

Emblem des Virunga-Nationalparks

Der Virunga-Nationalpark (**Parc National des Virunga**) wird heute durch eine öffentlich-private Partnerschaft (Public Private Partnership) gemanagt. Das bedeutet, dass an dem Management des Parks staatliche und private Organisationen beteiligt sind. Für die staatliche Seite steht das **Institut Congolais pour la Conservation de la Nature** (ICCN): Bei der staatlichen Nationalparkbehörde sind 65 % der Parkmitarbeiter direkt angestellt. Die private **Virunga Foundation** (früher Africa Conservation Fund) ist eine britische Hilfsorganisation, die seit 2005 dem ICCN in Naturschutzbelangen hilft. Sie stellt einen Großteil der technischen Ausrüstung zur Verfügung und kümmert sich um die Infrastruktur. Der amerikanische **Virunga Fund** bemüht sich hauptsächlich um die Aufklärung der Bevölkerung und deren Einbeziehung in den Naturschutz. Unterstützung kommt auch von deutscher Seite, u.a. von der Frankfurter Zoologischen Gesellschaft *(https://fzs.org)*, der Berggorilla & Regenwald Direkthilfe *(www.berggorilla.org)* und der Wilhelma Stuttgart *(www.wilhelma.de)*.

Unterstützung des Nationalparks

Geschichte

Schon früh wurde Naturforschern bewusst, wie sehr die illegale Jagd in den Virunga-Bergen dem Wildbestand zusetzte. Auf Betreiben des amerikanischen Biologen **Carl Ethan Akeley**, der sein Leben dem Schutz der Natur zwischen den Virungas und dem Ruwenzori-Gebirge verschrieben hatte, gründete der belgische **König Albert I.** im Jahr 1925 den Park als ersten Nationalpark in Afrika. Das damals noch Albert National Park genannte Schutzgebiet sollte zunächst die Virunga-Vulkane und die dort lebenden Berggorillas schützen. Später wurde der Park um die Rwindi-Ebenen, den Edward-See und das Ruwenzori-Gebirge erweitert. In den ersten 35 Jahren konnte die Wilderei eingedämmt werden und der Tourismus begann sich langsam zu entwickeln. Doch die illegale Nutzung der Parkressourcen durch die lokale Bevölkerung durch Fischerei und Rodung sollte über die folgenden Jahrzehnte und bis heute ein zentrales Problem des Virunga-Nationalparks bleiben.

Nationalpark seit 1925

Carl Ethan Akeley

Der amerikanische Biologe, Tierpräparator und Naturschützer **Carl Ethan Akeley** (19.5.1864–18.11.1926) begleitete den amerikanischen Präsidenten Theodore Roosevelt bei seiner ersten Afrika-Expedition (1909/1910), die u.a. nach Belgisch-Kongo führte. Nach der Rückkehr in die Vereinigten Staaten arbeitete Akeley am American Museum of Natural History in New York. 1921 kehrte er nach Afrika zurück, um mehr über die faszinierenden Berggorillas zu erfahren. Sein ursprünglicher Plan war es, einige Exemplare dieser kaum bekannten Tiere für das Museum zu beschaffen. Zu diesem Zweck organisierte er eine Expedition auf den Vulkan Mikeno in Belgisch-Kongo. Diese Expedition sollte jedoch sein Leben und Denken verändern.

Anstatt Gorillas für das Museum zu schießen, sah er die Notwendigkeit, die letzten Tiere dieser Art und ihren Lebensraum zu schützen. Er konnte den belgischen König Albert I. (1875–1934) von seinem Anliegen überzeugen, sodass dieser das Virunga-Gebiet 1925 zum Nationalpark erklärte, den ersten des afrikanischen Kontinents.

Carl Akeley, Tierpräparator und Naturschützer

Ende 1926 führte ihn seine fünfte Afrika-Reise erneut in den Kongo, er starb dort jedoch an einer fiebrigen Erkrankung und wurde im Nationalpark beigesetzt, nur wenige Kilometer von der Stelle am Mikeno entfernt, wo er einst seinen ersten Berggorilla sah. Seine zweite Ehefrau **Mary Jobe Akeley** (29.1.1878–19.7.1966), Naturforscherin, Kartografin und Autorin, übernahm die weitere Leitung der Expedition und führte seine Forschungen weiter, über die sie später mehrere Bücher veröffentlichte. Sie verschrieb sich dem Natur- und Artenschutz und engagierte sich für die Erhaltung des Lebensraums indigener Völker.

Teilung des Nationalparks

Nach der Unabhängigkeit des Kongo sowie Ruandas im Jahr 1960 wurde der Nationalpark geteilt. Der ruandische Teil des Parks wurde seitdem unter dem Namen **Volcanoes National Park** weitergeführt. Schon bald nach der Unabhängigkeit führte eine politische Krise im Kongo zu verschlechterten Bedingungen für den Schutz und den Betrieb des Nationalparks. Mit der Machtübernahme von Mobutu 1969 änderte sich das ein wenig, da der neue Machthaber sich anfangs für die Naturschätze des Landes interessierte. Er gründete die staatliche Wildschutzbehörde *Institut Congolais pour le Conservation de la Nature* (ICCN), die bis heute für

Kongos Nationalparks zuständig ist, und änderte den offiziellen Namen des Schutzgebiets in **Virunga National Park**. Die 1970er-Jahre sollten die besten in der Geschichte des Nationalparks werden. Durch ausländische Investoren konnte die Infrastruktur verbessert und ausgebaut werden. Der Nationalpark entwickelte sich zu einem beliebten Touristenziel, durchschnittlich 6.500 Besucher kamen in den 1970ern pro Jahr nach Virunga.

In den 1980er-Jahren begann der Niedergang des Kongo. Korruption und Machtkämpfe lähmte das Land. Die Zentralregierung in Kinshasa verlor mehr und mehr die Kontrolle über den rohstoffreichen Osten des Landes. Im Jahr 1994 veränderte sich die Lage im östlichen Kongo zudem dramatisch. Der **Völkermord** im benachbarten Ruanda brachte rund 1 Mio. Flüchtlinge in die Region, Naturzerstörung und Wilderei waren die Folge. Es kam zu illegalen Rodungen, um Feuerholz zu gewinnen und Land für Siedlungen und Ackerbau zu schaffen, und zu massenhafter Wilderei.

In den darauffolgenden 20 Jahren mussten Ranger und Parkmitarbeiter

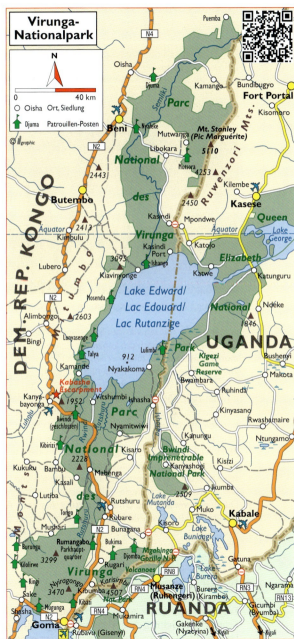

Die Uganda-Moorantilope (Kobus thomasi) im Virunga-Nationalpark

immer wieder mit schwierigen Situationen umgehen, die allzu oft die Existenz des Nationalparks und auch das Leben der Ranger gefährdeten. Die infolge des Völkermords einsetzenden militärischen Konflikte und Auseinandersetzungen führten immer wieder zu Problemen im Nationalpark.

Zielscheibe der „Holzkohle-Mafia"

Im Jahr 2007 tötete die umtriebige „Holzkohle-Mafia" eine Gorilla-Gruppe mit neun Tieren, einer der traurigen Höhepunkte dieser Zeit. Hintergrund dieser Aktion war der Glaube, dass, wenn es keine Gorillas mehr gibt, auch nichts mehr geschützt werden muss. Die Menschen könnten sich dann frei an den Ressourcen des Parks bedienen. Nicht wenige glaubten, dass die Tage des Virunga-Nationalparks nun endgültig gezählt seien. Doch die Ereignisse dieses Jahres setzten bei Naturschützern und Parkangestellten neue Kräfte frei und läuteten zugleich ein Umdenken in der Schutzstrategie und die Intensivierung der Schutzbemühungen ein. Durch eine **verstärkte Unterstützung aus dem Ausland**, allen voran der Europäischen Union, wurden mehr Ranger eingestellt und besser ausgebildet. Seitdem wird zudem versucht, die umliegenden Dörfer mit in die Schutzbemühungen einzubeziehen.

Naturschutz

Die Nationalparkverwaltung verfolgt mehrere Ziele. Ganz oben auf der Liste steht sicherlich der **Schutz der seltenen Berggorillas**. Zum Schutzprogramm gehören die Errichtung von Elektrozäunen, die Entfernung von Wildtierfallen, die Unterhaltung einer Anti-Wilderer-Einheit und die Unterstützung von Dorfgemeinden bei der Überwachung der Schutzbemühungen. Zweiter Schwerpunkt ist der **Schutz der letzten Elefanten** in Virunga. Für dieses Vorhaben werden vor allem mehr und besser ausgerüstete **Ranger** benötigt. Zudem werden in einem Projekt **Bluthunde** ausgebildet, um die Ranger bei ihrer Arbeit zu unterstützen.

In Rumangabo wurde 2009 das weltweit einzige **Waisenhaus** für Berggorillas eingerichtet. Vorausgegangen war die Festnahme des Rebellenführers Nkunda, in dessen Quartier in Goma zwei Gorillababys entdeckt wurden. Um die Ndeze und Ndakasi genannten Menschenaffenbabys versorgen zu können, wurden Hilfsgelder gesammelt und in der Nähe des Parkbüros das **Senkwekwe Center** errichtet, benannt nach dem Silberrücken der Gorillafamilie, die 2007 ermordet wurde. Im Jahr 2010 kamen zwei weitere Jungtiere dazu. Maisha und Koboko wurden bei Privatleuten in Ruanda konfisziert. Koboko starb leider stressbedingt bei den Unruhen im Juli 2012. Letzter Neuzugang ist Matabishi, die außerhalb der Parkgrenzen gefunden wurde. Es wird vermutet, dass Wilderer sie aus Angst aussetzten, in eine Kontrolle zu geraten und erwischt zu werden. Neben den Berggorillas werden auch einige Flachlandgorilla-Jungtiere im Waisenhaus aufgezogen. Sie sollen später wieder ausgewildert werden.

Ross-Turako (Musophaga rossae)

Das Okapi ist im Virunga-Nationalpark wieder heimisch

Die Tierwelt

Aufgrund der Größe und der unterschiedlichen Lebensräume, die der Virunga-Nationalpark zu bieten hat, ist die Fauna dementsprechend vielfältig. Aushängeschild sind die seltenen **Berggorillas** *(Gorilla beringei beringei)*, deren Population auf kongolesischer Seite trotz widriger Umstände über die Jahre recht stabil blieb. Die Gesamtpopulation im Gebiet der Virunga-Vulkane betrug 2015 insgesamt 480 Tiere. Diese seltene Gorillaart lebt in Bergregionen zwischen 2.500 und 4.000 m Höhe.

Eine kleine Sensation war 2006 die Wiederentdeckung des **Okapis** *(Okapia johnstoni)* im Virunga-Nationalpark. Diese „Waldgiraffe" war zuletzt 1959 im Schutzgebiet gesehen worden. Zu den im Park anzutreffenden Säugetierarten gehören einige Antilopenarten wie die ostafrikanische Topi *(Damaliscus jimela)*, Wasserbock *(Kobus ellipsiprymnus)*, Uganda-Moorantilope *(Kobus thomasi)*, Buschbock *(Tragela-*

Wiederentdeckung des Okapis

Farbenfrohe männliche Siedler-Agame

phus scriptus), Gemeiner Riedbock *(Redunca redunca)*, Sitatunga *(Tragelaphus spekii)*, Westlicher Bongo *(Tragelaphus eurycerus eurycerus)*, Gelbrücken- und Schwarzrückenducker. Drei Schweinearten bewohnen unterschiedliche Lebensräume. Das Warzenschwein ist in der Savanne sowie das Busch-, Pinselohr- und Riesenwaldschwein eher im Wald anzutreffen. Die gängigsten Raubtiere sind Löwen, Leoparden und Hyänen. Neben den Berggorillas leben im Virunga-Nationalpark weitere Primatenarten wie Schimpansen und Anubis-Paviane. Selten zu sehen sind die nachtaktiven Tierarten wie das Stachelschwein oder das Erdferkel.

Aktivitäten

Gorilla-Trekking

Auf der kongolesischen Seite der Virunga-Vulkane sind ebenfalls einige habituierte **Berggorillagruppen** zu besuchen. Die Sicherheitslage der Region lässt es leider nicht immer zu, eine Tour zu den Tieren zu unternehmen. Wenn die Sicherheitslage es erlaubt, lohnt sich jedoch ein Abstecher in den Kongo – nicht nur wegen des günstigeren Preises.

Gorillagruppen im Nationalpark

Der Blick auf die Vulkane ist von dort noch einmal ein ganz anderer. Und bei guter Sicht ist auch der Kivu-See bis weit zum Horizont zu sehen. 2014 gab es sechs an Menschen gewöhnte Gorillagruppen auf der kongolesischen Seite, die für Besucher zugänglich sind. Die einzelnen Gruppen nach ihrem Territorien von West nach Ost: **Kabirizi** (33 Gorillas), **Humba** (16 Gorillas), **Rugendo** (7 Gorillas), **Munyaga** (7 Gorillas), **Lulengo** (8 Gorillas) und **Mapua** (18 Gorillas). Ein Besuch der Berggorillas startet am Rangerposten Bukima.

Schimpansen-Trekking

Anfang 2014 begann ein Team der Frankfurter Zoologischen Gesellschaft, eine Gruppe von **Schimpansen** wieder zu habituieren (an Menschen zu gewöhnen), die im Wald nahe des Parkbüros in Rumangabo leben. Die Ursprünge der Schimpansen-Habituierung gehen jedoch bereits auf das Jahr 1987 zurück. Damals wurden 80 km Wanderwege im **Tongo-Wald** angelegt und bis 1989 eine Gruppe von 50 Schimpansen an Menschen gewöhnt. Nachdem das Projekt gut angelaufen war, musste es wegen der Unruhen im Ost-Kongo zwischen 1992 und 2001 eingestellt werden. Erst 2010 konnte ein Team den Besuch der Schimpansen im Tongo-Wald zumindest für eine Weile wieder sicherstellen. Von April 2013 bis Januar 2014 machten die Rebellen der M23 den Besuch des Nationalparks zeitweise unmöglich. Seitdem bemühen sich die Parkverwaltung sowie internationale Naturschutzorganisationen darum, den Park für Besucher wieder sicher zu machen. Die Schimpansengruppe wird täglich von Parkmitarbeitern besucht und bestand 2015 aus 32 Tieren.

Bereits gegen 4.30 Uhr gehen die Spurensucher los, um die nächtliche Schlafstelle der Schimpansen zu erkunden. Für Besucher beginnt um 6 Uhr die Wanderung ab der Mikeno Lodge. Wenn die Schimpansengruppe gefunden wurde, gilt eine Besuchszeit von einer Stunde bei den Tieren. Bitte erkundigen Sie sich vorab bei der Parkverwaltung, ob der Besuch der Schimpansengruppe für Touristen aktuell möglich ist.

Schlafstelle der Schimpansen

Nyiragongo-Vulkanbesteigung
Die Besteigung des noch tätigen Vulkans **Nyiragongo** ist ein einmaliges Erlebnis. Im Waldgürtel um den Vulkan leben eine Reihe interessanter Tierarten, darunter Schimpansen und andere Affenarten. Die Besteigung des Nyiragongo beginnt am

Begegnung am Bukima Tented Camp im Virunga-Nationalpark

Rangerposten Kibati, der in etwa 30 Minuten von Goma aus zu erreichen ist bzw. nach knapp einer Stunde Fahrt von der Mikeno Lodge in Rumangabo. Ein Parkranger begleitet den Aufstieg als Wanderführer und vermittelt, wenn erwünscht, auch Träger (12 US$ pro Tag, max. 15 kg pro Träger). Je nach Fitness und Geschwindigkeit kann die Vulkanspitze in vier bis sechs Stunden erreicht werden.

1.500 Höhenmeter sind zu bewältigen

Zu bedenken ist, dass während der Wanderung rund 1.500 Höhenmeter zurückgelegt werden. Der Aufstieg beim Rangerposten beginnt bei 1.989 m und die zu erreichende Höhe des Vulkans liegt bei 3.470 m. Für Wanderer mit guter Kondition ist es zwar theoretisch möglich, noch am selben Tag wieder bergrunter zu laufen. Es empfiehlt sich jedoch, eine Nacht auf dem Vulkan zu verbringen. In der Nähe der Vulkanspitze gibt es eine sehr einfache Übernachtungsmöglichkeit, die im Eintritt und den Wandergebühren bereits mit enthalten ist.

Für die Wanderung werden benötigt: festes Schuhwerk (Wanderschuhe), Regenschutz (Regenjacke und -hose), warme Kleidung (Pullover, Fleecejacke, dicke Socken), Unterhemd zum Wechseln (da nach dem Aufstieg meist verschwitzt) und für die Übernachtung auf dem Vulkan ein warmer Schlafsack, denn die Temperatur kann nachts bis auf null Grad absinken.

Bergwandern im Ruwenzori

Das an der Grenze zu Uganda gelegene **Ruwenzori-Gebirge** kann auch von der kongolesischen Seite aus erwandert und bestiegen werden. Die höchste Erhebung der auch als „Mountains of the Moon" bezeichneten Berge ist mit 5.109 m die vierthöchste in Afrika. Das beste Wetter für Wanderungen im Ruwenzori bieten die Zeiten zwischen Januar bis Mitte März und Juni bis Ende August. Ausgangspunkt für die Touren ist der **Rangerposten Mutsora**. Dieser ist von der Stadt Beni aus zu erreichen (Flugverbindung mit Goma) oder als Abstecher von Uganda kommend über den Grenzposten Mpondwe/Kasindi.

„Mountains of the Moon"

Ein Permit zum Wandern und Bergsteigen im Ruwenzori kostet inklusive Parkeintritt 232 US$. Übernachtet man in einer der Hütten, werden zusätzlich 116 US$

Die schneebedeckten Gipfel des Ruwenzori

für die Übernachtung und den Folgetag fällig. Da es im Park keine Verpflegung gibt, bitte **genügend Wasser und Essen** mitnehmen. Für einfache Wanderungen werden Regenkleidung, feste Schuhe und warme Kleidung benötigt. Bergsteiger, die gerne den höchsten Gipfel, den **Margherita Peak**, erklimmen möchten, brauchen eine umfangreiche Bergsteigerausrüstung, die selbst mitzubringen ist! Es ist zu empfehlen, einen Träger zu engagieren (Kosten: 1 US$ pro Kilo/Tag).

Reisepraktische Informationen Virunga-Nationalpark

Information
Virunga National Park Tourism Office, Boulevard Kanyamulanga, Goma, visit@virunga.org, ☏ (+243) 99-1715401, www.virunga.org bzw. www.visitvirunga.org
Buchung des Schimpansen-Trekkings per E-Mail: helen@virunga.org
Schimpansen-Permit: 100 US$
Gorilla-Permit: 500 US$
Nyiragongo Vulkanbesteigung: 250 US$

Einreise
Die meisten Besucher erreichen den Virunga-Nationalpark via Ruanda und den Grenzübergang Rubavu-Goma. Sie benötigen für die Einreise in den Kongo ein gültiges **Visum** und eine Bescheinigung über eine Gelbfieberimpfung.

Visa-Hinweis
Das **Naturschutzamt ICCN** hat mit den Einreisebehörden der Direction Générale de Migration (DGM) eine Vereinbarung getroffen, die für **Besucher des Virunga-Nationalparks** eine Visa-Erleichterung vorsieht. Wenn Sie über die offizielle Webseite des Nationalparks (www.visitvirunga.org/visa) ein Gorilla-Permit, eine Vulkanbesteigung (Nyiragongo) und/oder eine Übernachtung in der Mikena Lodge buchen, können Sie mit der Bestätigungsnummer gleich dort ein Touristenvisum für die Gültigkeit von zwei Wochen beantragen (105 US$, zahlbar mit Kreditkarte). Das Visaentgeld wird bei Reiseabsage nicht erstattet. Mit diesem speziellen Touristenvisum begeben Sie sich bei der Einreise von Rubavu (Giyenyi) nach Goma zum Schalter „Grand Barrière" (nicht zur „Petit Barrière")! Dieses **spezielle Touristenvisum** bekommen Sie auch bei Buchungen über vom Kongo legitimierte Tourunternehmen (s. u.).

Bunte Vogelwelt im Nationalpark: der Scharlachspint

Unterkunft
**Mikeno Lodge $$$$$**, nahe Main Gate in Rumangabo, 90 Min. Fahrt von Goma. DZ 325/395 US$, EZ 245/280 US$ inkl. Frühstück/Vollpension. Herrliche, im Wald gelegene Lodge mit grasgedeckten Steinhäusern. Romantisches Restaurant mit Terrasse und Blick auf die Vulkane Nyiragongo und Mikeno.

Der Vulkan Mikeno erhebt sich im Hintergrund des einstigen Forschercamps Bukima Tented Camp

**Bukima Tented Camp $$$$$**, DZ 325/395 US$, EZ 280 US$ inkl. Frühstück/Vollpension. Sechs Safarizelte auf Holzplattformen. Das ehemalige Forschercamp dient heute als Übernachtungscamp für Besucher der Berggorillas. Die Aussicht auf die Vulkane Mikeno, Nyiragongo und Nyamulagira ist atemberaubend schön. Es ist schon vorgekommen, dass eine Gorillagruppe direkt durch das Camp gelaufen ist.
Nyiragongo Volcano Summit Shelters, 12 kleine Hütten am Krater des Nyiragongo-Vulkans. Der Preis für eine Übernachtung ist im Trekking-Permit für den Vulkanaufstieg für 250 US$ bereits enthalten.
Tchegera Island Tented Camp, am Nordufer des Kivu-Sees. DZ 236 US$, 145 US$ inkl. Vollpension. Neues Camp mit geräumigen Safarizelten. Insel-Permit und Bootstransfer: 100 US$ pro Person (Hin- und Rückfahrt). Bei klarer Sicht können von dort vier Vulkane gesehen werden.

Alle **Unterkünfte** werden über den **Virunga-Nationalpark** gebucht:
☏ (+243) 99 1715401, visit@virunga.org, www.visitvirunga.org.

Transport
Der **Nationalpark verfügt über eigene Fahrzeuge für Transfers**, die über E-Mail (visit@virunga.org) bzw. direkt auf der Webseite des Nationalparks gebucht werden können. Hier einige Streckenbeispiele, Preise pro Person und Strecke:
Goma – Bukima: 94 US$ p. Pers.
Goma – Kibati (Nyiragongo-Vulkan): 28 US$
Goma – Mikeno Lodge (in Rumangabo): 84 US$ p. Pers.
Bukima – Kibati (Nyiragongo-Vulkan): 66 US$
Bukima – Bunagana: 169 US$
Kibati – Bunagana: 188 US$
Kibati – Mikeno Lodge: 56 US$
Matebe – Mikeno Lodge: 66 US$
Bunagana – Jomba: 38 US$

Reisepraktische Informationen Virunga-Nationalpark

☞ Hinweis
Die Nationalparkverwaltung legt besonderen Wert auf die Sicherheit der Besucher und empfiehlt aufgrund der schwierigen Situation im Kongo, nur **Nationalparkfahrzeuge** oder **Fahrzeuge von etablierten Tourunternehmen** zu nutzen. Sollten Sie dennoch ihren eigenen Transport organisieren, dann informieren Sie bitte vorab die Parkverwaltung über Ihre Reiseroute und Ihre geplante Ankunft!

👁 Tourunternehmen
(im Kongo offiziell zugelassen):
Amahoro Tours, Market Street, Musanze, Ruanda, ☎ (+ 250) 788-687448, 788-655223, www.amahoro-tours.com. s. auch unter Musanze, S. 185.

Wasserbock im Virunga-Nationalpark

Go Congo, Mukonga 14, Stadtteil Kinkole, Kinshasa, D.R. Kongo, ☎ (+243) 81-1837010, zuständig für die Kivu-Region: Jacques Kambale Sherty, ☎ (+243) 99-4379733, info@gocongo.com, www.gocongo.com. Kongolesischer Tour Operator, der im gesamten Kongo aktiv ist und u.a. Bootstouren auf dem Kongo zwischen Kisangani und Kinshasa anbietet. Niederlassungen in Kinshasa und Goma. Touren zu den Nationalparks Virunga, Kahuzi Biéga, Kundulungu, Lomako und Epulu.
Green Hills Ecotours, Rubavu, Ruanda, ☎ (+250) 788-219495, (+250) 722-220000, www.greenhillsecotours.com.
Kasitu Eco Tours, 284, Avenue du Lac Kivu, Himbi 2, Goma, D.R. Kongo, ☎ (+243) 99-7728103, (+243) 99-7033824, www.kasituecotours.com. Spezialisiert auf Touren zum Virunga-Nationalpark, Kahuzi-Biéga-Nationalpark und in die Kivu-See-Region. Transfer von/bis Kigali oder Entebbe Airport (Uganda) möglich.
Kivu Travel, Avenue Tshopo, Goma, ☎ (+ 243) 813135608, www.kivutravel.com. Das belgisch geführte Unternehmen bietet Touren nach Goma, Bukavu, in den Virunga-Nationalpark, Kahuzi-Biéga-Nationalpark, Garamba-Nationalpark und Epulu-Nationalpark.
Mapendano Voyages, ☎ (+243) 99-9816555 (D.R. Kongo), (+250) 784-500466, 788-761069, 788-456483 (Kigali), www.mapendanovoyages.com. Touren im Kongo und Ruanda, z.B. Vulkantour und Gorillatrekking Ruanda/D.R. Kongo.
Okapi Tours and Travel Company, Head Office, Goma, D.R. Kongo, ☎ (+243) 99-4328077, (+250) 783-589405 (Ruanda), www.okapitoursandtravel.org. Angeboten werden u.a. Touren in den Virunga-Nationalpark, den Kahuzi-Biéga-Nationalpark, ins Ruwenzori-Gebirge, zum Nyiragongo-Vulkan und Stadtführung durch Goma.

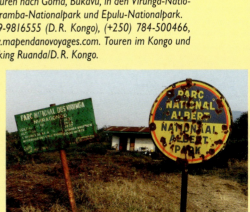

Alte Grenzschilder des Nationalparks

Das Ostufer des Kivu-Sees

Das ruandische Ufer des Kivu-Sees unterhalb von Rubavu (Gisenyi) ist sehr zerfurcht und hat viele kleine Buchten. Bis auf die Stadt Karongi (Kibuye) liegen keine größeren Orte entlang der Uferstrecke bis nach Rusizi (Cyangugu). Etwa auf halbem Weg zwischen Rubavu und Karongi liegt im Kivu-See eine kleine Insel namens **Bugarura**. Auf ihr befinden sich einige Siedlungen, die Menschen leben vom Fischfang und Feldanbau. Vor Karongi selbst liegt ein kleines Flussarchipel mit zahlreichen, meist unbewohnten Inselchen. Die Straße zwischen den beiden Städten folgt in einigem Abstand zur Uferlinie, der See ist während der Fahrt daher nicht immer zu sehen.

Karongi (Kibuye)

Die Stadt Karongi liegt malerisch auf mehrere Hügel verteilt am östlichen Ufer des Kivu-Sees. Die teilweise wieder aufgeforsteten Hügel im Hintergrund geben dem Ort einen romantischen Anstrich. Nicht wenige glauben, dass Karongi die landschaftlich schönste der Kivu-Städte ist. Seit der Fertigstellung der asphaltierten Straße von Muhanga (Gitarama) ist Karongi die von der Hauptstadt Kigali aus am schnellsten und am einfachsten zu erreichende Stadt am Seeufer. Sie zieht daher mittlerweile mehr Besucher an als jeder andere Ort am Kivu-See. Besonders die Ruander selber kommen gerne hierher und genießen an Wochenenden den See und die Umgebung.

Schönste der Kivu-Städte

Das **Zentrum** der Stadt oberhalb des Sees hat außer einigen Boutiquen, Bankfilialen und einem kleinen Markt für Besucher wenig zu bieten. Die Unterkünfte sind hauptsächlich am Seeufer angesiedelt. Von dort aus lässt sich die Umgebung der Stadt wunderbar zu Fuß erkunden, mit immer wieder herrlichen Ausblicken auf

Von den Inseln Blick Richtung Festland bei Karongi

den See und die vorgelagerten Inseln. Einige Hotels bieten Bootsfahrten oder -verleih an, um auch vom Wasser aus die Umgebung zu entdecken.

Karongis Anfänge gehen auf ein kleines Dorf namens **Kibuye** zurück, in dem in der Hauptsache Landwirtschaft betrieben wurde. Der Fischfang war nur eine Nebenbeschäftigung. Auf den ersten Karten der deutschen Kolonialmacht ist das Dorf bereits eingezeichnet. Während der Kolonialzeit begann der Ort zu wachsen, hatte zunächst aber keine besondere Bedeutung.

Einst landwirtschaftlich geprägt

Die ehemalige Provinz Kibuye hatte vor dem Völkermord eine landesweit untypisch hohe Anzahl von Batutsi in der Bevölkerung, rund 20 % ihrer Einwohner (ca. 60.000). Mehr als 90 % der Batutsi in Kibuye starben 1994 während des Genozids.

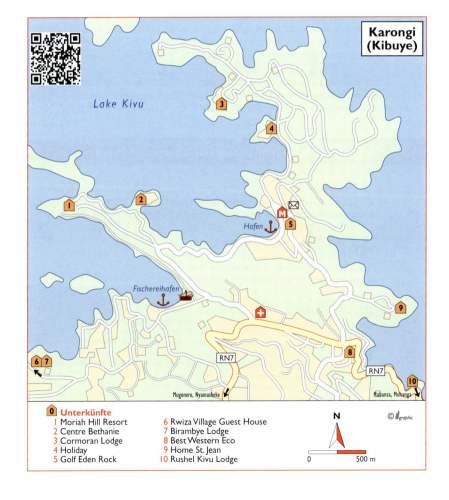

Unterkünfte
1. Moriah Hill Resort
2. Centre Bethanie
3. Cormoran Lodge
4. Holiday
5. Golf Eden Rock
6. Rwiza Village Guest House
7. Birambye Lodge
8. Best Western Eco
9. Home St. Jean
10. Rushel Kivu Lodge

Das Ostufer des Kivu-Sees

Besonders viele Opfer während des Genozids

Ein Massengrab mit etwa 10.000 Menschen befindet sich in der Nähe des Sportstadions (durch eine Gedenktafel gekennzeichnet). Bis zur Gebietsreform 2006 war Kibuye die Hauptstadt der gleichnamigen Provinz. Im Jahr der regionalen Neuausrichtung bekam die 60.000-Einwohner-Stadt den Namen Karongi und ist heute Teil der Westprovinz.

Umweltmuseum

Die Stadt hat selbst kaum etwas zu bieten, nur ihre Lage am See ist einmalig schön und lädt zum Spazierengehen oder zu Bootsfahrten ein. Auf einem Rundgang passiert man den **Hafen** und den Platz des **Wochenmarkts**. Einen Besuch lohnt das 2015 eröffnete **Museum of Environment**, das bisher einzige Museum in Afrika, das sich speziell nur der Umwelt widmet. Themenräume beleuchten verschiedene Aspekte der Umwelt, so z. B. die Energiegewinnung und deren Auswirkungen auf Natur und Umwelt, Klimawandel und Umweltschutz. Auf dem Dach wurde ein Garten mit Kräutern und Heilpflanzen angelegt.

Museum of Environment, *tgl. 8–18 Uhr, letzter Sa im Monat 11–18 Uhr. Alle Museen haben am 7. April geschl., Eintritt 6.000 RWF bzw. 12 US$. Um Fotos von der Dachterrasse aus zu machen, ist eine Genehmigung für 10.000 RWF einzuholen.*

Etwa 20 km außerhalb der Stadt, auf dem Weg nach Kigali, liegen die etwa 100 m hohen **Ndaba-Wasserfälle**. Sie sind zwar schon von der Straße aus zu entdecken, aber eine kleine Wanderung zu den Fällen empfiehlt sich allemal.

Reisepraktische Informationen Karongi (Kibuye)

Information
Es gibt in Karongi zurzeit keine Touristeninformation und auch kein größeres Reisebüro. Informationen zum Kivu-See im Internet: www.lake-kivu.org.

Wichtige Telefonnummern
Polizei-Notruf: ☎ 112.
Polizei Karongi: ☎ 0252-568347.
Krankenhaus: ☎ 0252-568252.

Apotheke

Eine Apotheke befindet sich in einer Seitenstraße rechts vom Markt.

Banken/Geldwechsel

In mehreren Bankfilialen in dem kleinen, übersichtlichen Zentrum kann man Geld tauschen.

Unterkunft
Cormoran Lodge $$$$$ (3), *direkt am Kivu-See,* ☎ *0728-601515, www.cormoranlodge.com. DZ 180 US$, EZ 135 US$. Komfortable Lodge mit 7 Zimmern in Holzhäusern mit herrlichem Blick auf den See. Restaurant und Barbereich.*
Moriah Hill Resort $$$$ (1), *auf der Halbinsel am See, außerhalb des Zentrums,* ☎ *0252-568667 oder 0788-307660, www.moriah-hill.com. DZ 126/155 US$, Familien-*

Blick vom Kivu-See auf das Hotel Centre Bethanie

zimmer 170 US$, EZ 96/126 US$. Im Jahr 2007 eröffnetes Hotel direkt am See. 18 Zimmer mit Terrasse und Seeblick.

Holiday $$$$ (4), am See, nordöstlich des Zentrums, ☎ 0788-350535, holidayhotel@yahoo.fr. DZ 103 € mit Seeblick (78 € ohne). Rundbau mit 28 Zimmern auf drei Etagen, hübscher Garten.

Rwiza Village Guest House $$$ (6), Karongi Street, ☎ 0789-714551, Reservierungen ☎ 0788-307356, www.rwizavillage.org. DZ 90 US$, EZ 60 US$. Malerisch schmiegen sich die spitzen Holzhäuser mit ihren grasgedeckten Dächern an einen Hang. Insgesamt 24 Zimmer mit Satelliten-TV. Sehr gutes Restaurant sowie Bootsverleih.

Centre Bethanie $$ (2), ☎ 0252-568235, DZ 49–59 € (Standard), 57/65 US$ (Deluxe/Seeseite), EZ 33/41/49 (Standard/Deluxe/Seeseite) ohne Frühstück (plus 9 US$). Das schön gelegene Hotel hat 55 Zimmer, viele mit Blick über den See.

Golf Eden Rock $ (5), direkt am See, nahe dem Postamt, ☎ 0252-568524, 0787-238320, www.golfedenrockhotel.com. DZ 20 €, EZ 15 €, Suite 25 €. Gutes Preis-Leistungs-Verhältnis, mit Restaurant und Terrasse, Bootsverleih und Internet.

Best Western Eco $ (8), gegenüber der Bank of Kigali, nahe Busbahnhof, EZ/DZ 19/24 €. Recht neues Stadthotel mit 39 Zimmern und Restaurant mit Garten. Das Hotel hat nichts mit der gleichnamigen internationalen Hotelkette zu tun!

AUSSERHALB

Rushel Kivu Lodge $$$ (10), Kinunu, gegenüber der Insel Bugarura, ☎ 0788-825000, 0783-523660, http://rushelkivu.wix.com. EZ/DZ 50–80 € inkl. Frühstück. Insgesamt 12 Zimmer, mit Campingmöglichkeit (Zelt 35–40 €). An einem schönen Sandstrand, direkt am See gelegen.

Birambye Lodge (7), 50 km südlich von Karongi am Kivu-See entsteht in Zusammenarbeit mit einer Hilfsorganisation die Birambye Lodge zur Unterstützung eines dortigen Waisenhauses (http://lesperancerwanda.org). Die Fertigstellung hat sich mehrfach ver-

schoben, aktuelle Informationen unter: www.icatis.org/Birambye_Lodge.
Weiter außerhalb im Süden von Karongi entsteht zurzeit in **Mubuga** am Ufer des Kivu-Sees die **Karora Eco Lodge**. Das Hotelprojekt wird von einem privaten Unternehmer geleitet.

Gästehäuser
Home St. Jean (9), *Kibuye Road, nahe der großen Kirche auf dem Hügel*, ☎ 0252-568526, homesaintjean@yahoo.fr. DZ 30 € (20 € mit Gemeinschaftsbad), EZ 20 € (10 € mit Gemeinschaftsbad). Das katholische Gästehaus hat insgesamt 26 Zimmer, die teilweise einen tollen Blick auf den See bieten.

Essen & Trinken
Empfehlenswert sind die Restaurants der oben aufgeführten **Hotels**.

Märkte
Der große **Wochenmarkt** von Karongi findet jeden Freitag auf einem Platz hinter dem Krankenhaus statt.

Aktivitäten/Bootstouren
Bootstouren auf dem Kivu-See organisieren die Cormoran Lodge (s. o.) und das Moriah Hill Resort (s. o.). Ein Motorboot mit acht Plätzen steht für Ausflüge zur Amahoro- und anderen Inseln zur Verfügung. Das **Ausleihen von Kajaks** ist möglich.

Busverbindungen
Es gibt tgl. **Minibusverbindungen** auf einer Piste entlang des Kivu-Sees nach Rubavu (ca. 3 €). Die Fahrzeit beträgt etwa 3,5 Stunden. Auf die andere Seite nach Rusizi fährt tgl. nur ein Bus (8 Uhr), der für die schlechte Strecke etwa fünf Stunden braucht. Die Strecke nach Muhanga und Kigali ist dagegen stark frequentiert. Die Minibusse fahren stündlich und brauchen 2,5 Stunden bis zum Taxi-Park Kigali-Nyabugogo (ca. 3 €).

Bootsverkehr
Einen öffentlichen Bootsverkehr gibt es zurzeit nicht. Bei einer weiteren Stabilisierung der politischen Lage rund um den Kivu-See ist damit zu rechnen, dass es in Zukunft wieder regelmäßigen Bootsverkehr zwischen den Orten am Kivu-See (auch zu den Orten auf kongolesischer Seite) geben wird. Bis dahin wird der See hauptsächlich von Fischerbooten befahren. Es gibt jedoch Möglichkeiten, in den Hotels in Karongi Boottransfers nach Rusizi oder Rubavu zu organisieren.

Entfernungen

Von Karongi (Kibuye) nach Kigali: 144 km
nach Muhanga (Giterama): 91 km
nach Rubavu (Gisenyi): 108 km
nach Huyé (Butare): 129 km
nach Rusizi (Cyangugu): 130 km
nach Musanze (Ruhengeri) 199 km

Streckenhinweis für Autofahrer

Wer von Karongi aus weiter **entlang des Kivu-Sees nach Süden** möchte, kann eine malerische Strecke befahren. Es ist allerdings ein Allradfahrzeug notwendig, da sich die Piste nicht überall in einem guten Zustand befindet. Nach insgesamt 130 km ist Rusizi (Cyangugu) erreicht.

Rusizi (Cyangugu)

Der Ort **Rusizi** (früher Cyangugu) liegt am Südende des Kivu-Sees, direkt an der Grenze zum Kongo. Die Umgebung der Stadt ist insgesamt etwas flacher als die der nördlicheren Städte Karongi und Rubavu. Der Grund ist ein im Süden von Rusizi gelegenes tiefes Becken (der Boden des Grabenbruchs), in dem sich weiter südlich der große Tanganjika-See erstreckt. Bei dem 60.000 Einwohner zählenden Ort handelt es sich um einen Doppelort. **Cyangugu** heißt der Stadtbereich am Seeufer an der Grenze zum Kongo. Zu ihm gehört auch eine Halbinsel, in dessen Bucht sich ein kleiner Hafen befindet. Die heutige Stadtmitte liegt 2 km weiter auf einer Anhöhe (1.690 m) und nennt sich **Kamembe**. In deren Norden liegt der Flughafen der Stadt. Im Zentrum gibt es einige Geschäfte und einfache Hotels sowie die Minibusstation.

Die Stadt wird im Westen durch den namensgebenden **Rusizi-Fluss** begrenzt, der gleichzeitig die Grenze zur D. R. Kongo darstellt. Über den Grenzfluss führt eine Holzbrücke hinüber zum Kongo. Mit einem gültigen Visum kann die Grenze zum Nachbarland problemlos passiert werden. Die benachbarte kongolesische Stadt heißt **Bukavu** (s. S. 270). Der Hauptgrenzposten befindet sich jedoch an der Hauptstraße weiter südlich. Dort bieten sich bessere Chancen, eine Fahrgelegenheit nach Bukavu zu bekommen. Die Stadt Bukavu ist Ausgangspunkt zum Besuch des kongolesischen **Kahuzi-Biéga-Nationalparks** (s. S. 275). Von Rusizi aus ist der ruandische **Nyungwe-Forest-Nationalpark** (s. S. 304) gut zu erreichen.

Von der Terrasse des Emeraude Kivu Resort in Rusizi schaut man direkt auf den Kivu-See

Geschichte

Der ehemals **Cyangugu** genannte Ort war über Jahrhunderte ein eher kleines, ruhiges Fischerdorf aus traditionellen Rundhäusern. Daher findet sich heute nicht allzu viel, was an seine Vergangenheit erinnert, zumindest nicht an die Zeit vor Ankunft der Europäer. Cyangugu, von den Deutschen zunächst „Tschangugu", später dann „Shangugu" geschrieben, wurde im Februar 1914 als letzter Militär- und Verwaltungsposten von Deutsch-Ostafrika gegründet. In der Umgebung sind noch einige Zeugnisse der kolonialen Vergangenheit erhalten. In Mibirizi, 12 km südöstlich von Cyangugu, befindet sich das Grab eines deutschen Soldaten. Fulpontius Mechau fiel am 21. April 1916 beim Kampf gegen die anrückenden Belgier. Das Grab liegt zwischen Kirche und Hospital, der Grabstein wurde 1986 erneuert.

Jahrhundertelang ein kleines Fischerdorf

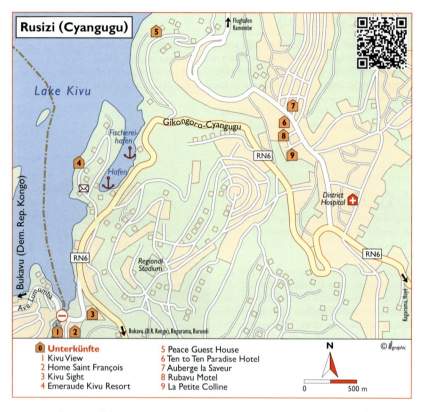

Im etwa 17 km nordöstlich an der Straße nach Gafunzo gelegenen Ort **Shangi** (Ischangi) befand sich von 1898 bis 1911 ein deutscher Militärposten. 1966 erwarb die Braunschweiger Firma Buchler das Gelände für die Errichtung einer Kaffeefarm. Heute zeugt nur noch eine Palmenallee von der deutschen Vergangenheit. Mit der Gebietsreform im Jahr 2006 wurde die Stadt Teil der Westprovinz und der Name Cyangugu änderte sich in Rusizi – nach dem gleichnamigen Fluss, der die Stadt im Westen begrenzt.

Reisepraktische Informationen Rusizi (Cyangugu)

Information
Offizielle Webseite der Regierung Western Provinz: www.westernprovince.gov.rw.

Wichtige Telefonnummern
Polizei-Notruf: ☎ *112*; **Polizei Rusizi:** ☎ *0252-537222/66.*
Krankenhaus: ☎ *0252-537500.*

Reisepraktische Informationen Rusizi (Cyangugu)

💲 Banken/Geldwechsel

Geld tauschen ist entweder in den Bankfilialen oder bei den freien Wechslern rund um den Markt möglich. Nehmen Sie bei diesen allerdings immer erst das Geld und zählen es, bevor Sie Ihre Devisen rausgeben.
Banque de Kigali, *Kamembe*, ☎ *0252-537067, vertritt auch Western Union.*
BCDI, *Kamembe,* ☎ *0252-537000.*

🛏 Unterkunft

Emeraude Kivu Resort $$$$$ (4), *Cyangugu,* ☎ *0787-010900, http:// emeraudekivuresort.rw. DZ ab 130 €, EZ 115 US$ inkl. Frühstück. Das Mitte 2013 eröffnete Hotel liegt wunderschön auf der Halbinsel direkt am See. Neben den acht nett ausgestatteten Zimmern gibt es auch komfortable Campingmöglichkeiten. Mit Bar und Restaurant.*
Ten to Ten Paradise Hotel $$ (6), *Kamembe,* ☎/📧 *0252-537996 oder 0783-220806, tentotenparadise2002@yahoo.com. Zimmer 45 € (mit Seeblick) und 39 € (ohne Seeblick). Das dreistöckige Hotel hat 30 Zimmer sowie Sauna und einen Nachtclub (daher am Wochenende wegen der lauten Musik nicht sehr zu empfehlen).*
Rubavu Motel $$ (8), *Kamembe, Kamashangi-Viertel, DZ 30–45 €. 35 Zimmer in einem modernen Hotelbau, einfach ausgestattet mit TV und Moskitonetzen.*
Kivu Sight $$ (3), *Cyangugu, etwa 500 m von der Grenze,* ☎ *0788-215624, 0783-043267, kivu.sight@yahoo.com. DZ ab 20 €, EZ 17 € Das ehemalige Hôtel des Chutes hat insgesamt 17 Zimmer mit Satelliten-TV, einige mit Balkon und Seeblick, sowie einen bewachten Parkplatz. Mit Restaurant.*
Kivu View (Hôtel du Lac) $$ (1), *direkt am Rusizi-Fluss gelegen, unweit der Grenzstation,* ☎ *252-537172 oder 0788-300518, kivuview@yahoo.fr. DZ/EZ ab 20 €, Suite 28 € inkl. Frühstück. Die etwas in die Jahre gekommenen 20 Zimmer verfügen über warmes Wasser und einen Balkon. Von der Terrasse des Restaurants hat man einen schönen Blick und kann gut essen.*

Gästehäuser

Peace Guest House $$ (5), *ca. 1 km vor Kamembe (Richtung Cyangugu),* ☎ *0252-537799 oder 0788-522727, www.peaceguesthouse.org. DZ-Villa 105 €, DZ 24 € (auf der Seeseite), 15 € (nach hinten raus), zudem gibt es fünf steinerne Rundhäuser mit je zwei Räumen (das Bad wird geteilt) die 65 € je Zimmer kosten. Schöner Blick über den Kivu-See.*
La Petite Colline $ (9), *Kamembe (beim Markt),* ☎ *0788-297474, 0788-412210, musoni74@yahoo.fr. 25 Zimmer (14 bis 25 €). Backsteinbau mit einfach eingerichteten Zimmern. Restaurant im traditionellen Rundhüttelstil dekoriert.*
Home Saint François $ (2), *gegenüber Hotel Kivu View,* ☎ *0252-537915 oder 0784-093490, rusizicentrede39@yahoo.fr. DZ 15 €, EZ 10 € (8 € mit Gemeinschaftsbad). Im kirchlichen Gästehaus mit 24 Zimmern kann es ohne Trauschein (Ehering) schon mal schwierig sein, ein Zimmer zu bekommen. Die Zimmer sind sauber, mit Dusche/WC.*
Auberge la Saveur $ (7), *schräg gegenüber des Ten to Ten Paradise Hotel,* ☎ *0788-623617, DZ 10 €, EZ (Gemeinschaftsbad) 6 €.*

✈ Flugverbindungen

Es gibt seit 2006 eine Linienverbindung mit Rwandair vom Flughafen im Stadtteil Kamembe (KME) nach Kigali (KGL). Der Flug verbindet die südöstliche Kivu-Region tgl.

Entfernungen

Von Rusizi nach Kigali: 293 km
nach Nyamagabe: 128 km
nach Karongi: 130 km
nach Huyé: 158 km
nach Rubavu: 248 km
nach Musanze: 307 km
nach Gatuna: 373 km
nach Ngoma: 386 km

mit der Hauptstadt, bei einer Flugzeit von 35 Minuten. Das Hin- und Rückflugticket kostet ab 99 US$.
Rwandair, ☏ 0788-751695, 0788-863012, sales.kamembe@rwandair.com, www.rwandair.com.

Busverbindungen
Minibusse von Rusizi nach Huyé (Butare) verkehren regelmäßig den ganzen Tag über (ca. 4 €). Zudem gibt es am Morgen einen Bus nach Karongi und nach Kigali.

Die Umgebung von Rusizi (Cyangugu)

Die Umgebung der Stadt hat für Reisende, die etwas Zeit mitbringen, durchaus etwas zu bieten. Allerdings können Erkundungen ohne eigenes Fahrzeug recht schwierig und langwierig werden. Zudem ist die Stadt der Endpunkt des Congo Nile Trail, einer 227 km langen Wander- und Mountainbike-Strecke entlang des Kivu-Sees (s. S. 235).

Der Cyamudongo-Wald

Rest des Hochlandwalds

Das 6 km² große Waldstück ist ein Rest des Hochlandwalds am Albert Rift. Er liegt in der Nähe von **Nyakabuye**, ca. 20 km von Bugarama entfernt. Von Nyakabuye führt eine steile Straße 8 km bergauf, bevor man auf ein erstes Stück natürlichen Waldes trifft. Nach 2 km geht es links durch Teeplantagen, bis nach 15 km der Wald auftaucht. Die Einheimischen nennen den Wald dort **Nyirandakunze**. Es gibt eine Reihe von seltenen Vogelarten zu sehen, u.a. den Waldsperber *(Accipiter erythropus)*, Ross-Turako *(Musophaga rossae)* und den Kungwe-Feinsänger *(Apalis argentea)*. Daneben sind auch einige Meerkatzenarten in den Baumwipfeln zu entdecken. Vor dem Völkermord lebten in diesem relativ kleinen Waldstück sogar noch **Schimpansen**. Seit einigen Jahren erobern sich unsere nächsten Verwandten dieses Waldstück wieder für sich zurück. Der zu den Sapotengewächsen zählende *Chrysophyllum gorungosanum*, die bis zu 56 m hohen Newtonien *(Newtonia buchananii)*, die zu den Hartriegelgewächsen gehörende *Alangium chinense* und das Malvengewächs *Leptonychia melanocarpa* sind die häufigsten Pflanzenarten in Cyamudongo. Ein Besuch des Waldes, der vor einigen Jahren dem Nyungwe-Forest-Nationalpark zugeschlagen wurde, ist ein lohnendes Abenteuer jenseits der Touristenpfade.

Die heißen Quellen von Bugarama

Die **Amashyuza ya Bugarama** befinden sich 60 km außerhalb von Rusizi und 5 km von der Cimerwa-Zementfabrik entfernt. Zunächst nehmen Sie die Straße Richtung Burundi bis zur Abzweigung nach Bugarama. Danach geht es nach links, Sie fahren durch den Ort Bugarama und nach 11 km erscheint die Cimerwa-Zementfabrik. Dort biegen Sie nach rechts ab (durch das Fabriktor) bis zum Schild „Secteur Nyamaranko". Von dort nehmen Sie die linke Piste und fahren dann noch etwa 200 m bis zum Becken der Quelle.

Westufer des Kivu-Sees (D. R. Kongo)

Das gesamte Westufer des Kivu-Sees zwischen der Stadt **Goma** im Norden und **Bukavu** im Süden gehört zur D. R. Kongo. Beide Städte verfügen über einen Flughafen mit zumeist inländischen Verbindungen. Nur der Flughafen von Goma dient auch dem internationalen Flugverkehr, vor allem für die dort ansässigen internationalen Hilfsorganisationen. Die Stadt Goma (s. S. 239), die Nordspitze des Kivu-Sees, und das Gebiet nördlich bis zum Ruwenzori-Gebirge sind Teil der kongolesischen Provinz Nord-Kivu (s. auch Virunga-Nationalpark S. 248).

Von der Provinzhauptstadt Goma aus verläuft die Nationalstraße 2 (N2) um den Westteil des Sees herum bis zur Stadt Bukavu am südlichen Ende. Sie führt in westlicher Richtung als Verlängerung der Rue Sake und der Avenue Katindo aus Goma heraus und passiert den Vorort **Kashero** und den dahinter liegenden kleinen See **Lac Vert**. Beim Ort **Sake** biegt die N2 nach Süden ab und passiert einen weiteren kleinen See, bevor sie sich entlang des Kivu-Ufers Richtung Bukavu schlängelt. Dabei ergeben sich immer wieder herrliche Ausblicke auf den See. Auf der Strecke werden hauptsächlich kleinere Ortschaften passiert, dazu zählen **Shasha**, **Kihindo** und **Minova**. Bei Minova beginnt die große gleichnamige Halbinsel, die weit nach Norden reicht und nur eine kleine Wasserverbindung zwischen den Teilen des Sees westlich und östlich der Halbinsel offen lässt.

Fischer vor Bukavu

Die N2 verläuft weiter über Kalungu, Kisungwe und Mukwinja. In Kavumu befindet sich der **Flughafen** von Bukavu. Von dort führt die N2 bzw. N3 wieder zum See zurück und entlang der Uferlinie bis nach Bukavu, der Hauptstadt der kongolesischen Provinz Süd-Kivu.

> **Hinweis**
>
> Sollten Sie in den Kongo reisen wollen, erkundigen Sie sich auf jeden Fall vorab nach der **aktuellen Sicherheitslage** (www.auswaertiges-amt.de, www.kinshasa.diplo.de).

Abstecher zur Provinz Süd-Kivu (D. R. Kongo)

Bukavu (D. R. Kongo)

Romantisch auf einer Halbinsel am Südwestufer des Kivu-Sees gelegen, erstreckt sich Bukavu über mehrere Hügel. Die Stadt ist das **Handels- und Verkehrszentrum der Region**, bedeutende Industrieprodukte sind Arzneimittel, Bier und verarbeitete Nahrungsmittel. Im Umland werden Kaffee, Zitrusfrüchte und Gemüse angebaut. Bukavu war vor dem Bürgerkrieg Ausgangsort für touristische Ausflüge in die Seengebiete und nahen Nationalparks. Die heutige Bevölkerungszahl wird offiziell mit rund 800.000 angegeben, mit den Randgebieten dürften es aber rund eine Million Einwohner sein.

Kaffee- und Gemüseanbau im Umland

Das hiesige Klima ist gemäßigt, die durchschnittliche maximale Tageshöchsttemperatur bewegt sich zwischen 24,9 °C (April/Mai) und 27,1 °C (August). Niederschläge sind das ganze Jahr über möglich. Mit zwei bis vier Regentagen pro Monat ist die Zeit von Juni bis August die trockenste.

Geschichte

Im Juni des Jahres 1900 gründete der Belgier Paul Costermans (186–1905) auf der Landzunge Nya-Lukemba den **Poste Principal du Kivu**, einen strategischen Außenposten in einem damals zum Königreich Ruanda gehörenden Gebiet. Die deutschen Kolonialherren in Ruanda und die im benachbarten Kongo herrschenden Belgier stritten sich jahrelang um die Hoheit am Kivu-See. 1902 erhielt Costermans die Aufgabe, eine Verteidigungslinie am Rusizi-Fluss einzurichten. Die Belgier wollten damit ihren Anspruch auf den Kivu-See gegenüber der Kolonie Deutsch-Ostafrika untermauern. Im Zuge dieser Operation entstanden diverse militärische Forts zwischen dem Kivu- und dem Tanganjika-See. Nach der Grenzvereinbarung mit Deutschland von 1911 begannen die Belgier im Jahr darauf, den Ort weiter zu entwickeln, sie wurden jedoch bald vom Ersten Weltkrieg unterbrochen.

Bukavu liegt auf einer Halbinsel im Kivu-See

Zu Ehren des Gründers erhielt der Ort 1926 den Namen **Costermansville** und löste Rutshuru als Hauptstadt der Kivu-Provinz ab. Zwei Jahre später wurden in der Nähe die ersten Rohstoffquellen erschlossen, die der Stadt einen gewissen Wohlstand brachten. Costermansville entwickelte sich zu einem Mittelpunkt europäischer Besiedlung im zentralen Afrika. Der in Kolonialtagen auch als „**Riviera des Kongo**" bezeichnete Ort erhielt 1958 die belgischen Stadtrechte. Kurze Zeit später, am 30. Juni 1960, feierte der Kongo seine Unabhängigkeit und Costermansville wurde in **Bukavu** umbenannt. Der Stadtname ist aus der Mashi-Sprache entnommen und bedeutet „der Ort, an dem die Kühe grasen".

„Ort, an dem die Kühe grasen"

Für die in Bukavu lebenden Europäer war die Unabhängigkeit des rohstoffreichen Kongo eine schwer zu akzeptierende Tatsache. Viele ehemalige Militärangehörige wurden Söldner des gegen den ersten kongolesischen Ministerpräsidenten Patrice Lumumba kämpfenden Provinz-Präsidenten von Katanga, Moïse Tschombé. Dieser setze sich für eine starke Dezentralisierung und weiterhin sehr enge Beziehungen mit Belgien ein. Am 8. August 1967 besetzten Söldner und ehemalige Gendarmen der Provinz Katanga die Stadt Bukavu. Bei Kämpfen zur Befreiung der Stadt durch die Truppen des kurz zuvor an die Macht geputschten Mobutu Sese Seko wurden fast die gesamte Stadt zerstört und 1.020 Zivilisten getötet. Nach den Kämpfen verließen die letzten verbliebenen weißen Siedler die Stadt.

Kämpfe um die Provinz Katanga

Nach dem Völkermord im benachbarten Ruanda hatte die Stadt ab 1994 mit Flüchtlingsströmen zu kämpfen. Im Jahr 2004 wurde Bukavu während des Zweiten Kongo-Kriegs Schauplatz blutiger Auseinandersetzungen zwischen Rebellen und Regierungstruppen. Seitdem ist es ruhiger geworden und ein geschäftiger Alltag konnte wieder in die Stadt einziehen.

Reisepraktische Informationen Bukavu (D.R. Kongo)

Information
In Bukavu kann man sich bei der kongolesischen Naturschutzbehörde **ICCN** (Institut Congolaise pour la Conservation de la Nature) über die Besuchsmöglichkeiten im **Kahuzi-Biéga-Nationalpark** erkundigen. Das Büro ist geöffnet Mo–Fr 8–16 Uhr. ICCN, Bureau Bukavu, Avenue Lumumba 185, Stadtteil Nyawera, ☎ (+243) 82-2881012, (+243) 99-7254296, reservations@kahuzi-biega.org.

Internet
www.bukavuonline.com – englischsprachige Seite der Provinz Süd-Kivu.
www.congo-tourisme.org/visiter-la-rdc/sud-kivu/bukavu – offizielle, französischsprachige Webseite des kongolesischen Tourismusamts.

Einreise/Grenze
Die Grenzstation befindet sich auf der Brücke über den Rusizi-Fluss. Deutsche Staatsangehörige bekommen das **Visum** für die Einreise in den Kongo bei der Botschaft der Demokratischen Republik Kongo in Berlin:
Ambassade de la République Démocratique du Congo,
Ulmenallee 42a, 14050 Berlin, ☎ 030-30111-298, 030-30111-285,
📠 030-30111-297, ambardc_berlin@yahoo.de, www.ambardc.de.
Für den Antrag werden ein noch mindestens sechs Monate gültiger Reisepass, zwei Passbilder und ein ausgefülltes Visaformular benötigt. Kosten für ein Monatsvisum mit einmaliger Ein-/Ausreise: 109 €. Informationen unter www.ambardc.de.

Es ist zeitweise auch möglich ein **Visum** direkt an der Grenzstelle zu bekommen, diese Möglichkeit ist jedoch aufgrund der wechselnden Bestimmungen nicht verlässlich!

Visa-Hinweis
Die Naturschutzbehörde ICCN hat mit den Einreisebehörden der Direction Générale de Migration (DGM) eine Vereinbarung getroffen, die für **Besucher der kongolesischen Nationalparks** eine Visaerleichterung vorsieht. Dieses **spezielle Touristenvisum** bekommen Sie bei Buchungen über die vom Kongo legitimierten Tourunternehmen (s. unter Virunga-Nationalpark, S. 259).

Anfahrt
Mit dem Auto oder Bus erreichen Sie Bukavu von Ruanda aus über den Grenzposten Rusizi (Cyangungu), von Burundi über den Uvira-Grenzposten und von Goma aus über die **Hauptstraße N2** entlang des Kivu-Sees (für diese Strecke ist es allerdings wichtig, sich vorher genauestens über die **aktuelle Sicherheitslage** zu informieren!).

Banken
Banque Internationale de Crédit (BIC), Avenue Lumumba 25, ☎ (+243) 81-0939290.
Banque Internationale pour l'Afrique au Congo (BIAC), Avenue Lumumba 214, ☎ (+243) 99-2904122.
Raw Bank, Av. Lumumba 89, ☎ (+243) 99-1005438.

Reisepraktische Informationen Bukavu (D. R. Kongo)

Unterkunft

Riviera Bukavu Hotel $$$$$ (1), *Boulevard Reine Elizabeth*, noch in Bau befindliches neues Luxushotel in wunderschöner Lage.

Orchids Safari Club $$$$$ (6), *Avenue Kahuzi-Biega 22-24, Muhumba-Viertel, Ibanda*, ☎ *(+243) 81-3126467, www.orchids-hotel.com*. DZ ab 180 US$, EZ ab 145 US$, Suite 245 US$ inkl. Frühstück und WLAN. Zudem gibt es Apartments mit Küchenzeile zu mieten. Das Hotel mit seinen 28 Zimmern ist von einem tropischen Garten umgeben. Tolle Lage an einem Hang oberhalb des Sees. Gutes Restaurant und Terrasse mit Seeblick. Ausflugsangebote und Kajakverleih. Reservierung empfohlen.

Lodge Co-Co $$$$ (9), *Avenue Lundula Muhumba 28*, ☎ *(+243) 99-8707344, www.lodgecoco.com*. DZ 150/170 US$, EZ 120/140 US$ inkl. Frühstück. Kleines empfehlenswertes Hotel mit 8 Zimmern und gut geführtem Restaurant mit Pizzaofen, freies WLAN. Jeden Freitag 18–24 Uhr Livemusik. Reservieren.

Horizon $$$$ (8), *Avenue de Goma, Muhumba-Viertel, Ibanda (nahe Alfajiri Secondary School)*, ☎ *(+243) 81-7885994*, ☎ *(+243) 85-3054302, http://hotelhorizonbukavu.com*. DZ 50–130 US$. Die 35 Zimmer gruppieren sich um einen Innenhof. Zu empfehlen sind die Zimmer im 1. Stock mit Balkon und Seeblick.

Elila $$$ (7), *Avenue Kabare 21, Ibanda*, ☎ *(+243) 99-5762566, www.hotelelila.com*. DZ ab 70 US$. Das 19-Zimmer-Hotel bietet ein gutes Preis-Leistungs-Verhältnis. Das

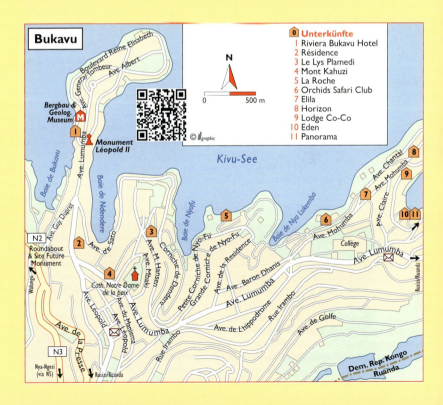

hilfsbereite Personal spricht teils auch englisch. Im Restaurant wird europäische und afrikanische Küche serviert, Menü 20–30 US$.

Mont Kahuzi $$$ (4), Avenue Lumumba 131, ☏ (+243) 99-4021806, (+243) 81-0750944. DZ 65–100 US$ inkl. Frühstück. Auch Apartments. Direkt im Zentrum gelegenes Hotel mit WLAN.

Résidence $$$ (2), Avenue Lumumba 89, ☏ (+243) 99-8368202, EZ/DZ 65–90 US$ mit Frühstück und WLAN. Im Hotel befinden sich ein kleines Geschäft, Internetcafé und ein Tourunternehmen.

Le Lys Plamedi $$$ (3), Avenue Corniche, Nyalukemba-Viertel, Ibanda, ☏ (+243) 99-7802368, (+243) 85-3599827. EZ/DZ 50-140 US$ inkl. Frühstück und WLAN. Das 2010 errichtete Hotel hat 18 Zimmer, Pool und Biergarten.

Panorama $$$ (11), Av. du Lac, Direkt am See liegendes Hotel mit 63 Zimmer und Terrasse mit herrlicher Aussicht. Die Küche des Restaurants ist vielfältig und gut.

La Roche $$ (5), Avenue Nyofu 5, Ndendere (gegenüber der Residenz des Gouverneurs), ☏ (+243) 99-4135570, (+243) 81-0696262. EZ/DZ 45–100 US$ inkl. Frühstück und WLAN. Restaurant mit Terrasse und Garten, Spezialität ist der Fisch frisch aus dem See.

Eden $ (10), Avenue du Lac, Ibanda. Die 37 Zimmer des Hotels bieten einen annehmbaren Komfort.

Tanganyika, Avenue Kahuzi-Biega 22-24, Muhumba, ☏ (+243) 99-4351600. DZ 15 US$. Sehr einfaches Hotel mit kleinem, einfachen Restaurant. Vielleicht das beste unter den preiswerten Unterkünften.

Hinweis

Nach **Einbruch der Dunkelheit** sollten Sie in der Stadt nicht mehr alleine unterwegs sein.

Flugverbindungen

Zurzeit gibt es keine Flugverbindung von Ruanda nach Bukavu. Von Kigali besteht jedoch die Möglichkeit, mit einem **Inlandsflug nach Kamembe** und von dort mit öffentlichen Minibussen zur Grenze zum Kongo zu gelangen. **Rwandair** fliegt täglich von Kigali nach Kamembe (www.rwandair.com).
Seit Juli 2015 fliegt **Ethiopian Airlines** von Addis Abeba (Äthiopien) und Entebbe (Uganda) drei mal wöchentlich nach Goma (www.ethiopianairlines.com).

Markt in Bukavu

Taxis

Taxis warten direkt an der Grenze, um Einreisende nach Bukavu zu bringen (5–10 US$). Diese Taxis fahren auch zum Kahuzi-Biéga-Nationalpark (Hin- und Rückfahrt ca. 50–60 US$). Beachten Sie bitte, dass nicht im Voraus besprochene Abstecher höhere Extrakosten verursachen.

Mietwagen

Allradfahrzeuge kosten bei den einschlägigen Vermietern in Bukavu 150 US$ für eine Tagestour nach Tshivanga, mit Besuch des Primatenzentrums in Lwiro 170 US$. Anbieter sind z. B.:
Alain Chisugi, ☏ (+243) 81353222, (+250) 785503171, chishugi@yahoo.com.
Pacifique Baderh (ODASOV), ☏ (+243) 997746485, odasov@yahoo.fr, badolipaci @yahoo.fr.

Boote

Ihusi Express, Port Ihusi, gegenüber Port Bisengimana, ☏ (+243) 99-4234071, (+243) 81-3982333, ihusiexpress@yahoo.fr. Das Büro liegt gegenüber dem Hotel Résidence.
Marinette Express, Port Muhanzi, Trois Paillotes, ☏ (+243) 99-2011168, (+243) 99-4134060. Preis 50 U$ (ca. 2 Stunden Fahrzeit).

Kahuzi-Biéga-Nationalpark (D. R. Kongo)

Der Parc National de Kahuzi-Biéga in der D. R. Kongo schützt eine 6.000 km² große Fläche, die sich von den Mitumba-Bergen im Südwesten des Kivu-Sees nach Westen erstreckt. Sein Name setzt sich zusammen aus zwei erloschenen Vulkanen, dem 3.308 m hohen **Kahuzi** und dem 2.790 m hohen **Biéga**, die sich im Gebiet des Nationlparks erheben. An ihren Hängen und im Hochland dazwischen wächst Bergregenwald mit Bambus, im flacheren westlichen Teil findet sich tropischer Regenwald. Das Gebiet wird hauptsächlich durch zwei Flüsse entwässert, den Luka und den Lugulu. Das Klima in dieser Region ist moderat mit durchschnittlichen Tagestemperaturen von 10 bis 20 °C. Der Niederschlagsmenge beträgt im Regenwaldgebiet 1.800 mm im Jahr.

Erloschene Vulkane Kahuzi und Biéga

Geschichte

Den östlichen Teil des heutigen Nationalparks erklärte die belgische Kolonialverwaltung im Juli 1937 zum Waldschutzgebiet. 1970 erhielt dieses Bergwaldareal den Schutzstatus eines Nationalparks. Fünf Jahre später wurde der zunächst nur 600 km² große Park um ein westlich gelegenes, mit 5.400 km² wesentlich größeres Gebiet mit tropischem Regenwald erweitert und beide Teile durch einen **7,5 km langen Korridor** miteinander verbunden. Dadurch mussten jedoch **13.000 Menschen umgesiedelt** werden, was jahrelang Probleme mit sich brachte. 1980 erklärte die UNESCO den Kahuzi-Biéga-Nationalpark u. a. wegen der wichtigen Gorilla-Population zum Weltnaturerbe. Der Park steht jedoch seit 1997 auf der

Abstecher zur Provinz Süd-Kivu (D.R. Kongo)

Östlicher Flachlandgorilla (Gorilla beringei graueri): Silberrücken bei der Mahlzeit

Liste der gefährdeten Schutzgebiete, da der Schutzstatus vonseiten der kongolesischen Regierung nur ungenügend umgesetzt wird.

Mit einem Bestand von **rund 8.000 Grauergorillas** (Östlicher Flachlandgorilla, *Gorilla beringei graueri*) vor dem Bürgerkrieg der 1990er-Jahre war Kahuzi-Biéga der wichtigste Lebensraum dieser Unterart des Östlichen Gorillas. Während der politischen Unruhen verlor die Parkverwaltung die Kontrolle über große Teile des Parkgebiets. Abholzung, Feuer und illegaler Abbau von **Coltan** haben seitdem einen nicht unerheblichen Teil des Schutzgebiets zerstört. Der die beiden Teile des Nationalparks verbindende Korridor wurde mittlerweile weitflächig abgeholzt und ist heute von Menschen besiedelt.

Teilweise Zerstörung des Schutzgebiets

info

Coltan oder der Fluch der Bodenschätze

Aufgrund seiner enormen Bodenschätze könnte der Kongo eigentlich zu den reichsten Staaten Afrikas zählen. Doch Korruption, Vetternwirtschaft, politische Instabilität sowie Macht- und Verteilungskämpfe verhinderten bisher einen funktionierenden und wohlhabenden Staat. Stattdessen brachten diese Bodenschätze dem Land im Herzen Afrikas eher Unglück und Elend. Als sich die einstigen Verbündeten beim Sturz des Diktators Mobutu zerstritten, begann Mitte 1998 ein blutiger Krieg, den die damalige US-Außenministerin Albright als „**Ersten Weltkrieg Afrikas**" bezeichnete. Von 1998 bis 2003 kämpften nicht weniger als elf afrikanische Länder und über zehn militärische Gruppen um die Vorherrschaft im Kongo. Ein unermessliches Leid und rund drei Millionen Tote waren die Folge.

Eine UN-Kommission stellte im Jahr 2001 fest: „Der Konflikt im Kongo dreht sich hauptsächlich um den Zugang, die Kontrolle und den Handel der **Rohstoffe**: Coltan, Diamanten, Kupfer, Kobalt und Gold". Als Ende 2000 der Preis für Coltan steil anstieg, setzte in der kongolesischen Provinz Nord-Kivu ein wahrer **Coltan-Rausch** ein – mit weitreichenden Folgen: Nur noch wenige Bauern gingen aufs Feld und immer weniger Kinder besuchten eine Schule. Da der Verdienst in den Bergarbeitercamps bis zu fünfmal höher als in der Landwirtschaft war, lagen viele Felder brach. Die Lebenshaltungskosten stiegen, weil Lebensmittel aus anderen Regionen herbeigeschafft werden mussten. Die Rebellengruppen, die die Kivu-Region und das Grenzgebiet des Kongo zu Ruanda und Uganda unsicher machten, schürften nach Coltan, um ihren Krieg zu finanzieren. Einer der größten Profiteure des Coltan-Booms war damals der kongolesische Nachbarstaat Ruanda. Zwar beteiligten sich alle am Bürgerkrieg teilnehmenden Parteien an der illegalen Coltan-Förderung. Aber allein Ruandas Armee soll durch den Verkauf des Rohstoffs in nur 18 Monaten mehr als 250 Mio. Dollar eingenommen haben. Der Coltan-Rausch war jedoch nicht nur für die politische und gesellschaftliche Lage in Zentralafrika, sondern auch für die Umwelt ein Desaster. Ein Teil des Coltan-Abbaugebiets liegt im **Kahuzi-Biéga-Nationalpark**, einem der letzten Rückzugsgebiete der Gorillas.

Coltan ist ein Columbit-Tantaliterz, aus dem Tantal gewonnen wird, das wegen seiner großen Energiedichte und seines hohen Schmelzwertes für die Fertigung leistungsstarker Chips und Kondensatoren verwendet wird. Vor allem für die Herstellung von Handys und Tablets ist Coltan unersetzlich. Zudem findet es sich auch in der Produktion von Linsen für optische Geräte und Weltraumkapseln. Mehr als 20 % des benötigten Coltans stammen aus der D. R. Kongo, nach Australien der zweitgrößte Förderer weltweit.

Zudem stellt die sich im Hochlandteil des Nationalparks stark vermehrende **Lianenart** *Sericostachys scandens* eine Bedrohung für den Lebensraum der Gorillas dar. Diese Art besiedelte zunächst die durch Abholzung und Feuer entstandenen Freiflächen, verbreitet sich von dort aber mittlerweile ungehemmt in den umliegenden Waldgebieten und zerstört Bäume und Bambus. Bisher konnten die Ursachen für die Vermehrung dieser Lianenart nicht eindeutig geklärt werden.

Der Nationalpark wird vom staatlichen *Institut Congolais pour la Conservation de la Nature* (ICCN) gemanagt und bekommt von einigen internationalen Entwicklungs- und Naturschutzorganisationen Unterstützung, so zeitweise auch von der deutschen Entwicklungsorganisation GIZ. Die Zone um den Park wird wiederum von der amerikanischen Hilfsorganisation USAID sowie dem Hilfsprojekt Congo Basin Forest Partnership unterstützt. Bei diesen wichtigen Projekten wird auch die lokale Bevölkerung in das Schutzkonzept mit eingebunden, um so einen nachhaltigen Schutz des Gebiets zu erreichen. Die restlichen im Gebiet lebenden Batwa (s. S. 63) werden als Fährtensucher und für andere Aufgaben zum Schutz des Nationalparks eingesetzt und können so Geld verdienen. Es würde sicherlich auch helfen, wenn die um den Park herum lebenden Menschen vom Tourismus profitieren könnten, wie z.B. in Ruanda. Gorillabesuche sind zwar seit 2005 mit einigen Unterbrechungen wieder möglich. Durch die immer wieder auftretenden Risiken in der Region bleibt der Strom der Reisenden jedoch in einem sehr kleinen und bescheidenen Rahmen.

Die Tierwelt im Kahuzi-Biéga

Eine der letzten Populationen des Grauergorillas

Der Kahuzi-Biéga-Nationalpark beherbergt eine der letzten Populationen der **Östlichen Flachlandgorillas** (Grauergorilla, *Gorilla beringei graueri*), der größten Gorilla-Unterart. Ihr Bestand ist jedoch durch kriegerische Unruhen, Wilderei und Lebensraumzerstörung stark gefährdet. Die zu Beginn der 1970er-Jahre noch auf 14.500 Tiere geschätzte Gesamtpopulation ist seitdem stark geschrumpft. Heute leben vermutlich insgesamt nur noch etwa 5.000 Tiere dieser Unterart des Östlichen Gorillas. Für die im Kahuzi-Biéga-Nationalpark lebende Population der Östlichen Flachlandgorillas gibt es heute keine aktuellen Gesamtzahlen. 2014 wurde mit einer Bestandsaufnahme im flachen, größeren Westteil begonnen, die durch die schwierigen Bedingungen vor Ort noch einige Zeit andauern wird. Die Anzahl der im kleinen Ostteil, dem damals noch nicht erweiterten Bergregenwaldgebiet, lebenden Flachlandgorillas wurde Anfang der 1970er-Jahre auf 600 Tiere geschätzt.

Eine Bestandszählung Ende 2013 ergab für diesen Teil des Kahuzi-Biéga-Nationalparks leider nur noch 145 Gorillas, die verteilt auf **neun Gorilla-Familien** leben.

Der Silberrücken Chimanuka im Kahuzi-Biéga-Nationalpark

Davon wurden zwei Gruppen an den Besuch von Menschen gewöhnt, die Gruppen **Chimanuka** und **Mugaruka**. Beide wurden nach ihrem anführenden Silberrücken benannt. Mugaruka verlor mit drei Jahren durch eine Wildererfalle eine Hand. Nach Machtkämpfen büßte er seine gesamte Familie an Chimanuka ein. Dieser führt nun eine große Familie mit 36 Mitgliedern an, davon 17 Weibchen und 18 Jungtiere. Diese Familie wurde recht bekannt, da es in den Jahren, in denen die Gruppe bereits observiert wurde, erstaunlicherweise vier Zwillingsgeburten gab.

Insgesamt leben über 194 Säugetierarten im Kahuzi-Biéga-Nationalpark. Zu den besonders bedrohten Arten zählen der **Östliche Schimpanse** *(Pan troglodytes schweinfurthii)*, dessen Zahl im Parkgebiet während der unruhigen Zeiten jedoch recht konstant geblieben zu sein scheint, und weitere Affenarten wie die Eulenkopf-Meerkatze *(Cercopithecus hamlyni)*. Einige wenige

Östliche Vollbartmeerkatze (Allochrocebus lhoesti)

Waldelefanten *(Loxodonta cyclotis)* sollen noch im Gebiet vorkommen, zudem der scheue Östliche Bongo *(Tragelaphus eurycerus isaaci)* und die endemische Mount-Kahuzi-Klettermaus *(Dendromus kahuziensis)*. Nicht ganz so selten sind Flusspferde, Leoparden, Riesenwaldschweine und die sieben verschiedenen Duckerarten. Die Zahl der **Steppenelefanten** wurde 1982 noch auf 3.300 Tiere geschätzt, dürfte heute aber wesentlich darunter liegen.

Elefanten

In Kahuzi-Biéga leben zudem mindestens 349 verschiedene **Vogelarten**, darunter der Kongopfau *(Afropavo congensis)*, der Blaukehl-Breitrachen *(Pseudocalyptomena graueri)*, der Gelbschopf-Brillenwürger *(Prionops alberti)* und der Blutbrust-Nektarvogel *(Cinnyris rockefelleri)*. Zudem gibt es beim Besuch in Kahuzi-Biéga mit etwas Glück vielleicht einige der 69 **Reptilien**- oder der 44 **Amphibienarten** zu sehen.

Die Pflanzenwelt im Kahuzi-Biéga

Fast 90 % der Vegetation des Nationalparks fallen unter die Kategorie **tropischer Regenwald**, der dort in Höhen zwischen 1.200 und 1.500 m wächst. Im sogenannten Korridor besteht ein **Übergangsregenwald** und in den Bergregionen um die erloschenen Vulkane findet sich bis 2.400 m ein **Bergregenwald**, der zwischen 2.300 und 2.600 m von **Bambuswald** abgelöst wird. Darauf folgt eine afromontane Vegetation mit ihrer charakteristischen Baumhöhe. Um den Gipfel des Mt. Kahuzi gedeihen u. a. *Hedythrsus thamnoideus* und die Orchidee *Disa erubescens*. Zwischen 3.200 m und der Spitze auf 3.308 m wachsen Erica-Arten *(Erica sp.)* sowie *Senecio kahuzicus*, die gelb blühenden *Helichrysum mildbraedii*, die Bärlapppflanze *Huperzia saururus* und die zu den Schmielengräsern zählende Draht-Schmiele *Deschampsia flexuosa*. Bis heute wurden in Kahuzi-Biéga insgesamt 1.178 Pflanzenarten registriert.

Vegetationszonen

Abstecher zur Provinz Süd-Kivu (D.R. Kongo)

Besuch des Nationalparks

Hauptattraktion des Nationalparks sind **Besuche der Östlichen Flachlandgorillas** (s. S. 278). Wanderungen zu den imposanten Tieren beginnen am Visitors Centre in Tshivanga. Nach der Anmeldung werden die Teilnehmer mit den Regeln eines Gorilla-Besuchs vertraut gemacht. Es gelten die gleichen Regeln wie beim Berggorilla-Trekking (s. S. 199). Während dieser Vorbereitungen starten bereits die Fährtenleser, um sich auf die Suche nach der aktuellen Position der Gorillas zu machen. Nachdem der Aufenthaltsort der jeweiligen Gruppe geklärt ist, fahren die Besucher vom Parkbüro aus zum Ausgangspunkt der Wanderung. Die Länge der Wanderung ist je nach Aufenthaltsort der Gorillas unterschiedlich. In den meisten Fällen beträgt sie zwischen zehn Minuten und 1,5 Stunden. Dann kann die Besuchergruppe im Allgemeinen eine Stunde lang bei den Flachlandgorillas verweilen und diese aus nächster Nähe beim Essen, Spielen oder Ausruhen beobachten – ein unvergessliches Erlebnis.

Auch wenn die meisten Besucher des Kahuzi-Biéga-Nationalparks wegen der Gorillas kommen, gibt es doch noch andere Möglichkeiten, die Natur dieses Parks zu erleben. Spannende Begegnungen mit weiteren interessanten Tierarten erwarten die Parkbesucher, etwa mit den Schimpansen oder einer Reihe weiterer Affenarten und einer Vielzahl an Vögeln.

Ein weiteres Highlight des Nationalparks sind die **Bergbesteigungen** seiner höchsten Gipfel. Der mit 3.308 m höchste von ihnen ist der **Mount Kahuzi**. Eine Bergtour dauert etwa vier Stunden (je nach Kondition) und führt durch verschiedene Pflanzenzonen, vom Bergregenwald durch den Bambuswald in die afro-alpine Vegetationszone. Vom Gipfel aus bietet sich eine fantastische Aussicht auf den Kivu-See und die Stadt Bukavu. Der Abstieg ist in rund drei Stunden zu schaffen.

Eine ebenfalls interessante Wanderung ist die im Gegensatz zur vorherigen Bergbesteigung eher einfache Erwanderung des **Mount Bugulumiza**. Der Rundwanderweg ist insgesamt 6 km lang, für den etwa drei Stunden gebraucht werden. Die Wanderung beginnt am Tshivanga Visitors Centre und führt durch das Gebiet, das von der Gorilla-Gruppe Chimanuka bewohnt wird. Vom oben gelegenen Aussichtspunkt schaut man auf die beiden namensgebenden Berge Kahuzi und Biéga. Der 2.790 m hohe **Mount Biéga** kann auf einem im Jahr 2015 neuangelegten Wanderpfad erreicht werden. Der frühe Morgen ist die beste Zeit für den Start dieser Wanderung, der Rundweg dauert etwa sechs Stunden.

Rundwanderweg

Neben den Bergbesteigungen ermöglichen zudem interessante **Wanderwege** die Erkundung des Nationalparks. Dazu gehört der **Marais Musisi Trail**, er führt durch Bambuswald und an Sümpfen entlang. Auf dem **Tshibati Waterfalls Trail** steuert man drei schöne Wasserfälle an, in deren Pool man sich erfrischen kann. Der Wanderweg führt am **Centre de Réhabilitation des Primates de Lwiro** vorbei. Das Primatenzentrum wurde 2002 gegründet, um verletzte oder verwaiste Affen aufzunehmen, zu pflegen und wenn möglich wieder in die Natur zu entlassen.

Primatenzentrum für hilfsbedürftige Tiere

Flachlandgorilla-Weibchen mit Jungtier

Es befindet sich auf dem Gelände des *Centre de Recherche en Sciences Naturelles* (CRSN), das wiederum in einem alten belgischen Kolonialhaus untergebracht ist. 2015 wurden 49 Schimpansen und über 60 andere Affen betreut. Das Primatenzentrum kann täglich besucht werden, der Eintritt beträgt 25 US$ *(Lwiro Village, www.lwiroprimates.org, www.lwiro.blogspot.de).*

Eine Anmeldung für alle Aktivitäten im Kahuzi-Biéga-Nationalpark ist sinnvoll und zu empfehlen! Näheres dazu in den Reisepraktischen Informationen.

Reisepraktische Infos Kahuzi-Biéga-Nationalpark

Information
Informationen über den Kahuzi-Biéga-Nationalpark sind vor Ort erhältlich im **Visitors Centre in Tshivanga** *oder im* **ICCN Office** *(Nationalparkbüro) in Bukavu. Beide sind Mo–Fr 8–16 Uhr geöffnet.*
☎ *(+243) 99-7254296 (englisch), (+243) 99-3096120 (französisch), reservations@kahuzi-biega.org oder info@kahuzi-biega.org.*
Offizielle Webseite: www.kahuzibiega.wordpress.com.

Einreise/Anfahrt
Mit dem Auto oder Bus erreichen Sie Bukavu von Ruanda aus über den Grenzposten Rusizi (Cyangungu), von Burundi über den Uvira-Grenzposten und von Goma über die **Hauptstraße** *entlang des Kivu-Sees (für diese Strecke ist es allerdings wichtig, sich vorher genauestens über die* **aktuelle Sicherheitslage** *zu informieren!).*

Das **Besucherzentrum** *des Kahuzi-Biéga-Nationalpark in Tshivanga liegt ca. 40 km außerhalb von Bukavo. Von Bukavu aus führt die Straße zum Flughafen Kavumu und zum Ort Miti, dort links abbiegen. Für die Fahrt werden ca. 1–1,5 Stunden benötigt.*

Visum für D. R. Kongo: s. dazu Goma und Virunga-Nationalpark, S. 244 und 257.

Aktivitäten
Wanderungen am Wochenende sind möglich, müssen aber vorher angemeldet werden, da das Besucherzentrum normalerweise am Wochenende geschlossen ist. Preise:
Gorilla-Permit: 400 US$
Bergbesteigungen (Mount Kahuzi, Mount Biega): 100 US$
Wanderungen (Trails): 35 US$

Unterkunft
Es gibt keine Unterkunft im Kahuzi-Biéga-Nationalpark. Übernachtungsmöglichkeiten bietet die unweit gelegene Stadt Bukavu (s. S. 272).

Camping
Es gibt ausgewiesene **Campingplätze im Nationalpark**, *jedoch nur mit einfachsten sanitären Einrichtungen (wenn überhaupt). Preise: Zelten inkl. Essen und Wächter: 50 US$, Zelt ausleihen: 5 US$/Nacht, Schlafsack ausleihen: 5 US$/Nacht.*

Transportboot auf der kongolesischen Seite des Kivu-Sees

Flugverbindungen

Zurzeit gibt es keine Flugverbindung von Ruanda nach Bukavu. Es ist jedoch möglich, mit einem Inlandsflug von Kigali nach Kamembe zu gelangen und von dort mit öffentlichen Minibussen zur Grenze zu kommen. Rwandair fliegt täglich von Kigali nach Kamembe (www.rwandair.com). Ethiopian Airlines fliegt von Addis Abeba (Äthiopien) und Entebbe (Uganda) drei mal wöchentlich nach Goma (www.ethiopianairlines.com).

Taxis

Es besteht die Möglichkeit, sich direkt ein Taxi an der Grenze oder in der Stadt Bukavu zu nehmen, um nach Tshivanga zu kommen. Die Hin- und Rückfahrt kostet ca. 50–60 US$. Beachten Sie bitte, dass nicht im Voraus besprochene Abstecher höhere Extrakosten verursachen.

Mietwagen

Allradfahrzeuge kosten bei den einschlägigen Vermietern in Bukavu 150 US$ für eine Tagestour nach Tshivanga, mit Besuch des Primatenzentrums in Lwiro 170 US$. Anbieter sind z. B.:

Alain Chisugi, ☎ (+243) 81353222, (+250) 785503171, chishugi@yahoo.com.
Pacifique Baderh (ODASOV), ☎ (+243) 997746485, odasov@yahoo.fr, badolipaci @yahoo.fr.

Boote

Mehrere Bootsgesellschaften bieten tägliche Verbindungen auf dem Kivu-See zwischen Goma und Bukavu an. Kosten pro Person auf den Schnellbooten „Kivu King" und „Kivu Queen" (2 Stunden Fahrzeit) 50 US$. Größere und langsamere Boote (6 Stunden Fahrzeit) kosten zwischen 8 und 25 US$. Bootstickets gibt es am Hafen und sollten mindestens einen Tag im Voraus gekauft werden, um sich einen Platz zu sichern.

7. Ruandas Süden

Den südlichen Teil Ruandas prägt eine weitläufige Hügellandschaft. Im regenreicheren Südwesten bedeckte einst ursprünglicher Nebelwald flächendeckend die zahlreichen Hügel, dessen Reste heute im Nyungwe-Forest-Nationalpark geschützt werden. Daneben erstrecken sich z. T. ausgedehnte Plantagen, auf denen Tee, Kaffee und Gemüse angebaut werden. In Richtung Südosten wird es klimatisch trockener und die Hügel etwas flacher. In der folgenden Savannenlandschaft finden sich häufiger Grasflächen für eine verstärkte Rinderhaltung. Vor allem begegnen einem die traditionellen Ankole-Rinder mit ihren riesigen, ausladenden Hörnern. In dieser Gegend, weit ab von den drei Nationalparks, trifft man nur selten auf andere Reisende. Hier ist Ruanda noch am ursprünglichsten.

Redaktionstipps

▶ Herrliche **Wanderungen im Regenwald** des Nyungwe-Forest-Nationalparks mit seiner Fülle an Tier- und Pflanzenarten (S. 304).

▶ Viele interessante Einblicke und Informationen über Ruanda verspricht ein Besuch des **Ethnografischen Museums in Huyé** (Butare) (S. 299).

▶ Luxus in der Natur, Übernachten am Nebelwald in der **Nyungwe Forest Lodge** (S. 320).

▶ Sehenswert sind die **Kathedrale** und das **Museum von Kabgayi** mit seiner Ausstellung traditioneller Kulturgüter (S. 288).

Muhanga (Gitarama)

Die Stadt Muhanga (Gitarama), rund 50 km südwestlich von Kigali gelegen, ist über eine gut ausgebaute Asphaltstraße zu erreichen. Die 90.000-Einwohner-Stadt liegt 1.812 m hoch und ist ein wichtiger Verkehrsknotenpunkt. Von hier aus gibt es direkte Verbindungen zum Kivu-See (Rubavu, Karongi, Rusizi) und nach Huyé (Butare). Das Zentrum der Stadt befindet sich im Dreieck der Nationalstraßen 1 und 7. Wie ein Hufeisen schmiegt sie sich in Form eines großen „C" um ein landwirtschaftlich genutztes Tal. An der südlichen Ausfahrt (RN1) sorgt der Muhanga-Damm für einen kleinen Stausee zur Wasserversorgung, direkt gegenüber der Kabgayi-Kathedrale. Muhanga ist die Hauptstadt eines der sechs Distrikte der neuen Südprovinz und eine der größten Städte Ruandas.

Auf einer durchschnittlichen Höhe von 1.800 m herrscht in der Stadt und ihrer Region ein mildes Klima. Der Niederschlag beträgt jährlich rund 1.000 mm. Der Boden ist nicht ganz so fruchtbar wie im nördlichen und westlichen Ruanda. Dennoch leben die meisten Menschen auch hier hauptsächlich von der Landwirtschaft.

286 Ruandas Süden

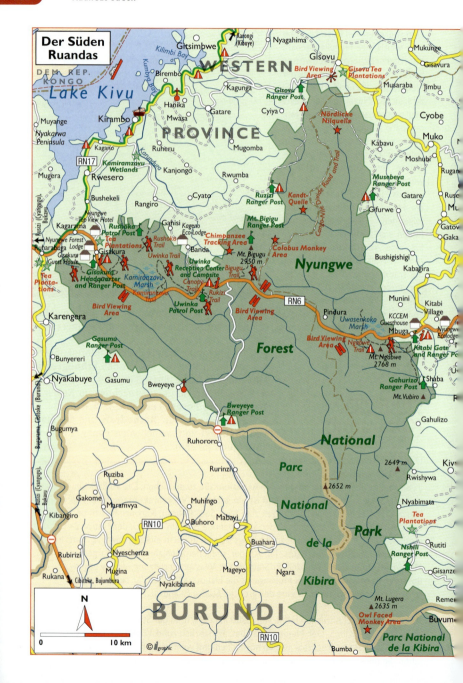

Ruandas Süden

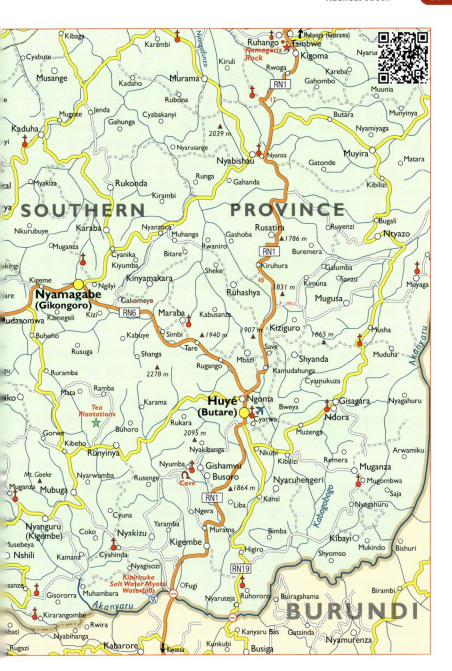

Geschichte

Obwohl Gitarama in der Geschichtsschreibung des Landes immer wieder erwähnt wird, ist im Ort selbst leider nicht mehr viel Historisches zu sehen. An die Kolonialzeit erinnern hier allenfalls Orte in der Umgebung, wie der ca. 25 km Luftlinie südwestlich gelegene Ort **Kilinda** (in der Nähe des Flusses Nyabaronga). Dort befand sich die Niederlassung der ersten protestantischen Mission in Ruanda. In der unter den Belgiern 1926 erneuerten **Kirche** hängt eine Glocke mit deutscher Inschrift. Diese weist darauf hin, dass die Glocke 1908 im Auftrag der Bethel-Mission in Stuttgart gegossen wurde.

Als Schauplatz einiger historischer Ereignisse ist Gitarama für den Staat Ruanda ein durchaus besonderer Ort. Von hier aus nahmen im Juli 1959 ethnische Unruhen ihren Anfang, nachdem ein lokaler Führer der PARMEHUTU-Partei von Anhängern der königstreuen UNAR-Partei angegriffen wurde. Am folgenden Tag mordeten und brandschatzten radikale PARMEHUTU-Anhänger im ganzen Land, 300 Batutsi kamen dabei ums Leben. Es war der erste dokumentierte Fall eines organisierten Vorgehens von Bahutu gegen Batutsi. Die belgische Verwaltung verhängte daraufhin das Kriegsrecht über Ruanda. Am 28. Januar 1961 erklärten sich die Bahutu in Gitarama für unabhängig. Die Bewegung hatte damit zwar keinen direkten Erfolg, aber sie konnte durch die entstandene Aufmerksamkeit und die darauffolgenden Verhandlungen ihre politischen Positionen teilweise durchsetzen, was u.a. zur Abschaffung der Monarchie führte.

Vorgehen gegen Batutsi

Gitarama ist zudem der Geburtsort des ersten ruandischen Präsidenten Grégoire Kayibanda. Bei der Gebietsreform im Jahr 2006 bekam Gitarama den neuen Namen **Muhanga** und gehört seitdem zur neu geschaffenen Südprovinz.

Besichtigung

Muhanga Prison

Das unter seinem alten Namen **Gitarama Prison** bekannt gewordene Gefängnis galt als eines der 50 berüchtigtsten Gefängnisse überhaupt. Es kam nach dem Völkermord in Ruanda in die Schlagzeilen, da das auf maximal 500 Insassen ausgelegte Provinzgefängnis aufgrund der enormen Täterzahl mit über 6.000 Verurteilten und Beschuldigten hoffnungslos überfüllt war. Dadurch war die Haftanstalt als Gefängnis mit den schlimmsten Bedingungen für inhaftierte Straftäter weltweit bekannt. Der staatliche Verwahrungsort befindet sich am nördlichen Ortseingang, südlich der RN1 kurz vor der Abzweigung der RN7.

Kabgayi – Kathedrale und Museum

Älteste katholische Kirche des Landes

Etwa 3 km außerhalb von Muhanga (Gitarama) liegt im gleichnamigen Vorort die **Kabgayi-Kathedrale**. Sie wurde 1925 erbaut und ist damit die älteste katholische Kirche Ruandas. Ihre Anfänge gehen auf eine 1906 an dieser Stelle errichtete

Im Inneren der Kabgayi-Kathedrale

katholische Missionsstation zurück, zu der König Musinga 1904 sein Einverständnis gegeben hatte. Auf 120 ha entstanden Häuser für Mitarbeiter und verschiedene Kirchenbauten. Im Juli 1907 wurde die erste Schule gebaut, die zunächst nur den Kindern der Batutsi-Elite vorbehalten war. Die Kirchenmitglieder erkannten die Batutsi als Führungsriege des Landes an. Gute Beziehungen zu ihnen sollten die Verbreitung des Christentums vereinfachen. Die ersten Studenten des 1913 gegründeten Priesterseminars St. Leon kamen aus Tanganjika (heute Tansania). Nach der Machtübername der Belgier wurde das Apostolische Vikariat Kivu, das bis dato das Gebiet der beiden Königreiche Ruanda und Urundi (heute Burundi) umfasste, aufgeteilt. Zu dieser Zeit hatte die katholische Kirche in Ruanda und Urundi rund 30.000 Mitglieder.

1913 gegründetes Priesterseminar

1928 kam ein junger Mann namens **Alexis Kagame** ans Kabgayi-Seminar, er sollte nicht nur Priester, sondern auch einer der wichtigsten ruandischen Intelektuellen werden (s. S. 290). Der Wunsch zu schreiben war nicht nur bei Kagame ausgeprägt, und so wurde, nachdem in Kabgayi 1932 die erste Druckerpresse zum Einsatz kam, ein Jahr später die katholische Zeitschrift „**Kinyamateka**" herausgegeben. Als katholisches Zentrum im Land wurde Kabgayi der erste Bischofssitz im kolonialen Ruanda. Seit 1976 ist Kabgayi Sitz der gleichnamigen Diözese. Papst Johannes Paul II. stattete Kabgayi im September 1990 einen Besuch ab.

Während des Völkermords 1994 sind auch an diesem Ort Tausende in der Kirche und im angeschlossenen Krankenhaus Zuflucht suchende Batutsi ermordet worden. Ein Massengrab aus jener Zeit befindet sich beim Krankenhaus.

Die **Kathedrale** ist durchaus sehenswert, vor allem auch wegen des angeschlossenen **Museums**. Hier wird ein Überblick über die Kultur und die traditionellen

Kultureller Überblick

Briefmarke der belgischen Verwaltungszone Ruanda-Urundi

Gebrauchsgegenstände in Ruanda vermittelt. Dazu gehören alte Waffen wie Speere, Messer und Bögen, aber auch Kleidung aus Baumrinde, Musikinstrumente, Spiele, verschiedene Körbe und historische Fotografien. Interessant sind auch die Informationen zu Heilpflanzen und traditioneller Medizin.

Kabgayi Cathedral & Museum, *Mo–Fr 8–17 Uhr, an Wochenenden nur bei vorheriger Anmeldung. Eintritt ca. 2 €.*

Kamageris Rock

Der historische Felsen **Uratare rwa Kamageri** liegt in der Nähe von Ruhango, an der Straße von Muhanga nach Huyé. Er befindet sich südlich des Ortes, von der Hauptstraße etwa einen zehnminütigen Spaziergang entfernt. Die örtlichen Guides erzählen gerne die Geschichte aus dem 17. Jh., die sich hinter diesem Felsen verbirgt. In dieser Geschichte geht es um einen örtlichen Führer namens Kamageri, der dem damals amtierenden Mwami (König) Mibambwe II. eine neue Art der Bestrafung für Kriminelle vorgeschlagen haben soll. Seine Idee war es, den Felsen zu erhitzen und den Übeltäter der Länge nach auf den glutroten Felsen zu legen und zu Tode zu braten. Der Mwami gab ihm die Anweisung, den Felsen zu erhitzen, um die Bestrafungsidee demonstrieren zu können. Er war jedoch so erschüttert über diese brutale Idee, dass er Kamageri aus Wut selbst auf seinem heißen Felsen legen ließ.

info

Alexis Kagame – ruandischer Philosoph und Historiker

Der katholische Priester, Philosoph, Schriftsteller und Historiker Alexis Kagame (15.5.1912–2.12.1981) wurde in Kiyanza geboren, einem Dorf in der damaligen Kolonie Deutsch-Ostafrika. Seine Familie gehörte einer führenden Batutsi-Schicht an, genauer gesagt dem Klan der Abiru, der für die traditionelle Geschichtsschreibung am Hof des Mwami (Königs) zuständig war. Nach dem kolonialen Machtwechsel kam das Königreich Ruanda unter belgische Verwaltung. Teile seiner Familie konvertierten zum Katholizismus und schicken ihn auf die katholische Schule in Kabgayi. Anschließend studierte er im Nyakibanda-Seminar und wurde 1941 Priester. Zu dieser Zeit war er bereits als Mitarbeiter für die katholische Zeitung „Kinyamateka" engagiert.

1950 wurde Kagame als erster Afrikaner Mitglied im Institut Royal Colonial Belge (später Académie Royale des Sciences d'Outre-Mer). Seine koloniale Karriere endete jedoch bereits 1952, als er seine Schrift „Le Code des Institutions Politiques de Rwanda" veröffentlichte. Um seinen Freund, König

Mutara III. Rudahigwa, zu unterstützen, schrieb er über die Bedeutung des traditionellen Regierens für die Kultur der Ruander. Die belgische Kolonialverwaltung setzte den Bischof unter Druck, der Kagame zum Studium an die Gregorianische Universität nach Rom schickte, wo er seinen Doktor in Philosophie erlangte. 1958 kam er zurück nach Ruanda, unterrichtete am katholischen Seminar und engagierte sich in der Unabhängigkeitsbewegung. Dieser Einsatz schützte den Batutsi Kagame wohl vor den mörderischen Unruhen der Bahutu im Jahr 1959. Nach der Unabhängigkeit wurde er 1963 Professor an der neugegründeten University of Rwanda.

Alexis Kagame begann schon früh, zahlreiche mündliche Überlieferungen von führenden Klan-Mitgliedern niederzuschreiben. Er sammelte zudem Erzählungen älterer Funktionsträger aus dem vorkolonialen Ruanda und entwickelte daraus später seine These einer **konstitutionellen Monarchie** für das unabhängige Ruanda, bei der traditionelle sowie moderne Regierungsformen eine Verbindung eingehen. Die belgische Kolonialherrschaft versuchte, die Publikation seiner Sammlungen und Schriften zu erschweren bzw. des Öfteren auch zu verhindern. Die Belgier befürchteten, dass zu viel traditionelles Wissen, zu viel ruandische Kultur und historisch gewachsene Einstellungen zu Gesellschaftsthemen sich letztlich negativ auf die Kolonialherrschaft auswirken würden. Immer wieder wurde Kagame unter Militär unter Hausarrest gesetzt, um so seinen (befürchteten politischen) Einfluss zu unterdrücken. Viele seiner Texte konnten erst nach der Unabhängigkeit ab 1964 veröffentlicht werden. Alexis Kagame starb am 2.12.1981 bei einem Besuch in Nairobi (Kenia).

Die weitere Strecke

Etwa 24 km von Muhanga in südlicher Richtung liegt der Ort **Ruhango** (S. 293). Dort gibt es einen der größten **Wochenmärkte** Ruandas zu erleben. Nach weiteren 18 km (42 km von Muhanga) in Richtung Huyé folgt **Nyanza** (Nyabisindu), der ehemalige Sitz der Könige.

Entfernungen

Von Muhanga (Gitarama) nach Kigali: 53 km
nach Ruhango: 24 km
nach Nyanza (Nyabisindu): 42 km
nach Huyé (Butare): 82 km
nach Karongi (Kibuye): 91 km
nach Musanze (Ruhengeri): 108 km
nach Fugi (Grenze zu Burundi): 113 km
nach Ngoma (Kibungo): 165 km
nach Rusizi (Cyangugu) 221 km
nach Bujumbura (Burundi): 222 km

Reisepraktische Informationen Muhanga (Gitarama)

Wichtige Telefonnummern
Polizei Muhanga: ☎ 0252-562010.
Krankenhaus: ☎ 0252-562009.

Banken/Geldwechsel
Banque de Kigali, *unterhält eine Filiale im Ortszentrum*, ☎ 0252-562558. *Weitere Banken:* **BCDI**, ☎ 0252-562970), **Banque Populaire du Rwanda (BPR)**, ☎ 0252-562213, www.bpr.rw.

Post
Das **Postamt** *befindet sich an der Straße rechts von der Minibusstation auf der linken Seite, gleich neben der Rwanda Revenue Authority.*

Unterkunft
Jangwe Lodge $$$, *8 km außerhalb der Stadt (2 km Richtung Huyé, dann abzweigende Piste nach Shyogwe nehmen)*, ☎ 078-5066081, georges.kamanayo@gmail.com. *DZ 62 € inkl. Frühstück. Hotel unter belgischer Führung. Mit gutem Restaurant, Garten und Swimmingpool.*
Splendid $$, *im Zentrum (nahe Moschee und Cultural Centre)*, ☎ 0252-562344, 0788-421573, splendidhotel1@yahoo.fr, http://splendidhotelrwanda.com. *EZ/DZ 39–82 US$. Moderner Hotelbau mit 17 Zimmern, teilweise mit Balkon, freies WLAN, gutes Preis-Leistungs-Verhältnis.*
Rufrabu $$, *nördlich des Busbahnhofs, gegenüber dem Kabwai Hospital*, ☎ 078-2477101, 0788-493413. *EZ/DZ 40–55 US$. Hotel mit 12 Zimmern in einem großen Garten, freies WLAN.*
African Hills $$, *schräg gegenüber Brothers Inn*, ☎ 0788-534179, africanhillshotel@yahoo.fr. *DZ 31 €. Restaurant mit WLAN.*
Real Motel $$, *Kigali Road, ca. 4 km außerhalb der Stadt*, ☎ 0788-403424, 0783-506551, realmotel@gmail.com. *DZ 25 €, DZ mit Gemeinschaftsbad 18 €, jeweils inkl. Frühstück. Kleines Hotel mit 7 Zimmern, Restaurant und Garten.*
Mater Dei $$, *nähe der Catholic University of Rwanda und Parama-Bushaltestelle*, ☎ 0788-463006, 0784-925492. *DZ 19–42 €. Gute zentrale Lage, Restaurant geöffnet 7–23 Uhr.*
Le Palmier $, *gegenüber der Minibusstation*, ☎ 0252-562183, 0788-420632. *DZ mit Bad 12 €, DZ mit Gemeinschaftsbad 8 €. Einfaches Hotel mit 5 Zimmern, keine ganz leise Gegend.*
Azizi Life Hostel $, *Huye Road*, ☎ 0785-781146, www.azizilife.com/get-involved/accommodation. *DZ 11 €. 4 Zimmer. Pro Person/Bett: 11,50 US$ (mit Frühstück 14,50 US$), Camping möglich für 8,50 US$ (mit Frühstück 11,50 US$). Mittag- oder Abendessen 4,50 US$. Nördlich des Zentrums. Die Kooperative stellt kunsthandwerkliche Produkte her und organisiert Ausflüge in die Umgebung.*
Le Grand Jardin $, *Hauptstraße Richtung Kigali*, ☎ 0788-627080, *DZ 15 €, EZ 13 €. Kleines Hotel mit 7 Zimmern, Restaurant und Bar.*
Centre Saint André $, *südlich der Stadt bei der Kabgayi-Kathedrale*, ☎ 0252-562812, 0252-562348, 0788-421378. *DZ 10–19 €, EZ/DZ mit Gemeinschaftsbad*

7,50/5 €, Frühstück extra 2 €. Insgesamt hat die kirchliche Unterkunft 82 Zimmer und einen Supermarkt.
Ururabo Guesthouse, Huye Road, ☎ 0783-472175, 0728-334818. Insgesamt neun einfache Zimmer verschiedener Größe. Einen kurzen Fußmarsch vom Zentrum entfernt, in einem kleinen Garten.

Regionale Busverbindungen
Minibusse verkehren regelmäßig nach Kigali, Karongi (Kibuye) und Huyé (Butare). Je nach Strecke kostet die Fahrt zwischen 1,80 und 3 € (1.500 und 2.800 RWF).

Ruhango

Zwischen Muhanga und Nyanza liegt auf 1.782 m Höhe Ruhango, ein kleines Verwaltungszentrum des gleichnamigen Distriks. Der 66.000 Einwohner zählende Ort unterhält eine Städtepartnerschaft mit der deutschen Stadt Landau in Rheinland-Pfalz (www.freundeskreis-ruhango-kigoma.de). Der **Wochenmarkt** von Ruhango gilt als einer der größten Ruandas und findet jeden Freitag statt.

Städtepartnerschaft

Etwa zehn Gehminuten südlich des Ortes (ausgeschildert) befindet sich der sagenumwobene **Kamageris Rock** (s. S. 290). Einheimische erzählen gerne die Geschichte des Felsens und von König Mibambwe II.

Unterkunft
Umuco, im Zentrum von Ruhango, ☎ 0252-560017, 0788-331961. DZ 8 €, EZ 5 € mit Gemeinschaftsbad. Das kleine Hotel mit zwölf Zimmern liegt inmitten eines Gartens. Das Restaurant bietet kleine Gerichte an.
Ituzi, in der Nähe des Hotels Umuco. Die sechs kleinen Zimmer mit Gemeinschaftsbad kosten je 7,50 € pro Person. Restaurant-Bar.

Nyanza (Nyabisindu)

Die historische Stadt Nyanza heißt heute offiziell **Nyabisindu**. Sie liegt etwa auf halbem Weg zwischen Muhanga (Gitarama) und Huyé (Butare). Dort befand sich der letzte Sitz der Batutsi-Monarchie, Nyanza war somit die **letzte Hauptstadt des vorkolonialen Königreichs Ruanda**. Dort trafen die Deutschen als erste Europäer auf den ruandischen König. Alle Reisenden, die anschließend über Jahrzehnte nach Nyanza kamen, waren von dem Pomp, dem großen Hofstaat und der Würde der königlichen Familie beeindruckt. Heute erzählen die örtlichen Palastführer bei einem Rundgang gerne von dieser Vergangenheit.

Letzter Sitz der Batutsi-Monarchie

Der Palastbereich des Königs liegt einige Kilometer außerhalb der heutigen Stadt. Auf dem einstigen royalen Gelände befinden sich der Nachbau eines traditionellen Palastes (King's Palace Museum) sowie ein in den 1930er-Jahren im europäischen Stil errichteter Palast. Dieser beherbergt heute die National Art Gallery Rwesero.

Nyanza (Nyabisindu)

National Art Gallery Rwesero

Das auf einem Hügel gelegene Museum für ruandische Kunst befindet sich in einem Gebäude, das in den späten 1950er-Jahren vom belgischen Architekten Robert Quintet für König Mutara III. Rudahigwa entworfen wurde. Jedoch verstarb der Monarch noch im Jahr der Fertigstellung 1959, sodass er den Palast nicht mehr nutzen konnte. Dieser diente in der Folgezeit als Sitz des Obersten Gerichtshofs und des Verfassungsgerichts. Mit der Gründung der National Art Gallery wurde 2006 beschlossen, den Bau als Museum zu nutzen. Das heutige Museumsgebäude besteht aus zwei Stockwerken und einem ein- bis zweistöckigen seitlichen Anbau. Auf der Rückseite bilden in der oberen Etage sieben Bögen einen arkadenartigen Gang vor den Fenstern. Im vorderen Bereich schützt ein großes Vordach den Eingangsbereich.

Verarbeitung des Genozids

Die Gründung des Kunstmuseums geht auf den Archäologieprofessor Dr. Celestin Kanimba zurück, der nach dem Völkermord von 1994 die Kunst als Form betrachtete, die bei der Verarbeitung des Genozids helfen könnte. In den Jahren 2006 bis 2008 fanden nationale Kunstwettbewerbe zu verschiedenen Themen statt, dessen Beiträge jeweils im Museum zu sehen waren. Seit 2009 zeigt das Haus dauerhafte Kunstausstellungen. Heute sind in der National Art Gallery u. a. Werke bekannter ruandischer Künstler wie Jean-Claude Sekijege und Yves Manzi zu sehen. Daneben sind auch Künstler aus anderen afrikanischen Staaten ausgestellt, etwa Kofi Kangolongo (Kongo) und Kosi Asou (Togo). Auch die Fotografie hat ihren Platz, Bilder der afrikanischen Fotografen Sammy Baloji (Kongo), Uche James Iroha (Nigeria) und Santu Mofokeng (Südafrika) können dank niederländischer Unterstützung gezeigt werden.

National Art Gallery Rwesero, *www.museum.gov.rw, tgl. 8–18 Uhr, jeden letzten Sa im Monat (Umuganda-Tag) 11–18 Uhr, 7. April (Genocide Memorial Day) geschl., Eintritt 12 US$ (6.000 RWF).*

Traditionelle Vorratshütte im King's Palace Museum

King's Palace Museum Rukari

In den Königreichen am zentralafrikanischen Grabenbruch (Burundi, Ruanda, Süd-Uganda) wurden die Häuser der Monarchen jeweils in einem ähnlichen Stil errichtet: in traditioneller Rundbauweise aus Holz und strohgedeckten Dächern. Sie waren wesentlich größer und imposanter als die Rundhäuser der restlichen Bevölkerung und

Nachbau eines traditionellen Königspalastes in Nyanza

das Dach wurde fast bis zum Boden gezogen. Diese Dächer werden jeweils von einem mächtigen Mittelstamm getragen und wölben sich beim einzigen Zugang nach oben, sodass der Eingangsbereich eine Art Vordach erhält. Neben dem Palast des Königs wurden weitere große Rundhäuser für Familienmitglieder in einem Halbkreis dazu errichtet.

Auf dem Gelände eines im Jahr 1932 vollendeten Königspalastes, der mit Unterstützung der Belgier eigentlich für König Yuhi V. Musinga (reg. 1896–1931) erbaut wurde, befindet sich heute das **King's Palace Museum**. Neben dem europäisch geprägten Bau aus den 1930er-Jahren sind die historischen Nachbauten eines traditionellen ruandischen Königspalastes und der Nebengebäude zu sehen. In ihnen werden noch etliche Originalgegenstände der Königsfamilie aufbewahrt. Sie geben einen Eindruck von der damaligen Kultur und dem Leben der königlichen Sippe.

Einblick in das Leben der Königsfamilie

Als ein Bestandteil der ruandischen Kultur gelten auch die traditionellen **Ankole-Rinder**. Diese in der Landessprache Kinyarwanda **Inyambo** genannten Rinder mit ihren charakteristischen, übergroßen und ausladenden Hörnern werden zu Anschauungszwecken im Museumsbereich gehalten. Zu besonderen Anlässen und auf vorherige Anmeldung werden im Museum auch traditionelle Tänze vorgeführt.

Zum Verwaltungsbereich des Museums gehören auch die auf dem benachbarten Mwima Hill liegenden **Königsgräber**. In ca. 800 m Entfernung vom heutigen Museum sind König Mutara III. Rudahigwa und seine Frau Rosalie Gicanda bestattet.
King's Palace Museum Rukari, *www.museum.gov.rw, tgl. 8–18 Uhr, jeden letzten Sa im Monat (Umuganda-Tag) 11–18 Uhr, 7. April (Genocide Memorial Day) geschl., Eintritt 12 US$ (6.000 RWF).*

Reisepraktische Informationen Nyanza (Nyabisindu)

Hinweis
Die Stadt Nyanza trägt den offiziellen Namen Nyabisindu, dieser wird im Alltag der Bevölkerung jedoch kaum verwendet.

Banken/Geldwechsel
Banque Populaire du Rwanda (BPR), ☎ 0252-533083, www.bpr.rw.

Unterkunft
Nyanza Heritage $$$, nahe Dayenu Hotel, ☎ 0789-330702, 0789-584514, www.nyanzaheritagehotel.com. DZ 55–65 €, EZ 40 €, Suite ab 100 €, inkl. Frühstück. Modernes Hotel mit 24, eher einfach eingerichteten Zimmern, Restaurant, WLAN und recht gutem Preis-Leistungs-Verhältnis.
Nyanza Comfort $$, außerhalb des Zentrums gelegen, an der Straße nach Kubijega, ☎ 50252-33256, 0788-792731, nyanzacomfortmotel@gmail.com, www.nyanzacomfortmotel.blogspot.de. DZ 20–25 €, EZ 15 €. Das 2007 eröffnete Hotel hat 8 Zimmer. Bar mit Snacks und Getränken.
Dayenu $$, Nyanza Road, nahe Nyanza Hospital, ☎ 0788-559220, dayenuhotel@yahoo.com, www.facebook.com/dayenuhotelrwanda. DZ 37 €, EZ 31 €, VIP-Zimmer 61 €. Neueres Hotel über drei Etagen, mit Garten, Sauna und Pool. Bankfiliale im Haus.
Quality Inn Motel $–$$, am südlichen Ortseingang, ☎ 0782-213909. DZ 19 €, VIP-DZ 37 €. Das 2014 eröffnete Hotel verfügt über 8 saubere Zimmer.
Boomerang Motel $, an der Hauptstraße Richtung Museum, ☎ 0252-533396. DZ 18,50 €, EZ 12 €. Die 14 Zimmer sind sauber, mit Moskitonetzen und Warmwasser.
Freedom Motel $, schräg gegenüber Quality Inn Hotel, ☎ 0788-510424. DZ 12 €. Kleines Hotel mit 17 Zimmern, Restaurant und kleinem Garten mit Hütten zum Sitzen und essen.

Essen & Trinken
Round, an der Kreuzung gegenüber dem Dayenu Hotel. Einfaches Restaurant für gutes, günstiges Essen.

Einkaufen
In der Nähe von Nyanza liegt die **Töpferei Gatagara**, die ruandische Töpferwaren herstellt (Abzweigung hinter Nyanza Richtung Huyé). Hier arbeiten hauptsächlich Angehörige des Volkes der Batwa.

Huyé (Butare)

Die 80.000-Einwohner-Stadt Huyé (Butare) ist die wichtigste Stadt im Zentrum von Ruandas Süden und gleichzeitig ein Verkehrsknotenpunkt. Die RN1, von Kigali und Muhanga (Gitarama) aus kommend, führt weiter Richtung Süden nach Burundi (Bujumbura). Für die 82 km lange, asphaltierte Hauptstraße von Muhanga nach Huyé werden etwa 1,5 Fahrstunden benötigt. Die RN6 zweigt nördlich von Huyé

Huyé (Butare)

ab und führt durch den Nyungwe-Forest-Nationalpark nach Rusizi (Cyangugu) am Kivu-See. Die RN19 ist von Huyé eine alternative Strecke nach Burundi, vor allem für Reisende, die den Ruvubu-Nationalpark ansteuern möchten.

Huyé liegt auf einem Hochplateau zwischen den Niederungen des Cyohoha-Sees (Burundi) im Osten und den Erhöhungen des zentralafrikanischen Grabenbruchs im Westen. In der 1.770 m hoch gelegenen Stadt befindet sich die nationale Universität Ruandas. Dies hat Huyé den Namen „Hauptstadt der Intellektuellen" beschwert. Am nördlichen Eingang zur Stadt liegt auf der rechten Seite das Ethnografische Museum. Es gibt einen Überblick über die Geschichte und Kultur des Landes und ist als eines der besten Museen Ostafrikas auf jeden Fall einen Besuch wert.

Nationale Universität Ruandas

Geschichte

Die Stadt Huyé (Butare), 1926 von den Belgiern gegründet, trug zu Ehren der belgischen Königin Astrid zunächst den Namen „Astrida". Nach der Unabhängigkeit Ruandas erhielt sie 1962 den ruandischen Namen Butare. Zuvor, in der Zeit der politischen Umwälzungen, die zur Unabhängigkeit des Landes führten, schien Butare gute Chancen zu haben, die Hauptstadt des freien Ruandas zu werden. Am Ende entschieden sich die Verantwortlichen jedoch für Kigali. Und während die neue „alte" Hauptstadt (Kigali war bereits unter den Deutschen Hauptverwaltungssitz in Ruanda) in den folgenden Jahrzehnten wuchs und wuchs, blieb das heutige Huyé hingegen eine recht beschauliche Stadt.

Gemessen an der Zahl der Einwohner gibt es wohl keine andere Stadt in Ostafrika, in der prozentual so viele Studenten und Schüler leben. Huyé hat als Lehrort bereits eine lange Tradition. Es war die Stadt, in der 1928 die erste allgemeine Schule in Ruanda eröffnet wurde. Zu Beginn des Völkermords kamen 1994 viele Menschen aus den umliegenden Dörfern nach Huyé, in der Hoffnung, dass ihnen die Stadt mehr Sicherheit böte. Huyé war zu dieser Zeit die einzige Provinz, die noch von einem Batutsi-Präfekten regiert wurde. Er schaffte es etwa zwei Wochen lang, den

Erste allgemeine Schule in Ruanda

Das Hotel Faucon im belgischen Astrida (heute Huyé) vor dem Zweiten Weltkrieg.

mordenden Mob aus der Stadt zu halten, bevor er von der Zentralregierung abgesetzt und ermordet wurde. Unter dem neu eingesetzten Präfekten Tharcisse Muvunyi begannen die **Massaker** auch in Huyé. Durch die vielen in die sicher geglaubte Stadt geflüchteten Batutsi waren die Opferzahlen dort besonders hoch. Muvunyi setzte sich nach dem Sieg der Batutsi-Rebellen nach Europa ab, wo er im Jahr 2000 in London festgenommen wurde. Sein Fall kam vor das internationale Strafgericht zur Aufklärung des Völkermords in Arusha (Tansania), wo er 2006 zunächst zu 25 Jahren Haft verurteilt wurde. 2010 wurde nach einer Revision die Haftdauer auf 15 Jahre herabgesetzt. Muvunyi wurde 2012 vorzeitig aus der Haft entlassen.

Etwas außerhalb von Huyé, im heutigen Ort **Save** (früher Issavi), befand sich zur deutschen Kolonialzeit eine katholische Mission. Heute erinnert an die zwischen Juni 1905 und Februar 1907 erbaute Missionskirche nur noch eine Ruine mit einem Taufstein.

Sehenswürdigkeiten

Ethnografisches Museum

Das Ethnografische Museum (ehemals Nationalmuseum) war ein Geschenk des belgischen Königs Baudouin I. und wurde 1988 eröffnet. Es präsentiert in seinen Räumen die (Alltags-) Kultur der Ruander sowie die vorkoloniale Geschichte des Landes. Der Eingangsraum beherbergt neben dem Ticketschalter einen Museumsshop sowie zahlreiche Vitrinen mit ruandischen Handarbeiten. Ein Rundparcours führt von dort aus (links) durch die Räume des Museums. Ein Relief von Ruanda weist mit allgemeinen geografischen Informationen in die Landeskunde ein. Im drit-

Ruandische Kultur

Die katholische Kathedrale von Huyé

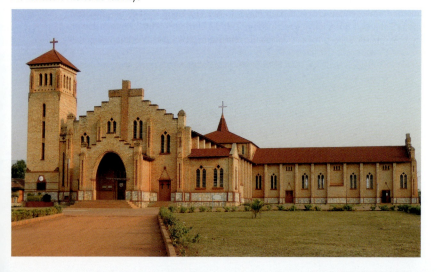

ten Raum finden sich alte Waffen, traditionelles Handwerkszeug und verschiedene Tierfallen für die Jagd. Im anschließenden Raum sind Aufbewahrungsbehälter und verschiedene handwerkliche Fähigkeiten das Thema. Im fünften dreht sich alles um die ruandische Architektur. Zur Veranschaulichung ist eine traditionelle königliche Hütte aufgebaut. Raum sechs beschäftigt sich mit traditionellen Spielen, sportlichen Aktivitäten und der Geschichte des ruandischen Tanzes. Die letzte Präsentation zeigt Vitrinen mit Geld (Scheine und Münzen) der verschiedenen Epochen.
Ethnographic Museum, ☎ *0252-553131, www.museum.gov.rw, tgl. 8–18 Uhr, jeden letzten Sa im Monat (Umuganda-Tag) 11–18 Uhr, 7. April (Genocide Memorial Day) geschl., Eintritt 12 US$ (6.000 RWF).*

Kathedrale

Ruandas größte katholische Kirche wurde in den 1930er-Jahren zur Ehren der belgischen Königin Astrid (17.11.1905–29.8.1935) errichtet. Es lohnt sich, einen Blick in das schlichte Innere des Backsteinbaus mit seinen roten Dächern zu werfen. Vom Altarbereich aus schaut man durch einen hohen Bogen in eine lang gestreckte Kirchenhalle mit hohen Seitenfenstern.

Arboretum der Universität

In der Nähe der Universität erstreckt sich bei den Gebäuden des College of Arts und des Social Sciences Headquarter auf einem Hügel das 200 ha große **Ruhande-Arboretum**. Es wurde 1934 angelegt und diente den Biologiestudenten zu Forschungs- und Zuchtzwecken. Zunächst war das Arboretum hauptsächlich dazu gedacht, eingeführte Pflanzen auf ihre Tropentauglichkeit zu prüfen und zu erfahren, wie sie sich unter welchen Bedingungen entwickeln. Später wurden Nutzpflanzen gezielt zur Optimierung gezüchtet, einheimische Pflanzen für weitere Verwendungen untersucht und Harthölzer für Aufforstungen gezogen. Offiziell gehört das ruhige und schattige Plätzchen heute dem ruandischen Landwirtschaftsamt (Rwandan Agricultural Board). Ein Teil des Geländes ist zugänglich und kann für einen Spaziergang genutzt werden.

Zu Zuchtzwecken angelegt

> **Streckenhinweis**
>
> Von Huyé aus verläuft die südliche Hauptstraße (RN1) in Richtung Grenze nach **Burundi**. Der Grenzposten ist tagsüber geöffnet. Die Straße führt dann weiter in die von dort 109 km entfernte Hauptstadt Bujumbura am Tanganjika-See. **Hinweis:** Vor einer Fahrt nach Burundi bitte vorher **Informationen über die aktuelle Sicherheitslage** einholen.
>
> Nördlich von Huyé führt eine gute, asphaltierte Straße (RN6) über Nyamagabe (Gikongoro) und den Nyungwe-Forest-Nationalpark nach Rusizi (Cyangugu) am Kivu-See.

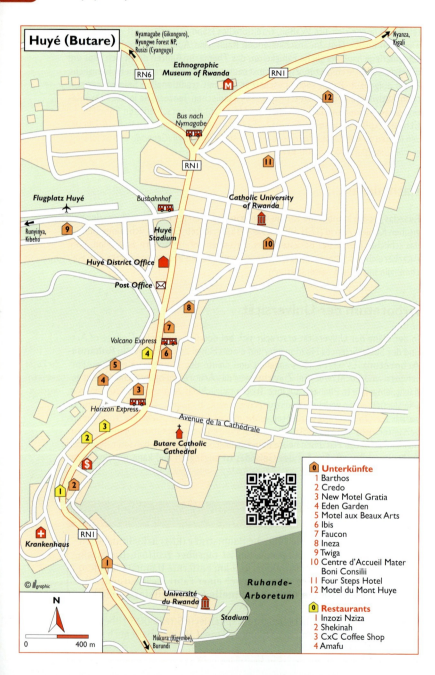

Reisepraktische Informationen Huyé (Butare)

@ Information/Internet
Informationen über die Stadt und den Distrikt: www.huye.gov.rw (in Englisch). Es gibt einige Internetcafés in Huyé, sie befinden sich entlang der Hauptstraße und in der Gegend der Minibusstation.

🛏 Unterkunft
Centre d'Accueil Mater Boni Consilii $$$ (10), Zentrum (700 m vom Busbahnhof), ☏ 0788-283903, 0783-777626, www.mbcrwanda.com. DZ 74 €, EZ 37 €, Suite 149 €. Relativ neues Hotel mit 53 Zimmern, Restaurant, Internet, freies WLAN und Satelliten-TV. Sauber und guter Standard. Mit einem Gartenbereich und einer Café-Bar.

Four Steps Hotel $$ (11), nördlich der Innenstadt, gegenüber der katholischen Universität, ☏ 0788-358681, www.fourstepshotel.com. DZ ab 56 €, EZ ab 37 €, DZ-Suite 75 €, jeweils mit Frühstück. Modernes und ruhig in einem besseren Wohnviertel gelegenes Hotel (ehemals Hotel Le Petit Prince) mit Garten, vielleicht das beste Hotel der Stadt. Alle 25 Zimmer mit eigenem Bad/WC und TV. Die Suiten sind etwas größer und haben zusätzlich noch Minibar und Balkon. Mit Restaurant und Gartenbar.

Credo $$ (2), University Road, ☏ 0252-530855, 0252-530505, 0788-302216, 0788-504176, 📠 0252-530201, credohotel@yahoo.fr, www.facebook.com/CredoHotel. DZ ab 52 € inkl. Frühstück. 50 Zimmer mit Satelliten-TV, Restaurant, Tennis, Billard und Swimmingpool. Weitere Zimmer in einem neuen, vierstöckigen modernen Trakt.

Barthos $$ (1), Rue de Kigali, nahe der Universität, ☏ 0788-460877, 0786-022299, barthoshotel@yahoo.fr. DZ ab 28 €. Das Hotel hat nett eingerichtete Zimmer, die vorderen können wegen der Hauptstraße jedoch recht laut sein.

Ibis $$ (6), Main Road, ☏ 0252-530335, 0788-323000, 📠 0252-530005, campion ibis@hotmail.com. DZ 33 € (mit besserer Ausstattung 38 €), EZ 29 € (33 €). Das Hotel hat schon bessere Tage gesehen (erbaut 1942), aber im Zentrum von Huyé ist es immer noch eines der besseren (einige Renovierungen 2013). Hat nichts mit der europäischen Ibis-Hotelgruppe zu tun! Das Restaurant gehört sicherlich zu den besten in der Stadt und ist sehr zu empfehlen!

Motel du Mont Huye $$ (12), ☏ 0252-530765, 0788-561005. DZ ab 24 €, die besseren der 41 Zimmer kosten bis 36 €. Insgesamt 20 Zimmer zum Hinterhof und Restaurant, sichere Parkmöglichkeit.

Twiga $$ (9), Kamaramaka Road, beim Flughafen, westlich der Busstation, ☏ 0785-155676, www.hoteltwiga.co.rw. Große DZ 30 €, kleine DZ 12,50 €, EZ 18,50 €. Neues Hotel in einem schönen Garten. Zwei große Giraffen-Skulpturen und Gorillas markieren die Eingänge. Mit Restaurant und Bar.

Faucon $$ (7), ☏/📠 0252-531126, 0788-301227, faucon@yahoo.fr. DZ/EZ ab 40/50 €. Zimmer in einem alten Kolonialhaus hinter dem Hauptgebäude. Ruhige und einfache, aber große Zimmer. Sicheres Parken im Hof. Fr und Sa nachts kann es schon mal lauter werden, wenn die Bar zur Disco wird.

Eden Garden $ (4), in der Nähe des Markts, ☏ 0252-530446, 0788-409083. DZ 10 €, EZ 5 €. 13 Zimmer um einen Innenhof, mit Gemeinschaftsbad.

New Motel Gratia (3), Rue Rwamamba, liegt neben dem Ituze Hotel, ☏ 0252-531044, 0784-692454. Die insgesamt elf Zimmer kosten ab 7 €.

Ineza (8), ☏ 0252-530387, 0784-266968, motelineza@gmail.com. DZ 9 €, EZ 5 €. Insgesamt zwölf Zimmer und ein recht gutes, preiswertes Restaurant.

Motel aux Beaux Arts (5), Avenue de Commerce, ☏ 0252-530037, 0788-666802. Je nach Zimmer 6–11 €, insgesamt 10 Zimmer. Das Hotel liegt im Zentrum, in der Nähe des Marktes. Es hat nur ein recht einfaches Restaurant, daher empfiehlt es sich, auswärts essen zu gehen.

Essen & Trinken

Am besten essen Sie in den Restaurants der besseren **Hotels**, wie Ibis und Faucon. Weitere Möglichkeiten sind:

Amafu (4), Hauptstraße, gegenüber dem Ibis Hotel.

Shekinah (2), Hauptstraße, in der Nähe des CxC Coffee Shop, mittags und abends geöffnet.

Inzozi Nziza (1), Hauptstraße, neben der Universitätsapotheke und gegenüber dem Credo Hotel, ☏ 0788-738350, www.bluemarbledreams.org. Café mit Eiscreme, Milchshakes und Snacks. Der Name ist Programm und bedeutet übersetzt „süße Träume". Geöffnet tgl. 7–22 Uhr.

CxC Coffee Shop (3), Hauptstraße, 200 m nördlich der Eco-Bank. Ruandischer Kaffee und süße Beilagen. Cafe ConneXion ist tgl. 7–20 Uhr geöffnet.

Einkaufen

Es gibt zwei recht gute Buchläden: die **Librairie Universitaire** am nördlichen Ende der Main Street und die **Librairie Caritas** am südlichen Ende. Hier bekommt man auch internationale Magazine (http://caritasrwanda.org/index.php/services/librairie).

Busse

Überregionale Busverbindungen

Minibusse verbinden Huyé in zwei Stunden mit Kigali (4 €) sowie in knapp drei Stunden mit Rusizi (Cyangugu). Zudem verkehren die bekannten Busfirmen (Atraco, Okapi etc.) zwischen Huyé und der Hauptstadt (z. B. Okapicar: Abfahrt jede Stunde 6–18 Uhr, Preis 1.400 RWF/ca. 1,50 €) sowie Nyanza (z. B. Okapicar: Abfahrt 7, 8, 10, 12, 13, 16, 18 Uhr, Preis 700 RWF/ca. 0,70 €). Die Minibusfirmen haben jedoch unterschiedliche Busstationen im Ort, daher fragen Sie am besten nach, falls Sie mit einer bestimmten Firma fahren möchten. Die Stationen liegen alle im (relativ kleinen) Zentrum.

Städtischer Busverkehr

Da die Stadt nicht sonderlich groß ist, gibt es keine nur innerhalb der Stadt verkehrenden Stadtbusse. Um sich in der Stadt fortzubewegen, bieten sich Taxis an (mit zwei und vier Rädern).

Taxis

Taxis stehen entweder am zentralen Minibusstand im Zentrum und zeitweise auch vor dem Hotel Ibis. In Huyé sind häufig Fahrradtaxis zu finden, zudem einige Motorradtaxis.

Mietwagen

Es gibt keinen Mietwagenverleih in Huyé, die Hotels helfen jedoch weiter und vermitteln Mietwagen bzw. Wagen mit Fahrer.

Nyamagabe (Gikongoro)

Die Stadt Nyamagabe (früher Gikongoro) liegt im südlichen Ruanda zwischen der Stadt Huyé (Butare) und dem Nyungwe-Forest-Nationalpark. Außer ein paar Geschäften und einfachen Gästehäusern für Reisende hat dieser Ort nicht viel zu bieten. Während des Genozids fanden um Nyamagabe furchtbare Massaker statt. Ein Denkmal in Murambi erinnert heute daran. Im späteren Verlauf des Genozids richteten französische Soldaten der „Operation Türkis" hier eine umstrittene Schutzzone ein. Den Franzosen wurde der Vorwurf gemacht, diese nur zum Schutz der Bahutu-Mörder vor den anrückenden Batutsi-Rebellen errichtet zu haben. Frankreich hatte jahrelang das Bahutu-Regime mit Geld, Waffen und Soldaten unterstützt.

 Entfernungen

Von Huyé nach Kigali: 135 km
nach Nyamagabe (Gikongoro): 29 km
zur Grenze nach Burundi: 31 km
nach Nyabisindu (Nyanza): 40 km
nach Muhanga (Giterama): 82 km
nach Karongi (Kibuye): 129 km
nach Bujumbura (Burundi): 140 km
nach Rusizi (Cyangugu): 158 km
nach Musanze (Ruhengeri): 190 km
nach Ngoma (Kibungo, über Kigali): 247 km

Genozid-Mahnmal Murambi

Das Denkmal liegt 2 km nördlich von Nyamagabe. Es ist eine der bewegendsten Völkermord-Gedenkstätten Ruandas. Auf dem Murambi-Hügel liegt die Technische Schule, die Schauplatz eines unvorstellbaren Mordens war. 50.000 bis 60.000 Menschen aus der Umgebung wurden dorthin gelockt und Zufluchtsuchende in der örtlichen Kirche vom Bischof dorthin geschickt, um sie in den 64 Klassenräumen

Grausamer Schauplatz

Genozid-Mahnmal Murambi: Kleidung der Opfer in einem der Klassenzimmer

angeblich in Sicherheit zu bringen. Später wurde das Gebäude von den Interahamwe-Milizen angegriffen. Innerhalb von vier Tagen wurden alle Menschen in Murambi getötet. Aus den Massengräbern auf dem Hügel und seiner Umgebung wurden 27.000 Leichen exhumiert. In der ehemaligen Schule sind die sterblichen Überreste von 1.800 Ermordeten zu sehen. Ihre Schädel und Knochen, teils noch mit Kleidung, sind in den verschiedenen Räumen ausgestellt – eine erschütternde Mahnung gegen das Vergessen!

Genozid-Mahnmal Murambi, *8–16 Uhr, feiertags geschl., Eintritt frei.*

Reisepraktische Informationen Nyamagabe (Gikongoro)

Wichtige Telefonnummern
Polizei Nyamagabe: ☎ *0252-535022, 0252-535249.*
Krankenhaus: ☎ *0252-535159.*

Unterkunft
Golden Monkey $$, *Hauptstraße,* ☎ *0788-484849, www.goldenmonkeyhotel.com. DZ ab 33 €. Hotel mit 24 praktisch eingerichteten Zimmern und freiem WLAN. Das ansprechende Restaurant verfügt über eine Terrasse. Des Weiteren gibt es eine Bar und eine Sauna.*
Gikongoro Guest House $, *nahe der Provinzverwaltung,* ☎ *0252-535060. Das Gästehaus hat neun Zimmer zu je 10 €, die zwar sehr einfach, aber ihr Geld wert sind.*

Regionale Busverbindungen
Regelmäßige Minibusverbindungen nach Huyé und zumindest vormittags auch nach Rusizi.

Entfernungen

Von Nyamagabe (Gikongoro) nach Kigali: 164 km
nach Huyé: 29 km
nach Rusizi: 128 km
nach Muhanga: 112 km
nach Karongi: 277 km

Nyungwe-Forest-Nationalpark

Der Wald von Nyungwe ist der **letzte noch intakte Bergnebelwald Ruandas**. Der Nationalpark schützt ein Gebiet von 970 km², das sich auf dem Rücken des westlichen Ausläufers des afrikanischen Grabensystems erstreckt. Im Nationalpark gibt es eine Fülle an Tier- und Pflanzenarten, die den Nyungwe-Wald neben den Virunga-Vulkanen zu einem der lohnenden Ziele für Naturfreunde in Ruanda machen. Im Wald leben 86 verschiedene Säugetierarten, 280 Vogelarten und 70

Reptilien- und Amphibienarten, darunter das Boulengers Zwergchamäleon *(Rhampholeon boulengeri)* und der Karisimbi Walbbaumfrosch *(Leptopelis karissimbensis)*.

Der Nationalpark ist von Huyé (Butare) aus über Nyamagabe (Ginkongoro) in Richtung Rusizi (Cyangugu) gut über eine neue Asphaltstraße zu erreichen. Schon von dieser Hauptstraße aus eröffnet sich ein Blick in diesen urwüchsigen Regenwald. Über 50 km führt die Straße durch den dichten Wald, bevor sie am Hang des Grabenbruchs zum Kivu-See hinabführt.

Urwüchsiger Regenwald

Lage und Klima

Der Nationalpark liegt im Südwesten des Landes auf einer Höhe zwischen 1.600 und 2.950 m (Mt. Bigugu). Er erstreckt sich zwischen Nyamagabe im Osten und Rusizi im Westen sowie Karongi im Norden und Burundi im Süden. Der Wald zieht sich jenseits der Grenze in Burundi weiter in südliche Richtung. In Burundi ist der Wald offiziell ebenfalls im **Parc National de la Kibira** geschützt, durch die politischen Unruhen und den Bürgerkrieg in den vergangenen Jahrzehnten hat dieses Gebiet jedoch stark gelitten.

Das Klima ist wie im übrigen Hochland sehr angenehm. Da große Teile des Waldes über 2.000 m liegen, ist es in der Dämmerung und in der Nacht recht frisch. Die Temperaturen reichen von 0 °C nachts in den Höhenlagen bis zu 30 °C am Tag in den niederen Bereichen. Die Niederschlagsmenge ist mit durchschnittlich rund 2.000 mm pro Jahr ähnlich hoch wie in den Virungas. Regen kann theoretisch das ganze Jahr über fallen. Die trockenste Zeit dieser Region sind die Monate von Juni bis August und Dezember/Januar.

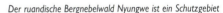

Der ruandische Bergnebelwald Nyungwe ist ein Schutzgebiet

Geschichte

Einer von zahlreichen Bächen im Nyungwe-Wald

Der zentralafrikanische Grabenbruch (Albert Rift) mit seinen bis zu 3.000 m aufragenden Riftflanken durchquert den Westen Ruandas von Norden nach Süden und bildet die Wasserscheide zwischen den Flusssystemen des Nil und des Kongo. Nahe dieser Wasserscheide liegt die von Richard Kandt 1898 entdeckte Quelle des Rukarara-Nyabarongo, einer der Quellflüsse des Nil („Source du Nil"). Nicht weit davon entfernt fließt in entgegengesetzter Richtung der Kalundura vom Nyungwe-Wald aus nach Westen in den Kivu-See.

Durch seine erhöhte Lage bekam der Wald auch während der trockeneren Perioden der letzten Jahrtausende noch genügend Niederschläge, um zu überleben. Er wurde dadurch ein Teil des Rückzugsgebiets für die an das feuchte Klima angepassten Pflanzen und Tiere, die sich nach Ende der Trockenperioden von dort wieder im gesamten Gebiet ausbreiten konnten.

Seit 2005 Nationalpark

Bereits im Jahr 1903 erließ die damalige deutsche Kolonialverwaltung erste Auflagen für die Nutzung des Nyungwe-Waldes. Der Nationalpark selbst ist jedoch letztlich noch recht jung und wurde erst im Jahr 2005 gegründet. Er ging aus einem Waldschutzgebiet (Forest Reserve) hervor, das die belgische Kolonialverwaltung 1933 eingerichtet hatte. Die Belgier sahen sich nach massiven Rodungen Ende der 1920er-Jahre verpflichtet, den restlichen Wald unter Schutz zu stellen, da Goldfunde in der Region weitere Waldzerstörungen befürchten ließen.

Große Zerstörungen im 20. Jh.

Der Nyungwe ist heute nur noch ein kleiner Teil jenes Waldes, der sich einst entlang des gesamten sogenannten Albert Rift entlang zog. Bereits vor etwa 2.000 Jahren begann die Zerstörung dieses Waldes durch neu eingewanderte Menschen, die Waldstücke zur Gewinnung von Ackerflächen rodeten. Die größten Zerstörungen erlebte der Wald jedoch erst in den letzten 100 Jahren. Zwischen 1958 und 1973 wurde der Nyungwe-Wald durch Rodungen und Feuer um 150 km² reduziert. Auch die Wälder in den Virungas und Gishwati verloren in dieser Zeit etwa 50 % ihrer Fläche. Um den Druck auf das Waldreservat etwas zu lindern, beschloss die Regierung 1984, Teile des Waldes für eine behutsame und **nachhaltige Forstwirtschaft** zu öffnen. Durch das Anlegen von ersten **Wanderwegen** bei Uwinka wurde 1987 der Grundstein für den Tourismus gelegt. Diese Infrastruktur ist jedoch im Bürgerkrieg 1994 fast vollständig zerstört worden. In den darauffolgenden zehn Jahren konnte eine neue touristische Infrastruktur geschaffen werden, von dem das 2005 als Nationalpark unter Schutz gestellte Waldgebiet profitiert.

Der Nil und seine Quellen

Der Nil (arabisch: *Bahr al-Nîl*) ist mit einer Länge von bis zu 6.852 km vor dem Amazonas (6.500 km) der längste Fluss der Erde. Die Längenangabe des Nil ist jedoch umstritten, je nachdem, welche Quelle zugrunde gelegt wird. In der längsten Version entspringt der Nil in den Bergen von Burundi und beginnt dort seinen langen Weg zum Mittelmeer. Dazwischen durchfließt er sechs Staaten: Burundi, Ruanda, Tansania, Uganda, den Sudan und Ägypten. Besonders für Ägypten hat der Nil eine überragende wirtschaftliche Bedeutung.

Der Nil besitzt zwei so genannte **Quellflüsse** – den **Blauen Nil** und den **Weißen Nil**. Der Weiße Nil entsteht in über 2.000 m Höhe als Akagera-Nil (850 km lang) in den Gebirgen von Ruanda und Burundi aus zwei Quellflüssen:

Burundischer Quellfluss: Luvironza – Ruvjironza – Ruvubu – Akagera
Dieser bildet den südlichsten und längsten Quellfluss des gesamten Nil. Der Flusslauf ist von dieser Quelle bis zur Mündung 6.671 km lang. Die Quelle liegt im südlichen Hochland von Burundi etwa 45 km östlich des Tanganjika-Sees zwischen Bururi und Rutana. Der Quellbach heißt Luvironza. Von dort aus fließt dieser über den Ruvjironza und den Ruvubu in Richtung Norden, um nach 350 km in den Akagera zu münden.

Ruandischer Quellfluss: Rukarara – Nyabarongo – Akagera
Der Rukarara-Nyabarongo-Akagera bildet den nördlicheren und kürzeren Quellfluss des Weißen Nil. Entdeckt wurde die Quelle des **Rukarara** im Jahr 1898 von Richard Kandt (s. S. 135). Das Quellgebiet befindet sich rund 185 km weiter nördlich vom zuvor genannten ersten Quellfluss. Die Quelle liegt in etwa 2.700 m Höhe im Nyungwe-Wald des südlichen Ruanda, etwa 40 km südöstlich des Kivu-Sees. Von dort aus verläuft der Fluss als Rukarara 50 km in östliche Richtung und bildet später – zusammen mit dem Mwogo – den etwa 225 km langen **Nyabarongo**, der zuerst in nordöstlicher Richtung fließt, um dann nach Osten abzuknicken. Diese Laufänderung ist geologisch durch die Entstehung der Virunga-Vulkane bedingt. Dort steuert der Nyabarongo auf Kigali zu, ohne die Hauptstadt von Ruanda direkt zu erreichen. Südlich dieser Stadt nimmt er den aus dem Süden kommenden 165 km langen Akanyaru auf. Der Nyabarongo setzt seinen Lauf nach Osten fort und streift den Rweru-See.

Von dort an heißt der Fluss **Akagera** und bildet die Grenze zwischen Ruanda und Burundi, später dann mit Tansania. Oberhalb der Rusumu-Fälle nimmt er den aus Süden kommenden Ruvubu-Fluss auf. Der Akagera fließt dann rund 400 km weiter nach Norden und kommt dabei durch den Akagera-Nationalpark. Hier schlängelt er sich über die Grenze zwischen Ruanda und Tansania. Der insgesamt rund 850 km lange Akagera (früher auch Alexandra-Nil genannt) wechselt in Uganda abermals geologisch/tektonisch bedingt seine Fließrichtung nach Osten, um schließlich in den Viktoria-See zu münden.

Weißer- oder Viktoria-Nil
Aus dem u. a. vom Akagera gespeisten Viktoria-See entspringt an seinem nördlichen Ende bei der Stadt Jinja als einziger großer Abfluss der Weiße Nil, an dieser Stelle auch als Viktoria-Nil bezeichnet. Im weiteren Verlauf fließt der Nil durch den Kyoga-See und über die Murchison-Fälle im gleichnamigen Nationalpark in den Albert-See.

Weißer- oder Albert-Nil und Bahr al-Dschabal
Nachdem der Weiße Nil den Albert-See wieder verlässt, wird er im folgenden Abschnitt auch Albert-Nil genannt. Er fließt nun nach Norden und überquert die Grenze zum Sudan. Im Sudan heißt der Fluss zunächst Bahr al-Dschabal (arabisch: Bergfluss). Mit dem Zufluss der Flüsse Bahr al-Ghazal und Sobat wird der Nil im Sudan dann ebenfalls als Weißer Nil (al-Bahr al-Abyad) bezeichnet. Bei Khartum vereint sich der Weiße Nil mit dem aus dem Osten von Äthiopien kommenden **Blauen Nil**. Vereint fließt nun der **Große Nil** Richtung Ägypten und Mittelmeer.

Flora und Fauna des Parks

Die für den Nyungwe-Wald wohl bekanntesten Tiere sind sicherlich die **Primaten**, von denen es dort insgesamt zwölf verschiedene Arten gibt (s. u.). Das sind 20 % aller afrikanischen Affenarten. Besonders interessant bei Wanderungen in Nyungwe sind Begegnungen mit unseren nächsten Verwandten, den Schimpansen. Von diesen Menschenaffen leben noch rund 500 Tiere im Nationalpark.

Rund 500 Schimpansen

Im Bergnebelwald Nyungwe sind auch Schimpansen heimisch

Die Affen des Nyungwe-Forest-Nationalparks

Deutscher Name	Englischer Name	Wissenschaftlicher Name
Langhaarschimpanse	Chimpanzee	(Pan troglodytes schweinfurthii)
Ruwenzori-Guereza	Ruwenzori Colobus	(Colobus angolensis ruwenzori)
Vollbart-Meerkatze	L'Hoest's Monkey	(Ceropithecus l'hoesti)
Silberne Diadem-Meerkatze	Silver Monkey	(Ceropithecus mitis doggetti)
Eulenkopf-Meerkatze	Owl-faced Monkey	(Ceropithecus hamlyni)
Kongo-Weißnasen-Meerkatze	Red-tailed Monkey	(Ceropithecus ascanius)
Dent-Mona-Meerkatze	Dent's Mona Monkey	(Ceropithecus mona denti)
Grüne Meerkatze	Vervet Monkey	(Ceropithecus aethiops)
Anubis-Pavian	Olive Baboon	(Papio anubis)
Mantel-Mangabe	Grey-cheeked Mangabe	(Cercocebus albigena)
Potto	Bosman's Potto	(Perodicticus potto)
Brillen-Galago	Dusky-Bushbaby	(Galago matschiei)

Neben den Primaten gab es in früheren Zeiten in Nyungwe auch die für Safaris in Afrika so berühmten Big Five zu sehen. Zu den „Großen Fünf" gehören der Elefant, das Nashorn, der Kaffernbüffel, der Löwe und der Leopard. Die Kaffernbüffel sind mittlerweile in diesem Gebiet ausgerottet, 1976 wurde der letzte von ihnen geschossen. Die letzten Elefanten, eine Gruppe von sechs Tieren, wurden im Jahr 1994 im Parkgebiet gesichtet. Seit dem Bürgerkrieg sind jedoch auch diese Tiere verschwunden. **Leoparden** hingegen sind, wenn auch nur in geringer Anzahl, noch im Parkgebiet vorhanden. Bewohner der anliegenden Dörfer berichten immer mal wieder über Sichtungen dieser schönen Raubkatze. Als Besucher des Nationalparks braucht man jedoch schon sehr viel Glück, um eines dieser scheuen Tiere zu Gesicht zu bekommen. **Kleinere Raubtiere** sind noch etwas häufiger, dazu zählen die Goldkatze, die Afrikanische Wildkatze, der Serval, der Streifenschakal und sieben Schleichkatzenarten. Darunter Sumpfmanguste *(Atilax paludinosus)*, Schlankmanguste *(Galerella sanguinea)*, Waldginsterkatze *(Genetta servalina)* und die Südliche Großfleck-Ginsterkatze *(Genetta tigrina)*.

Die Zeiten der Big Five sind vorbei

In Waldgebieten sind größere **Antilopenarten** generell selten. Die größte im Nyungwe-Wald lebende Antilope ist der Buschbock, bei dem die Geschlechter durch unterschiedliche Färbung gut zu unterscheiden sind. Daneben gibt es noch drei zu den kleineren Antilopenarten zählende Duckerarten, den Schwarzstirn-Ducker *(Cephalophus nigrifrons)*, den Gelbrücken-Ducker *(Cephalophus silvicultor)* und den

Ruwenzori Turaco (Ruwenzorornis johnstoni kivuensis)

Weyns-Ducker *(Cephalophus weynsi)*. Weitere Vertreter der Säugetiere sind sechs Arten von Riesen- und Flughörnchen, die afrikanischen Buschschweine *(Potamochoerus larvatus)* sowie Baumschliefer *(Dendrohyrax dorsalis)*.

Die **Vogelwelt** im Nationalpark ist nicht minder interessant. 310 bisher entdeckte Vogelarten sind hier zu beobachten, davon 26 Arten, die nur in den Wäldern des Albert Rift Valley vorkommen. Dazu gehören die Rotkehlalethe *(Pseudalethe poliophrys)*, Kungwe-Feinsänger *(Apalis argentea)*, Ruwenzorifeinsänger *(Apalis ruwenzorii)*, Ruwenzorischnäpper *(Batis diops)*, Schwarzbrustmeise *(Parus fasciiventer)*, Ruwenzorirötel *(Cossypha archeri)*, Jacksons Bergastrild *(Cryptospiza jacksoni)*, Rotmantelastrild *(Cryptospiza shelleyi)*, Rostbandtimalie *(Kupeornis rufocinctus)* und die nachtaktive Ruwenzori-Nachtschwalbe *(Caprimulgus ruwenzorii)*. Schön anzusehen sind die kleinen, kolibriähnlichen Nektarvögel, wie der Stuhlmann-Nektarvogel *(Cinnyris stuhlmanni)* oder der Ziernektarvogel *(Cinnyris stuhlmanni)*.

Die **Insektenwelt** ist im Regenwald ebenso zahlreich vertreten. Dazu gehören auch Arten, denen man während einer Wanderung nicht unbedingt begegnen möchte. Zu den eher angenehmeren Insektenvertretern in Nyungwe zählen sicherlich die 120 Schmetterlingsarten.

Hochgewachsene Bäume

Im Nyungwe-Wald sind 1.068 **Pflanzenarten** heimisch, darunter mindestens 260 Baum- und Straucharten. Die höchsten von ihnen können 50 bis 60 m hoch wachsen. Einer der beeindruckendsten und zugleich wertvollsten Pflanzen ist sicherlich der Afrikanische Mahagoni *(Entandrophragma excelsum)*. Bei den mittelhohen Bäumen sticht *Dichaetanthera corymbosa* durch seine leuchtend roten Blüten heraus. In der unteren Etage des Waldes fallen die bis zu 5 m großen Farnbäume *(Cyathea mannania)* auf. In den höheren Lagen des Waldes wächst auch Bambus, der zur Familie der Gräser gehört, sowie eine Art der Riesenlobelien.

Verteilt im Wald liegen immer wieder **Moorgebiete**. Das größte unter ihnen ist das 13 km² große Kamiranzovu-Moor (von der Straße aus zwischen Campingplatz und Gästehaus zu sehen). In diesen offeneren Gebieten waren früher viele Elefanten zu Hause, die mittlerweile leider nicht mehr anzutreffen sind. Dafür gibt es an den Mooren interessante Pflanzen zu entdecken, wie etwa einige der etwa 200 Arten von Orchideen.

Die Nebelwälder Ruandas und Ugandas

An der östlichen Randschwelle des zentralafrikanischen Grabenbruchs liegt in Höhen von 1.700–3.000 m der **immergrüne Nebelwald**. Er weicht im Erscheinungsbild und in der Zusammensetzung der Pflanzen vom Regenwald des angrenzenden Kongobeckens ab. Die Bezeichnung Nebelwald entstand aufgrund unterschiedlicher Wasserkondensation, durch die der Wald häufig in Wolken gehüllt ist. Diese Nebelwälder finden sich in Ruanda nur noch in Form von Restbeständen im Westen des Landes, deren flächenmäßig größter der Nyungwe-Wald ist. Der ehemals ebenso großflächige Gishwati-Wald ist heute zu mehr als drei Vierteln abgeholzt. In Uganda begegnet man dem Nebelwald vor allem im Mgahinga-Gorilla-Nationalpark, auf der ugandischen Seite der Virunga-Vulkane, und am Ruwenzori-Gebirge.

Kennzeichen des Nebelwaldes
- Zwei bis drei Baumetagen (Höhe ca. 20–30 m)
- Reiches Auftreten von Flechten, Moosen, Farnen und Orchideen als Epiphyten.
- Bäume mit einfachen Blättern (nicht gefiedert oder gefingert)
- Farnbäume der Gattung Cyathea
- Riesenlobelien

Zur Geschichte des Nebelwaldes
Schon seit Millionen von Jahren existiert ein Regenwald im west- und zentralafrikanischen Gebiet. Aufgrund von Rekonstruktionen, z.B. durch Pollenanalysen, und von Wasserspiegel-Schwankungen der Seen (z.B. am Kivu-See) geht man davon aus, dass es als Folge mehrerer Klimaveränderungen in diesem Gebiet zu Vegetationsfluktuationen kam. Im Verlauf von warmen Feuchtphasen waren stets die Wälder auf dem Vormarsch, während sich zu Zeiten kühler Trockenphasen Savannen-Formationen großzügig ausdehnten. Von relativ kleinflächigen Rückzugsgebieten ging bei erneutem Klimawechsel die Wiederbesiedlung aus. So kommt den Nebelwäldern eine große Bedeutung als Rückzugsgebiet für die tropischen Feuchtwälder in den Trockenperioden Afrikas zu. Die Lagen zwischen 1.700 und 3.000 m boten immer noch ausreichend Niederschläge für das Überleben vieler in diesen feuchten Wäldern heimischen Arten.

Die Ausbreitungen der Höhen- und Nebelwälder aufgrund feuchter und warmer Bedingungen vor 32.000 bis 27.000 Jahren und vor 13.000 bis 5.000 Jahren konnten durch Pollenanalysen belegt werden. In dieser Zeit entwickelten sich dichte und geschlossene Waldformationen in Ruanda. Nach erneuter Ausbreitung der Savannen kehrten vor etwa 3.000 Jahren humidere Bedingungen zurück, unterbrochen durch zwei Trockenzeiten vor 1.600 bis 1.500 Jahren sowie vor 1.000 bis 200 Jahren. In der letzten Trockenzeit begann bereits die Zerstörung der Wälder durch den Menschen. Im Verlauf dieser Fluktuationen änderte sich nicht nur das Verbreitungsgebiet, sondern auch die Zusammensetzung der Arten.

Aufteilung und typische Arten der Nebelwaldzonen

Die Nebelwälder Ugandas und Ruandas zeigen in vertikaler Richtung folgende Vegetationszonen:
- die **Untere Nebelwaldzone** (1.700–2.300 m)
- die **Mittlere Nebelwaldzone** (2.300–2.600 m)
- die **Obere Nebelwaldzone** (oberhalb 2.600 m)

Großflächig findet sich die **Untere Nebelwaldzone** z. B. in Ruanda nur noch im westlichen Bereich des Nyungwe-Waldes. Die obere Baumschicht von insgesamt drei gut zu unterscheidenden Schichten hat eine Höhe von ca. 30 m und kann durch herausragende Bäume unterbrochen sein. Im Gegensatz zum Regenwald verfügen Nebelwälder über eine gut ausgeprägte Krautschicht. Auffallend ist auch der große Epiphytenreichtum, vor allem an Moosen, Farnen und Orchideen. In der Nähe von Gewässern findet man reiche Bestände des Farnbaums *Cyathea manniana*, eine international geschützte Art.

Eine Reihe einst typischer Arten dieser Vegetationszone ist in Ruanda nur aus dem **Wald von Cyamudongo** (20 km nordöstlich von Bugarama/Westprovinz) bekannt. So gibt es z. B. zwei völlig blattgrünlose Wurzelparasiten der Urwaldbäume: Die purpurfarbenen Blütenstände von *Thonningia sanguinea* durchbrechen für kurze Zeit den Boden, während der übrige Teil der Pflanze als Parasit in den Wurzeln des Wirtes schmarotzt. Der Rachenblüter *Harveya alba*, auch ein Wurzelparasit, steht unseren europäischen Sommerwurzarten nahe, Spross und Blüten sind völlig weiß.

Mit zunehmender Höhe ändert sich das Erscheinungsbild des Nebelwaldes. In der **Mittleren Nebelwaldzone** erreicht die obere Baumschicht nur noch etwa 15 m an Höhe. Insgesamt lassen sich nur noch zwei Schichten voneinander abgrenzen. In der Epiphytenvegetation häufen sich die Flechten, insbesondere die Bartflechten.

In der **Oberen Nebelwaldzone** treten je nach Bodenverhältnissen Bambuswälder in Verbindung mit anderen baumförmigen Arten (Kussobaum, Baumheiden, z. B. *Erica rugegensis*) auf. Die Baumhöhe beträgt in den oberen Bereichen nur noch 5–10 m. Der Besatz an Epiphyten (insbesondere Moose und Flechten) nimmt weiter zu.

Flachmoore im Nebelwald

In allen drei Zonen des Nebelwaldes können Flachmoore mit angrenzenden Sumpfwäldern auftreten. Charakteristisch ist hier sicherlich die auffällige Wollkerzenpflanze *Lobelia mildbraedii* (Riesenlobelie, Mildbraed-Lobelie), die eine Höhe von 4 m erreichen kann (Blütenstand 1–2 m). Beim Kamiranzovu-Sumpf (Untere Nebelwaldzone) im ruandischen Nyungwe-Wald handelt es sich beispielsweise um einen ehemaligen Krater, dessen See mit der Zeit verlandete. Den Großteil der Sumpfoberfläche deckt ein dichter Rasen aus Zyperngräsern, der sogar Elefanten tragen kann (die es dort leider nicht mehr gibt). Viele dieser Naturräume sind speziell in diesem Höhenbereich durch den Menschen trockengelegt und in landwirtschaftlich genutzte Fläche umgewandelt worden. In den Flachmooren der Mittleren und Oberen Nebelwaldzone tritt eine sog. afromontane Flora auf: Es zeigen sich Arten und Gattungen, die auch in Mitteleuropa zu finden sind wie Disteln, Enziane, Frauenmantel, Königsfarn und Weideröschen. Die Flachmoore gehören nicht nur wegen ihrer Bedeutung für den Wasserhaushalt zu den besonders schützenswerten Biotopen.

Die Nutzung der Wälder
Die **natürlichen Ressourcen von Primärwäldern** werden von der Bevölkerung traditionell in vielfältiger Weise genutzt. Die Batwa und Pygmäen betreiben von jeher die sanfteste Nutzung der Wälder, da sich ihre Kulturstufe bis vor Kurzem noch auf dem Niveau der **Jäger und Sammler** befand. Traditionell betreiben sie keinen Holzeinschlag. Aufgrund der stark zurückgegangenen Wälder und der dezimierten Tierbestände stellt dieses Jagen und Sammeln im Primärwald mittlerweile aber doch eine potenzielle Bedrohung verschiedener Arten dar. Weniger gefährdend erscheint das Sammeln von Früchten oder Beeren sowie die Entnahme von Honig. Erwähnenswert ist auch das Sammeln zur Herstellung traditioneller Medikamente (Heilpflanzen) und zur Zauberei. So werden z.B. die Späne von *Ficus gnaphalocarpa* im Haus zum Schutz gegen Dämonen verstreut.

Die später zugewanderten Volksgruppen der Bahutu und Batutsi in Ruanda haben die gleiche Nutzung der Wälder erlernt. Jedoch kommt bei ihnen der **Holzeinschlag** zur Gewinnung von Bau- und Feuerholz sowie zur Werkstoffgewinnung hinzu. Außerdem werden Flächen zur **Anlage von Äckern** gerodet. Traditionell fertigen sie Haushaltsgegenstände aus bestimmten Hölzern an, so z.B. die Bananenbiertröge aus *Newtonia buchanani*, mit deren Holz man inzwischen Höchstpreise erzielen kann. Diese Nutzung sowie der gezielte Einschlag von Edelholzarten zur Vermarktung hat in der Vergangenheit zu einer erheblichen Dezimierung der Waldbestände geführt. Die Behörden sind leider nicht in der Lage, illegalen Ein-

Die Schimpansen mögen die Samen des Baumes Carapa Grandiflora

schlag zu unterbinden. Nach der Rodung werden die entstandenen Lichtungen sofort als Waldweiden genutzt, was eine natürliche Sukzession mit schnellwüchsigen Baumarten verhindert.

Die größte Gefährdung der Nebelwälder geht also von der ständig wachsenden Bevölkerung aus. Der **Holzbedarf** pro Einwohner und Jahr kann bereits nicht mehr gedeckt werden und bedürfte in Ruanda einer Aufforstung von rund 300.000 ha Wald. Da eine Forstwirtschaft in diesem Umfang auch mittelfristig nicht zu erwarten ist, verliert der Primärwald jährlich im Randbereich durch Holzeinschläge, Rodungen, Waldweiden und der Neuanlage von Feldern an Fläche. Erfreulicherweise ist im fast gänzlich abgeholzten Ruanda wenigstens der Nyungwe-Wald unter Schutz gestellt worden.

Die **ökologischen Folgen** wurden in einem gemeinsamen Projekt des ruandischen Institut de Recherche Scientifique et Technologique und der Universität Mainz erforscht. Zu befürchten sind Klimaveränderungen (Verschiebung der Regenzeiten, Rückgang der Niederschlagsmengen), Erosion und die Gefährdung der Trinkwasserversorgung. Bisher ist über die Ökologie der Nebelwälder leider nur wenig bekannt – wie so oft bleibt den Forschern nicht mehr viel Zeit, bevor der Mensch solche Naturräume völlig zerstört hat.

Fahrt durch den Park

Bevor 1986 die Nationalstraße 6 von Huyé über Nyamagabe durch den Nyungwe-Wald nach Rusizi gebaut wurde, war das Durchqueren des Waldes noch eine Expedition, die je nach Wetterlage mehrere Tage dauerte. Heute benötigt man mit dem Auto für diese im Jahr 2014 runderneuerte Strecke etwa eine Stunde. Sollte keine Zeit bleiben, den Nationalpark zu Fuß zu erkunden, so sollte zumindest für eine Erkundungstour mit dem Auto etwas Zeit eingeplant werden, um den Wald an einigen Stellen genießen zu können. Zur besseren Orientierung ist zu den sehenswerten Punkten entlang der Strecke jeweils die ungefähre Kilometerzahl angegeben, berechnet ab Beginn der RN6 nördlich von Huyé.

Erkundungstour mit dem Auto

Bei Km 56,8 ist nördlich der Straße ein **Renaturierunsprojekt** zu sehen. Beim Straßenbau 1986 wurde ein Hügel abgeholzt und Erde für Bauzwecke entnommen. Später kam es dort immer wieder zu Erdrutschen, die die Straße blockierten. Durch Pflanzungen wird versucht, das Erdreich am Hügel zu stabilisieren. Im darauffolgenden Abschnitt sind mit etwas Glück Paviane zu sehen, die gerne am nahen Fluss trinken. Von diesem Fluss bezieht die Kitabi-Teefabrik auch das für ihre Teeproduktion benötigte Wasser. Bei gutem Wetter sind bei Km 60 die Virunga-Vulkane in etwa 100 km Entfernung zu sehen.

Südlich der Straße erhebt sich der zweithöchste Berg von Nyungwe, der 2.763 m hohe **Mt. Ngabwe** (gesprochen: Ngab-gwei). 3 km weiter (Km 63) befindet sich das **Institute of Agricultural Research** (ISAR). Das Institut begann seine Arbeit in den 1950er-Jahren. Das erste Projekt war der Versuch, zwei Podocarpus-Arten, einheimische Bäume mit recht geraden Stämmen, in angelegten Plantagen für die lokale Holzproduktion anzubauen. Das Projekt scheiterte letztlich daran, dass diese Baumarten zu langsam wachsen.

Die östliche Region des Nyungwe ist von Granit durchzogen, der nur von einer dünnen Humusschicht bedeckt ist. Daher ist die Artenvielfalt der Bäume hier nicht so hoch wie im Westen des Waldes. Im Osten gibt es einige Gebiete mit **Sekundärwald**, also Flächen die einst abgeholzt wurden und im Laufe der Zeit wieder nachwuchsen. Häufigste Baumart im Sekundärwald ist der Macaranga, zu erkennen an seiner hellgrauen Rinde, dem geraden Stammwuchs und graugrünen, herzförmigen Blättern.

Bei Km 65 liegt der **Uwasenkoko-Sumpf** mit seiner bedingt durch den feuchten Untergrund völlig andersartigen Pflanzenwelt. Der Kusso-Baum *(Hagenia abyssinica)* ist dort wegen seiner

Farne im Nyungwe-Wald

Anpassungsfähigkeit zu sehen, dazu gesellen sich Erica- und Phillipia-Arten. Obwohl es sich um feuchten Nebelwald handelt, kann es in den Trockenmonaten zu **Waldbränden** kommen. Ab Km 74 sind einige solcher Abschnitte zu sehen. Schuld daran sind Rinderhirten, die über Nacht ein Lagerfeuer entzünden, oder Bienenzüchter, die mit Hilfe von dem Rauch brennender Fackeln den Honig einsammeln.

Bei Km 78,7 befindet sich die **Wasserscheide**, die das Kongo- vom Nilbecken trennt. Das heißt, westlich des Rückens fließt das Wasser zum Flusssystem des Kongo, östlich davon zum Nil. Etwas südlich der Stelle ist eine gerodete Fläche zu sehen, der Platz eines ehemaligen Camps für Straßenarbeiter. In der Region kann man nach der zu den Mahagonigewächsen gehörenden *Carapa grandiflora* Ausschau halten. Ein Baum mit auffallend großen Blättern, die im frischen Stadium rötlich gefärbt sind. Die Farbe warnt Blattfresser vor den in jungen Blättern zum Schutz eingelagerten Giftstoffen.

Kongo- und Nilbecken

Zwischen Km 81 und 86 ist nördlich der Straße der höchste Berg des Nyungwe-Waldes zu sehen, der 2.950 m hohe **Mt. Bigugu**. Nur dort wächst das endemische Springkraut *Impatiens nyungwensis* mit seinen knallroten Blüten. Bei Km 86,1 liegt **Pindura**, ein ehemaliges Handels- und Wohndorf für Goldsucher. Das Dorf wurde nach der Nationalparkgründung aufgelöst und die Menschen umgesiedelt. Südlich zweigt eine Piste nach **Bweyeye** ab. Für die 28 km sind zwei Fahrstunden mit einem Allradfahrzeug einzuplanen. Entlang der Stecke sind einige ehemalige **Goldschürferstellen** noch gut zu erkennen.

Blüten bringen Farbtupfer ins dichte Grün

Weiter auf der RN6 folgt bei Km 89,6 eine Abzweigung nach **Rangiro** (1 Std. mit Allrad). An Baumarten sind in diesem Bereich vor allem der afrikanische Mahagoni *(Entandropbragma excelsum)*, der zu den Hülsenfrüchtlern zählende *Newtonia buchananii* und der im englischen *Chewstick* genannte und kleine rote Beeren tragende *Symphonia globulifera* zu sehen. Nur wenige hundert Meter weiter befindet sich nördlich der Straße das **Nationalparkbüro** mit dem **Informationszentrum**. Schautafeln informieren über verschiedene Aspekte des Waldes. Das Besucherzentrum des Nationalparks eignet sich gut für eine Pause oder ein Picknick. Von dort können zahlreiche Wanderungen unternommen werden (s. u.).

Bei Km 91,4 liegt das **Nyungwe-Flusstal**, das besonders in den Morgenstunden oft mit Nebel durchzogen ist, aus dem mystisch einige Hügelspitzen herausragen. Bei klarem Wetter kann man im Süden bis zum Kibira-Nationalpark in Burundi schauen. Ab Km 98 ist das **Kamiranzovu-Sumpfgebiet** zu sehen. Sein Name bedeutet übersetzt „Wo die Elefanten geschluckt werden". Es ist mit 13 km² das größte Sumpfgebiet in Nyungwe. Es entstand bereits vor etwa 45.000 Jahren. Das ehemalige Goldgräberdorf **Karamba** folgt bei Km 105,9. Einige Millionen Jahre zuvor befand sich dort ein Flussbett. Bei Km 108,3 wird das Ende des Waldes bei Gisakura erreicht.

Wanderrouten

Verschiedene Wanderrouten

Es gibt verschiedene Wanderrouten, auf denen sich Teile des Nyumgwe-Forest-Nationalparks erkunden lassen. Welche dieser Routen bei einem Besuch des Nationalparks in Frage kommen, liegt an der vorhandenen Zeit, den Interessen, der Kondition und der Mobilität. Ohne eigenes Fahrzeug können im Prinzip nur die Wanderwege vom Campingplatz, dem Gästehaus bzw. der Nyungwe Lodge genutzt werden. Mit einem eigenen Fahrzeug ist es möglich, auch etwas abgelegene Wanderwege zu erreichen. Die Pfade verlaufen oft in dichter Vegetation und können nach einem Regen rutschig werden. Angemessene Kleidung ist daher erforderlich. Dazu gehören gute feste Wanderschuhe, eine Hose aus festem Stoff (Jeans), ein langärmeliges Shirt und eine wasserfeste Jacke!

Um in Nyungwe **Schimpansen** zu sehen, sind die Monate der Regenzeit am günstigsten, da die Tiere sich dann im Bereich der Wanderrouten aufhalten. In der Trockenzeit ziehen die Schimpansen lieber in höhere Lagen. Wanderungen zu den Menschenaffen können dann insgesamt bis zu acht Stunden dauern (hin und zurück).

Die Uwinka-Routen

Vom **Informationszentrum Uwinka** aus starten vier Wanderrouten, weitere vier beginnen im Umkreis von einigen Kilometern von Uwinka, von der Hauptstraße RN6 aus. Jede einzelne Route ist mit einer bestimmten Farbe markiert. Die Wege reichen von der 2 km langen Grauen Route (Buhoro Trail) bis zur achtstündigen Braunen Route (Uwinka Trail). Alle Wege sind gut gekennzeichnet. Beim Aussuchen der Route ist zu bedenken, dass die Wege z. T. sehr steil sein können und bei Regen teilweise recht matschige Verhältnisse herrschen. Die Uwinka-Routen sind recht beliebt, da sie durch ein Gebiet führen, in dem Gruppen mit insgesamt rund 400 **Guereza-Affen** (Colobus angolensis ruwenzori) leben. Um sie zu sehen, kann man sich einen Führer für einen „**Primate Walk**" nehmen (kostet extra). Das erhöht die Chancen, verschiedene Affenarten beobachten zu können. Zeitweise hält sich auch eine Gruppe **Schimpansen** in diesem Teil des Waldes auf, vor allem während der Regenzeit. Bei Interesse sollte vorher mit dem Wanderführer darüber gesprochen werden. Letztlich kann man jedoch je nach Glück auf allen Wanderrouten verschiedenen Affen- und Vogelarten begegnen. Die 10 km lange Orange Route (Imbaraga Trail) passiert zudem mehrere Wasserfälle, auf dieser Route ist die Chance, Schimpansen zu sehen, am größten.

Farbige Markierungen

Die Wanderrouten (Trails) im Einzelnen:
Zu empfehlen ist der **Kamiranzovu Trail** (Dunkelrot), da dieser nicht nur den Regenwald berührt, sondern auch in das Ökosystem der Moor- und Sumpfgebiete führt. Dort gibt es viele Orchideen sowie typische Sumpfvogelarten zu entdecken. In früheren Jahren konnten dort auch gut die Nyungwe-Elefanten gesichtet werden. Für den als moderat eingestuften, 6 km langen Kamiranzovu Trail werden etwa 3 Std. benötigt und es müssen 258 Höhenmeter bewältigt werden. Der Rundweg startet und endet 12 km westlich von Uwinka bzw. 6 km östlich von Gisakura (eigenes Fahrzeug erforderlich).

Moor- und Sumpfgebiete

Wer in Nyungwe etwas Zeit und Lust zum Wandern hat, kann den **Uwinka Trail** (Braun) begehen. Er startet einige Kilometer südlich von Uwinka und führt über eine 10,5 km lange Strecke durch den Regenwald und schließlich zum Kamiranzovu-Sumpf und von dort zurück zur Hauptstraße. Vom Endpunkt der Wanderung sollte man sich von einem Fahrzeug abholen lassen. Die Wanderung dauert 8 Std. und geht über 704 Höhenmeter. Der Uwinka-Weg ist zwar recht lang, aber nicht wirklich schwierig.

Der 3,6 km lange **Umugote Trail** (Hellblau) bietet gute Möglichkeiten, verschieden Affenarten und die bunten Turacos zu beobachten. Bei guten Sichtverhältnissen ist von einem Aussichtspunkt sogar das Nachbarland Burundi zu sehen. Die moderate Wanderung ist die einzige, die südlich der Hauptstraße verläuft. Sie dauert etwa 3 Std. und geht über 218 Höhenmeter.

Ein ähnlicher Wanderweg ist der **Irebero Trail** (Gelb). Der moderate Wanderweg eröffnet bei gutem Wetter von seinen Aussichtspunkten Blicke bis zum Kivu-See und zum Nachbarland Burundi. Für den Irebero Trail werden 3 Std. benötigt (3,5 km und 160 Höhenmeter).

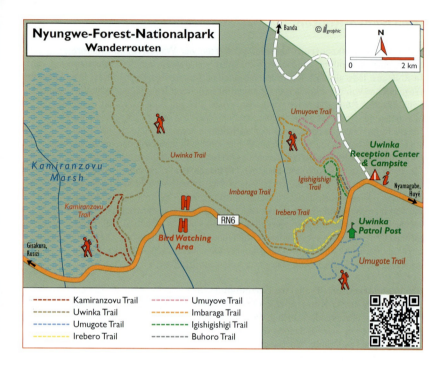

Rundweg

Der **Umuyove Trail** (Pink) ist eine der beliebtesten Wanderungen in Nyungwe. Für den moderaten Weg über 5,6 km werden 3 Std. und 313 Höhenmeter gerechnet. Er führt an riesigen Mahagoni-Bäumen und einem Wasserfall vorbei. Der Umuyove ist teilweise ein Rundweg, nur der Anfangsweg muss später wieder zurückgelaufen werden. Er beginnt und endet in Uwinka.

Gleich vier Wasserfälle bietet der **Imbaraga Trail** (Orange) auf seinem 6-stündigen Weg über 9,8 km und 715 Höhenmeter. Zu bestimmten Jahreszeiten sind auch mit Glück Schimpansen zu sehen. Der Imbaraga-Rundweg beginnt und endet in Uwinka.

Eine leichte Wanderung über 2,4 km (1,5 Std.) und 204 Höhenmeter bietet der **Igishigishigi Trail** (Grün). Der Name bezieht sich auf die Farnbäume, die zahlreich den Wanderweg säumen. Auf der Strecke gibt es einen 200 m langen Canopy Walk, der auf der Höhe der Baumkronen verläuft. Er startet und endet in Uwinka.

Leichte Wanderung mit Aussicht

Ebenfalls eine leichte Wanderung ist der **Buhoro Trail** (Grau). Er verläuft über 1,5 Std. und 116 Höhenmeter durch eine schöne Waldvegetation und bietet zwischendurch einen Blick auf den Kivu-See. Der Buhoro-Weg beginnt am Informationszentrum in Uwinka und endet an der Hauptstraße etwas südlich von Uwinka, am Startpunkt des Irebero Trail (Gelb).

Weitere Trails durch den Nationalpark

Neben den sogenannten Uwinka-Routen, gibt es in anderen Teilen des Nyungwe-Forest-Nationalparks noch weitere angelegte Wanderwege. Informationen hält das Besucherzentrum in Uwinka bereit. Dazu zählen:

- **Rukuzi Trail**: Diese 9,1 km lange Wanderung startet an der RN6 bei der Abzweigung der Pindura Road.
- **Bigugu Trail**: Hin- und Rückweg ab der Hauptstraße RN6, ca. 4 km von Uwinka. Die Besteigung des Mt. Bigugu (2.950 m) führt über teils sehr steile Pfade. Für die 6,7 km werden etwa 6 Std. veranschlagt.
- **Congo-Nile Divide Trail**: Nicht zu verwechseln mit dem Congo Nile Trail entlang des Kivu-Sees. Dieses ist die längste Wanderung im Nationalpark. Es wird empfohlen, die 42,2 km lange Strecke von Nord nach Süd zu wandern. Sie startet in Musara, drei Fahrstunden nördlich von Gisakura (Allradfahrzeug), und führt einmal quer durch den Nordteil des Nationalparks, bis die RN6 zwischen Rusizi und Huyé, 7 km östlich von Uwinka, erreicht wird. Für die Tour werden 3–4 Tage benötigt. *Unterschiedliche Längen und Schwierigkeitsgrade*
- **Muzimu Trail**: Wanderung im Nordteil des Nationalparks, 5,2 km in ca. 3,5 Std.

Von Kitabi aus:

- **Ngabwe Trail**: Rundwanderweg von der RN6 aus, startet 3 km außerhalb des Ortes Kitabi am östlichen Waldrand. Er führt zum Mt. Ngabwe, dort befindet sich ein Picknick- und Campingplatz (4,7 km, 3 Std.).
- Neuere Wanderrouten von Kitabi aus sind: **Mwumba Trail** (4 km, 4 Std.), **Rukungu Trail** (3 km, 2,5 Std.), **Rutovu Trail** (7 km, 6 Std.).

Von Gisakura aus:

- **Isumo Trail**: Die Wanderung startet von Gisakura aus und ist besonders für Reisende zu empfehlen, die in den dortigen Unterkünften übernachten und über kein

Die Teefelder von Gisakura reichen bis an den Nyungwe-Forest-Nationalpark heran

Fahrzeug verfügen. Auf der 10,6 km langen Wanderung (ca. 6 Std.) sind gut verschiedene Affen und Vögel zu beobachten.
- **Karamba Trail**: Diese Wanderung startet von der Hauptstraße RN6 einige Kilometer südöstlich von Gisakura. Für die 4 km werden etwa 3 Std. veranschlagt. Gute Vogelbeobachtungen und Blicke auf den Kivu-See.
- **Source of the Nile**: Die relativ leichte Wanderung (4 Std.) startet an der Gisakura-Teefabrik und führt zu der „wahren" Quelle des Nil.

Gisakura-Teeplantage

In den Teeplantagen zwischen den Feldern befinden sich noch einige Inseln des Regenwalds, in denen Ruwenzori-Guerezas leben. Die Affen sind an Menschen weit mehr gewöhnt als die Tiere im Nationalpark und lassen sich daher besser beobachten und auch fotografieren. Ein Besuch dieses Waldstücks in den Teeplantagen wird von der Nationalparkverwaltung als „Affenwanderung" („**Primate Walk**") gewertet und muss dementsprechend bezahlt werden (übliche Gebühr für eine Affenwanderung, s. u.).

Reisepraktische Infos Nyungwe-Forest-Nationalpark

Information

Das **Headquarter des Nationalparks** liegt beim Dorf Gisakura neben dem Gästehaus. Dort gibt es Informationen über den Nationalpark, es kann der Eintritt bezahlt und Waldführer angeheuert werden.
Im eigentlichen **Besucherzentrum in Uwinka** (☎ 0788-436763, 🖷 0252-537215, reservation@rwandatourism.com) erhalten Sie umfassende Informationen zum Nationalpark, sein Ökosystem und die unterschiedlichen Wandertouren.

Internet

Informationen im Internet unter www.rwandatourism.com/destinations/nyungwe-national-park und **Wildlife Conservation Society**, WCS Rwanda, http://programs.wcs.org/rwanda.

Unterkunft

Nyungwe Forest Lodge $$$$$ (3), 1,4 km von der Hauptstraße inmitten von Teefeldern am Waldrand gelegen, ☎ 0252-589106, 0783-004914, reservations@newmarkhotels.com, www.nyungweforestlodge.com. DZ 490 US$ (inkl. Vollpension). Im März 2010 eröffnete Fünf-Sterne-Lodge in herrlicher Lage inmitten der Natur. 24 luxuriöse, geschmackvoll gestaltete Zimmer mit Terrasse und Blick in den Wald lassen kaum Wünsche offen. Jeweils vier Zimmer sind in schönen Holzvillen eingerichtet. In separaten Häusern liegen die beiden Suiten. Mit hervorragendem Restaurant, Bistro, Bar, Jacuzzi-Pool, Fitnessraum, WLAN im Zimmer. Das Haupthaus ist rollstuhlgeeignet.
Kageno Eco-Lodge $$$$$ (4), nahe dem Dorf Banda, eine Fahrstunde von der Hauptstraße entfernt, info@kageno.org, www.kageno.org. DZ 400 US$, EZ 200 US$. Die Lodge ist ein von einer Hilfsorganisation geführtes Tourismusprojekt, dessen Erlöse direkt dem Dorf Banda zugutekommen. Es liegt malerisch auf einem Hügel mit herrlichem Blick über den Regenwald und an klaren Tagen sogar bis zum Kivu-See. Diese Lodge er-

öffnete im April 2011 und unterhält zunächst nur zwei Zimmer, ein Restaurant und einen Handwerksshop mit Erzeugnissen aus den umliegenden Dörfern. Trotz des Preises ist dies eine relativ einfache Unterkunft, der Erlös fließt als Spende in das Hilfsprojekt!

Nyungwe Top View Hill $$$$ (1), *an einer Piste etwas außerhalb von Gisakura,* ☎ *0787-109335, reservations@nyungwehotel.com, www.nyungwehotel.com. DZ 200 US$ (300 US$), EZ 135 US$ (185) inkl. Frühstück (Vollpension). Während Hochsaison höhere Preise (z. B. DZ 220 US$). Neueres Hotel mit 12 Zimmern, WLAN im Hauptgebäude. Die Zimmer sind in Steinhäusern in Hügellage eingerichtet mit tollen Ausblicken auf den Regenwald bis hinunter zum Kivu-See. Zweigeschossiges Hauptgebäude.*

Gisakura Guesthouse $$ (2), *nahe dem Dorf Gisakura (18 km von Uwinka),* ☎ *0788-675051, 0788-530716, 0728-530716, ghnyungwe@yahoo.com. DZ 43 US$, EZ 29 €, 3-Bett-Zimmer 58 €. Essen wird auf Vorbestellung zubereitet. Das ehemalige Gästehaus der ORTPN mit 6 Zimmern ist jetzt in privaten Händen. Einfach, aber nette familiäre Atmosphäre, gutes Essen, kein WLAN.*

KCCEM Guesthouse $ (6), ☎ *0788-447739, 0789-538565, 0783-506432, booking@kcceam.ac.rw, www.kcceam.ac.rw. DZ 30 US$, EZ 20 US$. Angenehmes Gästehaus des Kitabi College of Conservation and Enviromental Management mit 25 Zimmern. Reservierung empfohlen.*

Nyungwe Nziza Ecolodge (7), *Kitabi, in Bau befindliche Lodge des Golden Monkey Hotel in Gitarama,* ☎ *0788-484849, http://goldenmonkeyhotel.com/room/nyungwe-nziza-ecolodge/, Eröffnung voraussichtlich 2017.*

Camping
Uwinka Reception Centre & Campsite (5), *einige hundert Meter abseits der Hauptstraße,* ☎ *0788-436763. Ein Bungalow mit zwei Zimmern kostet 40 US$. Camping kostet 30 US$ pro Zelt und Nacht. Es gibt nur Wasser und ggf. Feuerholz und Getränke. Essen müssen Sie selbst mitbringen! Ein Restaurant ist in Planung.*

Wanderungen: Preise und Öffnungszeiten
Der Nationalpark ist tgl. **6–18 Uhr** *geöffnet.*

Für Tageswanderungen, **Nature Walk**, *im Nyungwe-Wald liegt der Preis bei 40 US$ (inkl. Parkeintritt), Beginn der Wanderung (je nach Route) zwischen 9 und 13 Uhr möglich.*
Tageswanderungen mit Primatenbeobachtung, **Primate Walk**, *kosten 90 US$ (Schimpansen-Trekking) bzw. 60 US$ (andere Primaten). Treffpunkt zum Schimpansen-Trekking um 5 Uhr in Gisakura (erst bis zu 1,5 Std. Fahrt erforderlich) oder 6 Uhr am Besucherzentrum Uwinka (eigenes Fahrzeug erforderlich, um zum Ausgangspunkt der Wanderung zu gelangen). Primatenwanderungen starten um 8, 10, 13 und 15 Uhr am Besucherzentrum Uwinka, Dauer 1,5–2 Std.*
Geführte Vogelwanderungen, **Guided Birding**, *kosten pro Tageswanderung 50 US$ und starten zwischen 9 und 13 Uhr.*
Der **Canopy Walk** *kostet 60 US$ und startet um 8, 10, 13 und 15 Uhr am Besucherzentrum Uwinka, Dauer 1,5–2 Std.*

Sollten Sie mehrere Tage im Park wandern wollen, so reduziert sich der Tagespreis für die weiteren Tage um 50 %. An Wochenenden ist eine vorherige Anmeldung für Primaten-Touren (bis spätestens Freitagmittag) erforderlich.

8. Burundi

Überblick

Redaktionstipps

Das Nachbarland Burundi erstreckt sich auf einem malerischen Hochplateau (1.400–1.800 m) zwischen weiten Savannen im Nordosten und dem Tanganjika-See im Südwesten. Ein markantes Randgebirge, das die östliche Seite des Zentralafrikanischen Grabens darstellt und seine höchste Erhebung am Mt. Heha (2.684 m) erreicht, fällt zur vom Tanganjika-See gefüllten Grabensenke hin steil ab. In diesem Randgebirge entspringt ca. 45 km östlich des Tanganjika-Sees der Fluss Luvironza, der wiederum in den Ruvubu mündet und den längsten Quellfluss des Nils darstellt. Das Klima im Land ist tropisch bis gemäßigt-tropisch mit zwei Regenzeiten, in denen durchschnittlich 1.000 mm Niederschlag pro Jahr fallen.

▶ Regenwalderlebnisse im **Kibira-Nationalpark** unweit der Grenze zu Ruanda (S. 328).
▶ Der **Tanganjika-See** bietet interessante Bootsausflüge und Fahrten ins Nachbarland Tansania (S. 333).
▶ Die Hauptstadt **Bujumbura** (S. 329) und das benachbarte **Rusizi-Naturreservat** (S. 334) bieten Abwechslung zwischen Natur und urbanem Leben am See.
▶ Tierbeobachtungen im größten Nationalpark des Landes, dem **Ruvubu-Nationalpark** (S. 335).

Neben Ruanda gehört Burundi zu den kleinsten Staaten Afrikas und ist ebenfalls sehr dicht besiedelt. Wie im Nachbarland lebt in Burundi ein Volk mit einer gemeinsamen Kultur und Sprache, dem Kirundi, das dem Kinyarwanda sehr ähnlich ist. Die Burunder teilen sich ebenso in zwei Volksgruppen, die Bahutu (85 %) und die Batutsi (14 %), wobei die Festschreibung der Zugehörigkeit zu einer „ethnischen Gruppe" unter der belgischen Kolonialverwaltung festgeschrieben wurde. Zudem lebt auch in Burundi eine kleine Gruppe von Batwa-Pygmäen (1 %). *Einer der kleinsten Staaten Afrikas*

Offizielle **Amtssprache** ist neben Kirundi, das zu den Bantusprachen zählt, seit der belgischen Verwaltungszeit auch Französisch. Im Bereich des Tanganjika-Sees, inklusive der Hauptstadt Bujumbura, ist auch Swahili als Handelssprache gebräuchlich. Verwaltungstechnisch gliedert sich Burundi in 18 Provinzen, die jeweils nach ihren Hauptstädten benannt sind.

Der Staat zählt zu den ärmsten Ländern der Welt. 2007 belief sich der Anteil der Bevölkerung, der statistisch mit weniger als einem US-Dollar pro Tag auskommen muss, auf 58 %. Laut Human Development Index (HDI) lag Burundi 2014 auf Platz 184 von 188 Ländern. Bürgerkriege, die hohe Bevölkerungsdichte in Verbindung mit Landmangel und die Übernutzung der landwirtschaftlich genutzten Flächen sind die Gründe für die große Armut des Landes. Seit dem Kriegsende im Jahr 2005 wird jedoch eine gewisse wirtschaftliche Erholung beobachtet. *Armut im Land*

Burundi gilt als typisches **Agrarland**, ca. 85 % der Burunder bestreiten ihren Lebensunterhalt mit der Landwirtschaft. Dabei werden vor allem (Koch-)Bananen, Hirse, Mais, Maniok, Reis und Süßkartoffeln angebaut. Der überwiegende Teil der Landwirtschaft ist jedoch Subsistenzanbau, mit der die Ernährung der Bevölkerung kaum zu schaffen ist. Als „Cash Crops", für den Export bestimmte landwirtschaftliche Erzeugnisse, sind zurzeit nur Kaffee und Tee erwähnenswert. Traditionell werden in Burundi viele Haustiere gehalten, vor allem die statusträchtigen Rinder,

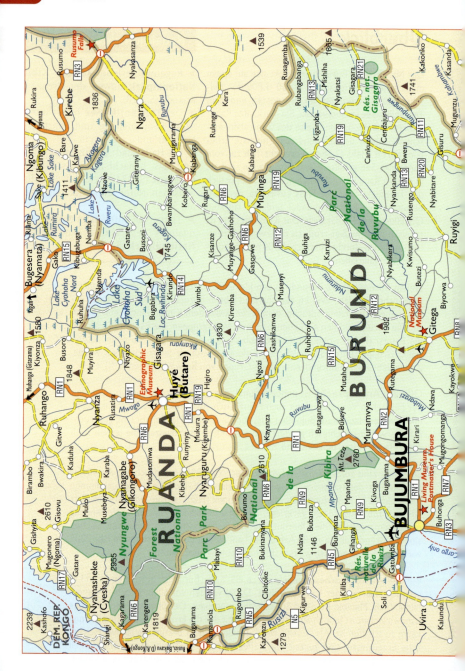

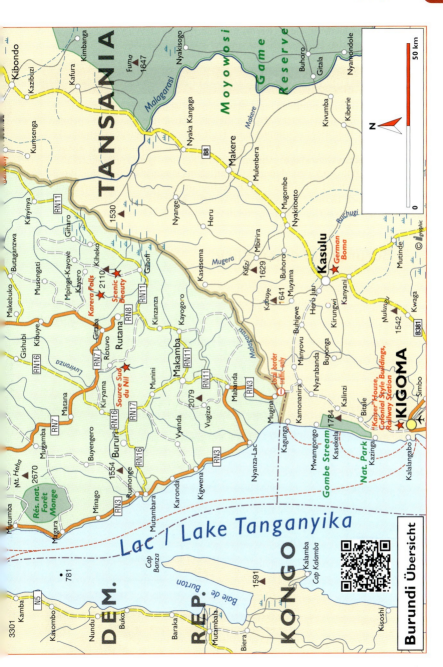

deren Produktivität und Verwertbarkeit jedoch gering ist. Wichtige Nahrungsquelle für tierisches Eiweiß ist die Fischerei auf dem Tanganjika-See.

> **Hinweis zur Sicherheitslage**
>
> Aufgrund der politisch instabilen Lage im Land gilt für Burundi zurzeit eine allgemeine Reisewarnung, die das Auswärtige Amt nach Unruhen in der Hauptstadt Bujumbura im Frühjahr 2016 herausgegeben hat. Erkundigen Sie sich vor Reisen nach Burundi unbedingt nach der **aktuellen Sicherheitslage**. Allgemein wird geraten, größere Menschenansammlungen zu meiden und öffentlichen Demonstrationen und Kundgebungen fernzubleiben. Auch bestimmte Stadtteile Bujumburas sollten nach 18 Uhr nicht aufgesucht werden. Aktuelle Informationen unter www.auswaertiges-amt.de und bei der Deutschen Botschaft (S. 331).

Burundi auf einen Blick

Staatsname	Republik Burundi (Republika y'Uburundi)
Fläche	27.834 km² (davon 2184 km² bzw. 7,8 % Wasseroberfläche)
Hauptstadt	Bujumbura mit 500.000 Einwohnern
Einwohner	10,8 Mio. Einwohner (421 pro km²), 9 % der Burunder leben in städtischen Gebieten
Bevölkerung	85 % Bahutu, 14 % Batutsi, 1 % Batwa, weniger als 0,1 % Asiaten und Europäer
Bevölkerungswachstum	3,7 % (2014), 6,03 geborene Kinder pro Frau
Kindersterblichkeit	55 von 1.000 Geburten (2014)
Altersstruktur	0–14 Jahre: 46,3 %, 15–64 Jahre: 51,1 %, über 65 Jahre: 2,6 %
Lebenserwartung	Männer/Frauen: 52/56 Jahre
Amtssprachen	Kirundi, Französisch, Englisch
Religion	62,1 % Katholiken, 23,9 % Protestanten, 2,5 % Muslime, 11,5 % Naturreligionen und andere
Flagge	Zwei rote Dreiecke oben/unten sowie zwei grüne Dreiecke links/rechts lassen ein weißes Kreuz entstehen, in dessen Mitte sich ein weißer Kreis mit drei roten Sternen befindet.

Währung	Burundi-Franc (BIF); Kurs 1 € = ca. 1.800 BIF
HIV / Aids	1,1 % der Bevölkerung zwischen 15 und 49 Jahren sind HIV-positiv (2014)
Analphabetenquote	gesamt: 33 % (2014)
Nationalfeiertag	1. Juli (Unabhängigkeitstag)
Staats- und Regierungsform	seit 1966 Präsidialrepublik mit einem Zweikammer-Parlament: Assemblée Nationale (118 Sitze, Wahlperiode fünf Jahre) und ein Senat mit 49 Senatoren (Legislaturperiode fünf Jahre)
Staats- und Regierungschef	Pierre Nkurunziza (Staatsoberhaupt seit 2005)
Inflation	5,4 % in 2015
Wirtschaftswachstum	4,8 % (2015)
Bruttoinlandsprodukt	3,3 Mrd. US$, BIP 351,8 US$ pro Kopf (2015) Land-/Forst-/Fischwirtschaft: 39,7 %; Handel, Tourismus: 18,9 %, Bau: 4,2 %; Bergbau/Industrie: 16,6 % (2012)
Außenhandel/Import	0,7 Mrd. US$, Importländer: 17,6 % Italien, 8,2 % Saudi-Arabien, 7,9 % Belgien, 7,8 % China, 7,8 % Indien, 5,3 % Tansania, 4,6 % Kenia
Außenhandel/Export	100 Mio. US$ Exportländer: 16,3 % V. A. Emirate, 1,1 % Frankreich (2012)
Auslandsverschuldung	1,226 Mrd. US$ (2015)
Infrastruktur	1.286 km befestigte Straßen, Mobiltelefonanschluss: 300/1.000 Einwohner (2015)
Entwicklungsstand	Platz 184 von 188 Ländern (H.D. Index 2014)
Klima	gemäßigtes bis tropisches Klima mit mittleren Tagestemperaturen von 22–30 °C, nachts selten unter 15 °C. Große Regenzeit: Februar bis Mai Kleine Regenzeit: Mitte September bis November
Höhenlage	zwischen 930 m (Rusizi-Fluss) und 2.670 m (Mt. Heha)
Landwirtschaft	Kaffee, Baumwolle, Tee, Mais, Häute
Bodenschätze	Nickel, Uran, seltene Erden, Kobalt, Kupfer, Platin

Kibira-Nationalpark

Wichtig für die Wasserversorgung

Der Kibira-Nationalpark liegt am Kongo-Nil-Kamm in 1.500 bis 2.660 m Höhe und schützt einen 400 km² großen **primären Regenwald**, der die Fortsetzung des ruandischen Nyungwe-Forest bildet und damit eines der wichtigsten Naturwaldreservate in der Region ist. Zahlreiche Bäche und Flüsse, die für die Wasserversorgung des Landes wichtig sind, entspringen im Nationalpark. Das ehemalige Jagdgebiet der Könige von Burundi war 1933–1980 als Congo-Nile Ridge Forest Reserve bekannt. Erst 1980 bekam das Schutzgebiet den Status eines Nationalparks, in dem 98 Säugetier- und rund 200 Vogelarten leben.

Inmitten des Waldgebiets erstreckt sich der **Rwegura-See**, an dem zahlreiche Wasservögel leben. Am See führt die Nationalstraße RN10 vorbei, die den Nationalpark von West nach Ost durchschneidet. Der Nationalpark hat zwei Zugangspunkte. Einer liegt am Pygmäendorf Busekera und ein zweiter am Rwegura-Damm. Bei beiden Stationen kann man Ranger als Wanderführer für einen Besuch des faszinierenden Waldes engagieren.

Den Nationalpark erreicht man von Ruanda aus von der RN6 (Huyé–Rusizi) über die Abzweigung im Nyungwe-Wald nach Burundi und weiter über die burundische Nationalstraße RN10, alternativ von Huyé (Butare) aus kommend über die RN1, und ab Kayanza auf der RN10 nach Westen.

Pflanzen und Tiere des Parks

Bis heute konnten im Kibira-Nationalpark 644 **Pflanzenarten** nachgewiesen werden, darunter der ehemals wichtige Holzlieferant und heute streng geschützte *Entandrophragma excelsum* und mehrere Arten Parinari aus der Familie der Goldpflaumengewächse (Chrysobalanaceae). Zudem gedeihen in Kibira Polyscias-Arten aus der Familie der Araliengewächse und *Syzygium parvifolium* aus der Familie der Myrtengewächse. Im sekundären Waldteil finden sich der Kussobaum (*Hagenia abyssinica*) und der bis zu 20 m hohe und zur Proteaceae-Familie gehörende *Faurea saligna*. In höheren Regionen wachsen Erika-Verwandte wie *Philippia benguelensis*, der Zuckerbusch *Protea madiensis* und Bambus (*Arundinaria alpina*).

Der streng geschützte Baum Entandrophragma excelsum auf einer Briefmarke

Viele interessante Tiere leben im Parkgebiet, etwa **Schimpansen** und die schwarz-weißen **Guereza-Affen**. Neben Servalen und Civet-Katzen sind hier zahlreiche Vogelarten heimisch, wie der Riesenturako (*Corythaeola cristata*), die Perlenralle (*Sarothrura pulchra*), der Graupapagei (*Psittacus erithacus*), der Bergtrogon (*Apaloderma vittatum*), der Grauwangenhornvogel (*Bycanistes subcylindricus*) und der Bergbussard (*Buteo oreophilus*).

Mitfahrgelegenheit in Burundi

Unterkunft
Es gibt leider zurzeit keine Unterkünfte im Kibira-Nationalpark oder in der direkten Nähe. Einfachste Unterkünfte sind in der östlich gelegenen Kleinstadt **Kayanza** zu finden.

Bujumbura

Die Hauptstadt Burundis liegt malerisch auf sanften Hügeln direkt an der nordöstlichen Spitze des Tanganjika-See. Die eher beschauliche Stadt auf 780 m Höhe zählt rund 500.000 Einwohner, in der gesamten Hauptstadtregion leben jedoch bereits etwas mehr als eine Million Menschen. Das Zentrum befindet sich zwischen dem Zentralmarkt an der Avenue de l'OUA im Norden, der Uferpromenade Avenue de la Plage im Westen und dem Boulevard du 28 Septembre im Südosten. Die vom Boulevard 1er Novembre (RN5) abgehende Chaussée d'Uvira führt zu den Seestränden nordwestlich der Innenstadt. Auf dieser Straße wird auch das Rusizi-Naturreservat (s. S. 334) erreicht.

Malerische Lage der Hauptstadt

Geschichte

Das heutige Bujumbura war ursprünglich ein kleines, eher unbekanntes Fischerdorf, als im Jahr 1889 an jener Stelle ein deutscher Militärposten unter dem Namen Marienheim gegründet wurde. Nach dem Ersten Weltkrieg musste das Deutsche Reich auf die Kolonie Deutsch-Ostafrika verzichten. Der Ort wurde daraufhin das Verwaltungszentrum unter dem belgischen Völkerbund-Mandat für Ruanda-Urun-

Bujumbura von der Kathedrale aus gesehen

di und bekam den neuen Namen **Usumbara**. Nach der Unabhängigkeit Burundis am 1. Juli 1962 wurde Usumbara Hauptstadt des Landes und in Bujumbura umbenannt. Heute ist Bujumbura die größte Stadt sowie das wirtschaftliche und verwaltungstechnische Zentrum des Landes.

Klima

Klimadaten Bujumbura	Max. Temperatur °C	Min. Temperatur °C	Niederschlag (mm)	Sonnenstunden	Regentage	Luftfeuchtigkeit
Januar	28,5	19,1	88	5,4	10	77
Februar	28,5	19,1	98	5,6	8	75
März	28,4	19,1	111	5,7	10	78
April	28,2	19,3	131	5,5	11	79
Mai	28,6	19,1	55	6,8	6	76
Juni	28,7	18,0	7	8,5	1	67
Juli	28,8	17,3	3	8,8	0	63
August	30,0	18,3	13	8,1	1	60
September	30,8	19,1	32	7,1	6	62
Oktober	30,1	19,5	67	6,1	9	68
November	28,3	19,0	90	5,0	13	76
Dezember	28,1	19,1	112	5,3	11	77

Reisepraktische Informationen Bujumbura

Information
Tourism Office, 2, avenue des Euphorbes (Rohero 2), Bujumbura, ☎ (+257) 22259538.
www.enjoyburundi.info – informative Webseite für Reisende (engl.).

Einreise Burundi
Ein **Visum** für Burundi kann im Voraus bei der Botschaft Burundis in Berlin beantragt werden oder direkt bei der Einreise am Flughafen bzw. Grenzposten. Zum Visumantrag bei der Botschaft werden benötigt: eine Bescheinigung einer Gelbfieberimpfung, ein Rückflugticket, ein mindestens noch sechs Monate nach Reiseantritt gültiger Reisepass, der Nachweis der Hotelbuchung bzw. ein Einladungsschreiben, zwei Passbilder und 60 € (90 US$).

Hinweis
Erkundigen Sie sich vor Reisen nach Burundi nach der **aktuellen Sicherheitslage** im Land. Aktuelle Warnhinweise vom Auswärtigen Amt gelten z. B. für bestimmte Stadtteile Bujumbaras, die nach 18 Uhr gemieden werden sollten (www.auswaertiges-amt.de). Für Reisen im Land wird angeraten, vorher die **Deutsche Botschaft** in Bujumbura zu kontaktieren (s. u.).

Diplomatische Vertretungen
Botschaft der Republik Burundi, Berliner Str. 36, 10715 Berlin, ☎ (+49) 030-2345670, 📠 030-23456720, www.burundiembassy-germany.de, Mo–Fr 9–17 Uhr.
Honorarkonsulat in Wien, A. Christian Gutmann, Palais Rothschild, Renngasse 3, 1010 Wien, ☎ (+43) 01-534711389, 📠 01-53471441389.
Deutsche Botschaft in Burundi, 22, avenue du 18 Septembre, Bujumbura, ☎ (+257) 22-257777, 📠 (+257) 22-221004, info@bujumbura.diplo.de, Mo–Fr 9–15 Uhr.

Unterkunft
**City Hill $$$$$**, Boulevard du 28 Novembre, Ecke Chaussée Prince Rwagasore, ☎ (+257) 22-277784/-85, www.cityhillhotel.com. DZ 90–120 US$, mit Seeblick 150 US$, Suite 200 US$. Zimmer mit Klimaanlage und WLAN. Sehr gutes Restaurant und Pool.
**Club du Lac Tangayika $$$$$**, Chaussée d'Uvira, www.hotelclubdulac.com. DZ 140–160 US$, Suite 200–500 US$ inkl. WLAN. Herrlich außerhalb der Stadt direkt am See gelegen. 110 Zimmer, im dezenten afrikanischen Stil eingerichtet.
Best Outlook $$$$$, Avenue du Prince Louis Gagasore, Kiriri, DZ ab 130 € inkl. Frühstück. Hotel mit 16 Zimmern und Aussicht auf die Stadt.
**Royal Palace $$$$$**, ☎ (+257) 22-275720, 📠 22-275721, www.royalpalacehotel.biz. DZ 140 US$, EZ 120 US$. Hotel mit großem Garten und Pool.
**Dorado $$$–$$$$**, 145, Avenue de l'Industrie, ☎ (+257) 22-259507, 📠 22-259508. DZ 70–100 US$, EZ 50 US$ inkl. Frühstück. 18 Zimmer mit Klimaanlage und WLAN.
Sun Safari Club $$$–$$$$, Boulevard Mao Tse Tung (Rohero 1), ☎ (+257) 22-210007, 📠 22-244521, www.sunsafariclubhotel.com. DZ 76–99 €. Das 36-Zimmer-Hotel hat ein gutes Restaurant und eine Bar auf dem Dach.

Karera Beach $$$–$$$$, in Seenähe. DZ 66–94 € inkl. Frühstück. Hotel mit 20 Zimmern in runden Häuschen in einem Palmengarten.
Safari Gate $$$, Avenue du Large, ☎ (+257) 22-214779, 📠 22-214780, www.hotel safarigate.com. DZ 70–100 €, Suite 200 €, EZ 50 € mit Moskitonetz, Klimaanlage.
Alexestel $$$, Avenue Makamba, nahe der Universität, ☎ (+257) 22-253972, www.alexestel.com. DZ 60–92 €, EZ ab 50 € inkl. Frühstück. Mehrstöckiges Stadthotel mit Pool.
**Bright $$$**, Avenue Kunkiko. DZ ab 80 US$. Die zwölf Zimmer verfügen über TV und Balkon.
**Yombe Palace $$–$$$$**, Avenue du Large, Kabondo, Allée Kanzigiri, ☎ (+257) 22-255852, www.hotelyombepalace.com. DZ in vier Kategorien für 40/60/80 und 100 US$. Mit Fitnessraum und Restaurant.
**Emeraude $$–$$$**, 17, avenue Kunkiko, ☎ (+257) 22-276550, www.emeraudehotel.bi. DZ 50–70 US$ inkl. Frühstück und WLAN. Hotel mit 27 Zimmern sowie Fitnessraum und Pool.

🍴 Essen & Trinken

Le Belvédère, Avenue du Belvédère, ☎ (+257) 22-213999. Dank der Hügellage herrliche Panoramasicht auf die Stadt und den See. Die Küche ist europäisch-mediterran. Meist am letzten Fr im Monat spielt eine Liveband.
Hotel-Restaurant Le Tanganyika, 24, avenue de la Plage, ☎ (+257) 22-224433. Eines der besten Restaurants der Stadt direkt am See. Gute Fisch- und Fleischgerichte. Fünf gut ausgestattete Hotelzimmer.
Botanika, Boulevard de l'Uprona, ☎ (+257) 22-226792. Kreative französisch-marokkanische Küche mit afrikanischen Akzenten. Man sitzt sehr schön im begrünten Innenhof.
Café Gourmand, Avenue de France, 1. Stock. Mo–Fr und So 7–21 Uhr, Sa ab 10.30 Uhr geöffnet. Leckere französische Backwaren, vom Croissant bis zum klassischen Baguette und feine Pâtisserie mitten in Bujumbra. Sandwiches, Croque-Monsieur, Crêpes und Salat als kleine Mahlzeit für zwischendurch.
Tropicana, Chaussée Prince Rwagasore, ☎ (+257) 78-849388. Beliebtes Internetcafés, das auch Snacks serviert.

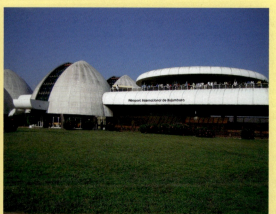

✈ Flughafen

Der internationale Flughafen Bujumbura liegt 11 km nördlich der burundischen Hauptstadt und fällt durch sein Hauptgebäude gleich auf, das aus mehreren großen „Beton-Iglus" besteht.

*Vor dem Gebäude befindet sich ein **Taxi-Stand**. Die Fahrt in die Stadt (bzw. zum Flughafen) kostet ca. 10 US$ oder 12.000 BIF.*

Die charakteristischen Beton-Iglus sind Markenzeichen des Flughafens von Bujumbra

Reisepraktische Informationen Bujumbura

Fluggesellschaften
Air Burundi, www.flyairburundi.com
Rwandair, www.rwandair.com
Kenya Airways, www.kenya-airways.com
Air Uganda, www.air-uganda.com
Ethiopian Airlines, www.ethiopianairlines.com
Air Tanzania, www.airtanzania.co.tz
SN Brussels, www.burundi.brusselsairlines.com

Überlandbusse
Taqwa Coach Bus, ☏ (+257) 79232323. Bujumbura – Dar-es-Salaam – Lusaka – Lilongwe – Lubumbashi – Harare, tgl. außer Di und Do.
Burugo Travel, ☏ (+257) 79949028. Bujumbura – Kigoma, tgl.
Jaguar, ☏ (+257) 79110873, -79800230. Bujumbura – Kampala, tgl.
Yahoo, ☏ (+257) 222243161, -79925397. Bujumbura – Kigali, tgl. außer 1. Jan.
African Tours, ☏ (+257) 71360125. Bujumbura – Kigali, tgl.
East African Car, ☏ (+257) 79423286. Bujumbura – Kigali, tgl.
Volcano Express. Bujumbura – Kigali, tgl. 7–13 Uhr stündl. Abfahrt (Sa leicht abweichender Fahrplan).

Busse von Burundi in die D. R. Kongo:
Kirenge Express, ☏ (+257) 79900085. Bujumbura – Uvira – Bukavu, tgl.
Agence La Gloire, ☏ (+257) 79040150. Bujumbura – Uvira – Bukavu, tgl.
Grand-Lac, ☏ (+257) 79930508. Bujumbura – Uvira – Bukavu, tgl.
Force Tranquille, ☏ (+257) 78055921. Bujumbura – Bukavu, tgl.
Arc-en-Ciel, ☏ (+257) 79710486. Bujumbura – Uvira – Bukavu, tgl.

Tanganjika-See

Der Tanganjika-See gehört zu den Seen des zentralafrikanischen Grabenbruchs. Er ist der **sechstgrößte See weltweit** und der zweitgrößte See auf dem afrikanischen Kontinent. Er gehört zu Teilen zu den angrenzenden Staaten Tansania (41 %), Sambia, Burundi und der D. R. Kongo (45 %).

In der Länge misst der Tanganjika-See 673 km und in der Breite maximal 80 km. Dabei bedeckt er eine Fläche von rund 33.000 km². Mit einer Wassertiefe von bis zu 1.470 m und einem Wasservolumen von 18.800 km³ ist er nach dem Baikal-See der zweittiefste See der Welt und verfügt über die zweitgrößte Menge an Süßwasser. Sein Wasserspiegel liegt auf einer Höhe von 773 m.

Der nördliche und südliche Bereich des Sees sind unter der Wasseroberfläche durch ein ca. 600 m hohes, von Ost nach West verlaufendes Gebirge getrennt. Der Hauptzufluss des Tanganjika-Sees ist der im Norden einmündende **Rusizi**, der in Ruanda aus dem Kivu-See entfließt. Der einzige Abfluss des Tanganjika-Sees ist der am kongolesischen Westufer abfließende **Lukuga**, der über den Lualaba in den

Gebirge unter der Wasseroberfläche

Tanganjika-See

Fischerboot auf dem Tanganjika-See

Kongo übergeht. Die Wassertemperatur des Sees beträgt 24–29 °C und die Sichtweite bis zu 22 m.

Artenreichtum

Der Tanganjika-See ist der wahrscheinlich artenreichste See der Welt. Rund 300 Fischarten, darunter etwa 160 Arten von Buntbarschen, leben im Tanganjika-See. Viele von ihnen sind als Aquarienfische in Europa bekannt und beliebt. Unterhalb einer Tiefe von 200 m ist jedoch das Wasser des Sees wegen fehlender Wasserumwälzung nahezu ohne Sauerstoff, dieser Bereich fällt damit als Lebensraum für Fische weg.

Rusizi-Naturreservat

Das Schutzgebiet im Nordwesten des Landes liegt nur eine knappe Autostunde von der Hauptstadt Bujumbura entfernt. Im Jahr 2000 wurde der frühere Rusizi-Nationalpark, der ehemals eine Fläche von 9.000 ha bedeckte, in das Rusizi-Naturreservat umbenannt, das nunmehr ein Gebiet von 5.932 ha umfasst. Das Rusizi-Naturreservat (Réserve naturelle de la Rusizi) erstreckt sich zu beiden Seiten des Rusizi-Flusses und schützt zwei Bereiche: den **Palmenhain-Sektor** (Secteur Palmeraie) und das **Rusizi-Delta** (Secteur Delta). Letzteres schützt das Mündungsdelta des Rusizi, der in den Tanganjika-See abfließt. Etwa 8 km vor der Einmündung in den See teilt sich der Rusizi in zwei Arme, wobei der schmalere westliche Arm die Grenze zur D. R. Kongo markiert.

Mündungsdelta

Das Rusizi-Delta ist idealer Lebensraum für Flusspferde, die im Wasser baden oder sich auf den sandigen Uferbänken sonnen. Auch Nilkrokodile fühlen sich in diesem Biotop wohl. Besonders artenreich sind hier die Fischfauna und die Vogelwelt, darunter zahlreiche Wasser- und Zugvögel, die hier ihre Rast- und Nistplätze haben.

Eine Besonderheit des Secteur Palmeraie ist eine **endemische Doumpalmenart** *(Hyphaene benguellensis var ventricosa Ibikoko)*, die den Uferbereich des Rusizi auf rund 1.200 ha bewächst. Sie gehört zur Gattung der Palmengewächse und gilt aufgrund ihres lokalen Vorkommens in dieser konzentrierten Form als schützenswert. Zudem bereichern 1.000 verschiedene Pflanzenarten das Gebiet, zu dem auch Grassteppen und Buschland gehören.

Das Rusizi-Naturreservat ist von Ruanda aus über die im Nyungwe-Wald gelegene Abzweigung nach Burundi und von dort auf der Nationalstraße RN5 über Mabayi zu erreichen.

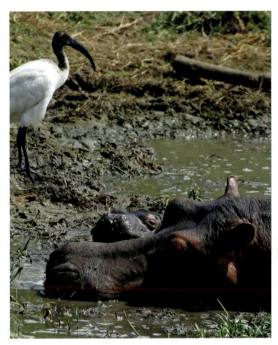

Sonnenbad im Schlamm im Rusizi-Delta

Reisepraktische Informationen Rusizi-Naturreservat

Information
Büro des Rusizi-Naturreservats, ☎ *(+257) 22-229390*.
Infos zum Naturreservat auch unter whc.unesco.org.

 Unterkunft
Unterkünfte finden Sie am einfachsten im nahe gelegenen Bujumbura (s. S. 329). Das nächstgelegene Hotel ist: Club du Lac Tangayika $$$$$, s. S. 331.

Ruvubu-Nationalpark

Der im Osten des Landes, 216 km von Bujumbura gelegene Nationalpark ist mit 508 km² das **größte Naturschutzgebiet Burundis**. Es umfasst die Region um den namensgebenden Ruvubu-Fluss bis hoch zur Grenze nach Tansania. Im 1980 gegründeten Nationalpark sind einige der für die Savannengebiete Ostafrikas so typischen Tierarten zu sehen, wie Kaffernbüffel, verschiedene Antilopen, Flusspferde und Affen. Eine vielfältige Vogelwelt mit 425 verschiedenen Arten gilt es hier zu entdecken. Im Ruvubu-Nationalpark befindet sich auch die südlichste der vermuteten Nilquellen.

Der Nationalpark ist von Bujumbura aus über die RN2 nach Gitega und dann weiter über die Nebenstraße RP22 Richtung Mutumba zu erreichen.

Reisepraktische Informationen Ruvubu-Nationalpark

Unterkunft
Im Ruvubu-Nationalpark gibt es nur ausgewiesene **Zeltplätze**, *das gesamte Equipment und die Verpflegung müssen mitgebracht werden.*

In der Stadt Gitega:

Tropitel $$$, *Bwoga I, Gitega, ☎ (+257) 22-404802, 22-404803, 📠 22-404785. DZ 59–69 €. Das 2013 eröffnete Hotel verfügt über 24 Zimmer, Restaurant, Fitnessstudio und einen schönen Pool. Es liegt nur drei Minuten zu Fuß zum Nationalmuseum und eignet sich gut als Standort für Exkursionen zu den heißen Quellen von Gishuha, zu den Gishora-Trommlern (5 km außerhalb), zum Kirera-Wasserfall (45 km östlich) und zum Nyakuzu Rift (German Rift, 50 km östlich).*

Die Trommler von Gishora
Die königlichen Trommler von Burundi zählen zum immateriellen Weltkulturerbe der UNESCO. Sie treten bei offiziellen Anlässen im Land auf und spielen etwa beim burundischen Präsidenten auf. Ihre Auftritte sind auch international gefragt. Die Trommlergruppe von Gishora gehört zu den berühmtesten im Land. Gishora thront auf einem Hügel, ca. 7 km von Gitega entfernt.

Leidenschaftliches Trommeln gehört zur burundischen Kultur

Kigwena-Waldreservat

Die bereits 1954 unter Schutz gestellte, 3.300 ha große Waldfläche liegt 75 km südlich von Bujumbura entfernt und erstreckt sich auf einer Höhe zwischen 773 und 820 m. Es ist der einzige **mesophile Wald** in Burundi. Schimpansen, Paviane und weitere Affenarten sind hier beheimatet. Waldtypische Arten wie die zu den Antilopen zählenden Ducker und natürlich eine Reihe von Vogelarten leben in dem Waldreservat.

Die Graufischer sind an Seen und Flüssen häufig zu sehen

Das Kigwena-Waldreservat ist über die Seeuferstraße RN3 von Bujumbura aus zu erreichen. Nach dem Ort Rumonge zweigt die RN16 Richtung Osten ab und führt direkt durch das Reservat.

Reisepraktische Informationen Kigwena-Waldreservat

Unterkunft
Es gibt zurzeit noch keine Unterkünfte direkt im oder am Waldreservat.

Das nächste empfehlenswerte Hotel liegt nördlich vom Ort **Rumonge** *direkt am Tanganjika-See:*

Tanganyika Blue Bay Resort, *Route Rumonge,* ☎ *(+257) 22-246528, (+257) 75-502502, www.facebook.com/tanganyikabluebayresort. DZ ab 100 US$ inkl. freies WLAN. Herrliche, im afrikanischen Stil errichtete Bungalows mit Seeblick. Gutes Restaurant mit frischen Fisch.*

Einfachste Unterkünfte sind im Ort **Rumonge** *zu finden.*

Im Kigwena-Waldreservat leben auch Paviane

9. ANHANG

Literaturtipps

Natur- und Trekkingbücher
- **Fossey, Dian**: Gorillas im Nebel (in verschiedenen Verlagen erschienen, nur noch antiquarisch erhältlich). Der Bestseller der Gorillaforscherin, die viele Jahre die Berggorillas von Ruanda erforschte und ihre Erlebnisse und wissenschaftlichen Erkenntnisse in diesem Buch verarbeitete. Dieses Buch war auch die Grundlage für den gleichnamigen Film über das Leben der 1985 ermordeten Forscherin.
- **Gitzinger-Albrecht, Inez**: Afrika I Ruanda: Silverback Mountain Gorilla. Books on Demand (2015).
- **Hess, Jörg**: Familie 5. Berggorillas in den Virunga-Wäldern (Echtzeit 2011, gebundene Ausgabe). Der Autor berichtet mit beeindruckenden Bildern über das Leben einer Berggorillafamilie, die von den Forschern „Familie 5" genannt wurde.
- **Röder, Udo-Adolf**: Gorilla-Trecking in Uganda/Ruanda: Safari ins Reich der letzten Berggorillas. Kruse (2013). Persönliche Reiseberichte.

Politik Ruanda
- **Brinkmann, Raimund**: Ruanda zwischen Völkermord und Versöhnung: Eine Fallstudie im Lichte des Global Governance Konzeptes. Neopubli (2013).
- **Brunhold, Georg König; Andrea Ulutuncok; Guenay**: Ruanda – Zehn Jahre seit dem Genozid. Schmidt von Schwind Verlag (2004)
- **Dallaire, Romeo**: Handschlag mit dem Teufel. Die Mitschuld der Weltgemeinschaft am Völkermord in Ruanda. Verlag Zu Klampen 2008. Der kanadische General Dallaire, als Leiter der UN-Blauhelme während des Völkermords in Ruanda, beschreibt das Versagen der Vereinten Nationen.
- **DesForges, Alison**: Kein Zeuge darf überleben. Hamburger Edition (2002). Die Autorin verbindet die Zusammenstellung von umfangreichem Material und eine detaillierte Darstellung des Völkermords mit einer sachkundigen Analyse der Hintergründe.
- **Haas, Nicole**, Dolmetschen am Ruanda-Tribunal. Peter Lang (2011). Die Arbeit der Dolmetscher am Internationalen Strafgerichtshof für Ruanda wird anhand von Gerichtsprotokollen dokumentiert.
- **Hankel, Gerd**: Ruanda: Leben und Neuaufbau nach dem Völkermord. zu Klampen! (2016).
- **Hatzfeld, Jean**: Nur das nackte Leben. Berichte aus den Sümpfen Ruandas. Psychosozial-Verlag (2004). In diesem Buch wird durch Interviews mit Überlebenden des Völkermords versucht, ein Bild jener Tage zu zeichnen. Ein erschütterndes Dokument.
- **Hatzfeld, Jean**: Zeit der Macheten – Gespräche mit den Tätern des Völkermords in Ruanda. Psychosozial-Verlag (2012). Der 1949 in Madagaskar geborene Journalist versucht in Gesprächen mit einer Gruppe von Männern, die als Täter am Völkermord in Ruanda beteiligt waren, zu verstehen, wie es zu dieser schrecklichen Tragödie kommen konnte.
- **Melvern, Linda**: Ruanda. Diederichs (2004). Die englische Reporterin geht den Hintergründen des Völkermords nach. Gut recherchiert, bietet unverzichtbare Hintergrundinformationen.
- **Muyombano, Célestin**: Ruanda nach dem Völkermord von 1994. Rhombos-Verlag (2009).

- **Stockhammer, Robrt**: Ruanda. Über einen anderen Genozid schreiben. Suhrkamp (2005).
- **Strizek, Helmut**: Geschenkte Kolonien – Ruanda und Burundi unter deutscher Herrschaft. War der Völkermord in Zentralafrika eine Nachwirkung der kolonialen Herrschaft?, Christoph Links Verlag, Berlin (2006) bzw. Büchergilde Gutenberg (2007). Das Buch beschreibt die Kolonialherrschaft von den Anfängen bis zum Rückzug der Deutschen 1916. Abgerundet wird die Darstellung durch ein Essay, das einen Bogen schlägt über die belgischen Mandatsjahre, die UN-Treuhandverwaltung bis zur Gründung selbstständiger Staaten. Ein sehr interessantes Buch für alle, die tiefer in die geschichtlichen Hintergründe dieser Gebiete einsteigen wollen. Ein eher unbekannter Teil der deutschen Kolonialgeschichte.
- **Strizek, Helmut**: Der Internationale Strafgerichtshof für Ruanda in Arusha/Tansania. Peter Lang (2015). Eine politisch-historische Bilanz.
- **Zürcher, Lukas**: Die Schweiz in Ruanda. Mission, Entwicklungshilfe und nationale Selbstbestätigung (1900–1975). Chronos (2014).

Erlebnisberichte und Biografien Ruanda
- **Bindseil, Reinhart**: Ruanda im Lebensbild des Offiziers, Afrikaforschers und Kaiserlichen Gouverneurs Gustav Adolf Graf von Götzen. Reimer (2004). Ausführliche Darstellung der Zeit von Götzens in Ruanda während der deutschen Kolonisation. Nur antiquarisch erhältlich.
- **Bindseil, Reinhart**: Ruanda im Lebensbild von Hans Meyer (1858–1929). Ein biografisches Porträt, mit Tagebuchaufzeichnungen aus dem Land der tausend Hügel, einer Darstellung des Kivu-Grenzstreits (1885–1910). Reimer (2004). Berichtet wird aus dem Leben des Kilimandscharo-Erstbesteigers Meyer und seiner Beziehung zu Ruanda.
- **Bindseil, Reinhart**: Ruanda und Deutschland seit den Tagen Richard Kandts. Reimer (1988). Antiquarisch.
- **Helber, Albert**: Über tausend Hügel musst du gehen, RUANDA. Erfolgreicher Aufbruch nach einem Völkermord. novum pocket (2013).
- **Iris Hellmich; Heike Eckstein**: Dr. Alfred Jahn in Ruanda. Berichte und Gedanken über Kinderschicksale. IATROS (2007).
- **Kandt, Richard:** Caput Nili – Eine empfindsame Reise zu den Quellen des Nils. elv Berlin (2015).
- **Mazimpaka, Thomas**: Ein Tutsi in Deutschland. Evangelische Verlagsanstalt (1998). Authentischer Bericht über die Flucht aus den Bürgerkriegswirren Ruandas. Mazimpaka beschreibt seine Erfahrungen als Flüchtling, mit der Fremdenfeindlichkeit, über die problematischen Bedingungen in Asylbewerberheimen und über das langwierige Asylverfahren in Deutschland. Nur antiquarisch erhältlich.
- **Mujawayo, Esther**: Ein Leben mehr. Ullstein Taschenbuch (2007). Ergreifend schildert Esther Mujawayo mit Hilfe der Journalistin Soud Belhaddad, wie sie die Kraft für ein Leben nach dem Völkermord aufbringt. Zusammen mit anderen Witwen gründete sie die Hilfsorganisation Avega für die Opfer des Genozids. Weil der Bedarf an psychotherapeutischer Hilfe in Ruanda immens war, ließ sich Esther zur Therapeutin ausbilden. Anders als ausländische Therapeuten verstand sie als Frau, die den Völkermord selbst erlebt hatte, auch das, was die Opfer nicht aussprachen. Esther ging mit ihrem neuen Ehemann nach Deutschland. Jetzt therapiert sie hier traumatisierte Flüchtlinge, vor allem afrikanische Frauen und Kinder, und kämpft

gegen das Vergessen der Ereignisse in ihrer Heimat. Ein weiteres Buch ist „Auf der Suche nach Stéphanie: Ruanda zwischen Versöhnung und Verweigerung", in dem sie die Suche nach ihrer Schwester beschreibt (Peter Hammer Verlag 2007).
• **Rusesabagina, Paul**: Ein gewöhnlicher Mensch: Die wahre Geschichte hinter „Hotel Ruanda". Berlin Verlag Taschenbuch 2008. In seiner Biografie erzählt der durch den Film „Hotel Ruanda" bekannt gewordene Paul Rusesabagina seine persönliche Sicht der Geschichte, wie er als Hoteldirektor über 1.200 Menschen das Leben rettet.

Belletristik Ruanda
• **Courtemanche, Gil**: Ein Sonntag am Pool in Kigali. Fischer Taschenbuch (2005). Dieser fiktive Roman schildert sehr realistisch den schleichenden Beginn des Völkermords. Am Beispiel einiger weniger Menschen in Ruanda wird erzählt, welche Auswirkungen Mord, Vergewaltigung, Armut, Korruption und AIDS auf die Menschen haben.
• **Parkin, Gaile**: Kuchen backen in Kigali, Ullstein Taschenbuch (2010). Ein Roman über die Kraft der Versöhnung im Ruanda nach dem Völkermord. Zur Bäckerin Angel kommen alle, die für verschiedene Festlichkeiten einen Kuchen bestellen möchten und erzählen ihre Geschichten. Ein stilles, aber kraftvolles Buch.
• **Ilibagiza, Immaculée**: Aschenblüte: Ich wurde gerettet, damit ich erzählen kann. Ullstein Taschenbuch (2008). Die Geschichte einer Batutsi-Frau, die ihre Familie verliert und auf der Flucht vor einstigen Freunden und Nachbarn mit Hilfe eines Bahutu-Pastors den Völkermord überlebt, indem sie sich mehrere Monate in einem winzigen Badezimmer versteckt. Gebete, Spiritualität und ein unerschütterlicher Glauben lassen sie das Gräuel überstehen.
• **Johannsen, Jesko**: Simon in Ruanda. Der Sammelband. Books on Demand (2015). Deutsche Kinderliteratur über Ruanda (www.simon-in-ruanda.de).
• **Johannsen, Jesko**: Simon in Ruanda. Die Abreise. Books on Demand (2013).
• **Johannsen, Jesko**: Simon in Ruanda. Der Plastiktütenfußball. Books on Demand (2014).

Berggorilla im Volcanoes-Nationalpark

Sprachen
- **Dekempe, Karel**: Kauderwelsch, Kinyarwanda für Ruanda & Burundi. Reise Know-How-Verlag Bielefeld (2009). Kleiner Sprachführer für alle, die sich gerne auf ihrer Reise mit ein paar Wörtern und Sätzen in der lokalen Sprache verständlich machen wollen.

Landkarten
- International Adventure Map/National Geographic Maps: Tanzania, Rwanda, Burundi. Landkarten Maßstab 1:1.315.000 (2012).
- Nelles Maps: Tanzania, Rwanda, Burundi. Landkarte Maßstab 1:1.500.000, Nelles Verlag (2010).
- International Travel Maps: Rwanda / Burundi. Landkarte Maßstab 1:300.000 ITMB Publishing Canada (2010).
- International Travel Maps: Uganda. Landkarte Maßstab 1:550.000 ITMB Publishing Canada 2011.
- Freytag & Berndt: Kenya, Tanzania, Uganda. Landkarte 1:2.000.000 Freytag-Berndt Verlag (2012).
- Landkarte Tansania, Ruanda, Burundi (1:1.200.000), Reise Know-How (2013).

Englische Literatur Ruanda
- **Eltringham, Nigel**: Accounting for Horror: Post-genocide Debates in Rwanda. Pluto Press Ltd. (2004)
- **Gordon, Nicholas**: Murders in the Mist: Who Killed Dian Fossey? Hodder & Stoughton Ltd (1993). Nur antiquarisch erhältlich.
- **Lewis, Tim**: The Land of Second Chances: The Impossible Rise of Rwanda's Cycling Team. Yellow Jersey Press (2013). Das Buch beschreibt die sechsjährige Geschichte des ruandischen Fahrradteams zu den Olympischen Spielen in London 2012. Die Teilnehmer sind Überlebende des Völkermords und gehören verschiedenen Ethnien an. Dokumentarfilm (Rising from Ashes) s. o.
- **Melvern, Linda**: A People Betrayed: The Role of the West in Rwanda's Genocide. Zed Books Ltd (2009). Spannendes Buch der englischen Journalistin über die Rolle des Westens während des Völkermords.

Pauw, Jacques: Rat Roads. One man's incredible journey. Zebra Press (2012).
- **Prunier, Gerard:** Africa's World War: Congo, the Rwandan Genocide, and the Making of a Continental Catastrophe. Oxford University Press (2011). Das 576 Seiten starke Buch überflutet den Leser mit Fakten, bietet aber so einen detaillierten Einblick in die Geschichte der Region nach dem Völkermord.
- **Shapiro, Norma**: Dian and the Gorillas. Oxford University Press (2010).

Englische Naturbücher
- **Dharani, Najma**: Field Guide to Common Trees and Shrubs of East Africa. New Holland Publishers (2011).
- **Spawls, Stephen** u.a.: A Field Guide to the Reptiles of East Africa. A&C Black (2011).
- **Schaller, George B.**: The Year of the Gorilla: An Exploration. University of Chicago Press (2010).
- **Stevenson, Terry, und Fanshawe, John**: Birds of East Africa: Kenya, Tanzania, Uganda, Rwanda, Burundi. Helm Field Guides (2004).

- **Tilde, Stuart, und Tilde, Chris**: Pocket Guide to Mammals of East Africa. Struik Publishers (2009). Praktischer kleiner Fotoführer mit den gängigsten Säugetierarten im östlichen Afrika.

Ältere Literatur ist meist über den Buchhandel nicht mehr zu beziehen. Versuchen Sie es dann in **Antiquariaten**. Der einfachste Weg zu vergriffenen Buchtiteln ist aber sicherlich das Internet. Bei den Online-Buchhändlern gibt es oft auch Antiquarisches zu ersteigern.

Die **englische Literatur** ist in Deutschland am einfachsten über das Internet zu beziehen (z.B. www.amazon.co.uk), oder in den Buchhandlungen vor Ort in Kigali.

Andere Medien
- **Gorillas im Nebel**. Warner Home Video DVD (2003). Grandiose Hollywoodverfilmung über das Leben der Gorillaforscherin Dian Fossey. Sigourney Weaver in einer ihrer besten Rollen. Gedreht an Originalschauplätzen, absolut sehenswert!
- **Hotel Ruanda**. Spielfilm GB, I, USA 2005. Internationaler Spielfilm zur Thematik des Völkermords. Der Film erzählt die wahre Geschichte eines Hotelmanagers in Kigali, der es schafft durch sein mutiges Handeln Hunderte von Menschen vor dem Völkermord zu retten. Sehr ergreifend, sehenswert!

Jane's Journey – Die Lebensreise der Jane Goodall. Universum Film GmbH (2011). Filmisches Porträt einer faszinierenden Frau, neben Godall selber kommen auch Hollywoodstars wie Angelina Jolie und Pierce Brosnan zu Wort, die über ihre Begegnungen mit der Affenforscherin und Naturschützerin sprechen.
- **Sometimes in April**. Spielfilm GB, USA (2004). Darsteller: Idris Elba, Debra Winger. Regie: Raoul Peck. Internationaler Spielfilm zur Thematik des Völkermords. Hollywoodschauspieler Idris Elba, der selbst ruandische Wurzeln hat, spielt einen Bahutu-Soldaten, der sich dem Militärdienst entzieht, um seine den Batutsi angehörende Frau und seine Kinder zu retten. Während der Unruhen wird er von seiner Familie getrennt. Zehn Jahre später will er einen Schlussstrich unter die Vergangenheit ziehen und besucht das UN-Tribunal, vor dem sich sein Bruder für die aufhetzerische Rolle verantworten muss, die er und andere Journalisten in diesem Krieg spielten.
- **Rising from Ashes**. Der Film erzählt die Geschichte ruandischer Radfahrer nach dem Genozid, erzählt von Oscar-Preisträger Forest Whitaker (www.risingfromashesthemovie.com).

Kleiner Sprachführer

Kinyarwanda (auch Kinjaruanda oder Ruandisch) ist Amtssprache in Ruanda und wird als Muttersprache der Hutu, Tutsi und Batwa auch in den angrenzenden Gebieten der D.R. Kongo und Ugandas gesprochen. Das zu den Bantusprachen zählende Kinyarwanda ist zudem fast identisch mit dem im Nachbarland Burundi gesprochenen Kirundi und dem von den Banyamulenge auf der kongolesischen Seite des Kivu-Sees gesprochenen Kinyamulenge. Erst während der deutschen Kolonialzeit erfolgte Anfang des 20. Jh. eine auf dem lateinischen Alphabet basierte Verschriftung. Die Aussprache ist einfach und folgt im Wesentlichen der Schrift.

Wörterbuch Kinyarwanda

Alle folgenden Wörter sind in ihrer singularen Form angegeben. Beim Kinyarwanda verändert sich im Plural die jeweils erste Silbe des Wortes in nicht einheitlicher Form.

Deutsch	Kinyarwanda
Allgemeines	**rusange**
Danke	murakoze
Entschuldigung	mpole
ja / nein	yego / Oya
Wer? (Singular / Plural)	nde / bande
Was?	iki
Wo?	hehe
gut / schlecht	-iza / -bi
billig / teuer	guhenduka / guhenda
schnell / langsam	vuba / buhoro
kein / keine …	nta …
Begrüßung	**gusuhuzanya**
Guten Morgen	bwacyeye
Guten Tag	umunsi mwiza
Guten Abend	mwiriwe
Gute Nacht	ijoro ryiza
Auf Wiedersehen	mwirirwe / murabeho
Willkommen	Ikaze
bitte	nyamuneka
(jemanden) bitten	kunezeza
Tut mir leid	mbabarira
Treffen	guhura
Unterwegs	**uruzinduko**
Haltestelle	sitasiyo
Auto	imodokari
Benzin	petroli
rechts	iburyo
links	ibumoso
Postamt	iposita
Abfahrt / Abflug	uruzinduko
Ankunft	komokera
Zoll	duwane
geöffnet	gufunguka
geschlossen	gufungwa
Kirche	kiriziya
Museum	inzu ndangamurage
Strand	inkuka
Brücke	ikiraro

Kleiner Sprachführer

Zeit	**igihe**
Montag	ku wa mbere
Dienstag	ku wa kabiri
Mittwoch	ku wa gatatu
Donnerstag	ku wa kane
Freitag	ku wa gatanu
Samstag	ku wa gatandatu
Sonntag	ku cyumweru
Datum	itariki
Stunde	saa
Woche	icyumweru
Tag	umunsi
Jahr	buri mwaka
Monat	ukwezi
morgens	igitondo
nachmittags	umugoroba
abends	kugoroba
nachts	ijoro
heute	uyu munsi
gestern	ejo hashize
morgen	ejo hazaza
spät / später	gukererwa / hatoya
früh / früher	hato / mbere
Feiertag	ikonji

Gesundheit	**amagara**
Arzt / Heiler	umudogiteri / umuvuzi
Krankenhaus	ibitaro
Apotheke	farumasi
Medikament	umuti
(Er hat) Fieber	(afite) umuriro
Erkältung	ibicurane
Schmerzen	ububabare
Hilfe!	kunganira
Polizei	polisi
schwanger	gutwita
Unfall	agisida / impanuka
Blut	amaraso

Übernachten	**gucumbika**
Zimmer	icyumba
Hotel	hoteri
Toilette	umusarani
Dusche	ubwogero
Frühstück	gusamura
Rechnung	fagitire
Nachricht	koherereza
Schlafen	gusinzira

Einkaufen — ubuguzi

Preis	igiciro
Geld	ifaranga
Wechselgeld	igikoroto
Was kostet das?	-ngahe?
bezahlen	guhemba
Ich brauche …	gukenera
suchen	gusaka
Brief	ibaruwa
Briefmarke	itembura
Telefon / Anruf / telefonieren	terefone / guhamagara / guterefona
Metzgerei	ibagiro
Markt	iguriro
kaufen	kugura
Verkäufer(in)	umugurisha

Im Restaurant — resitora

reservieren	kubikira
Appetit	apeti
bezahlen	kwishyura
Ich habe bezahlt	nishyuye facture
Mittagessen	ifunguro rya saa sita
Abendessen	ifunguro
Messer	umushyo
Gabel	ikanya
Esslöffel / Teelöffel	urupahu / akayiko
Tasse	igikombe
Salz	umunyu
Fett / Öl	amavuta
trinken	kunywa
kochen	guteka
rohes Fleisch	inyama mbisi
Spieß	boroshete
Fisch	ifi
Fleisch	inyama
- ohne Knochen	umuhore
Rind	inka
Ziege	ihene
Lamm	intama
Schwein	inyama y'ingurube
Hühnchen	inkoko
Gemüse	imboga
Avocado	avoka
Zwiebel	igitunguru
Spinat	epinari
Nudeln	makaroni
Erbsen	ishaza
Bohnen / grüne Bohnen	igishyimbo / umuteja

Kartoffel / Süßkartoffel	ikirayi / ikijumba
Möhren	ikaroti
Reis	umuceri
Kuchen	ikeki
Banane / Kochbanane	umuneke / ikinyamunyu
Guave	ipera
Papaya / Mango	ipapayi / umwembe
Wasser	amazi
Kaffee	ikawa
Zucker	isukari
Bier / Bananenbier	byeri / akayoga
Hirsebier	amarwa
Saft	umutobe
Wein	vino

Bildnachweis

Alle Abbildungen stammen vom Autor Heiko Hooge, außer:

Amnesty International/American University, Washington: S. 68
Carl Akeley, The Field Museum, Chicago Illinois: S. 250
Christoph Andreas: S. 32, 40, 43, 44, 47, 49, 62, 69, 71, 74, 77, 78, 82, 83, 84, 95, 97, 103, 104, 116, 120, 140, 141, 151, 168, 171, 188, 202, 211, 218, 295, 313, 338, 355
Bildarchiv Österreichische Nationalbibliothek, Wien: S. 21
City of Kigali: S. 132
Deutsche Kolonialgesellschaft, Frankfurt/Main: S. 19
Louis Dewame: S. 160
Etnographic Museum Huyé (ehem. National Museum Rwanda): S. 14, 16, 18, 24, hintere Umschlagklappe (Bild 2)
Elisabeth Fischer: S. 61
Emeraude Kivu Resort, Rusizi: S. 265
Garden Place Hotel, Musanze: S. 183
E. Gourdinne: S. 66
Michael Jähde: S. 203, 259, 278, 283, 329, 334, 336
John Kahekwa: S. 186
Marfinan: S. 187
Theo Pagel: S. 195
Republic of Rwanda: S. 26, 27
RDB Rwandatourism: S. 209, 235
Fanny Schertzer: S. 30
Serena Hotels: S. 230
TPS-Consult: S. 152
Thomas Weinhold: S. 81, 106, 178, 184, 192, 198, 212, 269, 271, 274, 276, 279, 281, 341
Wikimedia Commons: S. 134, BluesyPete: S. 306, Adam Jones, Ph.D.: S. 289, Neil Palmer: S. 243, SteveRwanda: S. 330, 332, Cai Tjeenk Willink: S. 241, 255, 256, 258
WWF UK: S. 248

Stichwortverzeichnis

A
Akagera-Nationalpark 44, 109, 165
- Aktivitäten im Park 171
- Reisepraktische Informationen 172
- Tiere 170

Akeley, Carl Ethan 249, 250
Aktivurlaub 86
Albert I., König 249, 250
Ankole-Rinder 164
Anreise 86
Apotheken 87
Apted, Michael 191
Ärzte 88
Astrid, Königin 297, 299
Außenhandel 78
Auto fahren 89
Automobilclubs 90
Autoverleih 90

B
Badestrände 90
Bahutu 15, 24, 62, 67
Banken 91
Batutsi 15, 24, 26, 62, 67
Batwa 14, 24, 63, 67
Baudouin I., König 298
Baumann, Dr. Oscar 19, 21
Berggorilla-Besuch 196, 212
Berggorillas 61, 188, 189, 194, 212, 253
Beringe, Friedrich Robert von 193, 221
Bethe, Heinrich von 221
Biéga 275, 281
Bildungssystem 73
Bilharziose 101, 223
Birengero-See 165, 172
Bizimungu, Pasteur 32, 34, 73, 138
Botschaften & Konsulate 91
Bugarama 268
Bugarama-Quellen 268
Bugarura-Insel 221, 260
Bugulumiza 281
Buhoro Trail 318
Bujumbura (Burundi) 329
Bukavu (D.R. Kongo) 270
Burera-See 43, 214
Burundi 28, 322
Burundi-Steckbrief 326
Busreisen/-verbindungen 92
Butare *siehe* Huyé
Bweyeye 315
Bwindi-Wald (Uganda) 194
Byumba 159 *siehe* Gicumbi

C
Camping 93
Cheferien 65
Chukudu 244
Classen, Bischof Léon 24
Coltan 276
Congo Nile Trail 235
Costermans, Paul 270
Cyamudongo-Wald 268, 312
Cyangugu *siehe* Rusizi
Cyanika 213
Cyasemakamba 176
Cyirima II. Rujugira 18, 65

D
Dallaire, Roméo 30
Defassa-Wasserbock 52
D.R. Kongo 187, 237, 269, 275
- Bodenschätze 276
- Kivu-Region 237
- Politische Lage 242
- Provinz Nord-Kivu 237
- Provinz Süd-Kivu 270
- Sicherheitslage 240
- Steckbrief 237

E

Edward-See 249
Einkaufen 93
Einreise 94
Elefanten 54
Elektrizität 94
Energiesituation 78
Entfernungstabelle 122
Entwicklungszusammen-
  arbeit 75, 94
Epiphyten 47
Essen 95
Ethnografisches
  Museum 298
Ethnische Gruppen 15, 24,
  26, 62, 67

F

Feiertage 96
Fleckenhalsotter 58
Flüge 96
Flüsse 42
Flusspferd 54
Fossey, Dian 188, 189, 196,
  208
Fotografieren 97, 200
Fracht und Pakete 99
Frauen alleine reisend 99
Frühgeschichte Ruandas 14

G

Gacaca-Gerichte 34
Gahinga 187
Gahini 163
Gatsibo 161
Gedenkstätten für den
  Völkermord 141, 303
Gesellschaft 62
Gesundheit 99
Gesundheitssystem 74
Getränke 102
Gicumbi (Byumba) 159
Gihanga 16
Gikongoro *siehe* Nyamagabe
Gisakura-Teeplantage 320

Gisenyi *siehe* Rubavu
Gitarama *siehe* Muhanga
Goldmeerkatze 209
Goma (D.R. Kongo) 239
Götzen, Graf Gustav Adolf
  von 19, 22, 37, 135, 177,
  221
Grauergorillas 276
Great African Lakes
  Region 219
Grenzübergänge 103
Grzimek, Bernhard 167

H

Habarurema, Michael 70
Habyarimana, Juvénal 27,
  29, 38, 73, 138
Hago-See 165, 172
Hayes, Harold T.P. 191
Historischer Überblick 14
HIV/Aids 100
Huyé (Butare) 296
  - Arboretum der
    Universität 299
  - Ethnografisches
    Museum 298
  - Geschichte 297
  - Kathedrale 299
  - Reisepraktische
    Informationen 301

I

Ibikingi 65
Idjiwi-Insel
  (D.R. Kongo) 221
Igishigishigi Trail 318
Ihema-See 165, 172
Imbaraga Trail 318
Impfungen 102
Industrie 78
Informationen 104
Infrastruktur 81
Internet 104
Ishwa-Insel 221
Iwawa-Insel 221

K

Kabale (Uganda) 161
Kabgayi 288
Kabila, Joseph 237
Kabila, Laurent-Désiré 240
Kaffernbüffel 53
Kagame, Alexis 289, 290
Kagame, Paul 11, 26, 29, 32, 34, 39, 73
Kahuzi 275, 281
Kahuzi-Biéga-Nationalpark 275
  - Bergbesteigungen 281
  - Grauergorilla 278
  - Parkbesuch 280
  - Pflanzenwelt 279
  - Tierwelt 278
Kakira, Aisa Kirabo 72
Kamageris Rock 290
Kamiranzovu-Sumpfgebiet 316
Kandt, Richard 21, 22, 37, 130, 135, 221, 306, 307
Kanimba, Dr. Celestin 294
Karago-See 182
Karamba 316
Karambi 161
Karisimbi 187, 207, 226
Karisoke-Forschungsstation 189
Karongi (Kibuye) 260
Katuna 161
Kavumu (D.R. Kongo) 270
Kayanza (Burundi) 329
Kayibanda, Grégoire 26, 38, 73, 288
Kibira-Nationalpark (Burundi) 328
Kibungo *siehe* Ngoma
Kibuye *siehe* Karongi
Kigali 128
  - Belgium Memorial 132
  - Boma 130
  - Communauté des Potiers Rwandais (COPORWA) 137
  - Deutsche Botschaft 138
  - Deutsch-ruandisches Denkmal 138
  - Goethe-Institut 137
  - Hotel des Mille Collines 33, 146
  - Institut Français 137
  - Kigali City Prison Gikondo 134
  - Kigali Convention Center 138
  - Kigali Genocide Memorial 141
  - Kigali Institute of Science Technology & Management 132
  - Kigali International Airport 139, 151
  - La Galette 133, 149, 151
  - Lage und Klima 130
  - Märkte 151
  - Minibusstation 133
  - Natural History Museum 134
  - Nyanza Genocide Memorial Site 144
  - Nyarugenge-Markt 133
  - Nyarutarama-See 140
  - Orientierung 133
  - Place de la Constitution 132
  - Presidential Palace Museum 138
  - Reisepraktische Informationen 145
  - Remera Heroes Cemetery 144
  - Stadtgeschichte 130
  - Stadtrundgang 132
  - Straßennamen 133
  - Taxi-Park Innenstadt 153
  - Taxi-Park Nyabugogo 137, 153

Kigarama 175
Kigeri IV. Rwabugiri 16, 20, 37, 66, 67, 214
Kigeri V. Ndahindurwa 25, 38, 67
Kigwena-Waldreservat (Burundi) 337
Kihindo (D.R. Kongo) 269
Kinder 105
Kinigi 210, 213
Kinyarwanda 68, 116, 343
Kisuaheli 69
Kitabi 319
Kivumba-See 165
Kivu-See 20, 43, 90, 218
 - Fische 223
 - Ostufer 260
 - Strände 223
 - Westufer 269
Kizigoro 161
Kleidung 105
Klima 41, 106
Koch, Robert 136
Kolonialzeit 19
Kolonie Belgisch-Kongo 23, 38
Kolonie Deutsch-Ostafrika 20, 37
Kongokonferenz 20, 37
Königreich Ruanda 16

L

Landschaftlicher Überblick 40
Landwirtschaft 77
Leakey, Louis 189, 196
Lenz, Oskar 21
Leopard 56
Literatur 107, 339
Livingstone, David 166
Löwen 55
Lumumba, Patrice 271

M

Mackiewicz, Dr. Henryk 186
Malaria 99
Matschie, Paul 194
Mbonyumutwa, Dominique 25, 38, 73
Mechau, Fulpontius 265
Mecklenburg-Schwerin, Herzog Adolf Friedrich zu 19, 22, 180
Medien 107
Methangas 79, 222
Meyer, Hans 21
Mibambwes IV. Rutarindwa 214
Mietwagen *siehe* Autoverleih
Mihindi-See 165
Mikeno 187, 226
Minova (D.R. Kongo) 269
Mobutu Sese Seko 240, 271
Muhabura 187
Muhanga Gitarama) 285
Muhazi-See 161
Mukamira 182
Murambi 161
Murambi, Genozid-Mahnmal 303
Musanze-Höhle 182
Musanze (Ruhengeri) 180
Museven, Yoweri 28
Mutara III. Rudahigwa 24, 38, 67, 291, 294, 295
Mutara I. Semugeshi 18
Mutumba Hills 172
Muvunyi, Tharcisse 298
Mynett, Prof. Kaziemierz 186

N

Nachtleben 108
Nationalhymne 70
Nationalparks 44, 108
Ndaba-Wasserfälle 262
Nebelwälder Ruandas und Ugandas 311

Ngoma (Kibungo) 175
Nilquellen 307
Nkombo-Insel 221
Nkunda, Laurent 241
Nkurunziza, Pierre 327
Notrufnummern 110
Ntarama 145
Ntaryamira, Cyprien 29
Nyabarongo Wetlands 145
Nyabisindu *siehe* Nyanza
Nyagafunzo-See 159, 217
Nyagatare 163
Nyakabuye 268
Nyakarimbi 176
Nyamagabe (Gikongoro) 303
Nyamata 144
Nyamugali 217
Nyamuragira 187, 247
Nyanza (Nyabisindu) 293
- King's Palace Museum Rukari 294
- National Art Gallery Rwesero 294
- Reisepraktische Informationen 296
Nyiragongo 187, 226, 241, 247
Nyungwe-Forest-Nationalpark 44, 109, 304
- Affen des Parks 309
- Bigugu Trail 319
- Congo-Nile Divide Trail 319
- Fahrt durch den Park 314
- Flora und Fauna 308
- Geschichte 306
- Informationszentrum Uwinka 317
- Irebero Trail 317
- Isumo Trail 319
- Kamiranzovu Trail 317
- Karamba Trail 320
- Lage und Klima 305
- Muzimu Trail 319
- Mwumba Trail 319
- Ngabwe Trail 319
- Rukungu Trail 319
- Rukuzi Trail 319
- Rutovu Trail 319
- Source of the Nile 320
- Umugote Trail 317
- Umuyove Trail 318
- Uwinka-Routen 317
- Uwinka Trail 317
- Wanderrouten 316

O

Öffentlicher Nahverkehr 110
Öffnungszeiten 110
Okapis 253
Ortsnamen 111
Östlicher Flachlandgorilla 276
Ost-Ruanda 156

P

Parc National des Virunga *siehe* Virunga-Nationalpark
Parc National des Volcans *siehe* Volcanoes-Nationalpark
Pflanzenwelt 46
Pindura 315
Plaen, Johannes 225
Ponyo, Augustin Matata 237
Post 111
Provinzen Ruandas 13

Q

Queen-Elizabeth-Nationalpark 249

R

Ramsay, Hans von 20
Reisekosten 123
Reiseleiter 111
Reisende mit Behinderungen 111
Reiseveranstalter 112
Reisezeit 106

Religionen 70
Réserve naturelle de
 la Rusizi *siehe* Rusizi-
 Naturreservat
Roosevelt, Theodore 250
Routenvorschläge 126
Ruanda-Steckbrief 11
Rubavu (Gisenyi) 224
Rubona 229
Ruganzu I. Bwimba 16
Ruganzu II. Ndori 18, 37
Rugezi-Sumpf 159, 217
Ruhango 293
Ruhengeri *siehe* Musanze
Ruhondo-See 43, 214
Rusesabagina, Paul 33
Rusizi (Cyangugu) 265
Rusizi-Naturreservat
 (Burundi) 334
Rusumo 175
Rusumo-Fälle 177
Ruvubu-Nationalpark 335
Ruwenzori-Gebirge 248, 256
Ruwenzori-National-
 park 249
Rwamagana 161
Rwesero 163
Rwigyema, Fred 28, 29, 144

S

Sabinyo 187, 193
Safari 114
Sake (D.R. Kongo) 269
Save (Issavi) 298
Schaller, George 194
Schiffsverbindungen 114
Schimpansen 60, 254, 279, 308
Schnee, Heinrich Albert 38, 180
Schulferien 114
Schulsystem 73
Schwarzstirn-Ducker 52
Seen 43
Semliki-Nationalpark 249

Serval 56
Shakani-See 165, 172
Shangi 266
Shasha (D.R. Kongo) 269
Sicherheit 114
Sindikubwabo, Theodore 73
Sport 115
Sprachen 68, 116
Sprachführer 343
Stanley, Sir Henry
 Morton 19, 136, 166
Straßennamen 133
Streckenabschnitte 126
Streifenschakal 58
Süd-Ruanda 284

T

Tanganjika-See 221, 265, 333
Tankstellen 116
Tansania 175, 176
Taxis 116
Telefonieren 117
Tierwelt 47
Topi 52
Tourismus 80
Trinkgeld 118
Trinkwasser 118
Tschombé, Moïse 271
Tüpfelhyäne 57
Twagiramungu, Faustin 32

U

Ubuhake 15, 65
Uganda 161, 187, 194
Unabhängigkeit 25
Unterkünfte 118
Uratare rwa Kamageri 290
Uwilingiyimana, Agathe 31, 144

V

Versicherungen 119
Virunga-Lilie 186
Virunga-Nationalpark 248
 - Aktivitäten 254

- Bergwandern 256
- Geschichte 249
- Gorilla-Trekking 254
- Naturschutz 252
- Schimpansen-Trekking 254
- Senkwekwe Center 253
- Tierwelt 253
- Tongo-Wald 255
- Vulkanbesteigung 255

Virunga-Vulkane 178, 187, 247, 248

Visoke 207

Visum 94

Volcanoes-Nationalpark 45, 109, 188
- Aktivitäten 207, 212
- Bergtouren 207
- Besuch der Berggorillas 196, 212
- Goldmeerkatzen 208
- Gorillagruppen 197, 200
- Gorilla-Permit 210, 212
- Pflanzenwelt 206
- Reisepraktische Informationen 210
- Tierarten 204
- Verhaltensregeln 199

Völkermord 29 *siehe auch* Gedenkstätten für den Völkermord

Völkerwanderungen 14

W
Währung/Devisen 120
Warzenschwein 59
Weaver, Sigourney 191
Wirtschaftlicher Überblick 75
Wissmann, Hermann von 20

Y
Yuhi V. Musinga 20, 38, 67, 214, 295

Z
Zebramanguste 58
Zeit 121
Zeittafel 37
Zoll 121
Zugverbindungen 122

IWANOWSKI'S REISEBUCHVERLAG

SÜDAFRIKAS VIELFALT

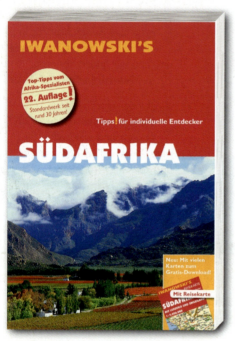

! „Nicht nur Individualreisende werden hier viel zu entdecken haben – Urlauber und Geschäftsreisende erhalten eine reichhaltige Ideensammlung – man kann wunderbar Land und Leute kennenlernen, erhält einen geschichtlichen Überblick und jede Menge wichtige Zahlen und Fakten über Südafrika. Dazu gibt es auch geografisch viele interessante Informationen zum Nachlesen, wie etwa über das Klima, über die verschiedenen Gewässer und die Pflanzen- und Tierwelt. ... Von Swasiland bis Kapstadt, von Lesotho bis zur Westküste – hier wird man garantiert fündig und erlebt Südafrika in seiner ganzen Vielfalt."
Lesefreunde24.de

- Standardwerk seit mehr als 30 Jahren vom Afrika-Experten Michael Iwanowski
- Umfangreiches Kartenmaterial und interessante Routenvorschläge; ideal für Selbstfahrer
- Ausgewählte Übernachtungstipps, besondere Restaurants und informative Exkurse, z. B. zum Weinanbau im Kapland

Das komplette Verlagsprogramm

jetzt downloaden!

Iwanowski's Reisebuchverlag GmbH
Salm-Reifferscheidt-Allee 37 • D-41540 Dormagen
Tel: +49 (0) 21 33/26 03 11 • Fax: -34 • E-Mail: info@iwanowski.de
facebook.com/Iwanowski.Reisebuchverlag • twitter.com/iwanowskireisen

 www.iwanowski.de

LIFE CHANGING

Your first encounter with a Mountain Gorilla can be a pretty life-changing experience. Our peaceful primate relatives touch deep into the soul, making the trek worth every last step.

Rwanda is remarkable not just because of its wildlife, but also due to the amazing birds, breathtaking and varied scenery, plus its unique culture and fascinating history. Rwanda also provides an uplifting view of Africa's potential future.

Plan *your* remarkable journey full of life-changing experiences.

REMARKABLE
RWANDA
RWANDATOURISM.COM

IWANOWSKI'S REISEBUCHVERLAG

REISEFÜHRER AUF EINEN BLICK

REISEHANDBÜCHER

Europa
Berlin *
Dänemark *
Finnland *
Irland *
Island *
Lissabon *
Madeira mit Porto Santo *
Malta, Gozo & Comino *
Norwegen *
Paris und Umgebung *
Piemont & Aostatal *
Rom *
Schweden *
Schottland *
Tal der Loire mit Chartres *

Asien
Oman *
Peking
Rajasthan mit Delhi & Agra *
Shanghai *
Singapur *
Sri Lanka *
Thailand *
Tokio mit Kyoto
Vietnam *

Afrika
Äthiopien *
Botswana *
Kapstadt & Garden Route *
Kenia/Nordtanzania *
Madagaskar *
Mauritius mit Rodrigues *
Namibia *
Réunion *
Ruanda *
Südafrikas Norden & Ostküste *

Südafrika *
Uganda/Ruanda *

Australien / Neuseeland
Australien *
Neuseeland *

Amerika
Bahamas
Barbados, St. Lucia & Grenada *
Costa Rica *
Chile mit Osterinsel *
Florida *
Guadeloupe
Hawaii *
Kalifornien *
Kanada/Osten *
Kanada/Westen *
Karibik/Kleine Antillen *
New York *
USA/Große Seen|Chicago *
USA/Nordosten *
USA/Nordwesten *
USA/Ostküste *
USA/Süden *
USA/Südwesten *
USA/Texas & Mittl. Westen *
USA/Westen *

101... - Serie: Geheimtipps und Top-Ziele
101 Berlin *
101 Bodensee
101 China
101 Deutsche Ostseeküste
101 Florida
101 Hamburg *
101 Indien
101 Inseln

101 Kanada/Westen
101 London *
101 Mallorca
101 Namibia
 – Die schönsten Reiseziele, Lodges & Gästefarmen
101 Nepal
101 Reisen für die Seele – Relaxen & Genießen in aller Welt
101 Reisen mit der Eisenbahn – Die schönsten Strecken weltweit
101 Safaris
101 Skandinavien
101 Stockholm *
101 Südafrika
 – Die schönsten Reiseziele & Lodges
101 Südengland
101 Tansania –
 Die schönsten Reiseziele & Lodges
101 Wien

REISEGAST IN ...

Ägypten
China
England
Indien
Japan
Korea
Polen
Russland
Südafrika
Thailand

Legende:
* mit Extra-Reisekarte
   auch als ebook (epub)
   Karten gratis downloaden

Das komplette Verlagsprogramm
jetzt downloaden

Iwanowski's Reisebuchverlag GmbH
Salm-Reifferscheidt-Allee 37 • D-41540 Dormagen
Tel: +49 (0) 21 33/26 03 11 • Fax: -34 • E-Mail: info@iwanowski.de
facebook.com/Iwanowski.Reisebuchverlag • twitter.com/iwanowskireisen

 www.iwanowski.de